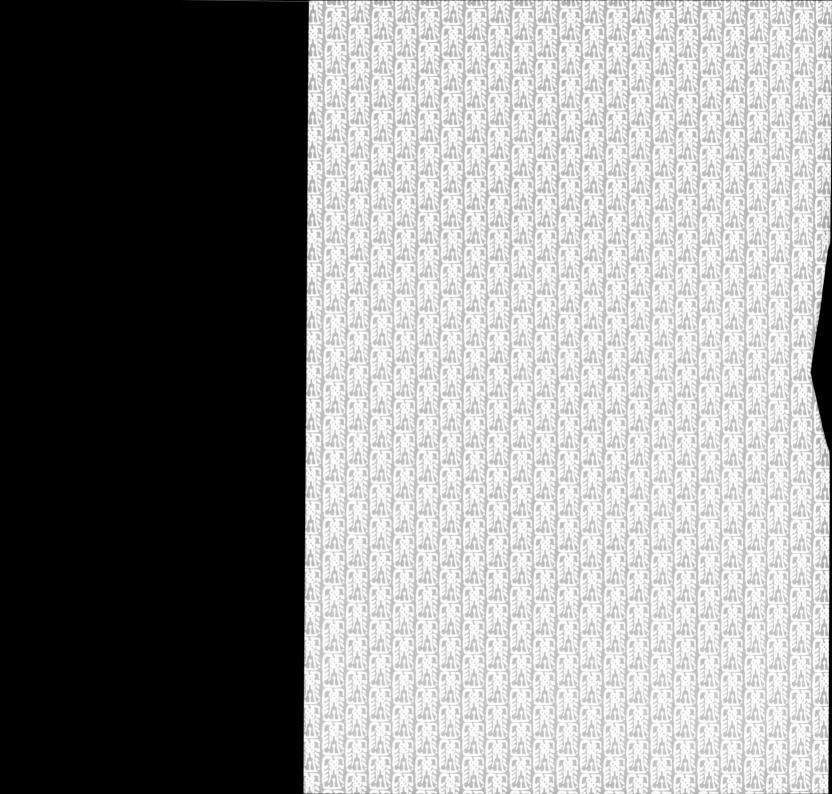

Internationalizing "International Communication"

國際傳播國際化

李金銓 編著

目次

中文版序

李金銓

傳播研究是美國文化的產物，後來逐漸擴散到西方國家乃至全世界，成為支配性的觀點與範式。本世紀初，英國學者柯倫與韓國學者朴明珍首發其端，編撰一本書，名曰《媒介研究的去西方化》（Curran & Park, 2000），我有幸參與其中。隨後也有若干零星的聲音呼應之。

「去西方化」以後的下一步是什麼？在我看來，就是要「國際化」。

本書取名《「國際傳播」國際化》（*Internationalizing "International Communication,"* University of Michigan Press），因為主流的「國際傳播」並不太「國際」，實質上只是「美國」的「國際傳播」，而不是「國際」的「國際傳播」，也就是大抵透過美國外交政策和美國中產階級學者的瞳孔看世界，於是世界變成了美國的放大版。我們共同的願望是把國際傳播真正地「國際化」。一旦國際傳播國際化，整個傳播研究也就自然而然國際化了。

「國際傳播」在理論上和實踐上的旨趣何在？容我從幾方面簡單闡述，可以說是殊途而同歸：

第一，《論語》說：「君子和而不同，小人同而不和。」劉殿爵先生把這句話譯為「The gentleman agrees with others without being an echo; the small man echoes without being in agreement.」（見Confucius, 1979: 122）君子和小人的道德判斷，姑不置論，但echo（回聲）一字譯得甚妙。國際傳播不能獨尊某種觀點，要求其他人、其他國家或其他文化跟著附和，而是必須在互相尊重的基礎下求同存異，不斷溝通對話。

第二，著名古典音樂指揮家巴倫波恩說：「你要保存極端（的聲音），但要找到聯繫，隨時找到聯繫，這樣會有一個有機的整體。」（Barenboin & Said, 2002: 69）樂團的生命力來自各種聲音有機的聯繫，而不是抹煞、壓制或取消刺耳的聲音，交響樂本來就是各種不同的樂器和音調的矛盾統一。管見以為，巴洛克的賦格（fuge）形式以同一音調在不同音階同時展現，彼此獨立自主，而又相輔相成，對國際傳播——通過合作和競爭達成深度的瞭解——尤具啟發的意義。

第三，正如闡釋學大師高達美（Gadamer, 1999）提出「視域交融」（fusion of horizons）之說，打破中西二元對立。各種文化傳統的交流，小則達到八百多年前管道升寫給趙孟頫《我儂詞》中說的「你泥中有我，我泥中有你」，大則從太極的「陰是陰，陽是陽」（文化自主）達到「陰中有陽，陽中有陰」（滲透交融）的境界。

第四，本書不斷強調「世界主義」（cosmopolitanism）的精神，一方面反對「美國（或西方）就是世界」的文化帝國主義霸權，一方面也反對義和團式的文化民族主義。華人社會要爭取學術平等對話的權利，只能拿出實實在在的學術業績，這必須靠整個學術社群幾代人的不懈努力，不能靠口號式的吶喊、社論式的宣示或拍腦袋的囈語。

在我的學術生涯四十年中，一直關注國際傳播，從《傳播帝國主義再商榷》（Lee, 1980）開始，歷經《全球媒介奇觀》（Lee, Chan, Pan & So, 2002）、《中國媒介，全球脈絡》（Lee, 2003）、《超越西方霸權：傳媒與文化中國的現代性》（李金銓，2004），以至於《「國際傳播」國際化》（Lee, 2015）和《傳播縱橫：歷史脈絡與全球視野》（李金銓，2019），可謂一脈相承，也是一以貫之。

《「國際傳播」國際化》英文原著由我任主編，由美國密西根大學出版社印行。本書緣起於我在香港城市大學邀請跨世代著名學者的「南北對話」。這些名家星光閃爍，來自美國、英國、印度、阿根廷、以色列、義大利、荷蘭、比利時、瑞典和華裔，他們沒有老調重彈，沒有虛晃一槍，而是以最嚴肅的態度發表真知灼見，甚至呈現智慧交鋒的火花。

本書從知識論和方法論的高端視野討論大問題，而不糾結於具體瑣碎的小課題，確信是一本國際傳播的重要著作，值得費神迻譯，以饗華文世界的廣大讀者。為此，我乃「徵召」李紅濤、黃順銘、宋韻雅、陳楚潔和袁夢倩等五位深具潛力的年輕學人，讓每人認領翻譯兩章到四章的「任務」。我有幸和他們誼兼師友，他們在教研百忙之中熱心共襄盛舉，令我十分感動。我也要感謝美國密西根大學出版社無償讓渡中文翻譯版權，教育部「玉山學者」計劃資助出版，以及聯經出版公司精心編輯付梓。

譯事之難，沒有親身經歷無法充分體會。為了求「信」，我們首先要求儘量貼近原文，不加不減；為了求「達」，我們要求適度砍掉「洋腔」。一方面不能「太不像」中國人講話，長句繞來繞去，文字生硬，令人望而生畏；但另一方面又不能「太像」中國人講話，以致抹煞了原作者的個性、神態和風格。如此拿捏分寸，斟酌得失，實在頗費躊躇。我們決定分四個步驟進行：第一步是譯者自校，第二步是譯者互校，第三步是譯者再度自校，最後我閉關一整個月，幾乎逐句根據原文校讀。這樣繁複認真的手續，但求滿足「信」與「達」的要求，「雅」則未敢相期。經此「一役」，我對卓越的翻譯家增添了幾分敬意。

期盼本書能為華人學術社群提供一個契機，共同提高文化自覺，並增進對國際傳播的貢獻。

參考文獻

李金銓（2004）。《超越西方霸權：傳媒與文化中國的現代性》。香港：牛津大學出版社。

李金銓（2019）。《傳播縱橫：歷史脈絡與全球視野》。臺北：聯經出版公司。

Barenboin, D., & Said, E. W. (2002), *Parallels and paradoxes: Explorations in music and society*. New York: Pantheon.

Confucius (1979), *The analects*. Translated with an introduction by D.C. Lau. London: Penguin.

Curran, J., & Park, M.-J., (Ed.s.) (2000), *De-westernizing media studies*. London: Routledge.

Gadamer, H-G. (1999), *Hermeneutics, religion, and ethics*. New Haven, CT: Yale University Press.

Lee, C. C. (1980), *Media imperialism reconsidered: The homogenizing of television culture*. Beverly Hills, CA: Sage.

Lee, C. C., (Ed.) (2003), *Chinese media, global contexts*. London: Routledge.

Lee, C. C. , (Ed.) (2015), *Internationalizing "international communication"* Ann Arbor, MI: University of Michigan Press.

Lee, C. C., Chan, J. M., Pan, Z., & So, C. (2002), *Global media spectacle: news war over Hong Kong*. Albany, NY: State University of New York Press.

國際傳播

國際化

Internationalizing

"International Communication"

國際傳播的國際化：反思以後的新起點

International Communication Research

Critial Reflections and a New Point of Departure

李金銓

Chin-Chuan Lee

過去十五年來，好幾位學者呼籲要把媒介研究「去西方化」。「去西方化」以後的下一步是什麼呢？我認為應該「國際化」才對。照理說，「國際傳播」是媒介傳播研究裡最「國際化」的領域，為什麼還提出「國際化」的命題呢？答案很簡單：國際傳播其實並不太「國際化」，而是美國傳播在海外的思想延伸。國際交流的確越來越全球化了，為什麼我們不稱之為「跨文化傳播」，甚至更時髦的「全球傳播」，而仍然叫做「國際傳播」？有兩個原因。第一，就國際政治秩序的理論和實踐來說，國家仍然占據著中心的位置，不可遽廢，何況「國際傳播」與「跨文化」的邊界頗有重疊之處（當然有例外，也不是完全重疊）。第二，法國學者托雷恩（Alan Touraine）說得對，國家如同一把雙刃劍：在蘇聯陣營崩潰以後，民主要存活的話，必須在限制國家權力的同時，也保護國家的權力，因為只有國家才有力量制衡霸凌全球的大公司（Touraine, 1997）。

如果以三本傳播學手冊為路標，我們立刻發現國際傳播一直處在邊緣的地位。涵蓋面最廣的《傳播手冊》（Pool & Schramm, 1973），編者是兩位卓著的先驅學者普爾（Ithiel de sola Pool）和施蘭姆（Wilbur Schramm），篇幅長達一千多頁，共三十一章，其中有六章（約占1／5）都由政治學家撰寫，聚焦於冷戰時期美國所關注的問題，包括國際宣傳、第三世界現代化、原始社會的傳播制度，以及共產國家的傳播制度。十四年後，柏格和查菲編輯的《傳播科學手冊》（Berger & Chaffee, 1987）問世，書名掛上了「傳播科學」的招牌，似乎假定這個學科自給自足而不假外求了，因此眼光完全向內看，既未向社會科學其他領域伸出歡迎之手，全書也僅勉強留下一章討論跨文化的比較研究，而對國際傳播的實質問題了無著墨。《傳播科學手冊》（Berger et al., 2010）推出第二版，全書二十九章，只有最後一章談論跨文化傳播，算是聊備一格。

一、學術霸權與主體性

第二代領袖編輯的《傳播科學手冊》，認定傳播是「科學」，而科學應該放諸全球而皆準，無分國界或文化的畛域，難怪他們儼然假定文化或國家所造成的系統性差異是無關宏旨的。照這個邏輯推演，在宇宙論或知識論上，世界豈不就變成了美國的放大版而已？[1] 這是荒謬絕倫卻是很普遍的假設，貫穿了美國社會科學曾經甚囂塵上的「現代

1　「BBC未來」專欄作者若布森（Robson, 2017）引述2010年權威《行為與腦科學》期刊說，大多數心理實驗的測試者來自「西方的，受教育的，工業化的，富裕的，民主的」國家，將近百分之七十是美國人，尤其是大學本科生。其基本假設是人類心理機制和活動大致相同。但作者列舉許多研究證明，東方人和西方人思維方式在有些方面是不同的。例如東亞人（中、日）看重事物的關係與脈絡，而美國人著重個別組件；前者看重和諧與統一，後者著重獨立、個人選擇與自由。東亞內部當然有例外，這裡乃就「大勢」而言。國際傳播也應該注意這種異同，不能假定「世界就是美國的放大版」。

化理論」，例如勒納（Lerner, 1958）就公開宣稱發展中國家無不渴望跟隨美國模式亦步亦趨，走直線進程達到現代化的境地。到了一九八〇年代，傳播學者企圖以「科學」為名提高學科地位，想不到視野卻愈走愈窄愈偏。只要匆匆翻閱這三本傳播手冊的目錄，就不難明白學科發展如同格爾茨（Geertz, 1963）所形容的「內眷化」（involution，或譯為「內捲化」）過程，一路關起門來自我陶醉，不太理會宏大的問題，只鼓勵向內部細節發展，而形成「以美國看天下」的局面。儘管政治和經濟「國際化」的鑼鼓敲得震天價響，對國際傳播的「國際化」卻似乎影響甚微；第二代學者在科學主義的武裝下，全球視野不如他們的老師輩遠甚。

倘若我們服膺米爾斯（Mills, 1959）所說的「社會學想像力」，那麼就應該堅拒把國內傳播和國外傳播分割為兩塊不同的版圖。他說，原則上所有重要的問題都必須放在時空座標上分析，也就是既有世界的廣角鏡頭，又有深厚的歷史透視。但知識體系的分工和學術科層結構的運作向來十分保守，國際傳播一直是美國傳播概念的延長和經驗的印證，甚至淪為美國傳播的學術殖民地。早在六十年多前，拉查斯斐（Lazarsfeld, 1952-1953）便預見美國國內傳播沒有新的機會，「國際研究是一塊沃土，能夠開拓許多新的和振奮的研究題材」。在他的心目中，當然不是追求具有普遍意義又有比較視野的在地知識，而是以國際傳播為美歐理論的試驗場。

說來諷刺，極端的實證論者往往把文化特殊性粗暴地吸納到「抽象的」普遍性，而這個「普遍性」根植於美國「特殊的」土壤或歐洲的文化架構，但他們對其中的矛盾無動於衷，乃至視而不見。他們甚至把西方經驗普遍化，擴大成為全球的標準，凡與「西方」不同的都是「例外」，而例外又是無足輕重的，於是抹煞「非西方」經驗和跨文化意義便成了順理成章之事。這樣蠻橫霸道，既違反比較研究的邏輯，更不利於國際傳播領域的健康發展。跨文化的差異正是比較研究的骨髓，不同的文化和制度不但影響到理論概念的意義對等，也影響到經驗指標的對等，甚至影響到理論概念與經驗指標之間的關係。假如以西方為唯一準繩，尤其無法探討文化跨界的問題。

許多非西方學者經過長期薰陶，耳濡目染，完全接受「美利堅和平方式」（Pax Americana）格局下的國際傳播定義。他們熱心提倡、擁抱、複製西方模式，不認為這樣做有什麼問題，更想不出有別的選擇，形成一個文化霸權的過程。以「創新擴散」的模式為例，最初種植在愛荷華、俄亥俄和紐約的文化土壤，一旦經過成群的海外學者在全球各地複製，就儼然成為跨文化研究的傑作。現在情形是不是已有改善？最近我應邀點評亞洲博士生的論文，我問在座聽眾是不是看到一幅美國研究在亞洲著色的殖民版？我說：「在設定學術議題的時候，韓國或新加坡的學者躲到哪裡去了？一味以美國馬首是瞻，還能有自主性、有文化互動和交流的空間嗎？」他們聽了我的評論，頗生詫異：從美國的研究目錄撕下一頁，依樣畫葫蘆，提出相同的技術性問題，援用相同的理論框架，模仿西方權威教的研究方法，到底錯在哪裡？

我們不能無限上綱，以至於把文化根源當原罪，碰到美歐的概念或理論就一律排斥。這樣不分青紅皂白，不特學術資源必將枯竭殆盡，更不啻是「學術義和團」的借屍還魂。事實上，如果沒有美歐的文獻做參考，正常的基本研究根本做不下去，所以我不相信現在還有這麼封閉愚蠢的人。但的確有不少人過分迷信西方理論，對其背後所蘊藏的假設或限制毫無反思，照單全收，背馳了學術文化自主的精神而不自知。要是學者經過慎思明辨，而有意識地以批判的態度選擇某些西方模式為分析架構，那是必要而正常的事。只怕全盤接受一種特殊的世界觀、問題意識，乃至於核心的理論議題，這樣做出來的「國際傳播」研究，毫無文化自覺，甚至是文化真空，會好到哪裡？說到底，最關鍵的考慮就是：學術人與文化人如何發揮他們的主體性？我們究竟站在什麼地位，問什麼問題？引申言之，我們應該珍惜機會，試圖解答孕育於本文化、母社會中最重要的原創性問題，然後賦予更普遍的跨文化意義，而不是成天挖空心思，拱手上交在地的材料或證據，為「西方就是全球」的理論火上澆油。學術霸權最鮮活的例證，莫過於承襲西方的意識形態，刻意模仿它們的某種實踐，完全被「自然化」，以為世界「本來就是這樣」，甚至「本來就應該這樣」，而不以為異。葛蘭西（Antonio Gramsci）所說的「稱霸」（hegemony）過程向來就不是平等的，不是單方強加的，而是取決於學術師徒所達成的共識和合作意願，這種共識蒙蔽了意識形態，使之習焉不察，以致封閉了另類甚至逆向思考。倘若我們不揭露並批判這些「習慣成自然」的預設，學術霸權必將永續不止。

我們必須提倡明智、開明而富有世界（cosmopolitan）精神的學術。學術自主的基礎在於各種文化思潮和各種傳統之間能夠主動、開放而互相尊重的交流。本書《「國際傳播」國際化》以多元文化世界主義為新起點，建立複雜、多元而整合的架構。作者都是具有深厚的跨文化經驗的著名學者，儼然是「熟悉的陌生人」，既熟知兩種文化，又不專屬於哪一種文化。他們來自不同的世代，涵蓋不同的文化背景，包括阿根廷、義大利、荷蘭、美國、英國、瑞典、比利時、以色列、印度和華裔。他們曾負笈西方著名學府，在學術生涯中也與西方大學建立密切聯繫。這種知識財富使他們悠遊於不同的文化疆域，辯證地綜合局內人與局外人的視野，進而從深刻的反省中，對這個學術領域的來去產生嶄新的見解。

二、國際傳播的緣起

國際傳播研究發源於美國，從頭開始就和權力與國家（特別是美國外交政策）的利益和目標緊密聯繫在一起。拉斯威爾（Lasswell, 1927）最早定調，他的專著研究第一次世界大戰中的宣傳技術。十五年後，各行當的社會科學家紛紛應召進入美國政府「戰爭資訊局」，研究二戰期間反納粹的宣傳。二戰為美國的世界霸業鋪路，接著冷戰登場，長達半個世紀。在這個意識形態白熱化的世界，薩伊德（Said, 1993: 5）形容美國自以為「在全世界各地糾正錯誤，追擊暴政，守衛自由，不惜代價」。宣傳的重要性不言而喻。

在美國新興帝國的背景下，國內傳播和國際傳播發源自不同的學術重鎮，為不同的目的服務，形成了兩條平行而不交叉的道路。回溯一九三〇—一九四〇年間，芝加哥大學都市社會學家以帕克（Robert Park）和布魯默（Herbert Blumer）為代表，受到杜威（John Dewey）實踐主義哲學以及米德（George Herbert Mead）「象徵互動學派」的影響，開啟了美國傳播研究的先河。美國社會歷經工業化、都市化和移民潮的洗禮，觸發大規模的動盪，社會學家以芝加哥為活生生的社會實驗室，其視角所及，包括社區重建過程中媒介扮演什麼整合的角色。但一九五〇年代以後，芝加哥大學引領風騷的地位，逐漸轉移到哥倫比亞大學。拉查斯斐和墨頓（Robert K. Merton）領導一群社會心理學家，從結構功能論出發，研究媒介如何改變選民意向和消費者行為。他們一再發現媒介的效力有限，難以改變公眾的態度與行為，只能強化其固有的預存立場。傳播研究從芝加哥轉到哥倫比亞，其個性、旨趣和方向截然異趣，更與國際傳播的發展形成一種張力。

二戰以後的國際傳播研究，其政治關懷和學術興趣都與冷戰息息相關，大致圍繞在麻省理工學院的政治社會學家普爾、勒納和白魯恂（Lucian W. Pye）等人身邊，他們都是冷戰的鼓吹手。一九六〇年代，正當哥倫比亞大學學者在國內發現媒介只能發揮有限的影響力，麻省理工學院的政治學者卻在海外宣稱媒介能夠促進國際宣傳，並帶動第三世界的現代化。兩派截然相反的解釋，為知識社會學添增耐人尋味的一章。這種差異是因為宣傳生態國內外有別所致，還是因為彼此對媒介力量有不同的界定？哥大學派在微觀層面尋找媒介的短期效果，也就是媒介能否改變個人或團體的態度與行為。而麻省理工學派卻以無比的信心揣測媒介宏觀的長期效果，認為經過日積月累的灌輸，媒介足以改變人們的心理結構乃至世界觀，最後在第三世界觸動全面的社會變遷。哥大學派在美國國內做精確而狹義的經驗研究，麻省理工卻在海外做預言式的鼓吹，這兩種南轅北轍的取向如何調和或理解？國際傳播研究以麻省理工學院為基地，奉現代化理論為圭臬，而現代化理論又是美國社會科學家在政府積極鼓勵下孕育的產物。戰後美國在全球擴張政治、軍事、商業的霸業，現代化理論因而隨之流行。

勒納的《傳統社會的消逝：中東的現代化》（Lerner, 1958），肇始於哥大，完成於麻省理工。此書公認是「國際發展傳播」理論的奠基之作，但在社會學界的現代化理論中卻相對邊緣。勒納堅持世界的發展軌跡是直線而單一的，西方國家不過走在前面，高舉一面鏡子，照亮發展中國家的現代化道路，今天的西方，就是第三世界想爭取的明天，因此西方經驗不僅適用於西方，而是放諸全球而皆準。白魯恂也編輯了一本重要的《傳播與政治發展》（Pye, 1963），普爾帶領學生投入大量精力研究共產國家

（中國與蘇聯）的傳播制度。由於國際傳播缺乏優質的經驗研究，施蘭姆只能從勒納的論點出發，再抽繹若干狹隘的經驗結論，小腳放大，寫出《大眾媒介與國家發展》（Schramm, 1964），由當時親美的聯合國教科文組織所資助，被第三世界精英奉為一部國家發展的「聖經」。

一九六〇年代到一九七〇年代，施蘭姆以史丹佛大學和夏威夷的東西中心為堡壘，與麻省理工的勒納、普爾和白魯恂結盟，推動「發展傳播」不遺餘力，連成一道東西兩岸學府的風景線。下一輩學者中，以羅傑斯（Rogers, 1962）的《創新擴散》最受矚目。創新擴散彙聚了兩個原來互不相屬的學術傳統，一是紐約哥倫比亞大學的新聞擴散，二是愛荷華州立大學的農業傳播擴散，兩條支流匯合以後，在社會科學各領域激出五花八門的經驗研究。羅傑斯綜合整理文獻，縱橫條貫，提出若干簡單易懂而貌似客觀的理論通則，年方三十出頭即暴得大名。若論國際傳播在海外最活躍的課題，當非創新擴散莫屬，但多半複製美國的主流觀點，很少有當地特色或跨文化的「創新」。在冷戰高潮期間，勒納—施蘭姆—羅傑斯一脈相承的理論大為風行，可能是因為他們給第三世界貧窮國家的精英一種錯覺，以為簡單的方案可以解決困難的問題。瑟韋斯（Jan Serveas）批評這一套理論以西方本位為中心，概念粗略，經驗證據薄弱，背離歷史經驗，充滿行為主義和實證主義的偏見，又漠視社會語境。這些後見之明固然清楚了然，但在當時頂多只有零星的異議。

三、範式轉移

一九七〇年代東西冷戰方興未艾，美國繼續向第三世界推銷現代化的福音，以作為遏制共產主義擴展的策略。在此同時，世界範圍內掀起了另一場燎原的南北衝突，和東西冷戰交錯並存。在東西冷戰中，美國無疑是「自由世界」的領袖；在南北衝突中，美國卻轉身變成了眾多窮國共同控訴的罪魁禍首，它們群起圍攻美國壟斷世界經濟，控制資訊的生產與分配。第三世界借著國多勢眾，在聯合國教科文組織搭起反美的舞臺，聯合高唱「世界傳播與資訊新秩序」的口號。美國總統雷根無心聽取這些抱怨，憤而於一九八四年退出該組織，連帶中止美國的財務資助（等於削減該組織四分之一的經費），英國（柴契爾首相）和新加坡（李光耀總理）也跟隨美國退出。第三世界被逼和聾子對話，有去無回，處境尷尬，「世界傳播與資訊新秩序」的辯論無疾而終。直到二〇〇三年美國重回教科文組織時，蘇聯集團已紛紛解體，剩下美國是獨大的超級強權，第三世界抗議的「喧囂聲」渺不復聞。（因為該組織接納巴勒斯坦為會員國，二〇一七年十月川普總統藉故宣布美國將退出會員國資格，成為永久觀察員，二〇一九年起更與以色列宣布完全退出。）

上個世紀五〇—六〇年代是美式「現代化理論」流行的鼎盛期，一九七〇年代從拉丁美洲冒出「依賴理論」，以為尖銳抗衡，構成一正一反的意識光譜。依賴理論主要有兩個版本：一是激進的「不發達的發展」（development of underdevelopment）理論，由政治經濟學家法蘭克（Frank, 1969）所提出。他又一語雙關，俏皮地稱呼這個理論為「underdevelopment of development」，意思是說拉丁美洲國家（乃至第三世界）的發展之所以遲緩停滯，是因為被吸納到國際資本主義的體系內，長期受到帝國主義無止境的強取豪奪，而世界中心又自外部制約邊陲經濟內部的條件，使它無法拔出堅固的依賴牢籠。有趣的是法蘭克受到列寧「帝國主義」說法的啟發，並憑藉實證主義立論，正是他所想打倒的「現代化理論」水中倒影。第二個版本是歷史社會學家（後來當選巴西總統）卡多索（Cardoso & Faletto, 1979）提出的「依賴發展」。他認為有些半邊陲的國家（例如巴西）一方面發展經濟，一方面繼續依賴國際資本主義結構。法蘭克把拉美低度發展都歸咎於外因的剝削與控制，但卡多索主張深入分析內因的動態變化，諸如「半邊陲國家」內部的政治聯盟、意識形態以及各種結構，這樣才能瞭解這些力量如何把外在的因素內在化。他反對把「依賴」形式化成為一種抽象理論，而寧願採取韋伯方法論的路徑，在歷史結構中探討巴西未能發展到底牽涉到哪些具體和變動的形勢。卡多索（Cardoso, 1977）批評美國學者目光短淺，只會透過法蘭克的實證眼光，以形式化的方式片面「消費」依賴理論。

由於國際傳播研究跟著美國主流思想走，出自拉丁美洲的依賴觀點對這個領域影響不大。但在這個號稱全球化的世紀裡，我覺得有必要重新探討依賴理論的意涵。席勒（Schiller, 1976）是文化帝國主義最有力的批判者，他引述了法蘭克的理論以及沃勒斯坦的世界體系論，但只是蜻蜓點水而不深入。照理說，歐美與第三世界的激進學者（尤其是拉丁美洲的政治經濟學家）志同道合，應該有緊密的理論聯盟和知識交流才對，其實不然，以「依賴發展」的視角分析文化和媒介的英文著作就更少了。在批判學派的馬克思主義陣營裡面，第一世界和第三世界學者追求的旨趣、關懷和取向截然不同，顯然有物質基礎的差異：當英國激進學者集中火力攻擊「柴契爾主義」扭曲公共領域（包括BBC公共電視）的時候，拉丁美洲學者更擔心他們的國家如何在國際資本主義體系下爭取經濟生存和擺脫依賴結構。這兩群人好像互不存在，很少引用對方的觀點。英國學者威廉斯（Williams, 1977）是馬克思文化理論的巨擘，但他關注的是英國文化形成（cultural formation）的歷史和地理脈絡，並沒有明白聯繫英國到整個帝國主義的歷史和國際架構，必須等待巴勒斯坦裔的美國學者薩伊德（Said, 1993）填補這個空缺，並為「後殖民理論」鋪路。後殖民理論應該構成許多第三世界分析的起點。英國文化研究另一位領袖霍爾（Stuart Hall），是從牙買加移民的黑人，到了學術生涯晚期才開始處理膚色和族群認同的問題。

張讚國針對以往四十年來學術期刊相關文章的題目，統計其關鍵字眼的組合與變化，恰好為國際傳播的範式和範式轉移提供一張粗略的指標。他指出，一九七〇年代期間，學者紛紛顯著使用「現代化」、「帝國主義」和「依賴」這三個字眼。一九八〇年代出現兩組片語，「帝國主義」和「依賴」連為一組，「現代化」和「依賴」連成另一組。明眼人應該從這個線索看出端倪：激進派視「帝國主義」和「依賴」為一體的兩面，互為表裡，然多元派則認為「現代化」和「依賴」是對立而不相容的。直到一九九〇年代，隨著冷戰結束，新自由主義抬頭，美國鼓吹以它主導的「世界新秩序」，使得「全球化」的字眼像通貨一樣迅速普及流行，而「依賴」理論則退居到無足輕重的地位。「現代化」和「全球化」這兩個字眼緊密裹挾在一起，象徵冷戰結束後新自由主義的勢不可擋。我要指出：在社會科學其他領域裡，全球化和反全球化一直爭辯不休（Held & McGrew, 2007），唯獨傳播領域可能震懾於科技眩目，反對全球化的聲音幾乎銷聲匿跡。[2]事實上，從社會科學發展出來「全球化理論」，從人文學科發展出來「後殖民主義」，本來應該血脈相連的，卻互相不打照面，以致在國際傳播的領域裡全球化理論變成了新自由主義的馬前卒。上面這些關鍵字眼的排列組合，說明了學術潮流猶如時裝，跟著政治氣候和環境而換裝，以不同面貌巡迴演出。

冷戰結束以後，美國企圖重建新自由主義的世界秩序，正如薩伊德（Said, 1993: xvii）說的，充滿了「濃烈的自得，毫不掩飾的勝利意識，以及宣告莊嚴的使命」。世界被描繪成一片升平的景象，約瑟夫・奈（Nye, 1990, 2004）把文化、政治價值和外交政策巧飾為「軟實力」，彷彿以後不再依賴經濟和軍事的硬實力。（如今「軟實力」已是中國官方和學界的口頭禪，這是跨文化在異地生根的一例，相信也是奈氏始料所未及的。）福山（Fukuyama, 1992）宣稱自由主義已經戰勝其他制度和意識形態，進入了「歷史的終結」。美國必須運用軟實力，贏得公共外交的戰爭，並在「文明衝突」中制勝（Nye, 2008）。杭廷頓（Huntington, 1993）提出冷戰後的文明衝突，與他曾經大力鼓吹破產的現代化理論，口徑似乎有別，立場一貫並無二致——先不說他的「文明衝突」是不是站得住腳，他呼籲贏取文明的衝突，著眼點不在於如何消弭這些衝突，而是憂慮文明衝突會如何衝擊美國的利益。冷戰剛剛結束，美國興沖沖準備收割和平紅利，冷不防在伊拉克和阿富汗打了兩場戰爭，消耗大量國力，使原已呈病態的經濟雪上加霜，與當年一廂情願的「和平紅利」背道而馳。更想不到冷戰才結束二十多年，福山已開始宣說「政治衰退」或「民主退潮」（Fukuyama, 2014），比起當年「歷史的終結」的論調，這是一個鮮明的轉彎。

2　面對美國和歐洲右翼民粹主義的抬頭，傳播學者的關注和回應均嫌不足。美國總統川普濫用推特和電視製造爭端，煽動狹隘的美國民族主義，反對全球合作的進程，攻擊真假政敵，矢口否認對他不利的「真相」。這些問題應該引發學術研究。

四、尋找新起點

我一直在思索如何聯繫「地方經驗」到「全球理論」。我主張，從反省在地經驗的內在理路開始，逐漸提高抽象層次，在某一個適當點必須和更大的文獻接觸、交涉、辯難，最後聯繫到全球脈絡，使在地經驗獲得普遍意義。我心目中的「全球理論」，不是僵死固化或一成不變的，更不必然是西方的特權，而是必須不斷接受各種文化視野和證據的挑戰，經過反覆修正、綜合、創造，在切磋論辯的過程中提升理論的包容力和解釋力。只要不以西方理論為無上真理的最後裁判，我們當然可以（而且必須）一方面借用、一方面思考西方理論；凡能幫助燭照地方經驗，凡能聯繫地方經驗到寬廣的世界脈絡，凡能開拓視野和參照系，這樣的西方理論毋寧是多多益善的。萬一最後發現沒有適當的理論足以充分解釋經驗現象，那麼我們有責任創造那個適當的新理論。國際傳播學者必須具備這種文化自信和知識自主，為世界性理論留下印記。

沿著相同的思路，波倫鮑姆（Judy Polumbaum）綜合檢視近年來中國傳媒研究的文獻。她借用紀登斯的「結構化」理論為起點，以瞭解人類行動者和社會結構的互動；又提出布迪厄的「製作場域」，以探討外力如何擴大或限制各種可能性，行動者如何強固既有利益，或促進新興社會力量的形成，以至於產生各種新的創造。對她來說，研究的目的在獲得洞見以瞭解對世界的運作，而不像實證主義在於求取因果關係。

瓦斯博多（Silvio Waisbord）猛烈攻擊區域研究的偏狹，認為它既無法回應國際傳播和全球性的共同問題，無助於建立統一的理論，也不是爭取媒介研究「去西方化」的正確途徑。他提倡開明的世界性學術，著眼於各種比較性和全球性的問題和方法，並參與全球化的辯論。為此，他建議三個策略：一是分析一直被忽視的領域，以便重新思考一些論據，擴大分析的水準；第二，多做各種比較研究，提供堅實而細緻的理論；第三，分析文化跨界的交流。每一個策略他都提出值得思索的研究議題。

達爾格倫（Peter Dahlgren）提出規範性理論，旨在擴大「民間世界主義」，以促進全球民主政治，並希望貫注這種精神於國際傳播的分析。他指出，世界主義（cosmopolitanism）是當代全球社會民間行動的要件，而媒介是重要的前提，否則民主的理想不可能擴散得如此深廣。他呼籲，世界主義必須走出道德範疇，化為具體的政治實踐。凡是世界公民都有責任和其他人來往，全球化民主政治應該有普世性的核心，但因各地情況殊異，民主實踐允許有不同的方式。他說：「民主的公民主體必須包含世界性視野，重視其道德性，以便理解政治行動者如何表達主體性。世界主義必須重視媒介分析，但不以道德專案為滿足，而要變成一種政治實踐。」如何化規範性理論為經驗研究，當然是莫大的挑戰。

本森（Rodney Benson）討論歐洲三個理論家對非西方脈絡的啟示：一是哈伯馬斯的公共領域，二是布迪厄的場域論，第三是卡斯特爾的網路理論。我只能簡要介紹其中三點。第一，如同班森所說的，假如從哈伯馬斯／彼得斯逐漸向布迪厄和卡斯特爾、拉圖移動，本體論愈趨流動而靈活，知識論愈趨相對化，但政治比較沒有確定的目標。第二點，每個理論各有利弊：公共領域對分析網路民主最有用，然尚待批判性的探討，而且碰到專制政治時毫無用武之地；場域理論有助於研究認同形成的過程、資源配置失衡、象徵權力及經濟權力；卡斯特爾關懷權力和民主政治，但理論彈性太大，且缺乏歷史觀；而拉圖的微觀經驗方法又見樹不見林。第三，我們必須回應這些理論，取精用宏，以說明國際傳播的經驗研究。

文學批評學者張隆溪強調，「翻譯」相同語言文化的內部或不同語言文化之間的意義，就是一種跨界的溝通行為。他呼籲，不管怎麼困難，開明的學者都負有道德責任，貢獻世界性理論，堅信「即使住在遙遠地方、文化歷史不同的人也可以互相瞭解，凝聚在一起形成共同的人文性」。他分析十七、八世紀歐洲對中國的再現，耶穌會把中國浪漫化為歐洲人心目中的樂土，孔子則是啟蒙的聖者，而天主教則因為中國人崇拜祖宗而妖魔化中國。他舉這個案例說明，縱然東西瞭解有障礙，但不能因此就把理論本質化，一口咬定東西方是二元對立而無法溝通，這是不合史實的。

數十年來，媒介制度比較研究以《報刊四種理論》（Siebert, et al., 1958）為基準，儘管此書帶有冷戰偏見，卻歷久不衰。五十年後，哈林和曼西尼（Hallin & Mancini, 2004）推出更細緻的研究，比較西歐、北美十八個先進民主國家的媒介制度，涉及媒介市場結構、專業主義、媒介與政治的勾連，以及國家角色等四個層面。他們歸納出三個媒介模式：一是以英美為主的北大西洋自由模式；二是包括德國和北歐的「民主統合模式」；第三個是地中海的極化多元模式，包括義大利、法國、西班牙、葡萄牙等。之後，他們邀請若干非西方國家學者（包括中國、巴西、俄羅斯、波蘭和南非）提出個案研究，檢驗他們的分析架構是不是經得起考驗（Hallin and Mancini, 2012）。在研究設計上，這是「最相似」（most similar design）的西方制度與「最相異」（most dissimilar design）的非西方制度之間的對話，也是一種非常有意義的實踐。曼西尼說，極化多元主義（特別是混合模式）比較適合解釋非西方國家，因為它們平日缺乏民眾參與的政黨，媒介往往是國家干預和精英操縱的工具。

柯廷（Michael Curtin）指出，影視研究以伊尼斯為起點，從頭就是國際化了。我相信這是例外的情況，因為我熟知美國新聞與大眾傳播學系以西方（尤其是美國）觀點馬首是瞻，書單上很少指定伊尼斯或其他全球主義者。柯廷提出「媒介首都」的概念，它們多半集中在鬧哄哄的港口，嘈雜無序，但面向國際，文化多元，往來混雜，吸引了有創造力的移民，而資源又充分，有利於製作和分配影視節目。他指出，政治首都往往受到檢查制度和侍從關係的掣肘，反而很少變成「媒介首都」。這麼說來，政治的中心可能是媒介和文化的邊緣。當然，帝國主義在去殖民後留下一些印記，也是媒介首都形成的要素之一。這些媒介首都（例如香港和孟買）自是無法挑戰好萊塢的優勢，頂多影響臨近的國家而已。

拉賈弋帕（Arvind Rajagopal）濃筆詮釋印度的後殖民影視文化，以它作為「溝通現代性」場域的象徵。他的結論是：「公眾的視覺程度愈高，理性未必愈高；資訊流通愈密，暴力未必減少，民主未必提高。」新媒介只是重新開啟舊媒介的若干形式，但不能取而代之；媒介的擴張並未促進社會和諧，反而使社會分裂更顯豁。他說，非西方的視覺方式印證了現有的「社會空間」，而不是否定它；後殖民的視覺文化延伸了宗教與政治的「分裂公眾」，而沒有增加彼此的透明度。西方商品邏輯製造影視文化的媒介奇觀，在後殖民的南亞擴展市場，未必保證民主理性。

五、重新探討「文化帝國主義」

最後，我想探討「文化帝國主義」這個永恆的主題，因為它在理論、意識形態和方法上引發一連串有趣的辯論。斯帕克斯（Colin Sparks）不喜歡「文化帝國主義」、「媒介帝國主義」這些名詞，寧願理解國際傳播為帝國主義所產生的「文化後果」。他直截了當批評資本主義是帝國主義力量的來源，當代世界制度的特徵，就是先進國家直接間接利用媒介把國際傳播「殖民化」。斯帕克斯的觀點直指一個核心問題：如何保證我們的分析關照全域（holistic），又不陷入全稱命題（totalistic）的泥淖？關照全域，是不把有機整體碎片化，成為無機的組成部分；整體大於部分的總和，但這不意味著全稱命題是對的，也不意味著毋須細緻分析組成部分，因為分析組成部分以後還得還原到整體面貌。換言之，不能只見林不見樹，反之亦然；從美學或道德的角度，宏觀之林結合微觀之樹，才會構成一幅完整的圖象。

當年，席勒（Schiller, 1976）攻擊美國各種文化形式，舉凡旅遊、廣告、公共關係、娛樂、新聞媒介和教育，不一樣的範疇都一一放進「文化帝國主義」的籃子內。他反對分拆「文化帝國主義」為零碎的部分，但他提出的卻是抽象化、本質化的全稱命題。他不關注個別媒介間的微妙差異以及各文化種類的互動，他認為這是無關緊要甚至離題的。他不啻在尋找一次解決的烏托邦方案，因此看不上局部的文化抗爭運動或文化游擊戰（cultural intifada）。法蘭克（Frank, 1969）警告拉丁美洲只有兩條路可走：「低度發展」或（or）「革命」。其中「或」字代表只能兩者選一，中間沒有妥協的餘地。換言之，如果拉丁美洲不革命，就不得翻身，只能永遠處在「低度開發」的可憐境遇。席勒異曲同工，呼籲第三世界國家趕緊撤離國際資本主義制度，這是擺脫文化帝國主義控制的先決條件。席勒的全稱命題顯出極不耐煩的態度，彷彿一刻都不能等，第三世界再不撤退就沒有後路了。但平心而論，第三世界集體撤退的可能性微乎其微，其結果可以預卜：儘管口頭說說，卻難有後繼的組織性行動。再說，第三世界到底往哪裡撤退？撤退並不等於文化獨立，而文化獨立不等於文化解放。眼前清楚看到的，從帝國主義掙脫出來的許多第三世界國家，統治者多是民族主義者、沙文主義者、宗派主義者，壟斷國家機器的獨裁權力，為所欲為，踐踏人權，危害文化自主發展。我提起這些往例，為的是放眼當前。在我看來，更重要的問題應該是如何理解、梳理帝國主義的文化後果？「文化後果」涉及面很廣，涵蓋了各種媒介內容、制度與科技的轉移、意識形態的效果，以及最廣義的「生活方式」，不能簡單「一言以蔽之」。文化後果具有多重結構，涵蓋各種關係及其互動，充滿了複雜性和矛盾性，必須不斷接受鬥爭和挑戰，這些要素如何有機安排和分析，是必須詳細探討的。當今的文化是開放的、混合的、互動的，沒有一個文化能夠自給自足，不能完全自主，更不能不跟別的文化打交道。

斯帕克斯宣稱，隨著經濟力量轉移接踵而至的，必是軍事力量以及文化力量的轉移。他暗示，資本主義的力量走在前面，必能創造帝國主義的某些文化後果。我且提出三點做初步的商榷。第一，柯廷在本書第六章說，「媒介首都」通常集中在一些粗俗的港口，遠離政治中心，甚至被全國精英所鄙視；果真如此，經濟和政治力量有分有合，因果關係未必像斯帕克斯說的那麼緊密無間。第二，經濟是推動文化力量的火車頭嗎？回顧一九八〇年代，日本是僅次於美國的世界第二大經濟體，但它的文化影響力卻和經濟力量迥然不侔。目前中國、印度、俄羅斯經濟迅速成長，能否轉換成文化力量，似乎也不是必然的。我認為經濟是文化力量的必要而「非充分」條件。第三，無論是否贊成斯帕克斯的論斷，都必須問：在分析資本主義如何形塑帝國主義的文化後果時，我們應該從何著手？

就第三點而言，馬克思主義的政治經濟學家和文化研究學者內部的辯論是頗具啟發的。馬克思說，上層建築「說到最後」是受到經濟基礎所決定的。如果不相信這種經濟基礎的「決定論」，當然就不可能是馬克思主義者，但如何解釋「決定」（determination）卻是政治經濟學家和文化研究學者的分歧所在。大致而言，政治經濟學家取其「強」意，而文化研究取其「弱」意。默多克和戈爾丁（Murdock & Golding, 1977; Golding & Murdock, 1991）從傳統馬克思的政治經濟學出發，多次批評幾位文化研究的大家（包括法蘭克福學派的阿多諾，以及英國文化研究的威廉斯和霍爾）過分強調文化形式的自主性，說他們沒有牢牢聯繫經濟基礎如何「決定」文化上層建築，以致顯得頭重腳輕，重心不穩。政治經濟學家從資本主義的經濟基礎出發，分析媒介的所有權和控制權，逐漸上升推論到媒介組織的運作邏輯以至於媒介內容的意識形態。對他們來說，文化上層建築的方向、軌道和內容都是緊貼經濟基礎的。

然而威廉斯（Williams, 1977）是怎麼理解「決定」的呢？他對馬克思文化理論最大的貢獻，在於把「決定」解釋為「中介」（mediation），而不是一對一的「反映」（reflection）。如何「中介」呢？威廉斯認為，經濟基礎一方面對上層建築被動「設限制」，一方面對它主動「加壓力」，最後內化為意識形態。這個新解，不管是「設限制」或「加壓力」，其關係和過程都極其複雜，迂迴轉折，需要做細緻的經驗與歷史分析，不能想當然耳，或一徑假設文化的上層建築就是「反映」下層的經濟基礎。文化研究學者和政治經濟學家在這方面的理解不但截然異趣，簡直充滿緊張與矛盾。傳統馬克思主義堅持上層建築「說到最後」（in the last instance）是被經濟基礎所決定的，英國文化研究另一巨擘霍爾（Hall, 1996）把「說到最後」改為「說到最前」（in the first instance），僅僅改動一字，意義迥然不同。霍爾認為物質基礎「一開始」就影響文化的上層建築，所以文化研究「一開始」就得關照物質基礎，但以後文化領域的發展有其自主的生命，未必跟著經濟基礎亦步亦趨，有時候甚至偏離經濟基礎的軌道。他回應政治經濟學的對手，諷刺他們做一場幻夢，自以為抓到了理論的確切性。

霍爾自喻他的立場是「沒有最後保證的馬克思主義」（Marxism without final gurantees）。換言之，物質基礎只是一個起點，以建立馬克思主義理論的水平線；物質基礎界定文化發展的方向，規範它的邊界，如此而已。至於文化形成（cultural formation）的過程、各種勢力的角逐，以及最終獲致的結果，都是相對開放自主的，也得不斷接受各種挑戰，不像政治經濟學家說的那麼確定。斯帕克斯從政治經濟學批評乃師，說霍爾的文化研究沒有建立在「柴契爾主義」的物質基礎上面（Sparks, 1996）。若套用以上的言語表述，斯帕克斯顯然相信經過資本主義邏輯的「決定」，會產生「有最後保證的帝國主義」，因此文化帝國主義為勢所必然的發展。然而，全球資本主義和帝國主義的關係，它們所產生的文化後果，中間有許多複雜的因果鏈，如何具體分析才好？

「文化帝國主義」還涉及另外一個問題，即政治經濟與讀者解碼（decoding）之間的張力。媒介「全球化」幾乎就是媒介「美國化」，儘管出現區域性製作中心，美國是唯一在媒介各領域向全球行銷的國家，又是媒介集團的大本營。美國大公司（包括迪士尼、時代華納、維亞康姆）所向無敵，而名義上的外國公司（新聞集團、索尼）也是以盯住美國市場為主。它們捆綁各類媒介種類，匯流成為橫向和縱向整合的巨無霸，壟斷全球文化生產的資源和分配的管道。它們彼此既競爭又合作，共同設立跨媒介的所有權，分享財務收入，共同投資製片，交換地方的電臺。論者批評它們帶動的娛樂掛帥，使新聞逐漸「麥當勞化」，無聊瑣碎，追逐閒言閒語和醜聞，以迎合消費大眾及時行樂的心理。

如前所述，政治經濟學家通常從媒介資本的所有權入手，先推斷內容生產的資本邏輯，接著推斷這些內容的意識形態效果，最後歸結到「文化帝國主義」的結論。例如，範・欣內肯（Jaap van Ginneken）在本書分析全球傳媒集團拍攝的第一部3D電影《阿凡達》，呈現了屢試不爽的好萊塢公式，科技形式儘管不同，內容還是圍繞五大主題：一是未開發的處女地；二是原始部落；三是本土的自然世界觀；四是帝國的干預；五是漂亮的當地女郎。由是，我們不難宣稱《阿凡達》現象是世界資本主義的中心所製造的特殊文化產品，影響全球觀眾的世界觀。這樣的推論不是不對，而是有時未免太過，范金內肯提醒讀者，觀眾並不是無條件接受媒介的資訊。利貝斯和卡茨（Liebes & Katz, 1993）發現，以色列的多元移民族群帶著從世界各地回歸的文化假設與價值，解讀美國進口的電視劇《朱門恩怨》（*Dallas*），所得到的文化意義南轅北轍。由此可見資本家控制文化生產，觀眾解讀文化產品，兩者關係密切，卻未必全然契合。總之，倘若我們只從政治經濟學聚焦於媒介所有權，而無視於觀眾如何解讀文化內容，就很容易誇大資本邏輯文化產品的同質性，並高估資本對於文化效果的支配性；相反的，如果注意力全放在觀眾如何解讀文化內容，而無視於當代政治經濟對媒介內容的結構性制約，則會低估資本對文化支配的作用。因此必須抓住兩頭，做更多經驗研究，才能釐清其間的複雜關係。

六、結語

我一開始就批評美國學術狹隘偏頗，扭曲了國際傳播領域的發展。國家仍是當代政治國際秩序的中心，但媒介傳播似乎已經徹底全球化了。國際傳播研究要國際化，新的起點必須具備世界主義的精神，一方面拒絕「美國放大就是世界」的霸道觀點，一方面要反對回到封閉自守的文化民族主義老路，粗暴地拒斥任何美國或是西方的東西。學者有義務培養全球視野，設身處地，耐心傾聽跨文化對方的聲音，相互理解。交響樂的和諧是由一群嘈雜的聲音組成的。我們首先要把國際傳播國際化，其次要為國際傳播提供動力、平臺和契機，帶動整個媒介傳播學的新活力，傳播研究不啻也跟著全面國際化了。

從現象學的觀點來說，科學的邏輯就是社會科學的邏輯，邏輯結構並無二致，但認知旨趣不同。現象學認為，社會科學必須解釋日常生活的結構以及人類活動的各種意義，這些都必須要靠高度反思和互為主體的方式才能達成。社會科學一味模仿自然科學，「現代化理論」就是失敗的著例。現代化理論雖已褪色，卻未棄守，例如，因格哈特（Inglehart & Welzel, 2005; Norris & Inglehart, 2009）試圖在全球化的語境中延長現代化理論的生命。極端實證主義者為了建立人類社會整齊劃一的「硬」規律，而無視文化的價值和差異，這種做法正在面臨各方面的挑戰；微觀史學的發展、人類學家追求在地知識，以及歐陸思潮（如現象學與詮釋學）都帶來了知識論的深切反思。現象學強調主客觀交融，互相滲透，而且經由不同的詮釋社群建構多重現實，透過多元對話獲得同情的瞭解，這為國際傳播的文化性提供最有力的知識論基礎。當然，沒有哪一個文化或理論是適合所有情況的，我們必須回應多元文化和多元種族的複雜主題曲。過去三十年，少數美國具有遠見的最高學府，例如史丹佛和常春藤大學，率先引領多元文化的風潮，它們在學生通識課程的必讀書單裡，加進非西方、非白人的作者，便是這個趨勢的先聲。

未來，我認為國際傳播應該提倡「以區域為基礎（基地）」的研究（area-based studies），以結合區域的在地經驗與理論知識。這個取向一方面對區域研究不重視理論，另一方面對以理論壓抑在地知識，都有深刻的意義。最後，我們批評美國的國際傳播研究容或過厲，這是難以避免的。除非狠狠批判、反思這些根深蒂固的假設，不可能有新的起點。但我在反抗西方霸權的同時，也一再反對文化民族主義。我最心儀薩伊德（Said, 1993），他批判帝國主義的文化支配，以及分析第三世界對帝國的抗拒，他的宏大敘述總是以啟蒙和解放為依歸，從不煽動文化排外主義。我想到有位哲學家對我解釋說：「哲學是沒有一錘定音的話語，所以對話可以繼續下去。」以世界主義的精神不斷對話，既追求在地的文化經驗，又跨越文化的藩籬，求同存異，互相溝通瞭解，這正是國際傳播研究國際化的不二法門。

參考文獻

Berelson, B. (1959). The state of communication research, *Public Opinion Quarterly*, 23(1), 1-5.

Berger, C. R., & Chaffee, S. H., (Eds.) (1987). *Handbook of communication science.* Beverly Hills, CA: Sage.

Berger, C. R., Roloff, M. E., & Roskos-Ewoldsen, D. R., (Eds.) (2010). *The handbook of communication science.* Los Angeles, CA: Sage.

Cardoso, F. H. (1977). The consumption of dependency theory in the United States, *Latin American Research Review*, 12(3), 7-24.

Cardoso, F. H., & Faletto, E. (1979), *Dependency and development in Latin America*. Berkeley, CA: University of California Press.

Frank, A. G. (1969). *Latin America: Underdevelopment or revolution*. New York: Monthly Review.

Fukuyama, F. (1992). *The end of history and the last man*. New York: Free Press.

Fukyuama, F. (2014). *Political order and political decay: From the industrial revolution to the globalization of democracy*. York: Farrar, Straus and Giroux.

Geertz, C. (1963). *Agricultural involution: The process of ecological change in Indonesia.* Berkeley, CA:

University of California Press.

Golding, P., & Murdock, G. (1991). Culture, communications, and political economy. In James Curran and Michael Gurevitch (Eds.), *Mass media and society* (pp. 15-32). London: Arnold.

Hall, S. (1996). The problem of ideology: Marxism without guarantees. In David Morley and K.-H. Chen (Eds.), *Stuart Hall: Critical dialogues in cultural studies* (pp. 25-46). London: Routledge.

Hallin, D. C., & Mancini, P. (2004), *Comparing media systems: Three models of media and politics*. New York: Cambridge University Press.

Hallin, D. C., & Mancini, P. (Eds.) (2012), *Comparing media systems beyond the western world*. New York: Cambridge University Press.

Held, D., & McGrew, A. G. (2007), *Globalization/antiglobalization: Beyond the great divide*. London: Polity.

Huntington, S. (1993), The clash of civilizations, *Foreign Affairs*, 71 (3), 22-49.

Inglehart, R., & Welzel, C. (2005), *Modernization, cultural change and democracy: The human development sequence*. New York: Cambridge University Press.

Lasswell, H. D. (1927). *Propaganda technique in the world war*. New York: Knopf.

Lazarsfeld, P. (1952-1953), The prognosis for international communications research. *Public Opinion Quarterly*, 16 (4), 481-490.

Lee, C. C. (Ed.) (2015). *Internationalizing "international communication."* Ann Arbor, MI: University of Michigan Press.

Lerner, D. (1958). *The passing of traditional society: Modernizing the middle east*. New York: Free Press.

Liebes, T., & Katz, E. (1993). *The export of meaning: Cross-cultural readings of Dallas*. London: Polity.

Mills, C. W. (1959). *The sociological imagination*. New York: Oxford University Press.

Murdock, G., & Golding, P. (1977), Capitalism, communication, and class relations. In James Curran, Michael Gurevitch, and Janet Wollacott (Eds.), *Mass communication and society* (pp. 12-43). London: Arnold.

Norris, P., & Inglehart, R. (2009), *Cosmopolitan communications: Cultural diversity in a globalized world.* New York: Cambridge University Press.

Nye, J. S. (1990), *Bound to lead: The changing nature of American power*. New York: Basic Books.

Nye, J. S. (2004), *Soft power: The means to success in world politics*. New York: Public Affairs.

Nye, J. S. (2008), Public diplomacy and soft power, *The Annals of the American Academy of Political and Social Science*, 616 (1): 94-109.

Pool, I. de sola, & Schramm, W., (Eds.) (1973), *Handbook of communic*ation. Chicago: Rand McNally.

Pye, L. W. (Ed.) (1963). *Communications and political development*. Princeton, N. J.: Princeton University Press.

Robson, R. (2017, January 18), How east and west think in profoundly different way. www.bbc.com/future/story/20170118

Rogers, E. M. (1962/2003), *Diffusion of innovations*. (1st ed, 1962; 5 th ed., 2003) Ist. New York: Free Press.

Said, E. W. (1993), *Culture and imperialism*. New York: Knopf.

Schiller, H. I. (1976). *Communication and cultural domination*. White Plains, N.Y.: International Arts and Sciences Press.

Schramm, W. (1964). *Mass media and national development*. Stanford, CA: Stanford University Press.

Siebert, F. S., Peterson, T., & Schramm, W. (1956). *Four theories of the press: The authoritarian, libertarian, social responsibility and Soviet communist concepts of what the press should be and do.* Urbana, IL: University of Illinois Press.

Sparks, C. (1996). Stuart Hall, cultural studies and Marxism. In David Morley and K.-H. Chen (Eds.), *Stuart Hall: Critical dialogues in cultural studies* (pp. 71-101). London: Routledge.

Touraine, A. (1997). *What is democracy*? Boulder, CO: Westview Press.

Williams, R. (1977). *Marxism and literature*. New York: Oxford University Press.

逛櫥窗：論「國際傳播」的國際化

Window Shopping

On Internationalizing "International Communcation"

伊萊休・卡茨
Elihu Katz

李紅濤／譯，陳楚潔／校

當初李金銓教授邀我在這次會議上做開幕演講，我立馬就答應了，卻沒想到會議的主題是國際傳播。我當即向他表達了顧慮，坦承自己幾乎不懂國際傳播，更對如何將之國際化一無所知。但他很堅持，他請我回顧自己的研究和寫作，看看我們倆孰對孰錯。可以說，我們當時打了個賭，對我而言，賭注就是花了大半年的時間來判斷自己到底是否曾在國際傳播領域駐足。金銓教授跟我講，作為一個「老兵」，無論我發現了什麼，即便是自傳性的東西，都可以拿出來跟大家分享。後來我才意識到，他或許是在擔心，三十五年前他要我為他的專著《媒介帝國主義再商榷》（Lee, 1980）寫序時所托非人！

恭敬不如從命。在本章的第一部分，我將不揣淺陋，回顧學術生涯中能夠被納入國際傳播領域的作品，即便在當時，我並未明確地將它們看作國際傳播。我將大致按照時間順序來回顧這些研究，就好像是從學術簡歷中尋找關鍵字那樣。接下來，在第二部分，我將簡要討論在此番自戀的回訪中我收穫了些什麼，我會試著在即將提到的一系列研究，特別是它們的先後次序中探尋意義。至於金銓和我孰輸孰贏，自當留待諸君來判定。

一、回顧學術生涯

回顧之旅的源頭，要追溯到我念研究所的時候。當時，我被拉查斯斐招募，加入一項大規模的資料分析，探討四個阿拉伯國家及希臘和土耳其等國的公共輿論與媒介使用。這項研究後來經麻省理工學院教授丹尼爾・勒納（Daniel Lerner, 1958）之手而名聲大噪，他基於此撰寫了《傳統社會的消逝：中東的現代化》，本次會議中有多篇論文都提及此書。這項研究受到美國之音的委託，彼時冷戰的大幕剛剛揭開。我在該項研究中的角色微不足道（Katz,1952），但我記得勒納引入的「移情」（empathy）概念令人印象深刻。他認為，特定的媒介接觸會讓人們對某些問卷調查問題給出實質性的回覆，這些問題包括，「如果你是總理你會怎麼做？」「如果你是地方報紙的主編你會報導什麼？」他相信，所謂移情能力意味著，具有媒介素養的受訪者能夠想像自己扮演這些角色，而不是像絕大多數人那樣反問一句——「你說誰？我當報紙主編？」勒納認為，這些具備移情能力的受訪者是剛剛接受現代化洗禮的個體，在心理層面能夠接觸到村外的世界；他們是劇烈社會轉型的先鋒。在為勒納的著作撰寫的導言中，大衛・理斯曼（David Riesman）[1]將「移情」翻譯為「逛櫥窗」，其中或許帶有幾分懷疑色彩。在後來發表的兩篇文章中，拉查斯斐（1952）和查理斯・格洛克（Charles Glock, 1952）[2]分別探討了在理論和方法層面拓展傳播研究國際化的可能性。

與此同時，我開始博士論文的研究和寫作，這就是後來我與拉查斯斐合著的《人際影響》（*Personal Influence*, 1955）一書。這本書意在將注意力從媒介對人們的觀點和態度產生短期影響，轉向大眾傳媒和人際網路之間更為複雜、更具社會學意義的互動。最終，拉查斯斐於一九四〇年代提出「傳播的兩級流通論」，學界於是對創新擴散過程重燃興趣。創新擴散研究所關注的，並不是個體層面的變化，而是追蹤某些變化在特定時段內如何在社區內擴散的過程（Rogers, 1962; Katz, Levin & Hamilton, 1963）。因為研究焦點的改變，主流傳播研究原來尋找媒介說服力，現在卻與時尚、社會運動、技術變化和流行病等現象的擴散研究再度接通。其中最突出的莫過於鄉村社會學家所做的開拓性研究，他們一向關注新的耕作實踐的擴散和採納創新技術的過程（Katz,1960）。社會學家隨後將注意力轉向海外，評估在海外開展鄉村發展項目的成效。他們強調技術的重要性，彌補了麻省理工、史丹佛和其他大學中政治學者的發展研究和現代化研究之不足。但無論是哪種取向，這些發展項目多半都以失敗告終，在批評者眼中，主要歸咎於支持這些項目的西方勢力（參見本書中的相關討論）。不過，這類研究也讓我們意識到，擴散是源遠流長的社會過程，舉例而言，它可以用來解釋基督教

（Stark, 1997）如何在大眾傳播媒介出現之前就擴散到全世界。

後來，我開始定期往返於芝加哥大學和耶路撒冷希伯來大學，當時我注意到另外一種非常不同的國際傳播現象。我和當時的學生、後來的同事布藍達・達內（Brenda Danet）關注西化的以色列官員如何和大批來自傳統社會的新移民做跨文化溝通（Katz & Danet, 1973）。我們的研究材料並非來自媒體報導或問卷調查，而是根據與海關官員、交警、醫護人員等面對面的談話紀錄。有趣的是，最初我們發現公車乘客跟司機就車費討價還價，或者因為排隊時的不得體行為爆發爭吵。在健康兒童門診，我們見到醫護人員向女性鼓吹計劃生育，全然不顧丈夫們的反對。我們也發現，新移民向權威人士求助時所使用的語言含蓄地援引互惠、利他和其他原則；我們也瞭解到這些文化背景迥異的人們如何看待彼此。

在以色列工作數年之後，當局剛好成立了一個特別小組，討論是否要在以色列引入電視廣播，有人認為我是領導該小組的不二人選。在此之前，以色列人一直反對引入電

1 譯注：大衛・理斯曼（1909-2002），美國著名社會學家，曾任芝加哥大學、哈佛大學教授，代表作《孤獨的人群》（*The Lonely Crowd: A Study of the Changing American Character*, 1950）。

2 譯注：查理斯・格洛克（1919- ），美國社會學家，研究領域為宗教社會學和調查方法，於哥倫比亞大學獲得社會學博士（1952），曾積極參與拉查斯菲主導的應用社會研究所的研究項目，後任加州大學柏克萊分校社會學教授。

視，直到所謂的「六日戰爭」[3]讓他們相信，一旦阿拉伯國家全都建立了自己的電視頻道，再繼續辯論電視的優劣也就無關緊要了；同樣重要的原因是，以色列開始意識到自己才是占領國。儘管在行政和技術層面我的資歷尚不足，但誰又能拒絕這個機會？於是我應邀履新（Katz,1971）。在這裡，我不打算複述這個故事，儘管它牽涉到我和受託協助我們的哥倫比亞廣播公司（CBS）的資本家們所代表的異域文化之間的衝突。同時，這段經歷也開啟了我與公共廣播機構英國廣播公司（BBC）之間的「浪漫情事」。我提起這一段經歷，不僅是因為它們很有趣，也是因為在這段序曲之後，我完成了一系列研究工作，它們總算可以稱得上是國際傳播研究。

做過電視臺短暫的「總管」之後，我通過國際傳播學會（IIC）[4]獲得了一筆福特基金會的資助，以追蹤電視廣播從西方都會到第三世界的移植過程，也就是電視如何從西方「擴散」到當時所謂的發展中國家。這給了我一個機會，觀察自己在以色列所做的事情在其他國家是什麼情形。我的合作者喬治‧韋德爾（George Wedell）教授，經歷與我相仿，剛從所在大學（曼徹斯特大學）休假，就任英國剛剛創設的商業電視頻道——「獨立廣播局」（IBA）[5]的首任秘書長。在多弗‧希納爾（Dov Shinar）和邁克爾‧佩爾斯沃思（Michael Pilsworth）的協助之下，我們研究了三大洲十二個國家電視「理念」和「表現」的落差（Katz & Wedell, 1977）。儘管這些電視臺的「理念」高唱「國家整合」、「文化復興」和「經濟發展」之類的口號，但我們發現，一九七○年代的電視廣播絕大多數集中在大城市，且流行節目往往都是美國節目的重播。當時研究電視節目流通的學者也發現了這一模式（Nordenstreng & Varis, 1974; Tunstall, 1976; Schiller, 1969），只不過情況很快發生了變化，本地節目變得比進口節目更流行——當然，這些本地節目的設計仍有可能源自異域（參見Sorokin, 1941對「刺激擴散」[6]的分析）。我們本打算把書名定為《等待神探酷傑克》，[7]但終究還是沒有膽量這麼做。

我做了些有關第三世界的經濟和政治研究，同樣難逃利己主義和家長制的指責。「文化帝國主義」的強烈抗議不絕於耳，本次會議中的幾篇論文回顧了這些現代化研究。文化帝國主義論者宣稱，好萊塢電影和美國情景喜劇創造出新的依賴形式，取代了

3 譯注：第三次中東戰爭，以色列稱六日戰爭，阿拉伯國家稱六月戰爭。戰事在一九六七年六月初打響，歷經六天，埃及、敘利亞及約旦等國聯軍被以色列徹底打敗。

4 譯注：國際傳播學會（International Institute of Communication, IIC）是研究廣播電視和其他傳播事業的國際性學術團體，創辦於一九六七年，總部設於倫敦。IIC致力於推動管理者、業界人士和分析家之間的平衡的開放的對話，以塑造和影響政策議程。更多資訊參見該機構網站：http://www.iicom.org。

5 譯注：一九七二年，英國獨立電視局改為獨立廣播局（IBA），標誌著英國商業電視和廣播市場的進一步開放，一九七三年第一家私營商業廣播電臺開播，英國的廣播市場此後形成BBC和IBA「雙頭壟斷」的格局。

6 譯注：刺激擴散（stimulus diffusion）是指人們從其他文化中獲取某種文化要素，但賦予它新的、獨特的形式；或特定創新通過一定程度的改變，適應在地環境。

7 譯注：《神探酷傑克》（Kojak），二〇世紀七〇年代熱門美劇，由CBS播出，於一九七三年十月開播，一九七七年三月劇終。該書最後定名《第三世界的廣播電視》，由哈佛大學出版社出版。

西方對非西方的殖民統治和經濟剝削（Schiller, 1969）。受這些論爭的啟發，泰瑪・利貝斯（Tamar Liebes）和我（Liebes & Katz, 1990）著手研究美國夜間肥皂劇《朱門恩怨》（*Dallas*）[8]在跨文化的情境下如何被觀眾「接收」。除了日本等少數例外，《朱門恩怨》堪稱風靡全球。我們在以色列六個不同的次文化群體中開展焦點小組訪談（每組三對夫妻），請參與者在自己的家中觀看劇集片斷。我們想要探討的問題是，來自不同次文化群體的觀眾在態度和理解上是否存在差異，以及在更一般的層面上，是否能夠發現支持或反對「文化帝國主義」論斷的證據。我們將這本書定名為《意義的輸出》。

《朱門恩怨》這樣的賣座劇集讓整個世界相聚，只不過人們的觀看時間不一。相比之下，特定的「媒介事件」（media events）——對歷史性事件的現場直播——則更有可能導致「四海一家」的結果，而且是「天涯共此時」！自電報發明以來，這是電子媒介最不同凡響的特質；它讓人們有可能在同一時間出現在不同的地方。這項研究的合作夥伴是巴黎的丹尼爾・戴揚（Daniel Dayan），我們的合作始於一九七七年埃及總統安瓦爾・薩達特（Anwar Sadat）出訪以色列展開和談，一直持續到一九九二年《媒介事件》（Dayan & Katz,1992）出版。這項研究所關注的，是一種獨特的電視形態，它足以發揮涂爾幹揭櫫的功能，將國家或世界整合起來。電視節目邀請各地的人跟最親近的人一起坐下來，親身參與並慶祝特定典禮或儀式，就像是耶誕節、感恩節或猶太人的逾越節晚餐一樣，而且這些觀眾知道，整個國家乃至全世界都與他們「同在」。因此，以色列人和埃及人一起為薩達特歡呼，他歷時三天的破冰之旅在電視上直播，兩國有史以來第一次通過電視連在一起。大部分西方國家的觀眾也觀看了這次出訪，但其他阿拉伯國家則視若無睹。沒有人可以否認，這次出訪是媒體外交的罕見例證，它直接促成了隨後簽署的和平協定，但也成了薩達特總統遇刺身亡[9]的導火線。這種國際傳播的另一個經典案例是教宗若望•保祿二世與波蘭共產黨領導人會面的現場直播。史上首位波蘭裔教宗的儀式性出訪，先在波蘭國家電視臺直播，後被製作為紀錄片發行。與薩達特的出訪類似，人們普遍相信，這次出訪構成了邁向東歐政權解體的第一步。當然，並不是所有的「媒介事件」都帶有「征服」（conquests）性質，奧運會和世界盃則是「競賽」（contests）。而對甘迺迪葬禮或戴安娜王妃葬禮的現場直播，則吸引了全世界的目光：觀者不是在旁觀他人之痛苦，而是感同自己遭受的創傷。這便是媒介事件的三種不同「腳本」，但無論是哪一種，都打破了常規——就像是個廣播的盛大節日——邀請我們參與其間，並確認節日的價值。

請允許我簡略提一下我對第一次波斯灣戰爭媒體報導的研究（Katz,1992）。這項

8　譯注：直譯《達拉斯》，由CBS播出，一九七六年開播，一九九一年劇終。

9　譯注：薩達特於一九八一年十月遇刺身亡。

研究的分析同樣適用於某些大規模的鎮壓事件（例如天安門廣場的屠殺）。在這些事件中，出現了一種新的媒體報導形式，它瞄準的不是全國受眾，而是全世界的受眾。此外，這些報導都是從新聞現場直接傳回直播畫面——不知你是否還記得，當時報導者就站在巴格達的屋頂之上。我想說的是，它們繞開了編輯，也跳脫了編輯賦予新聞的語境。換言之，媒體為我們提供了一個嵌入性的視角，不斷向我們、向全世界描述正在發生的新聞事件，但卻不會跟我們解釋這一切到底是在誰的主導之下發生。這似乎開啟了「廣播無疆界」（broadcasting without frontiers）的時代，但它也帶來了一系列新的問題。自此，電視便熱衷聚焦於各類大眾抗議的現場直播。

我要概述的最後一項研究，彷彿又回到了這趟回顧之旅的起點，那就是研究傳播與離散各地的猶太人（diasporas）（Katz & Blondheim, 2010）。我們試圖理解猶太族群流散世界各地，與記憶中的故土並無有形的聯繫，卻如何凝聚「想像的共同體」（這一概念當然要歸功於班納迪克・安德森〔1983〕）。我們的焦點是猶太人，但同樣可以研究中國人，畢竟我們對猶太人更為瞭解。當然，除了「想像」以外，「想像的共同體」還要借助經濟和文化聯繫，以及種種被發明或被啟動的前現代傳播管道。自電報以降，猶太人在建立新舊媒體機構方面貢獻至巨（Blondheim, 1994），或非歷史的巧合。

二、我從中學到什麼？

即便這些研究與會議主題有關，真正要緊的是：「我從中學到了什麼？」接下來，我將試著回答這個問題，答案部分建立在上述研究發現和個人經驗之上，部分則來自我在回顧它們時所激發的想法。

1. 我首先想強調的是，國際傳播先於國內傳播，而非相反。正如早期基督教的案例所揭示的，創新擴散研究的歷史清晰地表明，早在民族國家形成之前，早在大眾傳播時代之前，訊息便跨越文化鴻溝和自然邊界自由地流動。當然，當時已存在修辭、接收和抵抗的問題。
2. 實際上，我們甚至可以說，媒介、訊息和語言為民族國家的建立和鞏固添磚加瓦，加布裡埃爾・塔爾德（Gabriel Tarde, 1898）、班納迪克・安德森（1983）及其追隨者（例如Jaap van Ginneken, 1992）的研究很好地說明了這一點。例如，將《聖經》翻譯為歐洲不同地區的口語，這個過程強化了國家認同。
3. 民族國家一旦建立，便苦心孤詣地干預跨境的傳播流動。換言之，國家開始巡邏跨國傳播的流通。對內，它們試圖教育並娛樂大眾，告知公眾應該知道的資訊，遮罩那些敏感的資訊；對外，它們試圖運用傳播手段擴大帝國的疆域，例子遠到古埃及（Innis, 1951），近到好萊塢，皆是如此；或者它們希望借此誤導或醜化敵對的國家。國際電信聯盟（ITU）仍然在分配廣播頻率，希望控制廣電信號觸及的範圍，但在今天的衛星時代幾無可能。

4. 如果媒介技術理論幫助我們解釋民族國家的興起、新教各教派巨型結構的出現（Eisenstein, 1980），那麼，這一理論也應該能夠預測資訊自由流動——即國際傳播的國際化——將會促進全球架構的建立和民族國家的消亡。眼下，民族國家的某些特權不正被人權和經濟全球化所否定？門羅・普賴斯（Price, 2002）的研究和本書中的若干篇章（例如第八章斯帕克斯的論文）顯示，做出這樣的概括還為時尚早，國家仍然行使主權，只有在正式條約的庇護之下，才會讓渡部分主權。不過，儘管我想至今還沒有很好的研究，東德人民嚮往並倒向柏林牆另一側的繁榮西德，其實是國際傳播的絕佳案例。這一案例與發展主義者批評的「受挫感上升的革命」理論[10]未必一致，卻相去不遠。

5. 即便訊息抵達目標受眾，也無法確保它們會按照發送者的意圖被解碼。大眾傳播研究史的篇章大多致力於探究傳播效果，即大眾說服活動在短期內所取得的成功。然而，諷刺的是，我們不得不承認，媒介在這方面何其低效。即使我們自己不相信，事實是宣傳和廣告的說服效果非常差，國內是這樣，國際上更糟（Schudson, 1984）。如果創新擴散研究的傳播效果較成功，那是因為擴散的更多是「物」，而不是「觀念」；相關研究總聚焦於已然流行的事物，而不是那些夭折的事物。值得指出的是，說服效果研究得再多，也不是最有趣的那種效果。僅以我在前文回顧過的國際傳播項目為例，至少有以下方面值得關注：（一）英國廣播公司（BBC）幾乎贏得了全世界的信任，在阿拉伯國家的研究中清晰可見；（二）廣播電視的制度化，包括管理體制、技術和內容，在全世界都高度同質化，新媒體也可能如此。民族國家日益失去對媒體的控制，由國際利益集團取而代之；（三）傳播與文化迅速取代地緣因素，創造出新的國際同盟關係（Kraidy & Khalil, 2009），但國內受眾卻切分成不同的群體和網路（Turow, 2006; Katz, 1996）；（四）各地電視觀眾的批判能力超乎一般的預想，但跨文化交流與傳播所需的日常相互理解仍長路漫漫；（五）若干異常的「媒介事件」卻可以聚合整個世界，例如在觀看戴安娜王妃的葬禮和最愛的足球隊比賽時，大家的心跳在一起；（六）薩達特和教宗出訪的直播證明，大眾傳媒有時候能夠推進和平與和解進程，但同樣也會被國家和團體利用來恐嚇全世界，九一一恐怖襲擊這種新的「媒介事件」（Katz & Liebes, 2007; Dayan,

10　譯注：「受挫感上升的革命」（revolution of rising frustration）是勒納在《傳統社會的消逝》中所提出的理論命題，他認為，人們通過不斷接觸大眾傳播媒介，會對經濟發展和生活水準產生越來越高的預期，但如果實際的經濟發展過於緩慢無法滿足人們的預期，則會導致人們的受挫感升高，引發社會不滿和動盪。

2009）即是著例，而伊朗總統馬哈茂德・艾哈邁迪內賈德通過媒體發出的各類威脅也是如此。

6. 讓我回到本文的開篇，以勒納的「移情」概念和理斯曼的「逛櫥窗」比喻作結。如前所述，勒納認為媒介——那是廣播一統天下的時代——通過擴展個人視野，引導他們認同以前陌生的角色，並鼓勵他們參與新開放的公共領域，從而影響現代化的進程。儘管他未曾明言，但勒納的論述卻暗示，媒介接觸的重要效果是令受眾認同「遠方他者」（remote others）和體驗新的身分角色。在使用或誤用「移情」概念時，勒納指向認同（identification）的概念，但讓人吃驚的是，這個概念在媒介效果研究的目錄中近乎完全缺席。認同是電影研究的核心概念——誰會不認同明星呢？——但在媒介研究中卻難覓蹤影。儘管這一概念過於個人化，無法完全解釋社會發展過程，但它間接地暗示出，媒介有助於建立政體和公共領域。

六十年之後，「移情」概念忽然重現，並被用來探討盧克・波爾坦斯基（Luc Boltanski,1999）所說的「遠方的苦難」（distant suffering）。學術界對中介化見證（mediated witnessing）大災難涉及的情感、認知尤其是道德問題，突然產生了濃厚的興趣。在什麼情況下，人們看了電視夜間新聞，或從網路看到資訊，會起而行，糾正錯誤，或拯救一條生命？什麼時候人們會從電視機前站起來，要求政府出手干預？面對千里之外的災難，什麼時候人們會動員起來慷慨捐輸？過去，很少人探究這類問題（Ball-Rokeach, Rokeach, & Grube, 1984是個例外），直至最近一系列的研究和論著（Ellis, 2000; Peters, 2001; Chouliaraki, 2006; Frosh & Pinchesvki, 2009）使其重新浮現。正如梅洛維茨（Meyrowitz, 1985）所說，現在的時代已經「沒有秘密可言」，或者，更糟糕的是，「我們不再有任何藉口」。我們再也不能大吼一聲「我一無所知！」正因為此，「移情」和「同情心」概念被重新發掘出來，解釋日常情境下的情感喚醒和行動，也讓人們再度相信媒介有能力賦能或賦權。

在這裡，我想到的並不是全盤發揮電視潛力的媒介事件。恰恰相反，我想到的是日常效果，包括夜間新聞在內，就是那些被貶為「有限效果論」的效果。有限效果論讓拉查斯斐感到安心，因為他覺得，幸虧廣播公司及其寡頭統治無法輕易蠱惑聽眾，民主才更安全。當然，有時候我們也會為之感到遺憾，比如我們看到勸人戒煙有多困難的時候。因此，我們或許應該讚賞有些學者堅持不懈，探討在什麼條件下媒介能發揮短期效果，特別是關涉到他人之痛苦的研究。那麼，所謂的「同情心疲勞」是否是「有限效果」的別例，或觀眾已經被激發，準備回應卻找不到方法（參見Wiebe, 1951）？我們需要再問，這當中是否存在文化差異，而這正是哈林和曼西尼（Hallin & Mancini, 1984）三十年前所探討的。過去，美國人看完夜間新聞之後，再喝一罐啤酒，起身去睡覺；義大利的新聞觀眾看到某些報導，生氣了，披上外套，到披薩店裡跟朋友討論一番，再到政黨或工會的地方辦公室宣洩情緒、表達意見。今天的情形是否依舊？我們需要更多問題導向的比較研究，超越哥倫比亞學派對結構的強調，甚至跳出哈林與曼西尼（Hallin & Mancini, 2004）最近的比較研究的視野。比如說，人們普遍認為，海地地震[11]在美國引發了超乎尋常的關注，美國民眾踴躍捐款捐物支援災區。這是否屬實？其他國家是否如此？人們對海地地震的反應與數年前的東亞海嘯[12]或者發生在達爾富爾、科索沃、盧旺達的悲劇有何不同？如果這當中真的存在巨大的差異，我們理當追問，媒介體制和媒體報導發揮了什麼作用？而文化接近性和資源的差異，又造成了什麼影響？

說到媒體塑造的形象，艾英戈與金德（Iyengar & Kinder, 1987）研究電視報導對無家可歸的描繪時，發現電視一貫把社會問題個人化，以致電視觀眾認為無家可歸者是自作自受、咎由自取；相反，表面上冰冷的統計數字卻更能讓觀眾關注系統性的社會問題。但保羅・斯洛維克（Slovic, 1997）則持相反觀點。他的實驗發現，受害或需要幫助的個人較易喚起同情，受害的群體或展示其無助情狀的統計數字則未必。那麼，社會抗議和革命又如何？我們有沒有比較性的證據說明，媒介激發人們起而行動、反抗壓迫？在一九八九年的東歐，我們看到一些證據，當時在捷克有大量省城的民眾走上街頭，聲援在布拉格瓦茨拉夫廣場上遊行的同胞。韓國最近的抗議也是一例——只不過新的小眾媒介已經登臺。至於這些新媒體是否有助於集體行動，論辯正方興未艾（參見

Gladwell, 2010）。

大衛・理斯曼將「移情」轉譯為「逛櫥窗」，其中帶有某種懷疑色彩，但或許更接近事實。畢竟，借助日益減少的駐外記者浮光掠影地觀看世界各地的苦難，要比展開行動容易得多。這與拉查斯斐和墨頓（Lazasfeld & Merton, 1948）所說的「麻醉負功能」（narcotizing dysfunction）接近。如此說來，有限效果論仍然是較好的選擇。然而，即便是理斯曼更為持重的觀點，也能在一定程度上解釋柏林牆的倒塌。

11 譯注：加勒比島國海地當地時間二〇一〇年一月十二日下午發生的芮氏七級地震，首都太子港及全國大部分地區受災嚴重，地震造成十數萬人死亡。

12 譯注：即印度洋大地震和海嘯，發生於二〇〇四年十二月二十三日，震中位於印尼蘇門答臘，暫態震級達到芮氏9.1級。地震引發海嘯，造成十四個國家二十餘萬人遇難。

參考文獻

Anderson, B. (1983). *The imagined community.* New York: Verso.

Ball-Rokeach, S. J., Rokeach, M., & Grube, J. (1984). *The great American values test: Influencing behavior and belief through television.* New York: Free Press.

Blondheim, M. (1994). *News over the wires.* Cambridge, MA: Harvard University Press.

Boltanski, L. (1999). *Distant suffering: Morality, media and politics.* Cambridge: Cambridge University Press.

Chouliaraki, L. (2006). *The spectatorship of suffering.* London: Sage Publications.

Dayan, D. (2009). Sharing and showing: Television as monstration. *Annals of the American Academy of Political and Social Science,* 625 (1), 19–31.

Dayan, D., & Katz, E. (1992). *Media events: The live broadcasting of history.* Cambridge, MA: Harvard University Press.

Eisenstein, E.L. (1980). The emergence of print culture in the West. *Journal of Communication* 30 (1), 99–106.

Ellis, J. (2000). *Seeing things.* London: Cambridge University Press.

Frosh, P., & Pinchevski, A. (2009). *Media witnessing: Testimony in the age of mass communication.* New

York: Palgrave Macmillan.

Gladwell, M. (2010). Small change. *New Yorker*, 4 October. http://www.newyorker.com/reporting/2010/10/04/101004fa_fact_gladwell.

Glock, C. Y. (1952). The comparative study of communications and opinion formation. *Public Opinion Quarterly,* 16 (4), 512–23.

Hallin D. C., & Mancini, P. (1984). Political structure and organizational form in U.S. and Italian television news. *Theory and Society,* 13 (40), 829–50.

Hallin, D. C., & Mancini, P. (2004). *Comparing media systems.* Cambridge: Cambridge University Press.

Innis, H. (1951). *The bias of communication.* Toronto: University of Toronto Press.

Iyengar, S., & Kinder, D. (1987). *News that matters: Television and American opinion.* Chicago: University of Chicago Press.

Katz, E. (1952). *Communication and political attitudes in four Arabic countries.* New York: Bureau of Applied Social Research, Columbia University.

Katz, E. (1960). Communications research and the image of society: Convergence of two traditions. *American Journal of Sociology,* 65 (5), 435–40.

Katz, E. (1971). Television comes to the people of the book. In I. L. Horowitz, (Ed.), *The use and abuse of social science* (pp. 249–71). New Brunswick, NJ: Transaction Books.

Katz, E. (1992). The end of journalism? Notes on watching the war. *Journal of Communication,* 42 (3), 5–13

Katz, E. (1996). And deliver us from segmentation. *Annals of the Academy of Political and Social Science,* 546 (1), 22–33.

Katz, E., & Blondheim, M. (2010). Four diaspora dreams. In M. Blondheim & E. Katz, (Eds.), *Communication and diaspora.* Unpublished manuscript, Department of Communication, Hebrew University.

Katz, E., & Danet, B. (Eds.). (1973). *Bureaucracy and the public: A reader in official-client relations.* New York: Basic Books.

Katz, E., and Lazarsfeld, P.F. (1955). *Personal influence: The part played by people in the flow of mass communication*. Glencoe, IL: Free Press.

Katz, E., Levin, M. L., & Hamilton, H. (1963). Traditions of research on the diffusion of innovation. *American Sociological Review* 28:237–52.

Katz, E., & Liebes, T. (2007). No more peace: How disaster, terror and war have upstaged media events. *International Journal of Communication,* 1,157–66.

Katz, E., & Wedell, E. G. (1977). *Broadcasting in the Third World.* Cambridge, MA: Harvard University Press.

Kraidy, M. M., & Khalil, J. F. (2009). *Arab television industries.* London: Palgrave Macmillan.

Lazarsfeld, P. F. (1952). The prognosis for international communication research. *Public Opinion Quarterly* 16 (4), 481–90.

Lazarsfeld, P. F., & Merton, R. K. (1948). Mass communication, popular taste and organized social action. In W. Schramm (Ed.), *Mass communication.* Urbana: University of Illinois Press.

Lee, C. C. (1980). *Media imperialism reconsidered: The homogenizing of television culture.* Beverly Hills, CA: Sage Publications.

Lerner, D. (1958). *The passing of traditional society: Modernizing the Middle East.* New York: Free Press.

Liebes, T., & Katz, E. (1990). *The export of meaning: Cross-cultural readings of "Dallas."* New York: Oxford University Press.

Meyrowitz, J. (1985). *No sense of place.* New York: Oxford University Press.

Nordenstreng, K., & Varis, T. (1974). *Television traffic—a one-way street? A survey of and analysis of the international flow of television programme material.* Research Report No. 70. Paris: UNESCO.

Peters, J. D. (2001). Witnessing. *Media, Culture & Society,* 23 (6), 707–23.

Price, M. E. (2002). *Media and sovereignty: The global information revolution and its challenge to state power.* Cambridge, MA: MIT Press.

Riesman, D. (1958). Preface to D. Lerner, *The passing of traditional society: Modernizing the Middle East.* New York: Free Press.

Rogers, E. M. (1962). *Diffusion of innovations.* New York: Free Press.

Schiller, H. I. (1969). *Mass communication and American empire.* Boston: Beacon Press.

Schudson, M. (1984). *Advertising: The uneasy persuasion.* New York: Basic Books.

Slovic, P. (1997). "If I look at the mass I will never act" : Psychic numbing and genocide. *Judgment and Decision Making,* 2 (2), 79–95.

Sorokin, P. (1941). *Social and cultural mobility.* New York: Free Press.

Stark, R. (1997). *How the obscure, marginal Jesus movement became the dominant religious force in the Western world in a few centuries.* New York: HarperCollins.

Tarde, G. ([1898] 1969). Opinion and conversation. In T. Clark (Ed.), *Gabriel Tarde: On communication and social influence.* Chicago: University of Chicago Press.

Tunstall, J. (1976). *The media are American.* London: Constable.

Turow, J. (2006). *Breaking up America.* Chicago: University of Chicago Press.

Van Ginneken, J. (1992). *Crowds, psychology and politics: 1871–1899.* New York: Cambridge University Press.

Wiebe, G. D. (1951). Merchandising commodities and citizenship on television. *Public Opinion Quarterly,* 15 (4), 679–91.

超越拉查斯斐：國際傳播研究及其知識生產

Beyond Lazarsfeld

International Communication Reserch and its Production of Knowledge

張讚國

Tsan-Kuo Chang

黃順銘／譯，宋韻雅／校

好理論應被視為眾多視角中的一個，而不是包羅萬象的解釋。

——約翰・加爾通（Johan Galtung），一九九〇。

保羅・拉查斯斐（Lazarsfeld, 152-53, p. 483）在《輿論季刊》的一篇文章中主張：「由於國內領域未來已無太多的機會，傳播研究若不想全然被忽視……就不得不到國際領域去拾取和發展新的觀點。」他接著說：「國際傳播研究領域中提供比較研究的可能性，可以開啟振奮人心的新課題。」拉查斯斐提議，在美國之外的研究場景中，無論在語境、社會學、歷史以及方法諸方面，新觀念都會得到更好的發展。他雖未詳細闡述，振奮人心的當然應該包括新概念、新理論、新視角、新方法、新知識以及新見解。然而，實情並非如此。國際傳播研究的數量在過去幾十年裡增幅明顯，知識的生產與積累卻差強人意，一直在反芻舊觀念和陳腐的視角，並未跟上時代變化的步伐。

自從拉查斯斐的預言以來，幾乎無人承接其觀點，反思國際傳播研究領域的狀況。截至一九八〇年代早期，國際傳播文獻的增長額已如「坍方」般快速（Hur,1982, p.531），而拉查斯斐的文章卻已遭遺忘，後來幾乎在國際傳播結構與過程的研究中銷聲匿跡。拉查斯斐四十年前已對國際傳播研究未來方向提出預見，然而斯蒂文森（Stevenson, 1992）為國際傳播定位時，卻閉口不提拉查斯斐。本文無意辯護拉查斯斐的文章是國際傳播研究的里程碑或經典文本，但他這篇文章卻是探討國際傳播研究中知識生產的出發點。

本章以知識社會學為背景，從下列三種視角來評價國際傳播研究的文獻：約翰・加爾通的「理論的生命週期」（life cycle of theories）（Galtung, 1971）、歐文・戈夫曼的框架分析中的「調音」（keying）（Goffman, 1974），以及湯瑪斯・庫恩的「範式檢定」（paradigm testing）（Kuhn, 1970）。本文無意對現有國際傳播研究做量化的元分析（meta-analysis）（Wolf, 1986），也不做批判性的參考文獻分析或引證分析。文中的資料是研究心態的指標，用以表述上述三個視角的論斷，為概念問題提供經驗性的答案，但並非為任何視角所隱含的假設提供統計檢驗。

本研究有三重目的：第一，檢視國際傳播研究中的概念或理論如何出現，如何隨時間推移而變化；第二，確定國際傳播研究文獻中所表現的思維方式，以及它們與歷史和社會背景的關係；第三，透過期刊論文與書籍等學術成果，考察國際傳播研究者們作為知識生產者的群體心態；他們這個職業群體，對跨國傳播的世界有認識論上的興趣，關注「何謂跨國傳播世界」、「如何觀察它」以及「它何以成為現在這樣」的知識生產。

一、知識社會學與國際傳播研究

確定拉查斯斐為其後繼者們所繪製的國際傳播研究在過去六十年間的軌跡，不啻是檢視那些在他之後「闡發某些理論、學說以及知識運動」的學者們有何思維方式或群體心態（Wirth, 轉引自Mannheim, 1936, p.xxviii）。拉氏是少數創建傳播研究的先驅之一，其遺產仍在學術社群中起啟迪的作用，激發討論，[1]不過他的思想不是孤立的。按照曼海姆（Mannheim,1936, p.3）的講法，一位學者並不是在單獨思考和做研究，而是參與了學術社群的思考和研究。知識社會學可以幫助我們理解國際傳播學者在社會歷史場景的思維風格。

正如維爾特所言，因為知識社會學「關注社會秩序的維繫與變革中知識和觀念的角色」，它就「必定將注意力大量地放在觀念擴散的機制、研究之自由程度，以及普遍盛行的表達方式」（Wirth, in Mannheim, 1936, p.xxix）。在社會科學研究中，觀念擴散主要透過常年出版的書籍和期刊論文，尤其是那些常被引用的文獻。在《美國政治與社會科學學院年鑒》二〇〇六年十一月號的引言中，西蒙森援引墨頓寫道：「任何值得閱讀的經典文本，每隔一段時間就該重溫一次，因為『書頁表達的內容』會隨著讀者及其所處世界的變化而變化。」（Merton, 1967, pp.36-37; Simonson, 2006, p.6）戈夫曼所謂的「打破框架」（breaking frame）會改變閱讀框架和內容闡釋。從某種程度上說，拉查斯斐的預言正是這樣的文本。他論及比較研究的機會時，已預見到卡茨及其同事在《意義的輸出》（*The Export of Meaning*）中所講的那些東西（Liebes & Katz, 1990），這說明，「毋庸置疑，新聞在一種文化中的含義將迥異於它在另一種文化中的含義，並且我們無法預知其差異是什麼。」（Lazarsfeld, 1952-53, p.486）若將「新聞」一詞替換為電視劇《朱門恩怨》（*Dallas*），當可簡括為跨國研究中的「接受理論」（reception theory）。面對當時的新興媒介——廣播——改變了媒介版圖，拉查斯斐欣喜地說，我們「感激對國際傳播的興趣陡升」。在當代場景下重溫這篇文章，對他的興奮也多了一層理解。

自一九九〇年代中期以來，許多民族國家大量湧現24/7電視新聞頻道，全球媒介版圖被重構得面目全非，超乎想像。除了BBC和CNN等聲譽卓著的傳統頻道之外，半島電視臺崛起，代表中東發出了讓人無法忽視的聲音。隨後，許多國家也爭相通過衛星建立全球頻道，從本國視角出發報導新聞，譬如：中國的中央電視臺9頻道（2000）、今日俄羅斯（2005）、法國24電視臺（2006）、伊朗的英語新聞電視臺（2007）、日本的NHK世界台（2009）、委內瑞拉的南方電視臺（TeleSur, 2010），以

1 參見《大眾傳播研究的政治、社會網路與歷史》，《美國政治與社會科學研究院年鑑》，二〇〇六年秋。

及中國新華通訊社的中國新華新聞電視網英語電視臺（CNC World, 2010）。各國頻道在全球層面上展開競爭，為本國發聲，從各自的角度報導世界。可以說，這些林林總總的衛星電視臺湧現，代表了某種形式的媒介民族主義（media nationalism），它們力求在全球意見市場上取得正當性的空間，而非某種形式的媒介帝國主義（media imperialism），媒介帝國主義是美國的標牌馳騁世界的舊秩序。由此，國際傳播的賽場開始平衡，不僅改變了觀眾接觸跨國新聞流通以及其他文化產品的方式，也改變了全球媒介的遊戲規則。這種轉變促使坦斯多在《曾經的美國式媒介：美國大眾媒介之衰落》（*The Media Were American: U.S. Mass Media in Decline*）一書中宣稱，全國媒介與區域媒介比國際媒介還更為強大（Tunstall, 2008, p.10）。

如果「表達的內容……會隨著讀者及其所處世界的變化而變化」（Simonson, 2006, p.6），如果「傳播的變化會改變文化，即擴張、更改以及破壞文化」（Greig, 2002, p.225），那麼理論上的當務之急在於，仔細審視國際傳播研究領域中現有的核心概念與理論的生命週期，看它們如何反映全球媒介環境的變化。由於網路已滲透至世界各個角落，我們很難想像還有哪個地方的文化會免受其影響。一方面，思考與研究的知識情境已經改變。當概念發生轉向時，問題的提出、事實的觀察，或研究的方法還能一如既往嗎？倘若經驗領域已從一種狀態轉換至另一種狀態，根據以往的觀察所建立的理論還有原來的價值嗎？加爾通在一九七〇年代初聲稱，跟汽車和時尚一樣，理論也「有其生命週期，不管理論的過時是否有計劃，在中心與邊緣的結構中總有顯著的時差。因此，百年之後，中心國家之中心（階層）都已經忘了奧古斯特・孔德（Auguste Comte）是誰，里約熱內盧的電車工人們卻在舉旗支持他」（Galtung, 1971, p.93）。問題是，為什麼在家鄉數千英里外的地方，孔德會為人所知呢？

二、國際傳播研究中理論的生命週期

理論的生命週期是觀念在時空中的歷程。加爾通對於里約熱內盧的評論，直指發達國家與發展中／欠發達國家之間的理論擴散。國際社會科學研究的宰制結構（hegemonic structure），創造出了不平等的環境，而邊緣國家從中心國家輸入理論與方法以後，深受其苦。部分是因為西方國家的理論與方法有缺陷，沒有考量在地知識與經驗，就更別提學者社群不理解研究對象的知識需求了（Curran & Park, 2000）。柯倫與朴明珍認為，國際傳播研究通常視「世界上其他地方為被遺忘的候補」，這足以令「以英美為基礎的媒介學術界開始感到難堪」（Curran & Park, 2000, p.3）。他們的難堪是群體思維（groupthink）作祟，缺乏另類視角，排除了各種競爭性的解釋，才有這種危險。群體思維在理論上與認識論上涉及概念內聚力，由多維概念轉為單元概念，從而影響他人的看法（Street, 1997）。群體思維不僅是因為成員的個人特徵，更是因為商議情境所致（Neck & Moorhead, 1995）。在社會科學研究中，應將整個文獻看作研究者們商議情境（deliberative circumstances）的一部分。就國際傳播研究而言，群體思維的顯例是：在文化帝國主義出現約四十年後，即使全球媒介版圖已發生巨變，世界各地學者仍繼續扛著文化帝國主義的旗幟；拉丁美洲率先提出依附理論（dependency theory），以挑戰現代化視角，亦復如此（如Vilas, 2002）。

一九八〇年代，支持或批評「文化帝國主義」命題的人都認為它是國際傳播的「主導範式」（dominant paradigm）。文化帝國主義是否已取得庫恩所說的「範式」地位尚有爭議。[2]因為沒有更好的術語，本文將採用「範式檢定」（paradigm testing）來具體討論國際傳播研究中理論並置的問題。以「範式檢定」為分析性的設計，並不意味著國際傳播研究有競爭性的範式，後文將對此論述；也並不檢判不同理論在歷史與經驗情境中的效度。不少學者與研究者已在各種語境當中，對文化帝國主義概念的不足和認識論的缺陷提出有見地的批判與挑戰（Chadha & Kavoori,2000;Curran & Park,2000;Curtin, 2007; Fejes, 1981; Fortner, 1993; Golding & Harris, 1997; Hamm & Smandych, 2005; Lee, 1980; Lee, 1988; McPhail, 2002, 2010; Roach, 1997; Salwen, 1991; Thussu, 2006; Tomlinson, 1991; Wang, Servaes, & Goonasekera, 2000）。

本研究只採用「文化帝國主義」這個概念，而不涉及它可能指涉的內容。我以文化帝國主義命題為案例，是為了說明國際傳播研究中理論的生命週期。文化帝國主義是國際傳播中的一個關鍵概念和理論，考察其起源與應用只是為了說明——而非窮盡——它在文獻中大致的足跡。雖然難以確考「文化帝國主義」[3]觀念的起源，但一般認為，最先是一九六〇年代後期提出的表述，以考察美國媒介在國際競爭中犧牲他國媒介產業、以建立宰制的結構與過程。從非洲到拉美，都有不少理論研究和經驗研究，力圖揭示形成帝國主義的結構因素以及它對國際關係可能的影響。

自一九六〇年代以來，媒介場景在國內和國際都經歷了劇烈的嬗變。網路及數位傳播技術出現，為傳統媒介的內容生產、分配與消費提供新的機會與挑戰。過去幾十年，世界目睹了兩個超級大國「冷戰」終結、共產主義在東歐瓦解、前蘇聯解體、「世界資訊與傳播新秩序」消亡，以及網路普及，為市民社會和全球傳播提供強大的民

2　庫恩在兩種意義上使用「範式」這個術語。一方面，它指由特定社群的成員共用的信念、價值與技術等組成的集合。另一方面，它也是指該集合中的其中一種要素，即解決問題的具體方案，它們被當作模型或範例，可代替明文規則而作為解決常規科學中其他難題之基礎（第175頁）。「顯然，文化帝國主義並非一個為國際傳播研究社群所共用的理論，它也沒為國際傳播問題提供任何具體的解決方案。」

3　本研究將「文化帝國主義」這個術語作為一個包容性的概念，包括與文獻中一切與傳播有關的帝國主義形式。在帝國主義前面添加一個形容詞（例如媒介的、文化的、傳播的，抑或資訊的），不過是在以一種特別的方式，對研究主題加以調音。後文會對此加以討論。

主平臺。從這些政治社會變革和技術變革來看，文化帝國主義[4]的命題似乎表現出了非凡的生命力，毫無衰退的跡象（參見表一）。世事變化很快，但在知識研究領域中四十年以上的理論，都不是在哲學真空生存的，而是有人認為它對於當代世界仍然具有核心意義。

理論自有其力量。二十世紀五、六〇年代，現代化被引入國際傳播研究當中。按照阿爾弗雷德和弗裡蘭德（Alford & Friedland, 1985）的看法，現代化理論的力量具有下列特徵：影響政策（即國家發展的驅動力）、解釋行動（即作為解決欠發達的內部性方案，有別於外部性方案）、激發社會群體意識（即在農民身上產生移情作用）、宰制語言的範疇（即現代框架與傳統框架的對比），以及劃分公私邊界（即媒介體系的所有制與管理）。文化帝國主義的命題取代現代化，形塑了記者們認知國際現實的方式，後文將顯示這一點。

表一為文化帝國主義命題的持久力提供了一個概貌。在國際傳播中，一九六九年，在概念上和在技術上，都是一個里程碑。在概念方面，赫伯特・席勒出版了《大眾傳播與美利堅帝國》，影響深遠。其中心論點是：「美國經濟與金融正浮現帝國網路，利用傳播媒介，防禦並鞏固已經存在的帝國，擴張到它想活躍的地方。」（Schiller, 1969, p.3）在國際層面上，美國的經濟金融體系與媒介體系發生聯繫，催生文化帝國主義的概念，並開始在文獻中迅速流傳開來。

如果席勒是這個領域的開拓者，威爾斯則是耕耘者（Wells, 1972）。而最終，坦斯多為文化帝國主義命題在國際傳播研究的擴張鋪平了道路。儘管坦斯多批評了席勒和威爾斯最初的觀點，卻也幫助他們凸顯了這個命題（Tunstall, 1977）。他質疑文化帝國主義所說的：「在世界上很多地方，真正的、傳統的、在地的文化正被大量美國精緻的商品與媒介產品恣意傾銷，搞得無立錐之地」，但他卻承認「英美媒介是跟帝國主義——英帝國主義——連為一體的」（p.63）。坦斯多在第二章的標題「文化帝國主義」後面加了個問號，然後以他自己的概念來挑戰文化帝國主義的空泛。這是對概念進行抽象或者重新調音（rekeying），置有關概念於不同層次，意味不同的分析單位，後文將再作討論。

坦斯多的書自一九七七年出版以來，就綻放生命力。如表一所示，從一九七〇年代後期到二〇一〇年，它被頻繁引用，經常與席勒（Schiller, 1969）、威爾斯（Wells, 1972），以及多夫曼與馬特拉（Dorfman & Mattelart, 1975）的著作一道出現。我無意評價哪一部著作在國際傳播研究領域中更具影響力。一個重要的問題是：文化帝國主義的概念如何持續存在於學術研究和新聞實踐之中？倘若我們同意文化帝國主義的命題是

4 當然，國際傳播中還有其他值得討論的重要概念，但是它們在學術界和新聞界中的影響力似乎都不及文化帝國主義。

席勒於一九六九年明確提出的，那麼在過去四十年間，其生命不斷在眾多的期刊論文和書籍中延續，時至今日依然十分鮮活。最有趣的是，及至二〇〇八年，坦斯多顯然已摒棄了文化帝國主義的命題。他在《曾經的美國式媒介：美國大眾媒介之衰落》一書中，轉而支持他所謂的「新民族主義」（new nationalism）（Tunstall, 2008, p.344）。然而，當麥克費爾（McPhail, 2010）於二〇一〇年援引坦斯多時，卻選擇了引用一九七七年那本書，而非二〇〇八年那一本，彷彿其間什麼變化都不曾發生過似的，而坦斯多已經從自己早期的概念框架中發展出了二〇〇八年那本書，發展了另一個概念框架。

表一：文化帝國主義在國際傳播研究中的生命週期

引用文本	被引文本
麥克費爾（2010）	席勒（1969）、坦斯多（1977）
查克拉瓦蒂與趙月枝（2008）	坦斯多（1977）
卡馬利普爾（2007）	多夫曼與馬特拉（1975）、席勒（1969）、坦斯多（1977）、威爾斯（1972）
屠蘇（2006）	博伊德—巴雷特（1977）、多夫曼與馬特拉（1975）、加爾通（1971）、席勒（1969）、坦斯多（1977）、威爾斯（1972）

哈姆與斯曼戴奇（2005）	加爾通（1971）、席勒（1969）
麥克費爾（2002）	坦斯多（1977）
屠蘇（2000）	博伊德—巴雷特（1977）、多夫曼與馬特拉（1975）、加爾通（1971）、席勒（1969）、坦斯多（1977）、威爾斯（1972）
福特納（1993）	李金銓（1980）、席勒（1971）、坦斯多（1977）
弗雷德里克（1993）	博伊德—巴雷特（1977）、李金銓（1980）、席勒（1971）
湯林森（1991）	費耶什（1981）、李金銓（1980）、多夫曼與馬特拉（1975）、坦斯多（1977）
費耶什（1986）	李金銓（1980）、席勒（1971）、坦斯多（1977）
李金銓（1980）	博伊德—巴雷特（1977）、席勒（1969）、坦斯多（1977）、威爾斯（1972）
坦斯多（1977）	席勒（1969）、威爾斯（1972）

一九六九年在國際傳播中的重要性，不僅因為席勒那本書，還因為一個重要的里程碑，只是這件事因人類首次登陸月球而顯得失色。就在那一年十月，阿帕網（APPANET）——由博爾特・貝拉尼克—紐曼公司（BBN, Bolt, Beranek & Newman）製造的世界上第一台封包交換網路——上線，將美國加利福利亞大學洛杉磯分校、聖塔

芭芭拉分校、史丹佛大學以及猶他大學的四台電腦連結在一起。阿帕網是當今網路的前身，儘管規模小很多，使用範圍也僅限於美國。自此以後，接入網路的電腦從四台成長為全球成千上萬台，其速度和步伐令人難以想像，如同美國Lumeta公司二〇〇四年繪製的網路圖一樣，錯綜複雜得令人匪夷所思。截至二〇〇八年四月，網路已擴張至四十五萬多個節點，更多頂層網域名和節點也在穩步增加。這就意味著，世界各國如今已經高度互連互依。鑒於這種結構轉型，我認為國際傳播研究領域需要新視角，以「超越大約四十年前提出的現有理論」（Chang, 2010, p.12）。我挑出文化帝國主義的理論，批評它「似乎大致扎根於舊媒介版圖的地理與實體意義」（p.12）。

當一九六九年席勒的書出版時，美國的跨國公司的確主宰著國際媒介版圖。在坦斯多看來，「很難找到一條非美式媒介匣子（media box）的出路，因為媒介匣子正是由美國——或者說英美——製造的。唯一的出路就是造一個新匣子，不過，可能除了中國之外，沒有哪個國家會熱衷於此。」（Tunstall, 1977, p.63）坦斯多的話既對，又不對。說他對，是因為新的非美式媒介匣子實際上已經被製造出來，譬如半島電視臺或中國新華新聞電視網英語電視臺；說他不對，是因為除了中國之外，如今許多國家都有能力製造出各自的媒介匣子，例如俄羅斯、伊朗、日本以及委內瑞拉。這可能正是為什麼坦斯多在《曾經的美國式媒介》一書中，大幅追蹤新興的媒介中心挑戰美國媒介的統治地位，以致他得出結論說，美國大眾媒介從二十世紀五〇年代以來一直在衰落。然而，縱觀全書，他沒有說出來的話比說出來的更加重要。在知識生產的譜系中，坦斯多在《美國式媒介》中不遺餘力地界定媒介帝國主義，並考察其後果；而三十年後，《曾經的美國式媒介》一書甚至沒有索引「帝國主義」一詞，而只是到了最後一部分，才在「民族主義與帝國主義」的情境中順帶一提（Tunstall, 2008, p.344）。

與早期在《美國式媒介》中所宣稱的一樣，坦斯多在《曾經的美國式媒介》中明確宣告，舊秩序已經衰落，取而代之的新秩序具有一套新的國家媒介體系，以及市場關係的新國際安排。由於以民族國家為基礎的衛星電視頻道成長壯大，美國媒介的確已不再是全球媒介市場的最高統帥，更別提在內容生產與傳播方面行使最高權威了。坦斯多主要從文化和媒介民族主義的背景，討論這種新的啄食順序。他並未解釋原因，這就留下了一個迫切需要回答的問題：如果「媒介民族主義」已經崛起，那麼「媒介帝國主義」發生了什麼？「媒介民族主義」似已大致取代了「媒介帝國主義」，因為坦斯多過去支撐媒介帝國主義的大部分歷史證據和關鍵問題都發生於一九七〇年代以前。從一九七七年的《美國式媒介》到二〇〇八年的《曾經的美國式媒介》，坦斯多歷經有趣的概念轉向（conceptual turn），卻錯失了闡述其理論意義的大好時機。坦斯多幫助傳開這個核心概念與命題，卻在大約三十年後將之拋棄，因此觀察文化帝國主義是否還會見諸文獻，當具啟發性。如果表一的生命週期揭示了什麼，那便是一九七七年那本書在未來若干年可能不會過期，除非學者與研究者們像坦斯多一樣，走出原有的框架（Goffman,

1974），另覓國際傳播現實的不同版本。

文化帝國主義的觀念不僅見諸學術著作，也見諸新聞報導。它作為主流媒體的用語，已為既成事實。一九九二年，歐洲迪士尼樂園在巴黎市郊開設主題公園，《紐約時報》（1992.4.9, p.C1）報導：「法國知識份子一直大肆抨擊四八〇〇英畝的歐洲迪士尼樂園……稱之為『文化切爾諾貝利』，並譴責『米奇帝國主義』（imperialism of Mickey）。」大約二十年後，《經濟學人》（2008.5.31, p.89）刊登了一則異曲同工的報導：「與自鳴得意比起來，法國電影工業更慣常內省，擔憂美式文化帝國主義或市場暴政。」文化帝國主義普受新聞界接受，由這兩則報導即可見一斑。

可驚的是，從二〇〇八年《經濟學人》的報導到二〇一〇年麥克費爾的著作，文化帝國主義的觀念自一九六〇年代首次提出以來，已在學術界和新聞界中存在四十餘年。這一有趣的現象值得仔細審察，尤其是網路已從根本上改變了全球的媒介環境。在數量方面，受眾每天數以百萬計地擴張，速度與步伐是過去所無法想像的。在品質方面，單一平臺內的全媒體融合已經成為現實。而在經濟方面，傳統媒介——尤其是報紙與商業電視——受眾規模與廣告收入都在衰減，致使市場被重構，進而影響到各種媒介內容的流動。

網路如何影響全球媒介版圖和國際傳播形式呢？首先，網路令全球網路成為可能，它將世界各國密集地連結在一起。然而，這一全球網路中各個訪問點仍是在地的，它們都被從屬政府的政治與社會利益所束縛。因此，在國際傳播中，由誰控制網路，這對於「決定傳播什麼和如何傳播」就至關重要了（Chang, 2010, p.3）。其次，儘管全球化意味著民族國家的削弱，當今資訊時代的新型國家卻都是網路國家（network state）（Carnoy & Castells, 2001, p.14），其中每一個節點——民族國家——都與其他節點相連結，而那些節點「對於國家功能的表現同等必要」。在全球層次的網路結構中，流動是朝向四面八方的，那麼文化帝國主義又當如何發生呢？

本研究認為，理論已遠遠落後於新的現實。在國際傳播研究中，要麼是理論從一開始就欠發達，要麼是理論被傳統思考和構想世界的方式所誤導，要麼二者兼有之。簡言之，就是缺乏另類的視角。群體思維仍然彌漫於國際傳播領域中。一方面，文化帝國主義的理論家們未能留意到技術創新，未留意到內容生產與分配已由公司利益轉向對用戶生產的關注（例如Web 2.0），而這些創新和轉向已大體重塑了全球媒介的內容與形式。

在技術方面，新的全球媒介環境挑戰傳統觀念，要求從理論上反思要看到什麼，如何去看。倘若提出一個理論時，國家之間尚未像今天彼此連接在一起，為什麼它還繼續適用於由無處不在的網路所創造的網路社會呢？當觀察對象已改變，概念的鏡焦還會捕捉到跟以前一樣的景象嗎？這些問題表達了概念焦點的層次及其不同的理論表述。這對於國際傳播是有影響的。正如阿爾弗雷德和弗裡蘭德所稱，「務必將理論本身放在不同層次上分析，不同層次之間不能相互化約」（Alford & Friedland, 1985, p.392）。在認識論方面，湯瑪斯·庫恩的推斷令人折服：不可以對任何現有理論進行孤立的檢驗（Kuhn, 1970）。戈夫曼（Goffman, 1974）在框架分析中提出「調音」的觀念不無價值。一種理論提供了一個框架，為看待世界的方式定調。

三、國際傳播研究的概念「調音」

戈夫曼（1974, p.11）在開創性的《框架分析》稱：「術語一旦被引入……它就會開始產生太多的影響，不僅應用於隨後各章節，而且也被再次用於以前應用過的每一章中。」其論斷的本質在於，嵌入「某種邏輯序列」（p.11）的概念是一種線性陳述，這也是本章的論證重點。術語的引入非常近似於調音。概念的調音關注不同研究者如何隨著時間的推移而稱呼同一種觀念。概念是理論的構成要素，但它並非理論本身。阿爾弗雷德與弗裡蘭德（1985, p.394）指出：「概念總是包含著解釋某一現象基本特徵的前因後果的理論，現象藉由概念來定位與界定。」並且，從歷史上看，「概念具有知識生產的社會關係的屬性」（Aford & Friedland, 1985, p. 27）。

在國際傳播中，帝國主義當然是一個概念。但帝國主義作為一種理論，卻要複雜得多，包括了一整套彼此關聯的陳述，力圖系統地描述和解釋國際關係如何、為何如此運作。本章將文化帝國主義當作一個統攝概念（encompassing concept），涵蓋了文獻中與傳播有關的各類帝國主義形式。從技術上講，在「帝國主義」前面冠上形容詞（媒介的、文化的、傳播的或資訊的），形同文字遊戲，或如戈夫曼（1974）所謂的「調音」，為接下來或期待的東西提供一個框架。以世界的認知取向來說，戈夫曼（1974, p.443）提出：「文字遊戲似乎在頌揚語境的力量，只保留一種解讀，排除其他的解讀，而不太否定這種力量的運作。」這四個概念在抽象階梯的層次不同，最抽象的是「文化」，其他三個概念上下滑動，音色略有不同。

理論其實是一個框架，為關鍵概念設置特定的邊界，以觀察社會現實，換言之，是一種理論懸擱（bracketing）的方式。堅持某個特定語詞及其優先順序，會錯失最根本的問題：文化帝國主義與「依附」、「（受眾）接受」（Liebes & Katz, 1990）或者「全球化」等其他理論比較，孰優孰劣？事實上，這些術語（媒介帝國主義、文化帝國主義、傳播帝國主義、資訊帝國主義）[5]由兩種概念構成：主要概念是「帝國主義」，

5 以「文化帝國主義」全文檢索搜尋JSTOR資料庫，得到六十五個條目，最早的一篇發表於一九四六年的《耶魯法學雜誌》，大多數篇目（81.5%）出現在過去三十年間（1980-2009）。含有「媒介帝國主義」的有十五篇，發表於一九八〇—九〇年代。只有兩條提到「傳播帝國主義」和「資訊帝國主義」：一條在註腳中，另一條在正文中。

次要概念才是「媒介的」「文化的」「傳播的」與「資訊的」。次級概念所懸擱的是方法論範疇——需要哪一種資料和分析單位，而不是基本過程。按照阿爾弗雷德與弗裡蘭德（Alford & Friedland, 1985）的講法，在接受帝國主義的概念以前，國際關係中必先存在某種形式的帝國主義。國際傳播研究中，文化帝國主義學者們往往堅持界定、更換次級概念，其實他們應該檢查的是主要概念。如果他們看到了國際傳播的「帝國主義」，他們對於「帝國主義」框架以外的東西往往置之不理。因此，缺乏了其他的概念，就無法討論各種另類視角，因為這些另類視角會被認為不相干或者不重要。增添一個次級概念，並未打破主要的框架。

本章將討論的，是國際傳播在拉查斯斐預言前後出現的四個不同的主要概念——「帝國主義」、「現代化」、「依附」和「全球化」——及其相互關係，以便在歷史語境中確定概念譜系。資料來源於JSTOR資料庫，這是「世界上學術內容方面最值得信賴的來源之一」，它擁有「人文學科、社會科學和科學的上千種主要學術期刊」（http://about.jstor.org/content-collections，於二〇一〇年十月二〇日檢索）。本資料庫包含了五十三個學科的二八三二種期刊，從非裔美國人研究到動物學都囊括在內。[6]

以「國際傳播」為關鍵字，全文檢索搜尋全部八種語言（英文、荷蘭文、法文、德文、義大利文、拉丁文、葡萄牙文與西班牙文）的論文和書評，截至二〇一〇年十月八日，共獲得二四一五條結果（如表二所示）。幾乎所有出版物都是英文的（99.2%），剩下的條目使用另外三種語言：西班牙文（9）、法文（8）和德文（3）。由於英文出版物最集中，可能有北美與歐洲的英美學者「互相引用」的「歷史偏見」（*Economist*, 2010.11.13, p. 82）。倘若只用英文呼籲媒介研究的「去西方化」，必將徒勞無功。

表二：國際傳播研究的文章與書評（1929-2009）a

年分	全文中含有「國際傳播」一詞b		
	文章	書評c	合計d
1929以前	4.6%	2.5%	4.1%
1930-1939	1.7	2.1	1.8
1940-1949	3.7	4.5	3.6
1950-1959	7.0	9.7	7.6
1960-1969	9.2	14.1	10.2
1970-1979	14.8	13.0	14.4

6 除《輿論季刊》之外，JSTOR資料庫並未收錄傳播研究方面的期刊。這意味著，那些最有可能發表國際傳播研究的期刊被排除在外了，這會導致分析的不完整。

年分	全文中含有「國際傳播」一詞b		
	文章	書評c	合計d
1980-1989	21.3	20.5	21.1
1990-1999	22.7	23.8	22.6
2000-2009	15.1	11.6	14.3
合計	1899	516	2415

a 截至獲取資料庫的二〇一〇年十月七日，共計五十三個學科的六三二本期刊。雖然JSTOR為綜合性資料庫，但未必囊括了八種語言的全部期刊。

b 在JSTOR中使用「國際傳播」這一短語來進行全文精確檢索。

c 儲存格中的數位為書評，以其作為十年中圖書出版數量的一種替代。

d 在JSTOR檢索結果的基礎上，儲存格中的數字代表的是以八種語言出版的論文與書評的數量：英文、荷蘭文、法文、德文、義大利文、拉丁文、葡萄牙文與西班牙文。事實上，幾乎所有出版物都是英文的（99.2％）。對八種語言出版的「文章」與「書評」加以合併，結果是：英文，二三九五篇；荷蘭文，0篇；法文，八篇；德文，三篇；義大利文，0篇；拉丁文，0篇；葡萄牙文，0篇；西班牙文，9篇。

通過「全文」關鍵字搜索，資料庫中的每一條結果不論篇幅長短，均被視為同等的分析單位。全文檢索搜尋比只檢索條目標題完備，可以獲取所有研究的核心概念條目。隨機核查了各個時期10％的文章，發現全文檢索搜尋抓取出的大部分條目都與國際傳播理論相關。這些關鍵字的確索引出了這些文本中所論及的理論。

表三顯示二十世紀二〇年代到二〇一〇年期間，帝國主義、現代化、依附和全球化等四個核心概念在文獻中的譜系。我們假定每個概念蘊含了一種知識理論。表中的順序（從帝國主義到全球化）大致反映這些概念在文獻中出現的先後，但未必是它們起源的確切順序。總的來說，某一個概念似乎並未關涉到其他概念在不同思路中如何使用。這些概念各有其韌性，後來的概念並未取代或削弱先前的概念。

表三：國際傳播研究中的理論譜系（1929-2009）a

年分	帝國主義	現代化	依附	全球化
1929以前	0.5%	---	1.3%	---
1930-1939	1.2	0.5	---	---
1940-1949	3.5	0.5	0.6	---
1950-1959	6.3	3.3	---	---
1960-1969	6.3	11.9	2.5	---
1970-1979	15.3	17.6	15.9	---
1980-1989	23.5	26.7	33.1	3.6%
1990-1999	21.6	21.0	29.3	34.9

年分	帝國主義	現代化	依附	全球化
2000-2009	21.6	18.6	17.2	61.4
合計	255	210	157	166

a 四個關鍵字（帝國主義、現代化、依附與全球化）中的每一個分別與短語「國際傳播」同時出現於JSTOR的全文檢索當中。因為這段時間裡的書評數量很少（帝國主義，三十八篇；現代化，二十七篇；依附，十四篇；全球化，十七篇），因此將兩個類別（論文與書評）合併在一起。

「帝國主義」的概念在國際傳播中顯然歷史悠久，但直到一九七〇年代才經常見諸文獻。過去四十年間，社會科學各領域都流行「帝國主義」，可見跨國傳播的潛在影響是普遍的知識關懷。「現代化」概念在一九六〇年代剛出現時備受矚目，但過去三十年間卻已鮮為人知。這一模式證實，從那時起，直到二十一世紀最初十年，現代化運動是世界上很多國家的發展目標。「依附」概念崛起，聲稱以一個新理論去挑戰其實是解釋相同現象的現有理論。上世紀六、七〇年代，人們發現非洲及其他地區的現代化專案失敗了，現代化理論在社會科學中普受質疑；而「依附」作為另類視角，在接下來幾十年的文獻中風起雲湧。與人們使用「帝國主義」一樣，如今使用「依附」概念，可能反映了對世界化擴張的真實意圖的當代關懷。這種學術關懷在維拉斯（Vilas, 2002）的一篇文章中得到了最好的體現，他乾脆稱之為「作為帝國主義的全球化」（Globalization as

Imperialism）。儘管「全球化」觀念可追溯至十九世紀馬克思的思想，這個概念在JSTOR資料庫中卻遲至一九八〇年代才出現，說明對於這個特定現象的知識關懷與日俱增。

以上討論國際傳播研究的「調音」，並未直接考察各理論之間的關係，尤其是對網路社會時代為然。研究證明，全球網路是開放的，但網路內部的新聞流動卻相當封閉（Chang, et al., 2009; Himelbim, Chang, & McCreery, 2010）。例如，不管國有制媒體還是私有制媒體，國際新聞幾乎都沒有外向連結（outgoing links），國家主宰的媒介體系更是如此。網站之間自動創造連結的尖端軟體已經問世，超連結的缺乏顯然不是技術考量所致。要解釋超連結為何缺失，必須到超連結之外去尋求。顯然，文化帝國主義的命題不能為這種結構缺陷提供令人信服的解釋。有什麼另類視角嗎？範式檢定可以給出最佳的回答。

四、國際傳播研究中的範式檢定

「範式」這一觀念借自於湯瑪斯・庫恩的經典之作《科學革命的結構》（Kuhn, 1970）。「範式」（paradigm）指「特定社群成員共用的一整套信念、價值、技術等」，以及「模式或範例的具體解題方案，用來當作足以取代明顯的規則，成為解決常規科學難題的基礎」（Kuhn, 1970, p.175）。庫恩將範式限定於常規科學，國際傳播研究顯然不在他的認知範圍之內。因此，用範式概念來解釋國際傳播現象，並不必然意味著該領域中就存在著競爭性的範式。事實上，國際傳播研究能否被看作庫恩的前範式（pre-paradigmatic），尚有爭議。因此，若把文化帝國主義看成一個範式，不啻將它提升至國際傳播研究主導性的理論視角。儘管如此，庫恩通過比較各個競爭性理論，以確定哪一個理論最能解釋事實，這個討論對評估國際傳播研究的知識生產仍有啟發。

庫恩並未使用「範式檢定」一詞，但因為沒有更好的用詞，本文姑且用它來捕捉兩種競爭性理論之間的張力，以闡釋事實。如果庫恩的「範式轉移」（paradigm shift）或「科學革命」提供了什麼啟示，那就是競爭性理論的挑戰顯然來自外部，而並不必然出自主導範式內部，挑戰成功的最終可能令現有範式瓦解。當足夠多的「內群」成員擯棄舊範式，「外群」的新範式便可能取而代之，觀察世界的方式也隨之煥然一新。回到國際傳播研究，「範式檢定」是指競爭性的理論（competing theories），而非對立性的範式（rival paradigms）。這裡不妨完整引述庫恩的思想：

> 歷史上的所有重要理論都合乎事實，只不過程度有別而已。個別理論是否或如何合乎事實，沒法給出一個更加準確的答案。但若針對全部理論或成對的理論，就可以問這種問題了。問兩個競爭性理論的哪一個「更」合事實，則是完全講得通的。

（Kuhn, 1970，強調為原文所加）

在國際傳播中，若根據文化帝國主義的命題來檢視事實，歷史證據顯示，資訊在世界各國流通是不平等的，這足以證實美國主宰全球文化市場。然而，按照庫恩的看法，這個證據還不能令人信服地支持文化帝國主義理論。在本章中，範式檢定要求把一個理論拿來跟另一個理論上的「他者」——競爭性的理論——做比較。有好幾個理論都可以用來解釋國際傳播中文化產品的流動形式：文化折扣（culture discount）、文化接近性（cultural proximity）、文化帝國主義、文化擴散（cultural diffusion），以及全球化。必須仔細分析經驗資料，比較文化帝國主義理論與其他另類視角，才能確定它們的解釋力。換言之，如果孤立檢視某個理論，把它當中某一特定現象的有效解釋，這是不夠的，因為其他理論可能也具有解釋力。

JSTOR資料庫的設計雖不夠理想，權且用來比較國際傳播研究中的一組競爭性理論。假定兩個不同的概念同時在文本中出現，可能因為它們相互關聯。反之，倘若描述國際傳播現象的不同概念不放在同一個空間，它們就不在同一個概念域之中（conceptual domain）（Goffman, 1970）。所以，很難將競爭性理論放在一塊比較，或者拿一個理論和另一個競爭性理論對比。表四顯示的是收錄於JSTOR的文獻中成對概念的統計結果。

表四：國際傳播研究中的「範式檢定」（1929-2009）[a]

年分	帝國主義／依附	現代化／依附	現代化／全球化	帝國主義／全球化
1929以前	2.2%	---	---	---
1930-1939	---	---	---	---
1940-1949	2.2	---	---	---
1950-1959	---	---	---	---
1960-1969	2.2	2.8%	---	---
1970-1979	13.0	13.9	---	---
1980-1989	32.6	33.3	2.6%	2.3%
1990-1999	34.8	41.7	41.0	25.6
2000-2009	13.0	8.3	56.4	72.1
合計	46	36	39	43
占成對關鍵字總合的百分比	11.2	9.8	10.4	10.2

a 在JSTOR中用成對的關鍵字與「國際傳播」短語一起進行全文精確檢索。

從上表可清楚地看到，四個概念很少同時出現在一個文本中，可見國際傳播中的大量研究（將近90%）都集中於單一視角。互斥程度高，說明很少對潛在競爭性的解釋加以比較。這凸顯出了某種形式的群體思維，因為文獻常排除了另類視角。而在少數研究中涵蓋了成對概念，卻顯出這些概念互相抵觸。這在「全球化」配對「現代化」、「帝國主義」時，尤其明顯；這組配對呼應了最近的辯論：全球化到底是現代化的延伸，還是帝國主義的偽裝？在一九七〇—九〇年代，「依附」與「帝國主義」和「現代化」的配對也是如此。

五、結論與討論

由於媒介版圖快速變化、媒介職位縮減，以及個人傳播手段的發展，一些學者（如Sparks, 2000）認為，國際傳播存在危機。我對這種危言聳聽的觀點不敢苟同。我更堅信，大多數國際傳播研究（尤其是新聞和廣告的比較研究）的方法並不扎實，其跨國的論旨也並不可靠（Chang, et al., 2001; Chang, et al., 2009）。

本章力圖回答的關鍵問題是：國際傳播研究作為一個知識領域，為何（以及如何）大致只遵循同一種思想學派的經驗研究，而生產出了一整套知識？本文以兩個框架為指引：一是知識社會學，一是理論的力量。前者關注國際傳播研究在本體論與認識論上的問題，後者則考察理論、意識形態和實踐等方面的問題。如若說本文的發現有何啟示，那就是國際傳播研究領域在概念取向上受制於一種群體思維的心態。學者必須站在「國際傳播研究」之外來思考，更具體而言，要站在本領域的文獻之外來思考。

群體思維常招致停滯或失敗。在抽象層次上，「群體思維」對國際傳播學者來說，排除了有價值的另類視角，尤其是普遍認可的知識，或囿於某些地理範圍，或為某一特殊視角所界定，就更是如此。經驗研究總受制於特定的時空場境，才能表達觀念、觀看與行動的方式。知識的生產有特定的歷史條件，卻未必能辨識得出國界。國際傳播形式複雜，其決定因素也因國而異。因此，相同的事實可以應用於不同的競爭性解釋，但取決於理論構想與分析方法。

理論要有效解釋社會現實，就必須進行比較性的驗證。單獨檢視國際傳播理論是否符合歷史事實，既不充分，也無法令人信服。世界形形色色，各國不同。從不同地點觀照現實，視角必然不同。因此，理論與事實的關係具有可變性。正如加爾通（Galtung, 1990）所稱，「一個好理論不應該讓我們以為世界已徹底構成」，「總有一些空匣子留給尚未發生的現實，即潛在的——而非經驗的——現實」（p.102）。好理論「應該被視為一種視角，而不是萬能的解釋」（p.100）。這對國際傳播尤其如此，因為國際傳播與國內傳播相比更有多維性，需要嘗試不同的排列組合，而拉查斯斐早就認識到了這一點。

在當代場景下，特別是在「華盛頓共識」與「北京共識」兩相對照之下，拉查斯斐的預言值得重溫。他在一九五〇年代早期論述比較研究的重要性，足以啟發我們研究當今世界自由市場與民主的緊張關係。他說，美國的社會科學家們「往往假定經濟放任與政治自由齊頭並進。讓我們去研究經濟放任與政治自由各自獨立發展的國家，以及國家控制經濟明顯沒有妨礙政治自由的國家，看它們的意見與態度是如何形成的吧。」（Lazarsfeld, 1952-53, p.487）。他提議社會科學研究市場化與民主化的聯繫（或者缺乏聯繫），但至今尚未獲得正視。

在國際傳播研究中，比較研究發熱多於發光。部分原因在於，過去四十年間，整個領域的研究沉湎於重複過往經驗的過時模式，未能認真跳出現有知識生產框架的概念邊界。在全球網路社會中，世界由互相聯繫和互相依賴的國家組成，文化帝國主義的「主導」模式已與之格格不入。國際傳播理論若想與之匹配，務須清理學者的「群體思維」框架。

參考文獻

Alford, R. R., & Friedland, R. (1985). *Powers of theory: Capitalism, the state, and democracy*. Cambridge: Cambridge University Press.

Boyd-Barrett, O. (1977). Media imperialism: Towards an international framework for the analysis of media systems. In J. Curran, M. Gurevitch, & J. Woollacott (Eds.), *Mass communication and society* (pp. 116–35). London: Edward Arnold.

Carnoy, M., & Castells, M. (2001). Globalization, the knowledge society, and the Network State: Poulantzas at the millennium. *Global Networks* 1:1–18.

Chadha, K., & Kavoori, A. (2000). Media imperialism revisited: Some findings from the Asian case. *Media, Culture & Society,* 22, 415–32.

Chakravartty, P., & Zhao, Y., eds. (2008). *Global communications: Toward a transcultural political economy*. Lanham: Rowman & Littlefield.

Chang, T.-K. (2010). Changing global media landscape, unchanging theories? International communication research and paradigm testing. In G. J. Golan, T. J. Johnson, & W. Wanta (Eds.), *International communication in a global age* (pp. 8–35). New York: Routledge.

Chang, T.-K., Berg, P., Fung, A. Y.-H., Kedl, K. D., Luther, C. A., & Szuba, J. (2001). Comparing nations in mass communication research, 1970–1997: A critical assessment of how we know what we know. *Gazette,* 63, 415–34.

Chang, T.-K., Huh, J., McKinney, K., Sar, S., Wei, W., & Schneeweis, A. (2009). Culture and its influence on advertising: Misguided framework, inadequate comparative design and dubious knowledge claim. *International Communication Gazette,* 71 (8), 1–22.

Curran, J., & Park, M.-J., eds. (2000). *De-Westernizing media studies.* London: Routledge.

Curtin, M. (2007). *Playing to the world's biggest audience: The globalization of Chinese film and TV.* Berkeley: University of California Press.

Dorfman, A., & Mattelart, A. (1975). *How to read Donald Duck: Imperialist ideology in the Disney comic.* New York: International General.

Fejes, F. (1981). Media imperialism: An assessment. *Media, Culture and Society,* 3,281–89.

Fejes, F. (1986). *Imperialism, media, and the good neighbor: New Deal foreign policy and United States shortwave broadcasting to Latin America.* Norwood, NJ: Ablex.

Fortner, R. S. (1993). *International communication: History, conflict, and control of global metropolis.* Belmont, CA: Wadsworth.

Frederick, H. H. (1993). *Global communication and international relations.* Belmont, CA: Wadsworth.

Galtung, J. (1971). A structural theory of imperialism. *Journal of Peace Research,* 8, 81–117.

Galtung, J. (1990). Theory formation in social research: A plea for pluralism. In E. Oyen (Ed.), *Comparative methodology: Theory and practice in international social research* (pp. 96–112). London: Sage.

Goffman, E. (1974). *Frame analysis: An essay on the organization of experience*. New York: Harper Colophon.

Golding, P., and Harris, P. (Eds.). (1997). *Beyond cultural imperialism: Globalization, communication and the new international order.* London: Sage.

Greig, J. M. (2002). The end of geography? Globalization, communications, and culture in the international system. *Journal of Conflict Resolution,* 46, 225–43.

Hamm, B., & Smandych, R. (Eds.). (2005). *Cultural imperialism: Essays on the political economy of cultural domination.* Peterborough, ONT: Broadview Press.

Himelboim, I., Chang, T.-K., & McCreery, S. (2010). International network of foreign news coverage: Old global hierarchies in a new online world. *Journalism & Mass Communication Quarterly,* 87 (2), 297–314.

Hur, K. K. (1982). International mass communication research: A critical review of theory and methods. In M. Burgoon & A. E. Doran (Eds.), *Communication Yearbook 6* (pp. 531–54). Beverly Hills, CA: Sage.

Kamalipour, Y. R. (Ed.). (2007). *Global communication*, (2nd ed.). Belmont, CA: Thomson Wadsworth.

Katz, E. (1987). Communication research since Larzarsfeld. *Public Opinion Quarterly,* 51, S25–S45.

Kuhn, T. S. (1970). *The structure of scientific revolutions* (2nd ed.), enlarged. Chicago: University of Chicago Press.

Lazarsfeld, P. F. (1952–53). The prognosis for international communications research. *Public Opinion Quarterly,* 16,481–90.

Lee, C.-C. (1980). *Media imperialism reconsidered: The homogenizing of television culture*. Beverly Hills, CA: Sage.

Lee, S.-N. P. (1988). Communication imperialism and dependency: A conceptual clarification. *Gazette* 41,69–83.

Liebes, T., & Katz, E. (1990). *The export of meaning: Cross-cultural readings of Dallas*. New York: Oxford University Press.

Mannheim, K. (1936). *Ideology and utopia: An introduction to the sociology of knowledge.* San Diego: Harcourt Brace & Company.

McPhail, T. L. (2002). *Global communication: Theories, stakeholders, and trends.* Boston: Allyn and Bacon.

McPhail, T. L. (2010). *Global communication: Theories, stakeholders, and trends.* Malden, MA: Blackwell.

Merton, R. K. (1967). *On theoretical sociology: Five essays, old and new.* New York: Free Press.

Neck, C. P., & Moorhead, G. (1995). Groupthink remodeled: The importance of leadership, time pressure, and methodological decision-making procedures. *Human Relations,* 48,537–57.

Roach, C. (1997). Cultural imperialism and resistance in media theory and literary theory. *Media, Culture & Society,* 19,47–66.

Salwen, M. B. (1991). Cultural imperialism: A media effects approach. *Critical Studies in Mass Communication,* 8, 29–38.

Schiller, H. I. (1969). *Mass communications and American empire.* New York: A. M. Kelly.

Simonson, P. (2006). Introduction. *Annals of the American Academy of Political and Social Science,* 608, 6–24.

Sparks, C. (2000). Media theory after the fall of European communism: Why the old models from East and West won't do any more. In J. Curran and M.-J. Park (Eds.), *De-Westernizing media studies* (pp. 35–49). London: Routledge.

Stevenson, R. L. (1992). Defining international communication as a field. *Journalism Quarterly,* 63,543–53.

Street, M. D. (1997). Groupthink: An examination of theoretical issues, implications and future research suggestions. *Small Group Research,* 28,72–93.

Tomlinson, J. (1991). *Cultural imperialism.* Baltimore: Johns Hopkins University Press.

Thussu, D. K. (2000). *International communication: Continuity and change.* London: Arnold.

Thussu, D. K. (2006). *International communication: Continuity and change* (2nd ed.) London: Hodder Arnold.

Tunstall, J. (1977). *The media are American: Anglo-American media in the world.* New York: Columbia University Press.

Tunstall, J. (2008). *The media were American: U.S. mass media in decline.* New York: Oxford University Press.

Vilas, C. M. (2002). Globalization as imperialism. *Latin American Perspectives,* 29, 70–79.

Wang, G., Servaes, J., & Goonasekera, A., eds. (2000). *The new communication landscape: Demystifying media globalization.* London: Routledge.

Wells, A. (1972). *Picture-tube imperialism? The impact of U.S. television on Latin America.* Maryknoll, NY: Orbis Books.

Wolf, F. M. (1986). *Meta-analysis: Quantitative methods for research synthesis.* Beverly Hills, CA: Sage.

超越現代化和報刊的四種理論

Beyond Modernizaton and the Four Theories of the Press

揚・瑟韋斯

Jan Servaes

李紅濤／譯，陳楚潔／校

> 勒納的模式充其量是西方經驗的挪用，切不可看作國家發展的必然歷程。勒納試圖將相當有限的歷史經驗類推為普世性的過程，這一點我們需要格外謹慎。勒納的模式展示的，是以種族中心認同西方—特別是美國—中產階級的價值和圖景。
>
> ——李金銓（Lee, 1980, p. 21）

> 或許，美國例外主義哲學的核心特徵便是，一方面認為美國是獨一無二的，另一方面卻主張其價值和利益具有普適性。
>
> ——赫曼特．沙阿（Hemant Shah, 2011, p. 148）

> 差異或多元性既不能也不會阻止理解與傳播，但漠視它們則會。
>
> ——汪琪（Wang, 2011c, p. 271）

對國際傳播和發展傳播中的西方偏見，各式批評可謂屢見不鮮（參見本章的參考文獻），這裡引述的三段話，只不過是其中的少數例證。這些批判的觀點可以簡括如下：

- 質疑並拓寬我們這個領域的知識論和本體論假設。西方實證主義視角仍占有支配地位，我們需要帶入闡釋性的社會建構論路徑，以求對社會現實提出更具普適性的闡釋。
- 在所謂的庫恩式「範式」層面上，最初的現代化模式已經被依賴理論、多元性、全球化等模式所補充或取代。然而，這些替代模式仍受西方傳教士般的熱情所驅動而「向外」擴張。我們需要更關注那些「向內看」而較不受制於「帝國主義」目的的視角。
- 鑒於這些考慮，我們需要重新思考研究方法和技術。量化方法及其發現的局限性已明顯不過。不過，質化研究同樣需要批判性地評估。從參與式的視角出發，結合量化和質化方法，或許能夠為各類問題提供更為充分、切題的答案。
- 跨國或跨文化的比較研究也常常暗含著西方式的偏見。在西方語境中發展出來的模式和框架，被當作評估和比較的模版。我們需要真正的本土視角作為比較研究的出發點。

倘若上述觀點是「共同知識」（common knowledge），為什麼國際傳播和發展傳播研究的主流仍未擁抱這些顯而易見的常識？對此，三位學者曾評估國際傳播領域的「豐富性」，我們可以根據他們的研究，以歷史角度加以探討。喬・艾倫・費爾（Jo

Ellen Fair）、赫曼特・沙阿（Hemant Shah）和克里斯汀・奧根（Christine Ogan），分析期刊論文、圖書和著作的章節，試圖把握國際傳播不同階段——一九五八—一九八六、一九八七—一九九六、一九九七—二〇〇五及一九九八—二〇〇七——的基本方向。

在一九五八—一九八六年間，主導性的研究是強大效果論或有限效果論：「在西方推動第三世界發展的過程中，傳播是一個關鍵的要素。勒納有關中東地區傳播和發展的重要研究出版於一九五八年，之後十餘年間，研究者們紛紛假定，在社會系統中引入媒介和特定類型的教育、政治和經濟資訊，將會幫助個體和社會完成從傳統到現代的轉型。媒介被看作『魔術擴散者』（magic multipliers），對第三世界的受眾產生相當直接和強大的效果，由此加快和放大發展的益處。」（Fair, 1989, p. 145）

在一九八七—一九九六年間，「勒納的現代化模式銷聲匿跡，取而代之的理論框架是參與式發展（participatory development）。參與式發展幾乎與勒納背道而馳，放棄了大眾傳播在社會變遷中的自上而下的角色，染上樂觀的後現代色彩。在這一階段，曾被現代化學者奉為圭臬的兩級流通模式也消失了。」（Fair & Shah, 1997, p.10）

一九九七—二〇〇五和一九九八—二〇〇七這兩個晚近的階段局部重疊，有一些讓人意外的趨勢，在此，容我先引述沙阿的分析：

首先，勒納的媒介與發展模式在上一階段徹底消失，卻在一九九七—二〇〇五年間重新出現。其次，一九九七—二〇〇五年間只出現了另外兩種理論，都來自傳統的美國行為科學研究路徑，分別是社會學習理論和知識溝理論。第三，一九九七—二〇〇五年間最常提起的兩個理論——參與式傳播和社會學習——反映了流行的導向，其實它們在一九八七—一九九六年間已被視為發展傳播的創新，只是當時的名稱是參與式的發展以及「寓教於樂」（edu-tainment）。（Shah, 2007, p. 13）。

沙阿從技術決定論的視角，解釋這些「老」觀點——特別是勒納模式（Lerner, 1958, 1977）——的持久生命力：「一九五八年以來，後殖民世界每出現一種新的技術創新，不管是電視、衛星、微波，還是電腦、呼叫中心、無線科技，都會燃起人們堅定的信心，令他們相信勒納的現代化模式會加速增長、提高生產力，並培育出現代意義上的世界公民。」（Shah, 2007, p. 24; 亦可參見 Shah, 2011）

奧根及其學生（Ogan et al. 2009）也發現，發展傳播研究的焦點從大眾傳播轉向資訊與傳播技術（ICTs）的角色。但這些研究很少將發展置諸全球化的語境，而是繼續沿用飽受非議的現代化範式。他們指出，「近年來對資訊與傳播技術的關注，還是在尋找某種妙方，以便將資訊帶到人們身邊，改變他們的生活，提高生活水準，教育他們的子女，提高識字率和教育程度，並在這些國家中推廣民主。多年來的研究告訴我們，資訊只是導致這些變化的必要而非充分條件，但研究者們仍將資訊與傳播技術當作發展『聖杯』的最新版本。傳播學者自然對此心知肚明，因為他們浸淫在過去三十年的批判文獻之中，但從資訊學科踏入這一領域的新人卻未必熟悉這套文獻。此外，現代化範式的吸引力，讓人們忘了它其實並不奏效。」（pp. 667-668）

換言之，這裡所涉及的得失，還不只無知而已。國際傳播中的西方偏見也許是掌權者維持現狀的便宜之舉，他們得到學術社群的協助，因為正如布迪厄所說，學者們自成一群保守主義者（Servaes, 2012）。在本章，我將延續上述討論，具體審視國際傳播領域發展的歷史情境，質疑《報刊的四種理論》的某些假設，並簡略討論可能打破當前僵局的研究路徑。

一、「西方偏見」的歷史情境

一九四一年一月六日，美國總統羅斯福的演講提出四大自由（言論自由，信仰自由，免於貧困的自由，和免於恐懼的自由），二戰結束之後美國發起馬歇爾計畫，建立布雷頓森林體系和世界銀行、國際貨幣基金組織、聯合國及其區域分支和專門附屬機構，這一切都導向艾米・斯台普斯（Amy Staples, 2006）所說的「發展的誕生」，或者埃瑞克・洛（Eric Louw, 2010）所描繪的「美利堅和平模式」（Pax Americana）的誕生。

發展中國家多以北大西洋「福利國家」為發展的終極目標。它們被新技術轉讓所吸引，並嚮往中央集權國家的模式，認為小心的經濟規劃、由中央掌控的農業、教育和健康發展機構，是追趕工業化國家的最佳策略。很多學者——包括我本人在內——稱之為現代化範式（Servaes, 1999, 2008）。

現代化加速了西化精英結構的成長以及都市化的進程。在萊瑟姆（Latham, 2000）看來，社會科學理論在甘迺迪總統任內形塑了美國的外交政策，其結果是設立了拉美進步聯盟（Alliance for Progress with Latin America）、和平工作隊（Peace Corps）和其他世界範圍的發展援助專案。一般假設，在外國的援助下，落後的鄉村地區在農業、基礎教育、健康、鄉村交通、社區建設等方面得以發展起來，政府官僚機構也因此延伸到主要的城鎮。其實，美國界定發展為其政治經濟體制的複製品，由此為跨國公司打開大門。克里斯多夫・辛普森（Simpson, 1994, 1998）、羅漢・薩瑪姬瓦（Samarajiva, 1987）和赫曼特・沙阿（Shah, 2011）在研究發展傳播概念的淵源時發現，勒納（Lerner, 1958）和施蘭姆（Schramm, 1954）的經典作品原是哥大應用社會研究所受美國之音委託的大規模秘密受眾研究的副產品，他們撰寫的某些研究報告至今仍被中情局列為機密。薩瑪姬瓦等人指出，在冷戰背景下，心理戰的需求對美國早期傳播研究產生了巨大影響：「早期的探索研究顯示，影響流向的形態是：從市場研究到傳播研究；從市場和傳播研究到心理戰；從心理戰再到傳播與發展。」（Samarajiva, 1987, p. 17）其他學者也持類似看法（參見Ambrose, 1983; Krige & Barth, 2006; McMichael, 2008; Roberts, 2006; Schiller, 1969, 1976; Smythe, 1981; Smythe & Van Dinh, 1983; Tunstall, 1977）。

廣播體系主要用於娛樂和新聞。廣播成為全國性宣導活動的管道，以說服人們採納若干具體的健康和農業操作。但正如羅伯特・懷特（White, 1988, p. 9）所說，「在發展中國家，現代化設計對傳播來說，最重要的維度是交通迅猛發展，連接鄉村社區、市鎮和區域性的城市。隨著交通發展和電力普及，商業消費的供應網路延伸到鄉鎮和村莊，帶去西方的消費文化和電影、廣播、音樂等流行文化。儘管玻利維亞或斯里蘭卡的農民達不到美國中產階級的消費風格，但他們的生活的確發生了深刻變化。這才是現代化的真面目。」

（一）發展傳播

二十世紀五〇年代以降，傳播模式在實際的發展專案中越來越重要。人們相信，傳播刺激並擴散一套特定的價值和制度，有利於催生個人成就、流動能力、創新和消費，也就是人們「變得更現代」。根據勒納（Lerner, 1958）的觀點，地理流動和都市化刺激「移情」（empathy）的心理傾向，進而提高識字率，增進經濟及政治參與——都是現代化的必要條件。媒介直接或間接激發「心理流動」的條件，以至於推動經濟發展。換言之，勒納於一九五八年出版的著作，核心觀點是，比起傳統社會的人，具備「移情能力」的人有較高的流動能力，更有應變的能力，以未來為導向，更富理性。傳播與發展的關係是可量化的、線性的：傳播能夠在多大程度、以何種方式貢獻現代化進程？這樣的傳播傳遞模式，主要是從資訊工程、政治宣導和意見擴散的研究中概括出來的。基於勒納的移情概念，英格爾斯和史密斯（Inkeles & Smith, 1974）比較分析六個發展中國家，發現「現代」人更相信大眾媒介而不是個人媒介獲取國際新聞。因此，在他們看來，現代人更喜歡國內和國際新聞，而不是體育、宗教新聞或地方新聞。

在勒納的基礎之上，施蘭姆（Schramm, 1964）更深入探討大眾傳播與現代化實踐和制度之間的關係。他認為，大眾傳媒在現代社會中至少承擔三項不可或缺的功能：它們是社會變化的「看門狗」、「政策制定者」和變革的「教師」。施蘭姆指出，每一個國家設定的目標是大眾媒介基礎設施，包括至少每一百人有十份報紙、五部收音機、兩個影院座位、兩台電視機。施蘭姆以現代傳播媒介補充傳統社會口傳管道的不足，呼應了「兩級流通論」以及態度變遷的研究。施蘭姆認為大眾傳播媒介擔負著「（心理）流動的擴散者」（mobility multipliers）的功能。這些理論模式在當時的發展文獻和實踐中所以相對流行，實與研究者對這類傳播過程構想的方式息息相關。首先，因為他們認為傳播就是資訊傳遞，側重於效率或效果。無論是羅傑斯（Rogers, 1962）的創新擴散理論[1]，還是技術決定論皆是如此。麥克魯漢（1964）認為技術是價值和政治中立，會為欠發達國家帶來現代化；技術逐漸創造出一個「全新的人類環境」，這便是現代社會。換言之，技術是發展進程中的重要力量，既無法抗拒，又勢不可擋。羅傑斯（1962, 1986, 2003）強調，在文化創新的採納和擴散過程中，大眾傳媒提高人們對新事物和實踐方式的知曉度；但人際傳播在決策階段更具影響力。因此，人際影響比大眾傳媒對社會行為更可能產生直接的效果。

此外，這些傳播模式切合當時新興大眾傳媒的的本質和機制。換言之，傳播旨在操縱訊息和人群，以便實現指定的發展目標。這意味著媒介訊息就像「子彈」或「皮下注射」，其效果會迅速有效地嵌入接收者的意識當中。正如本章引言中的歷史分析，其他研究者（Hornik, 1988; Leeuwis & Van Den Ban, 2004）也指出，這個情形在過去幾十年並未發生根本變化。

（二）對現代化範式的批判性評估

二十世紀六〇年代以來，傳播與現代化在世界各地都遭到不同陣營的批評。對現代化傳播理論最為重要的批評，概述如下（更詳細的討論參見Servaes, 1999, 2008）：

1. 在經驗層面，研究者主要關注具體的、可量化的、短期的個人效果，並以可疑的方式將之概括化。例如，在檢驗勒納的理論命題時，連施蘭姆（Schramm & Ruggels, 1967）在內，研究者都未能證明大眾媒介普及與識字率、都市化和人均收入之間的模式是單一的形態。實際上，經驗證據顯示，這些模式因地域、環境或文化的不同而差別很大。
2. 現代化範式從實證主義和行為主義的立場出發，預設一連串線性的、理性的事件，預先規劃，以外設的的理性標準為依歸。就像行為主義的「刺激—反應」模式一樣，其背後假設人類行為可以通過孤立的、直接的因果關係加以解釋。大眾媒介經常被拿來與面對面傳播比較。資訊傳遞被看作孤立的、線性的活動，有起點和終點。在我看來，「傳遞」概念衍生自機械資訊理論，很難挪用

1 霍夫曼（Hoffmann, 2007）指出，在前後五版中，該理論發生了一定變化。

到人類互動，因為人類溝通的語境構成了完整的過程。

3. 實證主義假定研究者可以「客觀地」、經驗性地捕捉「現實」，卻幾乎從不質疑這些假設的正誤，甚至對質疑者嗤之以鼻，要求他們提出經驗證據以證明經驗主義的錯誤。然而，在很多文化中，恰恰是那些無法測量（無法被任何形式的理性命名、描述或理解）的事物，被看作最重要的現實。人類並不是刺激-反應的開關盒，而是積極主動的、富有創造性的、目的明確的造物。兩位研究者（Jayaweera & Amunuguma, 1987, p. 41）研究婆羅門對「同一性和主體性」的看法，他們說上述的假設「不可能被標榜活在經驗科學的真實世界裡的社會科學家嚴肅對待……。但他們所謂的『真實世界』…… 在最科學的科學家——高能物理學家——看來，也不過是虛構之物。」

4. 發送者—接收者的模式多半忽略社會情境。因此，湯瑪斯（Thomas, 1982, p. 84）說，「發送者—接收者關係的整套觀念遮蔽了社會層面的資訊傳遞」。「意圖」（intentionality）仍被看作任何傳播定義的基本要素，間接假定——在「使用與滿足」理論中則明說——人類行為的解釋可以以行動者的主觀界定為基礎。換言之，人類行為不受制於個人在社會情境（系統或子系統、社會群體或階級）中的位置，只受制於個人自我界定的位置和對環境的影響。這導致了人與人的支配與被支配關係，契合了西方主導性的歷史世界觀，對人與環境採取「去歷史化」的關係。更具體地說，「兩級流通論」忽略了一點，即大量資訊可以直接從媒介流動到使用者，無需經過意見領袖的中介，例如需要的人就可以自下而上要求變革。可見意見領袖的概念太粗糙。

5. 研究者著重商業和意識形態的因素，不太關注社會和情境因素。媒介以社論和廣告鼓勵個人嚮往社會流動，爭取更好的生活，由此創造出消費需求，維繫第三世界對西方的經濟依賴。部分因為大量節目依賴進口，部分因為模仿，媒體的主要資訊是因循保守、物質主義和墨守成規。學校和教育性的電視節目也在強化類似的觀念。研究者忽略廣告，集中於媒體言論，不啻把注意力引開，看不到大眾傳媒首要的目的是為廣告商生產和銷售消費品和服務。因此，達拉斯・斯邁思（Dallas Smythe, 1981, p. 250）說，「這樣，他們（這些研究者）自然可以不必探究研究中的盲點：受眾及其運作機制」。

6. 受到潛在的種族中心主義和內生主義影響，研究者理所當然地認為，從美國的宣導活動中作出推論，可以輸出到第三世界的環境，第三世界媒介的硬體和軟體都需要從「外部」進口。這個相當富有決定論色彩的視角造成負面的後果，在技術轉讓的領域尤然。因此，我們應當建立一個整合性的、多維度的視角，以傳播科技為發展過程的補充。然而，在現實中我們經常看到，位高權重者掌控著技術，其使用方式符合他們的利益，技術根本無法惠及多數民眾。

7. 對傳播過程的探究趨向於靜態、去歷史化，主流的預設是穩定的社會系統，社會和諧與整合，不存在階級鬥爭或社會矛盾。這種路徑「等於一長串經驗分析性的、殘缺的、零碎的研究，以事實和價值二分為指引，從利益相關方的意圖出發，運用社會技術，維護現狀，在認識論層面則受到康德式傳統的掣肘，將現實局限在預先界定的範疇之內。」（Rao, 1986, p. 202）

二、報刊的四種理論

傳統上，傳播學者傾向於將《報刊的四種理論》放在媒介與社會的關係視野中加以審視，視之為規範理論。西伯特、彼得森和施蘭姆的的假設是，「傳媒帶有所屬社會和政治結構的色彩，尤其反映了個人和社會的關係調節的社會控制系統之特徵」（Siebert, Peterson, & Schramm, 1956, pp. 1-2）。他們在書中提出的四種模式備受批評，因為以西方為中心，提出的普適性論斷也不切實際。後來有學者又添加了「發展模式」和「民主參與模式」（對相關討論的概述，參見Hachten, 1996; Hachten & Scotton, 2007; Merrill, 1974, 1979, 1989; McQuail, 2005; Nerone, 1995; Servaes, 1989）。但在這些批評和後續討論中，西伯特開篇的理論命題卻從未被質疑過。約翰・梅里爾概括如下：「媒介系統當然與相對應的政府類型緊密關聯；本質上，它們既反映也支持特定的政府哲學。以此觀之，可以說，所有的媒介系統都受到束縛，與各自的政府哲學捆綁，被迫在特定的意識形態界限內運轉。」（Merrill, 1979, p. 153）

在比較媒介理論和體制的研究傳統中，有三項新近研究值得關注：克里斯琴斯等合著的《媒介規範理論》（Christians et al., 2009）、丹尼爾・哈林和保羅・曼西尼（Hallin & Mancini, 2004）合著的《比較傳媒體制》，以及卡羅爾・雅庫博維奇（Karol Jakubowicz, 2007）對中歐和東歐社會與媒介變遷的研究。其中，哈林和曼西尼最常被比較分析所援引（例如，Terzis, 2009對歐洲新聞教育的比較研究）。

哈林和曼西尼（Hallin & Mancini, 2004）區分了媒介與政治的三種模式：北大西洋自由模式（包括英國、美國、加拿大和愛爾蘭）、北歐民主統合模式（奧地利、比利時、丹麥、芬蘭、德國、荷蘭、挪威、瑞典和瑞士）以及地中海極化多元模式（法國、希臘、義大利、葡萄牙和西班牙）。卡羅爾・雅庫博維奇（Jakubowicz, 2007）引用哈林和曼西尼的框架，分析中歐和東歐地區，提出了第四種模式。他指出，在共產主義陣營瓦解之後，中歐和東歐的新聞業欣然接受了自由主義或英美的專業新聞模式。最初，很多民眾（包括新聞工作者）歡迎「民主福音擴散」到他們的世界（特別是與之相伴隨的經濟效益），但這一樁「浪漫情事」逐漸喪失魅力，特別是二〇〇八—二〇〇九年全球金融危機，對社會各界產生了清醒的連鎖影響，後共產主義國家的新聞界盲目信仰不受節制的個人自由以及自由市場原則，也備受質疑。不過，由於國家在歷史上強大的角色，哈林和曼西尼「相信民主統合模式也適用於東歐和中歐國家，因為這些國家同樣經歷了類似的歷史發展過程」（Hallin & Mancini, 2004, p. 305）。

哈林和曼西尼（Hallin & Mancini, 2004, p. 301）指出，三種模式「明顯有向自由主義體制靠攏的趨勢」。但鑑於近年來的經濟危機，這個推斷顯得過分樂觀，可能需要重新評估。哈林和曼西尼告誡我們，謹防簡單化的概括，在三種模式內外都有重要的差異，並呼籲多做相關主題的比較歷史分析和民族志研究。他們亦試圖指出，這三種模式與所謂發展中國家互相關聯：「儘管自由主義模式在媒介研究中處於支配地位，歷來被用作衡量其他媒介體制的首要規範性模式，極化多元模式更有可能廣泛適用於其他體制。我們有理由認為，東歐和前蘇聯地區、拉美、中東和整個地中海地區、非洲和亞洲多數國家，與我們對南歐國家的研究有不少契合，包括侍從主義的角色、國家的強大影響、媒介作為政治鬥爭的工具，以及相對薄弱的職業規範等。」（Hallin & Mancini, 2004, p. 306）

哈林和曼西尼的比較分析過度強調了政治、技術和經濟因素的影響，寥寥數筆帶過對文化的討論，無形中忽視了文化維度在媒介體制和社會形構的重要作用。他們幾乎將所有非西方國家和地區籠統地歸入一個範疇，無視地方、國家和社會文化系統的複雜性、特殊性和豐富性，這是不公正的。以非洲為例，比起簡單的極化多元模式，法蘭西斯・尼亞姆喬（Francis Nyamnjoh, 2005, 2007）對非洲政治和媒介體制的人類學分析，或者誇梅・亞庇（Kwame Appiah, 2005, 2006）和莫萊菲・阿桑特（Molefi Kete Asante, 2007）等人的哲學分析都更深刻豐富，更令人信服。

三、需要更複雜和整合的規範性媒介理論框架

二十世紀八〇年代，我就針對規範性媒介理論，提出一個三維的、辯證整合的框架，涵蓋哲學、政治經濟和文化人類學等層面（參見Servaes, 1982, 1989; Servaes & Tonnaer, 1992）。克里斯琴斯等人（Christians et al., 2009, p. 16）運用了大致相似的分類方式：在哲學上聚焦於規範性傳統，在政治層面評估民主模式，以及分析媒介可能扮演的不同角色。我們認為媒介角色是文化整體的一部分。

我批評經典模式主要集中在兩個方面：一方面，經典模式對「自由」、「民主」、「客觀性」等概念的描述過於狹隘（太西式），很難甚至無法推而廣之；另一方面，現實往往不會遵從抽象的哲學原則。因此，我們需要徹底反思新聞自由和專業新聞實踐等傳統原則，才能讓它們成為媒介與民主不可或缺的一環。我很高興看到，《新聞學刊》（*Journalism*）出版了一期專刊，題為「新聞與民主的結合」，專刊編輯貝亞

特・約瑟菲（Beate Josephi）在結語中寫道，「所有參加討論的學者（特別是內羅內【Nerone】、澤利澤【Zelizer】、喬治【George】和衛斯博多【Waisbord】）一致認為，新聞與民主範式在學術文獻中仍然占據支配地位，使得人們以歪曲的方式看待新聞業。」（Josephi, 2013, p. 441）

資訊與傳播技術、網路和社會網路日益多樣和融合，媒介市場的降低管制，媒介產品和服務的全球化／當地語系化，都迫使我們重估國際傳播。不同媒體平臺上的多工運作，全天候的新聞週期，不僅在技術上挑戰記者，也迫使他們重新考慮平衡、客觀性和偏見的正統觀念（Thussu, 2008）。這也牽涉到一系列其他問題，例如後共產主義國家（Casmir, 1995; De Smaele, 1999; Jakubowicz, 2007）、亞洲（Iyer, 2001）、拉美（Beltran, 1993; Fox, 1988）或伊斯蘭社會（Hussain, 2006）對文化和新聞自由等概念的闡釋；對新聞倫理以及普世價值和特殊價值的討論（Christians & Traber, 1997; Karikari, 1996; Preston, 2007; Ukpabi, 2001）；佛教（Dissanayake, 2006; Gunaratne, 2007）或儒家/中國（Chen, 2004; Gunaratne, 2005）傳統中的新聞觀念；抑或世界各國的義務倫理守則與實踐（Mendel, 2008; Pigeat & Huteau, 2000）等等。

克里斯琴斯等人（2009）提出了四項不同而重疊的媒介角色：（一）機警的告知者監督角色，蒐集並發表公眾可能感興趣的資訊；（二）推動的角色，既報導又支援、強化市民社會；（三）激進的角色，即挑戰權威，呼籲變革；以及（四）協作的角色，建立新聞工作者和社會權力中心——特別是國家——的夥伴關係，追求共同認可的利益。每一種角色都對應著一套具體技能，未來的新聞人和知識工作者都需要掌握這些能力，方能充分履行職責。個人必須擁有某些特質，以恰當、一貫的方式使用這些能力，才能表現得當。這些「特質」包括知識、技能、自我形象、社會動機、思維模式、心態以及思考、感受與行動方式（Dubois & Rothwell, 2004; Irigoin et al., 2002; Hofstede & Hofstede, 2005）。在當今的複雜世界中，新聞人所需的能力多種多樣，幾乎無法在常規的新聞專業教育中獲得。他們需要核心能力（溝通、團隊工作）、管理能力（賦權他人、決策），乃至新聞行業特殊工作的專門技能。衡量他們能力的高低，就看在工作場景下展示出的行為是否帶來實際成果。

（一）以泰國為個案

如前所述，哈林和曼西尼認為，多數亞洲國家傾向極化多元模式，但如果放在泰國，就會發現實際情形更為複雜。泰國曾經是東南亞公認媒介體制最自由的國家，也自詡擁有本地區最民主的憲法（Chongkittavorn, 2000, p. 37）。

由於泰國沒有被殖民的歷史，它構成了一個有趣的個案。自由主義模式的宣導者宣稱，如果媒介受到規制，就會變成國家的奴僕；而私營媒體在自由市場競爭，則可以確保獨立於政府。市場中介於媒介與受眾之間，是媒介第四權的基礎。在理想的情況下，控制媒介產品的是有購買力的消費者，而不是政府（Wheeler, 1997, p. 129）。

不幸的是，泰國的私營媒體沒有按照理想的方式運作。泰媒高度依賴廣告收入，難逃外部政治經濟壓力的影響。自從一九三二年實現民主化以來，泰國的民主制度始終都是寡頭政治，由精英不斷結盟統治（Lertvicha, 1987; Nelson, 2004）。在泰國很難遏止腐敗，無論是個別新聞從業者選擇職業生涯，或媒介為了提高收入，都需要自我審查，並將統治者的訊息可靠地傳遞給民眾（Lertrattanavisut, 2004; Phongpaichit & Priryarangsan, 1994）。此外，在「褻瀆君主」（lèse majesté）罪名之下，媒介不敢以任何不敬或批判的方式報導王室。

在這樣的框架內，泰國的政治局勢陷入混亂，泰國人民大致分化為兩個陣營。其中一個陣營由草根民眾構成，支持前首相他信的民粹政策，鼓吹全球化和全盤自由化；另一個陣營則包括城市郊區的中產階級和知識份子，他們支持國王的「充足經濟」道路[2]（Likhitsomboon, 2006, p. 25; Prasirtsuk, 2007）。每個陣營都宣稱在推動更富足的經濟和更文明、更公正的社會（Wasi, 2003, p. 136）。

這些特徵使泰國媒介體制與亞洲多數國家不同（參見Cheypratub, 1995; Chongkittavorn, 2000; McCarco, 2000; Servaes, 1999; Servaes, Malikhao, & Pinprayong,

2009; Siriyuvasak, 2004, 2005; Supadhiloke, 2007, 2008; Taveesin & Brown, 2006）。勞倫・科根（Lauren Kogen）運用哈林和曼西尼的模式分析泰國個案，他發現，「不滿泰式民主的民眾，抗議現政權，不斷遭到國家的鎮壓，有時候甚至很暴力。在這種動盪時刻，市民社會、企業界和政府展開對抗，試圖找到在新體系中平衡權力的途徑。」（Kogen, 2010, p. 343）無論泰國是走向全面自由化，還是走向充足經濟，或是二者的混合，泰國的民主和媒介體制都很難以西方視角理解。

（二）我們面臨的挑戰

以下這些學者從不同角度提出洞見，使我們更好地理解未來：現代性（Bhmbra, 2007）、地方化作為「互相滲透的全球化」（Braman & Sreberny-Mohammadi, 1996）、可持續發展與鄉村建設（Cimadevilla & Carniglia, 2004）、賦權（Friedmann, 1992）、地方知識與「模糊的類型」（Geertz, 1983）、亞洲哲學視角（Gunaratne，2005, 2011）、文化認同（Hall & du Gay, 1996; Bera & Lamy, 2008）、跨文化傳播空間（Lie,

2 譯注：泰國國王普密蓬（1927-2016）提出的經濟道路，主張自力更生、自給自足，努力構築不依靠外力的供需體系，從而規避和抵禦全球化風險。

2003）、參與（Thornton & Cimadevilla, 2010）、傳播與可持續發展的關係（Tremblay, 2007）以及社會正義和人權（Wronka, 2008）。

正如以下這些來自全球南方的學者所說的，這意味著我們必須全面擁抱文化視角（Kwame Anthony Appiah, 2005, 2006; Wimal Dissanayake, 2006, 2011; Mohan Dutta, 2011; Guo-Ming Chen, 2004, 2011; Hattam, 2004; Shelton Gunaratne, 2005, 2011; Swaminathan, 1994; Majid Tehranian, 2007; Georgette Wang, 2011a）。古納拉特納（Gunaratne, 2005）從東方哲學和新興的生命系統解釋報業理論，以求傳播理論的去西方化。他從量子物理、後帕森斯系統理論和世界體系理論中汲取養料，形成更具人性中心主義色彩的理論框架，以便整合東方本體論和西方認識論。

哈特姆（Hattam, 2004）則呼籲以入世佛教當作中間道路，對佛學採取創造性的辯證態度，並應用這些原則於高度複雜和日漸全球化的世界。可資運用的「入世」視角，其源頭來自龍樹（Nagarjuna）、達賴喇嘛、釋一行（Thich Nhat Hanh）、蕭素樂（Sulak Sivaraksa）等高僧大德和「思考僧伽」（Think Sangha）。

迪薩納亞克（Dissanayake, 2006, 2011）提倡新的人文主義概念：「西方話語中的人文主義……以至高的個人為中心——個人自我存在，是行動和意義的起源，占據人類價值觀和文明成就的優越位置。然而，那些吸引亞洲傳播學者的經典文獻中敘述的自我和個人概念，卻呈現完全不同的圖景。佛教對自我的本體論和價值論，迥異於歐洲人文

主義的觀念。這些差異顯示，有多種不同的人文主義。」（Dissanayake, 2006, p. 6）

多種人文主義共存，或許會導向亞庇（Appiah）所說的世界主義挑戰：「倘若我們接受世界主義的挑戰，我們就要告訴我們的代議者，請他們記住那些陌生人。不是因為我們被他們的遭遇所觸動——我們會，或許不會——而是因為我們響應亞當・斯密所說的『理性、原則、良心、胸中深處』。最富有的國家人民可以做得更好，這不過是單純的道德要求。但如果我們讓自己的文明更具世界性，當會贏得更廣泛的共鳴。」（Appiah, 2006, p. 174）

四、代結語：傳媒教育的「國際化」

如果要真正「國際化」國際傳播，就不得不面對上述「問題「和「限制」。同樣重要的是，新聞和傳媒教育領域也需要「國際化」。

專業教育（新聞和其他行業）仍然建立在地方或全國性的參照系之上。它必須衝破國家的藩籬，邁向國際化。其中一個核心問題是，「我們如何跳脫新聞教育中的國家刻板印象？如何打破國家的偏見，去理解媒介和新聞？」未來的新聞教育者面臨的挑戰，包括如何讓真實的學習經驗在文化上更為多元，更為國際化，更有創新和批判的反思，更好地以解決問題為導向，帶入更多資訊和知識協商，以及合作等等。這一切都會對教學和學習過程產生極大的影響（Servaes, 2009）。

對視覺素養和網路素養的新需求，很快就會讓我們陷入困境，其困難程度堪比十九世紀文盲帶來的問題。就像舊日的文盲一樣，新的文盲將是低收入、低教育的社會階層，這一點我們在新技術的擴散即可清晰看出來。中期的社會發展可能造就一個二元對立的社會體，一面是富裕的、教育程度高的新知識階層，擁有技能和管道接近、使用資訊與傳播技術；另一面則是貧窮的、教育程度較低的新文盲，他們被隔離在新技術場景之外，剝奪了大多數技術，無法接近使用各種資訊和文化。正是在這個意義上，我們需要新的傳媒教育。

此外，為了推動公共參與，我們需要強化獨立和多元的媒介體制。為了讓媒介敢於批評政府，政治和經濟體制必須保證它們在盡可能開放的公共領域運作。即使在民主社會，新聞自由從來沒有保證，尤其是媒介產業的商業運作更是如此。除了為獨立媒介體制創造適當的政治和經濟環境，還必須要求新聞從業者遵循最高的倫理和專業準則。對新聞記者和公民而言，如何應對資訊爆炸是永恆的巨大挑戰；如何以民主方式管理，則是對公共權力當局的挑戰（Servaes, 2005）。在全球化時代，無論是新聞從業者或公民，接近、檢索、選擇和再生產資訊，轉化為知識，這種能力與速度將決定權力，推動社會變革。

參考文獻

Aeusrivonse, N. (2004). Building popular participation: Sustainability of democracy in Thailand. In M. Nelson (Ed.), *Thai politics: Global and local perspectives*. Nonthaburi, Thailand: King Prajadhipok's Institute.

Ambrose, S. (1983). *Rise to globalism: American foreign policy since 1938*. Harmondsworth, UK: Penguin.

Appiah, K. A. (2005). *The ethics of identity*. Princeton, NJ: Princeton University Press.

Appiah, K. A. (2006). *Cosmopolitanism: Ethics in a world of strangers*. London: Allen Lane.

Asante, M. K. (2007). *An Afrocentric manifesto*. Cambridge: Polity.

Beltran, L. R. (1993). Communication for development in Latin America: A forty-year appraisal. In D. Nostbakken & C. Morrow (Eds.), *Cultural expression in the global village*. Penang, Malaysia: Southbound.

Bera, M., & Lamy, Y. (2008). *Sociologie de la culture*. Paris: Armand Colin.

Bhambra, G. K. (2007). *Rethinking modernity: Postcolonialism and the sociological imagination*. London: Palgrave Macmillan.

Boyd-Barrett, O. (1977). Media imperialism: Towards an international framework for the analysis of media systems. In J. Curran, M. Gurevitch, & J. Woollacott (Eds.), *Mass communication and society* (pp. 116–41). London: Arnold.

Boyd-Barrett, O. (1982). Cultural dependency and the mass media. In M. Gurevitch, T. Bennett, J. Curran, & J. Woollacott, (Eds.), *Culture, society and the media* (pp. 174–95). London: Methuen.

Braman, S., & Sreberny-Mohammadi, A. (Eds.) (1996). *Globalization, communication, and transnational civil society*. Cresskill, NJ: Hampton Press.

Casmir, F. (Eds.). (1995). *Communication in Eastern Europe: The role of history, culture, and media in contemporary conflicts*. Mahwah, NJ: Lawrence Erlbaum.

Charoensin-O-Larn, C. (1988). *Understanding postwar reformism in Thailand*. Bangkok: Editions Duang Kamol.

Chen, G.-M. (2004). The two faces of Chinese communication. *Human Communication: A Journal of the Pacific and Asian Communication Association,* 7 (1), 25–36.

Chen, G.-M. (2011). Moving beyond the dichotomy of communication studies: Boundary wisdom as the key. In G. Wang (Eds.), *DeWesternizing communication research: Altering questions and changing frameworks* (pp. 157–71). New York: Routledge.

Cheypratub, S. (1995). *Sue muan chon lae karn pattana prathet: Nen chao pao prathet Thai* [Mass media and development: The case of Thailand]. Bangkok: Chulalongkorn Publishing House.

Chongkittavorn, K. (2000). Thailand: A troubled path to a hopeful future. In L. Williams & R. Rich (Eds.), *Losing control: Freedom of the press in Asia* (pp. 219–38). Canberra: Asia Pacific Press of the Australian National University.

Christians, C., Glasser, T. L., McQuail, D., Nordenstreng, K., & White, R. A. (2009). *Normative theories of the media: Journalism in democratic societies.* Urbana: University of Illinois Press.

Christians, C., & Traber, M. (Eds.). (1997). *Communication ethics and universal values.* Thousand Oaks, CA: Sage.

Cimadevilla, G., & Carniglia, E. (Eds.). (2004). *Comunicación, ruralidad y desarrollo: Mitos, paradigmas y dispositivos del cambio*. Buenos Aires: Instituto Nacional de Tecnología Agropecuaria (INTA).

Daorueng, P. (2004). Thai civil society and government control: A cyber struggle? In S. Gan, J. Gomez, & U. Johanan, (Eds.), *Asian cyberactivism: Freedom of expression and media censorship.* Bonn: Friedrich Naumann Foundation.

de Smaele, H. (1999). The applicability of Western models on the Russian media system. *European Journal of Communication,* 14 (2), 173–90.

Dissanayake, W. (2006). Postcolonial theory and Asian communication theory: Towards a creative dialogue. *China Media Research,* 2 (4), 1– 8.

Dissanayake, W. (2011). The production of Asian theories of communication: Contexts and challenges. In G.

Wang, (Eds.), *De- Westernizing communication research: Altering questions and changing frameworks* (pp. 222–37). New York: Routledge.

Dubois, D., & Rothwell, W. J. (2004). *Competency-based human resource management*. Palo Alto, CA: Davies-Black Publishing.

Dutta, M. (2011). *Communicating social change: Structure, culture, and agency*. New York: Routledge.

Fair, J. E. (1988). *A meta-research of mass media effects on audiences in developing countries from 1958 through 1986*. PhD diss., Indiana University.

Fair, J. E. (1989). 29 years of theory and research on media and development: The dominant paradigm impact. *Gazette,* 44,129–50.

Fair, J. E., & Shah, H. (1997). Continuities and discontinuities in communication and development research since 1958. *Journal of International Communication,* 4 (2), 3–23.

Fox, E. (1988). *Media and politics in Latin America: The struggle for democracy*. London: Sage.

Friedmann, J. (1992). *Empowerment: The politics of alternative development*. Cambridge, UK: Blackwell.

Geertz, C. (1983). *Local knowledge: Further essays in interpretive anthropology*. New York: Basic Books.

Gunaratne, S. (2005). *The dao of the press: A humanocentric theory*. Cresskill, NJ: Hampton Press.

Gunaratne, S. (2007). A Buddhist view of journalism: Emphasis on mutual causality. *Communication for Development and Social Change,* 1 (3), 197–210.

Gunaratne, S. (2011). Emerging global divides in media and communication theory: European universalism versus non-Western reactions. In G. Wang (Ed.), *De-Westernizing communication research: Altering questions and changing frameworks* (pp. 28– 49). New York: Routledge.

Hachten, W. (1996). *The world news prism: Changing media of international communication*. Ames: Iowa State University Press.

Hachten, W., & Scotton, J. (2007). *The world news prism: Global information in a satellite age* (7th ed.) Malden, MA: Blackwell.

Hall, S., & Du Gay, P. (Eds.). (1996). *Questions of cultural identity.* London: Sage.

Hallin, D., & Mancini, P. (2004). *Comparing media systems: Three models of media and politics.* New York: Cambridge University Press.

Handley, P. (2006). *The King never smiles: A biography of Thailand's Bhumibol Adulyadej*. New Haven, CT: Yale University Press.

Hattam, R. (2004). *Awakening struggle: Towards a Buddhist critical social theory.* Flaxton, Queensland: Post Pressed.

Hoffmann, V. (2007). Five editions (1962–2003) of Everett Rogers's Diffusion of Innovations. *Journal of Agricultural Education and Extension,* 13 (2), 147–58.

Hofstede, G., & Hofstede, G. J. (2005). *Cultures and organizations: Software of the mind.* London: McGraw

Hill.

Hornik, R. (1988). *Development communication: Information, agriculture, and nutrition in the Third World.* New York: Longman.

Hsiung, J. (Ed.) (1985). *Human rights in East Asia: A cultural perspective.* New York: Paragon House.

Hussain, M. Y. (Ed.). (2006). *Media and Muslim society.* Kuala Lumpur: International Islamic University Malaysia.

Inkeles, A., & Smith, D. (1974). *Becoming modern: Individual change in six developing countries.* Cambridge, MA: Harvard University Press.

Irigoin, M. E., Whitacre, P. T., Faulkner, D., & Coe, G. (Eds.). (2002). *Mapping competencies for communication for development and social change: Turning knowledge, skills, and attitudes into action.* Washington, DC: Change Project/U.S. Agency for International Development.

Iyer, V. (Ed.). (2001). *Freedom of information: An Asian survey.* Singapore: Asian Media Information and Communication Center.

Jakubowicz, K. (2007). *Rude awakening: Social and media change in central and eastern Europe*. Cresskill, NJ: Hampton Press.

Jayaweera, N., & Amunugama, S. (Eds.). (1987). *Rethinking development communication.* Singapore: Asian Media Information and Communication Center.

Josephi, B. (2013). De-coupling journalism and democracy: Or how much democracy does journalism need? *Journalism,* 14, 441–45.

Karikari, K. (Ed.). (1996). *Ethics in journalism: Case studies of practice in West Africa*. London: Panos.

Klausner, W. (1997). *Thai culture in transition*. Bangkok: Siam Society.

Kogen, L. (2010). Savage deregulation in Thailand: Expanding Hallin and Mancini's European model. *Media, Culture & Society,* 32 (2), 335– 45.

Komin, S. (1988). Thai value system and its implication for development in Thailand. In D. Sinha & H. Kao (Eds.), *Social values and development: Asian perspectives.* New Delhi: Sage.

Komin, S. (1991). *Psychology of the Thai people: Values and behavioral patterns*. Bangkok: National Institute of Development Administration.

Krige, J., & Barth, K.-H. (Eds.). (2006). *Global power knowledge: Science and technology in international affairs*. Washington, DC: History of Science Society.

Latham, M. (2000). *Modernization as ideology: American social science and "nation building" in the Kennedy era*. Chapel Hill: University of North Carolina Press.

Lee, C.-C. (1980). *Media imperialism reconsidered: The homogenizing of television culture.* London: Sage.

Leeuwis, C., & Van Den Ban, A. (2004). *Communication for rural innovation: Rethinking agricultural extension* (3rd ed.). Oxford: Blackwell.

Lerner, D. (1958). *The passing of traditional society: Modernizing the Middle East*. New York: Free Press.

Lerner, D. (1977). Communication and development. In Lerner, D. and L. Nelson, (Eds.), *Communication research: A half-century appraisal*. Honolulu: University Press of Hawaii.

Lertrattanavisut, P. (2004). *Toxinomics.* Bangkok: Open Books Publishing.

Lertvicha, P. (1987). Political forces in Thailand. *Asian Review,* 1,58–66.

Lie, R. (2003). *Spaces of intercultural communication: An interdisciplinary introduction to communication, culture, and globalizing/localizing identities*. Cresskill, NJ: Hampton Press.

Likhitsomboon, P. (2006). Acharn of Faculty of Economics, Thammasat University, Retorted the alliances and some academics: Stop deceiving the people. 8 July. (in Thai) [Formerly http://www.konpanfa.com/index.php? option=com_content&task=view&id=107&Itemid=28].

Louw, E. (2010). *Roots of the Pax Americana: Decolonization, development, democratization and trade*. Manchester: Manchester University Press.

MacBride, S. (Ed.). (1980). *Many voices, one world: Toward a new more just and more efficient world and information order*. London: Kogan Page.

Mann, R., & Youd, R. (1992). *Buddhist character analysis.* Bradford on Avon: Aukana Meditation Trust.

Mattelart, A. (2007). *Diversite culturelle et mondialisation*. Paris: La Decouverte.

McCarco, D. (2000). *Politics and the press in Thailand: Media machinations*. London: Routledge.

McLuhan, M. (1964). *Understanding media.* New York: Signet Books.

McMichael, P. (2008). *Development and social change: A global perspective* (4th ed.). Thousand Oaks, CA: Pine Forge Press.

McQuail, D. (2005). *McQuail's mass communication theory* (5th ed.). London: Sage.

Mendel, T. (2008). *Freedom of information: A comparative legal survey*. Paris: UNESCO.

Merrill, J. (1974). *The imperative of freedom: A philosophy of journalistic autonomy*. New York: Hastings.

Merrill, J. (1979). *Media, messages, and men: New perspectives in communication*. New York: Longman.

Merrill, J. (1989). *The dialectic of journalism: Towards a responsible use of press freedom*. Baton Rouge: Louisiana State University Press.

Morris, N. (2001). *Bridging the gap: An examination of diffusion and participatory approaches in development communication*. Washington, DC: Change Project/U.S. Agency for International Development.

Mulder, N. (1985). *Everyday life in Thailand: An interpretation*. Bangkok: DK Books.

Mulder, N. (2000). *Inside Thai society: Religion, everyday life, change*. Chiang Mai, Thailand: Silkworm Books.

Nederveen Pieterse, J. (2010). *Development theory: Deconstructions/reconstructions* (2nd ed.). London: Sage.

Nelson, M. (Ed.). (2004). *Thai politics: Global and local perspectives.* Nonthaburi, Thailand: King Prajadhipok's Institute.

Nerone, J. (Ed.). (1995). *Last rights: Revisiting four theories of the press*. Urbana: University of Illinois Press.

Nyamnjoh, F. (2005). *Africa's media, democracy and the politics of belonging*. London: Zed Books.

Nyamnjoh, F. (2007). Africa in the new millennium: Interrogating Barbie democracy. *Communication for Development and Social Change,* 1 (2), 105–11.

Ogan, C. L., Bashir, M., Camaj, L., Luo, Y., Gaddie, B., Pennington, R., Rana, S., & Salih, M. (2009). Development communication: The state of research in an era of ICTs and globalization. *International Communication Gazette,* 71 (8), 655–70.

Phongpaichit, P. (2002). Recent popular movements in Thailand in global perspective. *Asian Review,* 15,1–20.

Phongpaichit, P., & Baker, C. (1998). *Thailand's boom and bust.* Bangkok: Silkworm Books.

Hongpaichit, P., & Priryarangsan, S. (1994). *Corruption and democracy in Thailand.* Bangkok: Faculty of Economics, Chulalongkorn University.

Pigeat, H., & Huteau, J. (2000). *Deontologie des medias: Institutions, pratiques et nouvelles approaches dans le monde*. Paris: UNESCO.

Prasirtsuk, K. (2007). *From political reform and economic crisis to coup d'etat: The twists and turns of Thai political economy, 1997–2006*. Bangkok: Thammasat University.

Preston, N., ed. (2007). Global ethics. *Social Alternatives,* 26 (3), 3–4.

Rajadhon, A. (1987*). Some traditions of the Thai.* Bangkok: Sathirakoses Nagapradipa Foundation.

Rao, S. (1986). The agenda of Third World communication research: A critical review. *Media Asia* 13 (4), 201–8.

Roberts, A. (2006). *A history of the English-speaking peoples since 1900*. London: Phoenix.

Rogers, A. (2005). *The state of communications in international development and its relevance to the work of the United Nations*. New York: United Nations Capital Development Fund.

Rogers, E. M. (1962). *Diffusion of innovations.* New York: Free Press.

Rogers, E. M. (1986). *Diffusion of innovations.* 3rd ed. New York: Free Press.

Rogers, E. M. (2003). *Diffusion of innovations.* (5th ed.). New York: Free Press.

Samarajiva, R. (1987). The murky beginnings of the communication and development field: Voice of America and the passing of traditional society. In N. Jayaweera & S. Amunaguma, (Eds.)*, Rethinking development communication* (pp. 3–19). Singapore: Asian Media Information and Communication Center.

Schiller, H. (1969). *Mass communications and American empire*. Boston: Beacon Press.

Schiller, H. (1976). *Communication and cultural domination.* White Plains, NY: International Arts and Sciences Press.

Schramm, W. (Ed.). (1954). *The process and effects of mass communication*. Urbana: University of Illinois Press.

Schramm, W. (1964). *Mass media and national development: The role of information in the developing countries*. Stanford, CA: Stanford University Press.

Schramm, W., & Ruggels, W. (1967). How mass media systems grow. In D. Lerner & W. Schramm, (Eds.), *Communication and change in the developing countries.* Honolulu: University Press of Hawaii.

Servaes, J. (1982), *De nieuwsmakers.* Kapellen: De Nederlandsche Boekhandel.

Servaes, J. (1989). Beyond the four theories of the press. *Communicatio Socialis Yearbook,* 8, 107–19.

Servaes, J. (1999). *Communication for development: One world, multiple cultures*. Cresskill, NJ: Hampton Press.

Servaes, J. (2005). *Knowledge is power (revisited):* Internet and democracy. *Media Development,* 52 (4), 42–50.

Servaes, J. (2007a). Harnessing the UN system into a common approach on communication for development. *International Communication Gazette,* 69 (6), 483–507.

Servaes, J. (Ed.) (2007b). Communication for development: Making a difference. Background paper for the

World Congress on Communication for Development, World Bank's FAO Communication Initiative, Washington, DC, October.

Servaes, J. (Ed.). (2008). *Communication for development and social change*. Los Angeles, CA: Sage.

Servaes, J. (2009). Back into the future? Re-inventing journalism education in the age of globalization. In G. Terzis, (Ed.), *European journalism education* (pp. 519–39). Bristol, UK: Intellect.

Servaes, J. (2012) Homo academicus: Quo vadis? In Silvia Nagy-Zekmi & Karyn Hollis, (Eds.), *Global academe: Engaging intellectual discourse* (pp. 85–98). New York: Palgrave Macmillan.

Servaes, J., Malikhao, P., & Pinprayong, T. (2009). Communication rights are human rights: A case study of Thailand's media. In A. Dakroury, M. Eid, & Y. Kamalipour (Eds.), *The right to communicate: Historical hopes, global debates, and future premises* (pp. 227–54). Dubuque, IA: Kendall Hunt Publishers.

Servaes, J., & Tonnaer, C. (1992). *De nieuwsmarkt: Vorm en inhoud van de internationale berichtgeving.* Groningen: Wolters-Noordhoff.

Shah, H. (2007). Meta-research of development communication studies, 1997–2005: Patterns and trends since 1958. Paper presented to International Communication Association, San Francisco, 24–27 May.

Shah, H. (2011). *The production of modernization: Daniel Lerner, mass media, and the passing of traditional society*. Philadelphia: Temple University Press.

Siebert, F., Peterson, T., & Schramm, W. (1956). *Four theories of the press.* Urbana: University of Illinois Press.

Simpson, C. (1994). *Science of coercion: Communication research and psychological warfare 1945–1960.* New York: Oxford University Press.

Simpson, C., ed. (1998). *Universities and empire: Money and politics in the social sciences during the Cold War*. New York: New Press.

Siriyuvasak, U. (2004). *Anakhot sue seri nai rabob Thaksin roo tan Thaksin* [The future of free media in the Thaksin administration: Knowing Thaksin]. Bangkok: Kor Kid Duay Khon Publishing.

Siriyuvasak, U. (2005). A genealogy of media reform in Thailand and its discourses. In S. Wangvivatana. (Ed.), *Media reform going backward?* Bangkok: Thai Broadcast Journalists Association and Friedrich-Ebert Stiftung.

Smythe, D. W. (1981). *Dependency road: Communication, capitalism, consciousness and Canada*. Norwood, NJ: Ablex.

Smythe, D. W., & Van Dinh, T. (1983). On critical and administrative research: A new critical analysis. *Journal of Communication,* 33,117– 27.

Sparks, C. (2007). *Globalization, development, and the mass media*. Los Angeles, CA: Sage.

Staples, A. (2006). *The birth of development: How the World Bank, Food and Agriculture Organization, and*

World Health Organization changed the world, 1945–1965. Kent, OH: Kent State University Press.

Stiglitz, J. (1998). Towards a new paradigm for development: Strategies, policies, and processes. October. Geneva: Prebisch Lecture, UNCTAD.

Supadhiloke, B. (2007). Right to communicate, media reform, and civil society in Thailand. *Communication for Development and Social Change,* 1 (4), 323–38.

Supadhiloke, B. (2008). Participatory communication and sufficiency economy in Thailand. *Journal of Global Communication,* 1 (2), 101– 17.

Swaminathan, M. (Ed.). (1994). *Uncommon opportunities: An agenda for peace and equitable development.* Report of the International Commission on Peace and Food. London: Zed Books.

Taveesin, N. J., & Brown, W. (2006). The use of communication technology in Thailand's political process. *Asian Journal of Communication,* 16 (1), 59–78.

Tehranian, M. (2007). *Rethinking civilization: Resolving conflict in the human family*. London: Routledge.

Terzis, G., ed. (2009). *European journalism education*. Bristol: Intellect.

Thomas, S. (1982). Some problems of the paradigm in communication theory. In D. C. Whitney & E. Wartella, (Eds.), *Mass communication review yearbook 3*. London: Sage.

Thornton, R., & Cimadevilla, G. (Eds.). (2010). *Usos y abusos del participare.* Buenos Aires: Instituto Nacional de Tecnología Agropecuaria.

Thussu, D. K. (2008). *News as entertainment: The rise of global infotainment*. London: Sage.

Tremblay, S. (Ed.). (2007). *Developpement durable et communications: Au-dela des mots, pour un veritable engagement*. Quebec: Presses de l'Université du Quebec.

Tunstall, J. (1977). *The media are American: Anglo-American media in the world.* New York: Colombia University Press.

Ukpabi, C. (Ed.) (2001). *Handbook on journalism ethics: African case studies.* Windhoek, Namibia: Media Institute of Southern Africa.

Wang, G. (2011a). Orientalism, occidentalism and communication research. In G. Wang (Ed.), *De-Westernizing communication research: Altering questions and changing frameworks* (pp. 58–76). New York: Routledge.

Wang, G. (Ed.). (2011b). *De-Westernizing communication research: Altering questions and changing frameworks*. New York: Routledge.

Wang, G. (2011c). After the fall of the Tower of Babel. In G. Wang (Ed.), De-Westernizing communication research: Altering questions and changing frameworks (pp. 254–75). New York: Routledge.

Wangvivatana, S. (Ed.) (2005). *Media reform going backward?* Bangkok: Thai Broadcast Journalists Association and Friedrich-Ebert Stiftung.

Wasi, P. (2003). *Sufficient economy and civic society* [in Thai]. Bangkok: Mau Chao Ban.

Wheeler, M. (1997). *Politics and the mass media.* Oxford: Blackwell Publishers.

White, R. (1988). *Media politics and democracy in the developing world.* London: Center for the Study of Communication and Culture.

Wronka, J. (2008). *Human rights and social justice*. Los Angeles, CA: Sage.

新聞業的專業模式：在同質化與多樣性之間

Professional Models in Journalism

Between Homogenization and Diversity

保羅・曼西尼
Paolo Macini

陳楚潔／譯，李紅濤／校

本章將延續《比較傳媒體制》（Hallin & Mancini, 2004）一書，集中討論新聞業專業模式的同質化與碎片化之間可能的矛盾。《比較傳媒體制》最常見的批評之一，涉及該書末章中提出的同質化假說。我們分析西歐和北美十八個國家，發現一個明顯的趨勢：在二十世紀下半葉，這些國家新聞業的差異不是已經消失，就是正在消失。它們越來越接近我們書中所謂的「北大西洋或自由主義模式」，特別是英美兩國實行的模式，其他學者稱之為自由主義模式（Curran, 1991; Waisbord, 2000）或英美模式（Chalaby, 1996）。這些國家的新聞業與自由主義模式不同的特徵（黨派偏見、評論取向、精英傳媒等等），均已逐漸消失。我們強調，大多數歐陸新聞業的黨派偏見直至一九八〇年代仍清晰可見，但近年來急劇下降。

當然，我仍然認為，西歐大部分國家的專業新聞業模式已趨向同質化，但在世界其他地方同質化並不明顯，兩者出現了相悖之勢。我們在《比較傳媒體制》中強調，社會日益商業化和世俗化，導致了傳統大眾政黨的衰落，個人化的、以媒體為中心的政治動員形式抬頭，加上技術創新帶來的後果，之前在西方專業新聞業中廣泛存在的差異，近年來也消失了。

歐盟的發展，歐洲單一經濟市場的推進，都有利於經驗交流，促進各國採納單一的專業新聞業模式。可以說，這些變化把歐洲傳媒體制越來越推近自由主義模式，以商業媒體和資訊性的新聞業為中心，以市場力量為主導，政治傳播形式也因為行銷和消費文化而日趨個人化。這些力量在歐洲之外的多數地方也相當重要，但尚未建立獨特而統一的專業新聞模式。

相反，西方以外的新聞業似乎完全不吻合學界多數的假設。這些地方不僅沒有而且也不適用西方主流新聞模式的專業規範（譬如新聞中立、報導與評論分離、準確性等等），連新聞業賴以存在的理由（raison d'être）也迥異於西方。即使記者們認為主流新聞模式的操作與原則已普及全世界，即使他們聲稱遵循規範性的新聞框架，但他們的日常職業活動卻是另外一回事。至少，新聞理論與日常實踐有落差。西爾維奧・瓦斯博多（Silvio Waisbord）生動地描繪了這種矛盾：

> 我們考察自由主義模式，縱然先不判斷它的理論基礎夠不夠，或它為民主傳媒開的藥方是否對症，自由主義與南美的政治顯然格格不入，難以奏效。自由主義模式在公共話語中的能見度，與南美傳媒體制的現實形成對比。它的前景與自由主義的原生語境相衝突，傳媒巨頭的承諾也是可疑的。在反自由主義的資本主義社會中，自由傳媒不可能發展起來，因為傳媒老闆口頭上高唱自由主義，實際上卻不停討好國家，支援軍事干預，只有政府的干預影響了他們的政治和經濟利益時才會（大張旗鼓地）批評政府。（Waisbord, 2000, p. 51）

衛斯博多這段話觸及許多需要細究的問題，尤其是：西方視角下新聞業的應然與非西方新聞業的實然之間，差異何在？

要放棄「專業同質化」概念的另一個原因，是傳媒體制日益碎片化。我們必須考慮傳媒體制日益商業化和技術創新等兩個主要問題。福克斯新聞（Fox News）的經驗正好說明第一個問題：為了立足於一個擁擠的市場，特別是直接跟對手CNN競爭，福克斯新聞選擇的市場分割顯然以保守派人士為主。魯伯特・默多克（Rupert Murdoch）的電視網產品契合保守派觀眾的期望，尤其是歐巴馬總統醫療改革引起的反應以及茶黨運動[1]把他們推得更右。中立、客觀、超然的新聞理念在福克斯新聞迅速消失。

當然，我們寫《比較傳媒體制》的時候，傳媒商業化已經相當堅固了。伊萊休・卡茨（Elihu Katz）的〈從市場分割把我們賣出去〉（Katz, 1996）一文，標題搶眼，他指出：由於商業化，市場隨之分化，公共領域恐有消失之虞，以致社會上不同利益、不同意見無法凝聚，無法討論普遍關切的問題。丹尼爾・哈林（Hallin, 1992）指出，大眾傳媒市場日益碎片化，可能削弱了美國新聞業在二〇世紀六、七〇年代所特有的中立和客觀意理。

如今，網路和技術創新都加劇了媒體碎片化：博客和社交網路促使「微」使用者細分市場的誕生與發展，這些用戶聯繫在一起，分享共同的情感、興趣、習慣與信仰。萊因戈爾德（Rheingold, 2000）稱這些網路平臺為「虛擬社群」（virtual communities），它們引入了性質特殊的做法和常規，強化共同的聯繫和既有的情感與觀點。

以上的觀察意味著我們必須拋棄西方中心主義（尤其是左右新聞專業教育方向的西方中心主義），不能假設只有西方式新聞業或英美模式（Chalaby, 1996）才是新聞業。在世界其他地區的新聞業是截然不同的，採用單一專業模式既與傳媒業日益商業化背道而馳，也與網路的發展格格不入。

一、工具化與極化多元主義模式的擴散

一般而言，非西方國家的新聞業並非傳播新聞的工具，而是在各領域扮演工具性的角色，例如積極參與決策的過程，干預公共領域，不僅影響社會共識的建立，更影響政府的行動，為傳媒老闆謀求經濟和政治利益。在《比較傳媒體制》中，我們稱之為「工具化」（instrumentalization）：自由新聞業的目的是為了增進政策深思熟慮，培養有識見的公民，但在非西方國家，新聞傳播是遂行特定目標的「工具」，不完全是為了

1　譯注：茶黨運動（Tea Party movement）是於二〇〇九年初興起的美國社會運動，主要參與者是主張採取保守經濟政策的右翼人士，大多數是不滿現實的中產階級白人和少數白人工人階級。

社區內擴散知識。在地中海或「極化多元主義」模式中，工具化的情形相當普遍。

我們曾以《比較傳媒體制》的初稿徵求希臘學者斯泰利安諾斯・帕帕桑那索普洛斯（Stylianos Papathanassopoulos）的意見。他的書面評論提到希臘政界一個廣為流傳的說法：每當一屆新政府成立時，想謀求要職的政客就會對候任總理說，「要是你不讓我當部長，我就創辦一份報紙。」我們為「工具化」下的定義是：「外部行動者、政黨、政客、社會團體、社會運動或經濟行動者通過控制傳媒，尋求政治影響力，從而干預政治」（Hallin & Mancini, 2004, p. 37）。在這個案例中，計畫或威脅要辦報的部長人選，對傳播新聞和擴散知識毫無興趣，只想利用報紙對付沒有讓他當部長的總理。他既無意促進政治參與，也無意增進政治人物與公民之間的聯繫，只想影響政府決策，以保障自身利益，謀取高位。

這種看法在非西方國家似乎非常普遍。以俄羅斯為例，斯維特拉娜・帕斯蒂（Svetlana Pasti）寫道：「在新近繁榮的俄羅斯，記者跟普通人一樣，必須靠常識和努力找到一席之地。他們因此服務於擁有政治和經濟資本者——也就是國家和商業精英的利益」（Pasti, 2005, p.109）。東歐以外的情況大同小異，鄧肯・麥卡戈（Duncan McCargo）這樣描述東南亞的新聞業：「簡而言之，在高速的經濟增長和快速的社會變革中，傳媒的政治地位更顯著，成為遠比西方傳媒更強大的政治行動者。」（McCargo, 2012）李金銓（Lee, 2000）分析戒嚴時期的臺灣新聞傳媒，指出傳媒工具化大致與侍從結構（clientelism）亦步亦趨。

以上所述是西方新聞業誕生時的特徵，它們仍是當今世界許多地方新聞業所以存在的重要原因。我們界定工具化是「地中海極化多元主義模式」的主要特徵之一，但許多學者提到我們的闡釋架構時，認為「極化多元主義模式」在地中海以外的非西方國家也廣泛存在：黨派媒體盛行，政治和經濟精英將媒體視為討價還價和操控的工具，國家頻繁干預和介入媒體運作，新聞專業主義不發達，報紙發行量也較低。

無疑，極化多元主義模式在西方之外也可能呈現非常特殊的形態。多數而言，它與傳媒商業化的巨大影響相混合，其競爭態勢幾近自由主義模式，並受到自由主義專業理念的密切影響。「工具化」左右記者的日常活動，但這些專業原則如果不抵觸記者的日常活動，當可指引他們的職業行為。然而，自由主義新聞原則多半是「假意理」（無法真正適用），即使學校裡會教，教科書會寫，人們在討論新聞業時會不斷引為參照系，以致影響了已入行、想入行的記者，以及與新聞業打交道的人士。這就會出現「雜合化」（hybridization）的情形，我稍後將作討論。

二、非西方的媒介與政治的「平行對應」關係

「極化多元主義」在非西方國家的形態，可能不同於《比較傳媒體制》中有些國家裡的情況。主要差異在於，非西方國家有沒有歐洲語境下極其重要（美國亦然，儘管重要性略低）的大眾政黨；媒體與政黨有平行對應（parallelism）[2]的關係，是促成「極化多元主義」模式的主因。大眾政黨和政黨平行對應的概念，是西歐特殊政治歷史的產物，在別的國家幾乎看不到。西歐發展模式的中心是多黨制民主，以大眾政黨和其他有組織的團體（如工會）相互競爭為基礎，植根於廣泛的社會經濟利益。在歐洲歷史上，大眾政黨是參與社區生活、處理普遍利益的最重要途徑。在影響大眾傳媒在內的社會化過程中，最突出的是「政黨——傳媒平行對應」關係，傳媒的角色是向黨員傳輸政治「信仰」和資訊，並強化、凝聚黨派組織。西歐的政治衝突大致集中在「左——右」的光譜，大眾政黨體制為之提供清晰的結構，傳媒通常與不同光譜的政治團體結盟，或穩定地認同它的意識形態，或兼而有之。多數西方國家的印刷媒體和若干廣播媒體，都有意識形態的聯繫與認同。

但這是非常特殊的政治史。在別的國家，政黨往往比較單薄短命：缺乏深厚的社會根基或清晰的意識形態認同；來得快，去得也快；選民和政治領導人沒有強烈而穩定的信念。許多時候，它們的政黨組織極弱，面臨的是「個人化政黨」，一個政客或商人決

定進入政治舞臺，為的是角逐特定目標和利益。義大利貝盧斯科尼的自由人民黨（Popolo della libertà）[3]就是這類政黨的原型，沒有真正的組織，全靠黨魁的象徵、魅力和經濟資源。其他國家或地區尤其是東歐和亞洲，也常有類似的政黨結構。

當今世界各地，出現完全不同形式的平行對應結構，取代以往傳媒與大眾政黨的政治聯繫。新聞傳媒與許多不同的組織交疊：與種族或宗教組織交疊，不僅代表了以種族和宗教為基礎的利益，也維護其支持者的政經利益。學者所謂的「商業平行對應」（Ornebring, 2010），新聞傳媒與不同形式的商業組織和商業利益交疊，主要見諸中歐和東歐，但在西歐也有。「商業平行對應」是一種複雜的「工具化」形式，捆綁商業、政治和新聞傳媒於互惠的侍從網路之內，好處和壞處都是互相的。科林・斯帕克斯

2 譯注：西歐國家（如英、法、義）政黨光譜分明，報紙與政黨組織的關係密切，認同該黨的立場，讀者也以同黨為主。這種媒介與政黨「平行對應」的結構，稱之為parallelism。歷史上，這種對應關係不斷式微，目前主要保留在報紙評論，多於在新聞報導，電視（尤其是公共電視）則大致遵守客觀的專業原則。

3 譯注：Popolo della Libertà（PdL, The People of Freedom），義大利自由人民黨是義大利的一個中右翼政黨，由義大利前總理西爾維奧・貝盧斯科尼（Silvio Berlusconi）創辦於二〇〇七年十一月十八日。起初是一個政黨聯合體，參與二〇〇八年的義大利大選，之後在二〇〇九年三月的一次政黨大會上轉型為一個政黨。二〇一三年，該黨在是否支持大聯合政府的問題上產生內部分歧，形成反對大聯合政府的「鷹派」和支持大聯合政府的「鴿派」。二〇一三年十一月，貝盧斯科尼及其「鷹派」支持者宣布解散自由人民黨，恢復成立義大利力量黨（Forza Italia），並任黨主席。

（Colin Sparks）以「經濟、政治和媒體之間的重疊」來定義「政治資本」：「在後共產主義國家，政治人物、商人和媒體之間存在著密切的關係，形成了不同群體間的常規利益交換」（Sparks, 2000, p.42）。

同樣，鄧肯・麥卡戈（Duncan McCargo）提出「黨派多元性」（partisan polyvalence），顯示傳統「政治平行對應」的概念的缺陷，例如東亞媒體被多種不同目標所「工具化」，既支持特定政治人物（或政治綱領），也謀求商業利益。傳媒可能在短時間內從一個目標轉向另一個目標，無需改變傳統做法，也不會流失讀者。

艾莉娜・芒吉尤・皮皮蒂（Alina Mungiu Pippidi）多年來研究腐敗問題，她認為，「在以特殊關係而非自由競爭為基礎的社會中，媒體的投資並非普通的商業活動；相反，投資者利用媒體達到勒索或交換影響力的目的」（Pippidi, 2010, p.126）艾莉娜・雷德涅瓦（Alena V. Ledeneva）也證實了：「黑公關的話語折射出如下的弊病：正式制度有缺陷，政黨軟弱，缺乏獨立傳媒，法律受蔑視，使得潛規則大行其道。」（Ledeneva, 2004, p.36）彼特・格羅斯（Peter Gross）補充說：「有些傳媒老闆的盈利動機混合了傳媒的政治用途，換言之，一些傳媒老闆也是政客。」（Gross，2003, p.87）

因此，如果我們放眼西方世界之外，就會發現新聞傳媒扮演著混合的角色，但提供新聞、培育知情的公民並不是它們主要的目標。非西方媒體也經歷了不同形式的「平行對應」，傳統西方媒體的「政治平行對應」尚非首要，而是常常混雜了「商業平行對應」。

「政治平行對應」的概念假定有堅強的政黨組織，並活躍於包括新聞生產在內的各領域。但問題是大眾政黨是西方經驗，深深扎根於西方的歷史及其成長與發展的經濟環境中。它們是特定經濟、社會和文化條件的產物，這些條件在西方之外要麼不存在，要麼完全不同。更準確地說，它們是十九世紀和二十世紀歐洲各階層利益「衝突」的產物。

當然，非西方國家也有政黨，但性質不同：如前所述，它們通常以特定的政客及其利益和象徵的東西為核心，這種「個人化政黨」的組織形式、結構與意識形態程度都十分薄弱。它們不同於歐洲大眾政黨，完全沒有扎根的共同價值體系，也沒有要傳承的「文化」，以致新聞傳媒不可能把人們帶入群體文化。

在其他情況下，政黨組織軟弱而不穩定：它們為特定目標偶然建立，當這些偶然性消失時，政黨不是突然消失，就是改變性質和名稱。這在東歐已司空見慣，共產主義向民主轉型帶來了不確定性，持續動盪，穩定的政黨組織因此無法發展。這些政黨的包容性較弱，成員數量有限：基本上只在選舉時才有行動，證實了安吉洛・帕尼比昂科（Angelo Panebianco）說的「選舉型專業政黨」（electoral-professional party）（Panebianco, 1998）。它們得到傳播、新聞和廣告專業人士的支持，僅在競選時活躍，充分展現新聞傳媒的「工具性」作用；在大選時，傳媒圍繞特定政治人物、具體政治綱領和方案構建共識，但由於缺乏穩定而強大的政治組織，傳媒無法與政黨形成穩定的政治平行對應關係。宗教型政黨在非西方國家也普遍存在，它們的「政治平行對應」形式也和歐洲截然不同。

三、國家的性質

說到政治與新聞傳媒的關係，西方國家和非西方國家還有重要差異，就是國家的性質不同。凡是涉及新聞傳媒的存在與活動，我們就習慣性地聯想到國家及政府等具體觀念。事實上，根據「極化多元主義」模式，西方的「國家——傳媒」關係很嚴格：新聞傳媒是各種組織的工具，在穩固的國家架構內爭取執政。在「極化多元主義」模式下，新聞傳媒與國家密切聯繫，在「民主統合模式」（the democratic-corporatist model）下亦然。傳媒依賴國家確保新聞自由的規則，它們也需要國家的多種干預，以保證更全面的傳媒多元化，例如以經濟補貼支持代表少數族群利益的傳媒。執政黨派通常試圖塑造和影響新聞傳媒，以提高其行動的社會支持度。

但是，這種國家形式在非西方國家實屬罕見：在許多地區（在東歐有大量證據），國家還不穩固，不像西方的國家是統一的行動者，有組織，且以一致的方式行事（Grzymala-Busse & Jones-Luong, 2002; McCargo, 2012）。國家內部的行動常常相互矛盾，彼此爭鬥很厲害。很多時候，因為國家軟弱無力，自相矛盾，行動混亂，擺在面前的頂多是「國家建設「（state building），而非「民族建設」（nation building）。多數轉型民主國家都是如此：「寡頭、政黨和總統在一方，國際金融機構或區域貿易協會在另一方，都能干預新興的國家結構，對國家形成的過程施加強大壓力。」（Grzymala-Busse & Jones-Luong, 2002, p.533）

國家建設牽涉精英的鬥爭。在這種情況下，國家無法推動意見的自由市場和多元主義，無法像我們假設的那樣，既強調新聞自由，也強調傳媒的中立性。相反，各路精英利用新聞傳媒為工具，爭奪國家建設與控制的權力。如此一來，政治的平行對應關係只是引導傳媒行為的許多因素之一。

可是在某些社會脈絡中，國家的角色卻更為重要，新聞審查猶其餘事。威權和極權主義國家如此，許多年輕的民主國家也不例外。誠如麥卡戈所言：

> 國家能干預就干預，構成了國家—傳媒關係的支配秩序，特別是在電子傳媒方面。中等收入的發展中國家更是如此，報紙讀者的人數通常很少，但大多數人可隨時觀看電視，收聽廣播。但若考慮到國家的性質，國家干預的觀念就變得更複雜。

> 在許多發展中國家，執政權力代代世襲，國家成為尋租的工具。換言之，國家或其中某些部分被私人、精英利益挾持。社會科學許多分析範疇和基本工具都建立在公私二分的假設之上，但在大多數發展中國家，這種過分誇張的公私分野只不過是都市迷思。在這種環境下，國家干預傳媒毋寧是常態，而非例外。審查也是這樣：在世界上的大部分地區，與其認為除非有外部干預傳媒便可以自由報導，不如說新聞自由總是高度不確定的。（McCargo, 2012, p. 213）

很多時候，無論是在「國家建設」時刻的新興民主國家，或在國家穩固、走向民主化的國度，明規則和潛規則都混合在一起，消解傳媒的獨立性和中立性。在這些情況下，傳媒只是精英討價還價的一部分，之所以還有調適的空間，是因為潛規則無處不在，或是明規則和潛規則有矛盾（Borocz, 2000; Park, Kim, & Sohn, 2000; Ledeneva, 2004）。因此，國家無法像經典自由主義預設的那樣保護新聞自由與新聞獨立。

有些國家邁向民主或民主過渡，但由於基礎薄弱，新聞自由受到野蠻干涉（Voltmer, 2012）。所謂「發展型國家」（developmental state），無論對國家或對「國家——傳媒」的關係，看法都與西方相抵觸（Clark, 2000）。在非西方式國家，更不必指望它們會遵守國家干預、正當程式與態度的準則了。

我們可以從不同的角度討論國家的角色。英國記者約翰・坎普夫納（Kampfner,

2010）指出，大多數地方（特別是東亞）對國家、政府及其角色的看法完全不同於西方。為了提高國民的經濟地位，東亞國家限制新聞自由，影響新聞傳媒，以建立源於儒家哲學的社會和諧（Gunaratne, 1999）。傳媒只有在追求「傳媒——政府」和諧關係時，才能提出批評，目的是告訴國民，社會衝突要不得，並鼓勵他們彼此合作，以實現社會的整體利益，改善生活水準。

這些都和西方的國家觀大相徑庭。西方傳媒的角色建立在對立性的設計，記者有責任控制和約束統治者的權力。眾所周知，這樣解釋傳媒的角色，不單是自由主義模式下專業教育和日常職業實踐的一部分；尼可拉斯・盧曼（Luhmann, 1998）指出，尤爾根・哈伯馬斯（Habermas, 1989）認為公共領域的誕生，是絕對皇權與資產階級新生要求之間鬥爭的工具。這種觀點源於西方政治哲學，如果擴展開來，當可理解當今社會中「傳媒——統治者」關係為何仍然遵照對立性的邏輯。制約掌權者，一直是傳媒的首要目標。不管是西方世界的常識，或是記者的專業文化，都把這種對立性的「傳媒——政府」關係觀視為「看門狗新聞業」。但在儒家和諧邏輯形成「政府——傳媒」關係的國家中，這種「看門狗新聞業」很難立足。

四、哪些闡釋範疇？

至此，我們已進入一個核心問題——「文化帝國主義」曾經風行多年，如今似乎有必要加以復興。所謂「文化帝國主義」，不是指赫伯特・席勒（Herbert Schiller）及其追隨者所論述的把意義和文化產品輸出國外，而是指我們採用西方的闡釋框架去審視西方之外的現實。我們必須承認，文化帝國主義存在於學者——特別是傳媒學者——的研究工作中。很多時候，我們自以為是在觀察非西方國家的現實問題，其實是採用西方的闡釋範疇——詹姆斯・柯倫和朴明珍在十幾年前就指出，這些範疇只不過源自西方「一小撮國家」的經驗（Curran & Park, 2000, p.3）。舉例來說，大眾政黨在西方歷史上（部分仍然如此）有強大的影響力，是政治參與和民主生命的主要工具，也影響新聞業的表現，我們便因而假定這是放諸全球而皆準的普世範疇。同樣，我們也常常預設西方國家是唯一可能的形式，殊不知這種國家觀念深植於特定的歷史條件。西方世界發展出來的「民主」觀念，也可能從不同的文化價值和歷史條件加以質疑。政治學者對此已有討論，尤其是批評杭廷頓（Samuel Huntington）的「民主化」論點的學者。

換言之，傳媒研究的學者，如同其他社會科學研究者，常常假定西方的歷史就是唯一的歷史，以為用西方的特殊經驗、「特定歷史」所產生的闡釋範疇，能夠觀察和闡釋完全或部分不同的經驗的社會現實。為了保持文化正確，我們通常不會自認為是在輸出我們的模式，或告訴人家應該怎麼做；我們不以為自己是「規範者」，但可能在無意中以我們的眼光觀察不同的現實。毫無疑問，西方偏見幾乎無法避免。就新聞傳媒來說，我們篤信一旦偏離了西方經驗建構的理想型，這些現實就應被解釋為退化的或功能失調的；我們還用這些闡釋範疇解釋毫不適用的現實。在某種程度上，我們必須意識到：我們應用的範疇只能立足於我們自己的歷史和經驗。為了避免犯上「闡釋的帝國主義」（interpretive imperialism），我們當然也可以不分析超越我們經驗的國家，但這樣做並無助於科學研究。

我們能不能避免說：侍從主義就是侍從主義，腐敗就是腐敗，到處都一樣？這樣會傷害科學研究，但我們必須意識到，要正確地闡釋這些現象，就必須將它們放到世界各地的語境之內。新聞業不是在真空中成長，而是札根本土的特定歷史、經濟、社會和文化條件的產物。

五、新聞文化：作為避免西方偏見的「捷徑」

在結論，我想強調「新聞文化」（journalism culture）的概念，以提供可能的途徑，避免根深蒂固的「西方偏見」。至少在本章的構想中，「新聞文化」可能是個有用的概念，因為它有兩項優點。首先，它把新聞置於最廣泛的社會和政治語境中。新聞文化涵蓋新聞日常工作所需的各種技能和操作，以及一整套寬泛的假設，既包括國家的政治文化，也包括專業新聞業的角色。新聞業不像醫學或工程等專業，不是中立而無菌的，無法絕緣於周遭的社會、文化和政治現實。新聞業與許多專業類似，由各種技術特性和專業技能構成，包含了極其重要的文化和政治維度，而且與其他的社會次系統關係頻繁緊密，我們無法將專業主義從所處的社會分割出來。因此，通過「新聞文化」這個概念，我們不僅可以視新聞業為一種專業，有自己的常規、實踐和特定的（也可能是普世的）倫理，更可以聯繫到一個國家普遍的文化（尤其是政治文化）。新聞業並不是在真空中成長，許多學者都認同這個簡單平常的說法，但多半是一句空話，沒有做出深入的理論闡釋。自一九五六年《報刊的四種理論》出版以來，許多傳媒學者都強調要把新聞業置於廣泛的語境之內。西伯特、彼得森和施蘭姆在該書一開始就指出：「本書的論題是傳媒呈現所處的社會和政治結構的形式和色彩，尤其反映了個人與制度適調關係的社會控制體系」（Siebert, Peterson, & Schramm, 1956, p.1）但批評者指出（Nerone,

1995），《報刊的四種理論》似乎假定自由主義模式及其衍生的「社會責任論」是放諸四海而皆準的理想模式，與周遭的社會脈絡無關，至少它是評估其他模式的尺規。學者們採用這個西方經驗的闡釋範疇，評斷世界其他地方的新聞業。無獨有偶，赫伯特・甘斯（Herbert Gans）在其開創性著作——《決定什麼是新聞》結論中寫道：「行文至此，本研究忽略了一種有趣的可能性：記者和傳媒機構無意中回應著更大、更基本的社會過程，充當它的棋子。也許，記者為國家和整個社會履行意想不到或未被承認的（隱性的）職能，致使記者這樣做他所做的事。」（Gans, 1979, p.290）。

只有少數學者（Schudson, 1995; Cook, 2006; Hanusch, 2009）把新聞業放在社會語境內。西方傳媒學者大多假定新聞業自成封閉系統，而忘卻新聞業與廣闊的社會的聯繫，也很少人有效地處理這些問題。學者們分析新聞工作程式、常規和專業化的進程，彷彿可以從單一的社會語境抽繹出來。漸漸地，他們只關注大眾傳媒本身，這種態度隨著傳媒研究的發展與日俱增：一方面形成了學科的相對自主性，另一方面卻割斷了傳媒與社會、政治語境的聯繫，以致削弱了對大眾傳媒運作的深入理解。

使用「新聞文化」這個概念的第二個理由是，它可能是比較研究有用的工具，至少在我的定義中是如此的。新聞文化深深扎根於不同國家的語境，因而能夠對照和爭鳴（Hanitzsch, 2007）。這個概念很重要，但經驗研究卻很難展開。學者們提出了不同的方案（Servaes, 1999; Hanitzsch, 2007），但難題還在。這個概念具有多面性，不同方面可能相互矛盾，難以轉化為定量指標；此外，它還牽涉到諸多文化和情感的因素，受訪者往往不願意自由地、真誠地表達。理查・霍加特（Richard Hoggart）多年前在介紹《壞新聞》（*Bad News*）一書時，綜述這一概念的複雜性。根據《壞新聞》的主題，霍加特使用「我們呼吸的文化空氣」（the cultural air we breathe）一詞，說明如何以常識框架來理解新聞及其闡釋，它告訴我們「什麼可說，什麼最好不說」（Hoggart, 1981）。邁克爾・舒德森（Michael Schudson）進一步發展了這個觀點：「正如霍加特所言，我們呼吸的文化空氣是建構新聞最重要的篩檢程式，是我們社會整體意識形態的氛圍，告訴我們什麼可說，什麼最好不說。一方面，統治集團和制度創造了文化空氣，另一方面，它們也建立在文化空氣的語境裡。」（Schudson, 2005, p.189）前此數年，舒德森已指出記者工作的文化環境之重要性，他說：「新聞生產是人們在文化系統內不經意運作所製作的，文化系統是文化意義和話語模式的儲備庫……作為一種文化形式，新聞包含了一系列預設——什麼是重要的，什麼是有意義的，我們處於何時何地，我們應該嚴肅對待哪些議題等等。」（Schudson, 1995, p.14）

文化傳承滲透到新聞文化和實踐中，是歷史的產物，也是特定社會、文化、經濟和政治條件的產物。這種傳承在經驗上很難觀察，也幾乎不可能用精確的術語界定它。「我們呼吸的文化空氣」存在於空氣中，聚散無形，隨風而逝，然而我們在特定的地點共同呼吸。

或許，「新聞文化」的概念可以幫助我們理解為何我們的世界是「雜合化」（Norris & Inglehart, 2009）。沒有人能夠否認全球化。記者專業有某種普世性，通過電影、教科書、研討會、全球事件、教育、傳媒所有權、傳媒集中等途徑傳遍整個世界。這種普世性必先扎根於這樣一種觀念（和實踐）：即新聞對市場有益，新聞是可以銷售和消費的產品。如今，市場和新聞關係緊密，就像當初「意見市場」（marketplace of ideas）的概念在西方誕生時一樣。本質上，這種普世性成形於一套專業準則，也見諸專業新聞業的自由主義模式。自由主義的新聞業模式的影響是難以否認的：它依賴強烈的商業化傾向，也靠西方思想（以及我們的學術和教育活動）在有意中和無意中發揮影響力。

無論如何，新聞業的普世性在不同的文化語境形成。芭比・澤利澤（Barbie Zelizer）指出，「儘管普世論盛行，但新聞文化假定新聞業的傳統、常規和實踐都是動態的，並且取決於具體情境和歷史條件。」（Zelizer, 2005, p. 211）正因如此，許多學者在評論《比較傳媒體制》的闡釋框架時，指出「自由主義模式」和「極化多元主義模式」之間有「雜合化」的趨勢（Voltmer, 2012; Dobek-Ostrowska, 2012; Chadwick, 2013）。確實，如果我們跳出西方視野就會發現，極化多元主義模式的核心特徵似乎構成了一個共同框架，儘管這些具體特徵因國而異。

自由主義的專業模式與在地的條件形成雜合體，而我們依然根據西方範疇來審視和闡釋它。某種程度上，不少學者接續《比較傳媒體制》的討論，認為介於「自由主義模式」和「極化多元主義模式」的雜合化模式，最適合闡釋非西方的專業新聞業。但是，雜合化是一種西方經驗的範疇，應用到不同的現實中，也可能會有西方式偏見。

參考文獻

Borocz, J. (2000). Informality rules. *East European Politics and Society,* 14 (2), 348–80.

Chalaby, J. (1996). Journalism as an Anglo-American invention: A comparison of the development of French and Anglo-American journalism, 1830s–1920s. *European Journal of Communication,* 11 (3), 303–26.

Chadwick, A. (2013). *The hybrid media system*. Oxford: Oxford University Press.

Clark, C. (2000). Modernization, democracy and the developmental state in Asia: A virtuous cycle or unraveling strands? In J. Hollifield & C. Jilson (Eds.), *Pathways to democracy*. New York: Routledge.

Cook, T. (2006). The news media as a political institution: Looking backward and looking forward. *Political Communication,* 23 (2), 159–73.

Curran, J. (1991). Rethinking the media as a public sphere. In P. Dahlgren & C. Sparks (Eds.), *Communication and citizenship*. London: Routledge.

Curran, J., & Park, M. J. (2000). Beyond globalization theory. In J. Curran & M. J. Park, eds., *De-Westernizing media studies*. London: Routledge.

Dobek-Ostrowska, B. (2012). Italianization (or Mediterraneanization) of the Polish media system? Reality and perspective. In D. Hallin & P. Mancini (Eds.), *Comparing media systems beyond the Western world*. Cambridge: Cambridge University Press.

Gans, H. (1979). *Deciding what's news*. New York: Pantheon Books.

Gross, P. (2003). New relationships: Eastern European media and the post-Communist political world. *Journalism Studies,* 4 (1), 79–89.

Grzymala-Busse, A., & Jones Luong, P. (2002). Reconceptualizing the state: Lessons from post-Communism. *Politics and Society,* 30 (4), 529–54.

Gunaratne, S. (1999). The media in Asia. *International Communication Gazette,* 61 (3–4), 197–223.

Habermas, J. (1989). *The structural transformation of the public sphere: An inquiry into a category of bourgeois society*. Cambridge, MA: MIT Press.

Hallin, D. (1992). The passing of the "high modernism" of American journalism. *Journal of Communication,* 42 (3), 14–25.

Hallin, D., & Mancini, P. (2004). *Comparing media systems*. Cambridge: Cambridge University Press.

Hanitzsch, T. (2007). Deconstructing journalism culture: Toward a universal theory. *Communication Theory,*

17, 367–85.

Hanusch, F. (2009). A product of their culture. *International Communication Gazette,* 71 (7), 613–26.

Hoggart, R. (1981). Foreword. In Glasgow University Media Group (Eds.), *Bad News*. London: Routledge & Kegan Paul.

Kampfner, J. (2010). *Freedom for sale*. New York: Basic Books.

Katz, E. (1996). And deliver us from segmentation. *Annals of the American Academy of Political and Social Science* 546:22–33.

Ledeneva, A. (2004). *How Russia really works: The informal practices that shaped post-Soviet politics and business*. Ithaca, NY: Cornell University Press.

Lee, C. C. (2000). State, capital and the media: The case of Taiwan. In J. Curran & M. J. Park (Eds.), *De-Westernizing media studies*. London: Routledge.

Luhmann, N. (1998). *Observations on modernity*. Stanford, CA: Stanford University Press.

McCargo, D. (2012) Partisan polyvalence: Characterizing the political role of Asian media. In D. Hallin & P. Mancini (Eds.), *Comparing media systems beyond the Western world*. Cambridge: Cambridge University Press.

Mungiu Pippidi, A. (2010). The other transition. *Journal of Democracy,* 21 (1), 120–27.

Nerone, J., ed. (1995). *Last rights: Revisiting four theories of the press*. Urbana: University of Illinois Press.

Norris, P., & Inglehart, R. (2009). *Cosmopolitan communication*. Cambridge: Cambridge University Press.

Ornebring, E. (2010). *Latvia*. Unpublished report for the Media and Democracy in Central Eastern Europe project, Department of Politics and International Relations, Oxford University.

Panebianco, A. (1998). *Political parties: organization and power*. Cambridge: Cambridge University Press.

Park, M. J., Kim, C. N., & Sohn, B. W. (2000). Modernization, globalization, and the powerful state. In J. Curran & M. J. Park (Eds.), *De-Westernizing media studies*. London: Routledge.

Pasti, S. (2005). Two generations of contemporary Russian journalists. *European Journal of Communication* 20 (1), 89–115.

Rheingold, H. (2000). *The virtual community*. Cambridge, MA: MIT Press.

Schudson, M. (1995). *The power of news*. Cambridge, MA: Harvard University Press.

Schudson, M. (2005). Four approaches to the sociology of news. In J. Curran & M. Gurevitch (Eds.), *Mass media and society*. London: Hodder Arnold.

Servaes, J. (1999). *Communication for development: One world, multiple cultures*. Cresskill, NJ: Hampton Press.

Siebert, F., Peterson, T., & Schramm, W. (1956). *Four theories of the press*. Urbana: University of Illinois Press.

Sparks, C. (2000). Media theory after the fall of European communism: Why the old models from East and

West won't do anymore. In J. Curran & M. J. Park (Eds.), *De-Westernizing media studies*. London: Routledge.

Voltmer, K. (2012). How far can media systems travel? Applying Hallin and Mancini's comparative framework outside the western world. In D. Hallin & P. Mancini (Eds.), *Comparing media systems beyond the Western world*. Cambridge: Cambridge University Press.

Waisbord, S. (2000). Media in South America. Between the rock of the state and the hard place of the market. In J. Curran & Park, M. J. (Eds.), *De-Westernizing media studies*. London: Routledge.

Zelizer, B. (2005). The culture of journalism. In J. Curran & M. Gurevitch (Eds.), *Mass media and society. 4th ed*. London: Hodder Arnold.

「媒介首都」生成的條件：全球媒介的地方情境

Conditions of Capital
Global Media in Local Contexts

邁克爾・柯廷
Michael Curtin

李紅濤／譯，陳楚潔／校

請允許我一開篇就唱個反調：國際傳播領域無需「國際化」，至少在電影和媒介研究領域如此。無論在理論或認識論層面，電影研究一開始便徹底國際化了。它將電影看作現代民族國家的文化現象，致力於勾勒各國電影的獨特性，並展開互相比較。為了抗衡好萊塢的出口電影對世界各國的侵擾，電影學者一直以來便強烈欣賞法國、埃及、印度等國電影（Nowell-Smith, 1999）。他們慶祝國際電影節的成長，支持國家的電影政策，建立了一整套大學課程和教科書，以解釋世界各國電影的歷史和實踐。近年來，研究者開始挑戰並質疑國家電影的模式（Hjort & Mackenzie, 2000; Vitali & Willemen, 2006; Durovicova & Newman, 2010），但電影研究仍然以國家為參照點。

類似的觀察也適用於印刷和電子媒介的研究。傳播學奠基人哈樂德・英尼斯（Innis, 1972）撰寫的傳播史橫貫人類歷史的黎明到現代，描述了帝國、神權國家和封建政權的傳播特徵，但到了現代，他主要聚焦於國際情境下的國家媒介系統。他反思各國權力失衡和跨境流動，但重心仍是比較和對照各國媒體的特徵。其他學者追隨他的做法，這是可以理解的，因為社會學對傳播領域的影響很大。社會學範式假定傳播大體上是關注國家層面的系統；一旦侵犯國界，通常被看作是造成破壞性的、越軌性的影響。這導致了跨國傳播最常見、最持久的觀念——媒介帝國主義，它彷彿一個潛伏的威脅，在全球範圍內喚起文化同質化的幽靈。即在今天，批評者仍指斥《蝙蝠俠》、《犯罪現場調查》（CSI）和Lady Gaga等美國文化產品無處不在；在他們眼中，文化產品在全球流動是為了滿足企業集團的利益，以致削弱各國的表達方式及其公共生活，而芸芸眾生是脆弱而輕信這些產品的（Schiller, 1969; Guback, 1969; Miller et al., 2008）。很多學者和政府決策者主張，遏制帝國主義的潮流，最好的希望是靠各國政府和國際機構制訂政策，限制進口，促進本地生產，造就負責任的公民群體（McBride, 1980）。

因此，或許我們不太需要推動學術研究的國際化，只要尋求針對上述議題的替代性分析路徑。國家框架和視角到底仍然有用，還是遮蔽了媒介全球化所促成的新趨勢？全球研究的學者從不同預設出發，承認國家體系有恆久的重要性，擔憂經濟和文化權力分配不均，但他們跳出國家層面議題的根本性關注，進而探討不同層次的互動機制。他們認為，媒介全球化沒有統一的邏輯，也沒有唯一的中央控制中心，而是一個推與拉過程，帶來很多意外後果（Tomlinson, 1999）。因此，全球、國家和地方機構的互動是高度情境化的，無比複雜。他們舉例說明在世界各地，當地媒體有力和支配性的全球媒體競爭；他們也注意到流行文化如何吸納、重構和再闡釋全球性的霸權文本。全球研究的學者雖然知道系統化的權力模式，他們更關注地方層面的偶然性、差異和斷裂（Appadurai, 1996）。在他們眼中，世界並非由離散、互鎖的國家實體連成的馬賽克，而是由多樣、疊層、橫切的元素組成的拼貼畫。他們進一步指出，各國政府未必是對抗全球化的最佳解藥，因為國家也存在不平等的權力結構，製造看似本土的價值觀和文化產品，其實是滿足精英的利益。以中國為例，國內差異很大，與當局營造的民族團結形象相悖（參見Pan, 2010）。因此，全球研究的學者承認國家政治行動是抗爭外來文化支配的場所，但也探討其他重要文化鬥爭的位置，在全球化的情境下展開解釋。

儘管上述研究路徑很不同，卻共同關注現代媒介的一群核心研究問題：全球、國家和地方機構之間有什麼關係？支配與從屬的形態是什麼？創意活動和文化權力的中心何在？這些權力關係如何影響創意工作者和媒體用戶？又如何影響人類社群的社會文化命運？有哪些必要的原則左右著現代媒介的生產、流通和社會使用？這些問題暗含著空間的維度，這是學術界為何不斷關注邊界和關係的緣故。但令人驚訝的是，空間維度卻未獲得傳播研究的重視。由於電影和媒介學者重視空間，或許會更關注城市（特別是港口城市）的研究，而不是聚焦國家。這或為我們思考當代全球媒介環境中的文化權力，提供不同的方式。

在古代和中世紀，帝國政權建立跨越空間的影響力，靠的是征服當地人民，並與控制戰略要塞、城鎮和城市的團體結盟。後來，帝國被現代國家體系所取代，後者建立在固定的政治邊界之上，內部則培育國家的居民。在兩種制度下，政治和文化權力常相重合，創意活動的中心往往在政治統治中心的周邊發展起來。但資本主義隨後崛起，為全世界眾多城市提供資源，工商活動的成長多於政治權力和軍事征服。重要航海城市，比如印度的孟買、奈及利亞的首都拉各斯（Lagos）、黎巴嫩的貝魯特和香港，成為貿易、金融、製造業和文化的中心。

港口城市通常處在龐大帝國之間，或在強盛國家的邊緣。在這些地方，商品、觀點和文化產品的交換促進了都市的繁榮。現代出版、電影和錄音擴展了大眾媒介的地理邊域，這些城市更是占盡地利之便，推動著文化商品和影響力的橫向流動。它們變成跨國的區域性媒介經濟中心，並成為跳板，文化產品流向更遠的地方——例如，孟買電影流動到海灣國家，非洲high life音樂[1]流動到美洲，中國武俠小說流動到東南亞。二十世紀後半葉，隨著衛星電視、數位燒錄和網路傳播的出現，文化流動大大加速。最初，這些新技術似乎服務西方媒體集團的利益，總部在好萊塢、紐約和倫敦；但久而久之，它們激發出地區之內、地區之間，以及從邊緣到中心的反向流動（counter-flows）。這些文化流動也讓人們以新方式思考自己與他人的密切關係，以及自己在世界的位置。有人夢想著好萊塢的生活，但很多人目光投向孟買和貝魯特，尋求時尚、文化和生活方式的指引（Mitra, 2000）。對於政治的弱勢群體而言，這些文化中心提供了想像性的替代，以彌補他們日常生活中遭受的限制和屈辱。

面對好萊塢或孟買等城市的文化競爭，各國政府均憂心忡忡，而這些城市就是我在本章討論的「媒介首都」（media capitals）。在數位時代，流行音樂和影像媒介的流通

1 譯注：high life未見通行譯名，直譯為「高雅生活」。它在二十世紀初發源於迦納，流行於西非，是一種將非洲傳統音樂與歐洲樂器和西方音樂相結合的通俗音樂類型。

變得越來越容易，各國政府也憂慮日深。與此同時，文化產品跨越國界越來越順暢，資本、技術和商品的流通亦是如此，最終將各國捆綁成為一個相互依存的全球經濟體系（Harvey, 1990; Castells, 1996）。國家看到文化和經濟主權遭到侵蝕，決策和行政權力受到遠方的力量所制約。一方面，支配性的西方國家向它們施壓，要求跨國媒體能夠自由流動；另一方面，它們也對國民歡迎域外的文化產品感到惱火。如果政府試圖設立電影進口配額，消費者就會轉向盜版市場購買影碟；如果國家禁止衛星碟，受眾就會轉向網路。這些發展趨勢使全球霸權國家、各國政府，和擴散跨國媒介產品的港市之間的關係更緊張。

如上所述，這些機制不僅是國家或國際性的，而真正是全球性的：多維度、相互交織、衝突的，而且是制度性的。為了考察這些機制，我們不僅要關注國家機構和國際關係，還要探究民族國家以下或它們之間的行動者、力量和場所。近年來，我試圖通過分析「媒介首都」來把握這些全球的文化機制，這一概念使我們立即直接關注到某些城市的領先地位，以及導致資源在特定地區集中的原則和過程（Curtin, 2004, 2014,另有一部撰寫中的未刊稿）。在本章，我將聚焦一九九七年香港回歸之後，中國政府和香港電影業之間的競爭，特別是兩者關係的空間和權力機制的過去、現在和未來。我將探討華語電影業的地理重心為何一直在變動：先從上海到新加坡，再到香港，近年又到北京。華語電影產業在歷史上不只是國內的商業電影，而一直都是流動的、充滿活力的、跨國的。這一案例提出若干有趣的問題，觸及全球、國家和地方媒介的競爭關係。不過，在討論個案以前，我先要解釋媒介首都的觀念，再探討有什麼制度特徵和有利條件，使得媒介資源向特定城市靠攏。我以孟買為例，這是相當成功的媒介首都，其運作與西方保持相對的自主性。最後，我會轉向中國媒介，勾勒香港這個媒介首都的興起和衰落，探討中國政府在海外謀求「軟實力」，如何約束其文化競爭者。中國有強大的國家機器，分別在國內和國外力爭文化霸權，正好是孟買對比的案例。中國在很多方面都相當成功，但本章的討論將解釋，依據媒介首都的原則，北京為何在當前的條件下不可能成為媒介首都，不可能將其文化影響力推向其他亞洲國家，更遑論全球。

一、何為媒介首都？

二十世紀初葉以來，儘管影響影像產業的力量和因素很多而又複雜，我們還是可以發掘三項核心原則，對二十世紀初以來世界各地影像業發揮了結構性的作用：（一）積累的邏輯；（二）創意遷移的軌跡；以及（三）社會文化差異的形貌。

積累的邏輯並非媒介產業獨有，資本主義企業天然都有動態的、擴張的趨勢。正如大衛・哈威（David Harvey, 2001, pp. 237-66）所說，大多數公司都集中生產資源和擴張市場，提高效率，充分利用其生產能力，實現收益的最大化。這些趨勢在週期性的商業衰退中看得最明顯，這時企業被迫加大生產，或擴大銷售，或兩者兼有，以圖生存。哈威認為，這樣的危機時刻需要「空間修補」（spatial fix），因為資本一方面必須集中並整合生產場地，降低製造所需時間和資源，另一方面資本必須提高銷售的速度，節省時間，將遙遠的市場納入運作的軌道。早在一百多年前，馬克思就曾討論生產領域的向心趨勢和銷售領域的離心趨勢，他強調，資本若要克服積累過程的障礙，就必須「用時間消滅空間」（Marx, 1973, p. 539）。就當代媒介而言，這一見解意味著，一家電影或電視公司最初成立，容或是為了服務特定國家的文化或地方市場，但久而久之，如果要在競爭中生存並提高收益，就必須重新調配創意資源，重塑運營的形勢。[2] 積累邏輯暗含「管理革命」的影響，與工業資本主義的崛起相伴隨（Chandler, 1977）。實際上，正是資本主義積累與啟蒙運動的反思性知識系統交匯，促使商業資本主義轉型到工業資本主義。資本主義由此變成多種積累模式，更傾向於監控和調適，因為它持續改進、整合製造和行銷過程，集中生產資源，擴張運輸系統，以提高效率（Giddens, 1990）。

媒介首都的第二項原則強調創意遷移的軌跡。影像產業不斷要求新的產品原型（例如故事片或電視節目），創意勞動力自然成為核心資源。然而，藝術與商業的聯姻並非易事，尤其在龐大的機構更難，媒體產業因而不得不下賭注在難於管理的勞動力形式上。正如阿蘇・阿克索伊（Asu Aksoy）和凱文・羅賓斯（Kevin Robins）（Akoy &

Robins, 1992, p. 12）所說，「人們無法預判一項產品的成敗。不過，電影行當的金科玉律就是，倘若你自始就沒有創意人才，根本就沒有生意可談，更談何成敗。」實際上，吸引並管理人才是影像製片人的首要挑戰之一。在公司層面，這就要提供良好的薪酬和工作條件；但在更寬泛的層面上，這就得維持專門人才的持續供應，難怪媒體公司往往聚集在某些城市。[3]

地理學家艾倫・斯科特（Allen J. Scott）指出，文化產品的製造商選的地方，通常與分包商和熟練工人形成緊密的交易網路。除了顯而易見的成本效益之外，斯科特還特別強調，互相聯繫的生產商聚集，產生相互學習的效應。無論是通過非正式的學習（例如在專案合作過程中交流觀點和技術），或通過正式的知識傳遞（工藝學校、行業協會和頒獎典禮），產業集群都能提高產品品質，激發創新。斯科特（2000, p.33）說，「這類以地方為基礎的社區，不僅是狹義文化勞動力的中心，更是社會再生產的活躍樞紐，它們維繫和擴散著至關重要的文化能力。」

2 壟斷租金（monopoly rent）是一個特例，但正如本章所論，在技術飛速變化、跨境流動日趨頻繁的時代，壟斷租金越來越不可持續。

3 儘管大量相關的文獻並沒有專門討論媒體產業，但它們探討了人力資本對商業企業集聚在特定地點的影響（Jacobs, 1984; Porter, 1998; Florida, 2005）。

勞動力向心式遷移，促成路徑依賴的演化，於是偶發事件或創新可能激發創意集群（creative cluster）出現，但工業發展有賴人才持續遷移，追逐專業機會，以致向上盤旋不斷成長。在這些產業中，沒能搶占先機的地區多半無法「入場」，因為產業集聚的邏輯很難打破，就算注入大量資本或政府補貼也無濟於事。新的集群若要崛起，除非原來優越的媒介首都走向衰退，否則新集群就得提供非常獨特的產品線。

儘管媒介首都擁有生產力和結構性的優勢，媒介產品的符號內容還是會削弱它們在地理上可以抵達的範圍。打個比方說，中國電影製作人與土耳其或印度觀眾之間存在著文化距離，使得產品的意義和價值在消費或使用時可能大打折扣。積累和創意遷移的向心邏輯，有助於說明媒介首都的集中化，但產品流通的離心模式則遠為複雜，尤其當文化產品進入遙遠的文化區時，通常已有別的媒介首都覆蓋。

開羅、孟買、好萊塢和香港的分布，彼此有文化鴻溝，所以它們的生產商能夠維持有特色的生產線，並擋住遙遠競爭對手的攻勢。媒介首都進一步受到中介因素的影響，比上述空間的解釋更複雜。因此，媒介首都的第三個原則聚焦於社會文化差異的形貌，顯示國家和地方機構一直是全球文化經濟中重要的行動者。

在電影工業化的早期階段，市場力量和人才遷移推動了像好萊塢的強大製作商集群成長，但世界各地政府早在二〇世紀二十年代就開始推出政策，限制進口，推動地方媒介生產，以應對好萊塢日益上升的影響力。發展地方電影業通常很難，但很多國家推動廣播業，乃至後來的電視業（大多是公共電視），卻相當成功，它們製作熱門節目，吸引大量受眾。廣播電視業似乎先天適合國家干預，因為它的文化和技術特徵，有助於隔絕國家體系和國外的競爭。接踵而至的廣電新聞和娛樂節目，不時打斷日常家庭的常規，公共領域與私人領域交錯，民族文化於是置入受眾的日常世界中（Scannell, 1991; Silverstone, 1994; Morley, 2000）。

必須指出，國家機構不是唯一組織、利用社會文化差異者。數十年來，傳媒企業在生產和發行過程中，一直利用社會和文化差異，特別是調用特定敘事和創意人才，契合它們影響範圍內受眾的文化性格。它們還會運用社會網路和內部資訊，確立市場優勢，在促銷活動中激發種族和民族自豪感。社會文化差異給媒體機構機會，謀求合適的市場定位，即使文化遙遠的強大競爭者也鞭長莫及。

概而言之，媒介首都的概念第一時間就承認資本、創意、文化和政體的空間邏輯，但並不獨尊其中一項。如同資本邏輯產生結構性的影響，社會文化差異的力量也塑造媒介生產與消費不同的情境。媒介首都概念鼓勵我們提出動態的、歷史化的理論解釋，以勾勒資本運作和人才遷移；同時，也要關注到社會文化力量和偶發事件如何造就另類話語、實踐和空間性（spatialities）。媒介首都的視角要解決傳播政治經濟學和文化研究（亦即媒介帝國主義和全球研究）的緊張，證明運用從這兩個學派得到的洞見，可以一起有效地研究電影和電視。

二、媒介首都是什麼？

媒介首都是強大的地理中心，在其流通範圍內充分調動人力、創意和財政資源，製作能夠滿足受眾特殊需求的產品。它們的成功取決於能否把握受眾偏好，利用大眾的想像力，在其文化區內運用資源。媒介首都的卓越地位因而是關係性的：它既大量向外輸出產品，也在它的流通範圍內集合並利用上乘的人力和文化資源。其卓越性也是動態的，因勢而變，必須因應其他城市對媒介首都的挑戰。例如，杜拜試圖挑戰貝魯特在阿拉伯衛星電視領域的領導權，而邁阿密近年來崛起，成為墨西哥城在國際上的有力競爭者。因此，媒介首都概念鼓勵我們從空間探討積累和擴散的變動格局，這些活動形塑了受眾的想像世界，也被後者所形塑。這種研究試圖理解為什麼某些地方變成媒介活動的中心，它們與其他地方有什麼關係。媒介首都是在歷史因素複雜互動中出現的，在跨國競爭的嚴峻考驗中偶然造成。好萊塢、孟買、拉各斯這麼不同的城市，卻在各自的流通範圍內成為媒介首都。儘管在很多方面存在質的差異，媒介首都在制度結構、創意能力和政治自主性等方面卻有共同的特徵。

在制度上說，傳媒公司一意追求受眾品味和欲求的地方，媒介首都往往很興盛。為了迎合受眾口味，它們吸收並適應來自遠近各處的文化影響，由此形成混雜的美學。在生產和宣傳過的程中，用明星和節目類型的制度調節上述的折衷主義和不穩定性，這樣使不同的受眾能理解並接納媒介的文本。公司的底線始終是流行度和盈利性。儘管商業電影和電視工作室經常被批評迎合最低公約數，但它們創新不懈，熱切追逐時尚和娛樂不斷變動的微妙。在早期發展階段，媒介首都或許是投機取巧式的小生意，很多公司恣意追逐最新的流行趨勢，以低成本如法炮製大量產品，沒有推廣和精算就投入市場。然而，隨著媒介首都的成熟，這些公司的做法開始制度化，大多數都在大公司內整合生產、銷售和展覽。利潤率源自結構化的創造性，它培育出擴張性（且不斷擴張）的銷售體系。在項目發展和融資的概念階段，已融入行銷的考慮。因此，在資本積累的體制與變化多端的大眾品味緊密勾連的地方，媒介首都因勢而起。早期電影製作共同體的重商機會主義讓位於工業化的生產和銷售模式。

同樣重要的是，媒介首都通常在激發創新活動的城市中繁榮發展，吸引有抱負的人才。關於工業集群的研究文獻顯示，創意勞動者常常流向某些地方，既能找到工作，還能向同行和前輩學習，或接受當地工藝組織的培訓（Porter, 1998）。工作流動和行業內部交流進一步促進了技能、知識和創新的擴散。因此，相互學習的文化得以制度化，推動著創意勞動力的再生產和提升（Scott, 2000）。勞動者也傾向於流動到以文化開放和多樣著稱的城市（Florida, 2005）。例如最成功的媒介首都大都是港口城市，因其跨文化交流的歷史悠久。

值得指出，一國的政治首都很少變成媒介首都，主要是因為現代政府似乎無法抗拒干預媒體機構的誘惑。[4] 因此，媒介首都更可能在遠離國家權力中心的地方繁榮發展，它們青睞的反而是被政治和文化精英鄙夷的城市（如洛杉磯、香港和孟買）。成功的媒體企業往往抗拒審查和侍從主義（clientelism），不相信官方僵化的文化版本。相反，商業化媒體企業一方面吸收、再造本土和傳統文化資源，另一方面吸納可能在市場占優勢的域外創新。這樣挪用也許招致政府官員和高雅文化評論家的批評，但它們仍然不為所動。由此導致的混雜狀況（mélange）彰顯全球現代性的相互矛盾，既充滿活力，看似變化無常，卻有精明的算計。地點的選擇也是一種算計：媒介首都多聚居在相對穩定的城市，因為企業家只會在長期沒有干預的地方投資，建設製片廠和銷售網路。

三、印度媒介首都孟買

孟買是值得關注的案例，它由一個繁榮的港口成長為有影響力的媒介首都。數百年來，孟買一直是商業的樞紐，古代便與波斯、埃及和希臘建立起橫貫大陸的貿易關係，後來則成為大英帝國船運和鐵路網路在南亞的中心節點。十九世紀末，鐵路擴張和棉花產業的迅猛發展，讓孟買成為商人和求職者的繁華聖地。孟買說的是幾乎每一種印度語言和許多外國語言。該邦的官方語言馬拉地語（Marathi）[5] 獨占鰲頭，隨後是古吉拉特語（Gujarati）、印地語（Hindi）、孟加拉語（Bengali）和烏爾都語（Urdu）。商貿和政府部門則普遍使用英語。這種多樣性有時帶來種族和宗教衝突，但無論如何，孟買（Bombay/Mumbai）長期以來卻被看作印度最具世界性和最包容的城市之一。

時至今日，孟買仍然是印度主要的海港，兩條鐵路幹線的終點站，和印度最大的機場，全印度近乎三分之二的國際航班在孟買起降。一八七五年建立的股票交易所，加上貨品市場，讓孟買成為南亞最重要的金融中心。孟買的地方經濟最初依賴銀行業、航運業和紡織業，但自從印度獨立以來，當地經濟日趨多樣，包括塑膠工業、印刷業和製藥業。鑒於人和物的持續流動，毫無意外，孟買成為非法買賣貨幣、寶石、貴金屬乃至販賣人口的中心。孟買的黑社會組織與卡拉奇（Karachi）[6]和杜拜等地的黑手黨網路聯繫緊密，對貿易、房地產和電影工業的影響很大。孟買也是一個讓人夢寐以求的地方，富人過著奢華的生活，境遇尚可的居民則品嘗世界主義現代性的酸甜苦辣。無論螢幕內

4 英國首都倫敦是一個特例，這在很大程度上是因為大英帝國的殘留優勢讓它成為重要的海運和金融中心。它在媒介活動中的中心地位之所以得以延續，大體上是因為它能夠開掘利用富裕的全球英語市場，而英國政府在對創意機構的監管中保持著相當的克制。

5 譯注：馬拉地語是印歐語系印度伊朗語族印度雅利安語支的一種語言，主要通行於印度馬哈拉斯特拉邦（該邦首府孟買），是該邦的官方語言，使用人數約七千萬，在世界上使用人數最多的語言中列第十九位。

6 譯注：卡拉奇為巴基斯坦第一大城市，位於巴基斯坦南部海岸的港口城市。

外，這座城市都象徵著大城市生活的誘力和驚恐，許多通俗情節劇都以它代表南亞典型的都會（Prakash, 2006; Mitra, 2010）。

孟買港口城市的地位，與它的文化中心歷史密切糾纏在一起。在英國殖民統治時期，來自波斯的帕西人（Parsi）[7]在船運、船舶製造和金融業致富，有舉足輕重的影響力。他們也在孟買建立受歡迎的商業表演團體，巧妙地混合各種表演的傳統，包括莎士比亞戲劇、波斯語抒情詩和印度民間舞蹈。帕西人的劇場裝飾奢華，以演出歷史與神話主題的奇觀和通俗劇聞名。十九世紀，這些劇院公司在印度和東南亞巡迴演出，表演給賞識的觀眾看（Gupt, 2005; Ganti, 2004）。他們吸納各種文化影響，無疑因為帕西人意識到自己是少數族裔，劇場的商業成功要靠他們拿捏各種差異的能力。

孟買的電影院最早出現於一八九六年，有些帕西人的劇團轉型為電影院；電影製作人擅長借用各種文化資源，以此滿足電影觀眾日增的需要。到了上個世紀二十年代，孟買就已經成為印度電影業首屈一指的中心，要是考慮到西方進口的殘酷競爭，這個成就更讓人驚歎了。一九三一年聲音技術到來，給孟買的電影製作人新的挑戰，因為沒有哪個方言是「自然的」候選語言。孟買自身是多語言的城市，周邊地區則通行馬拉地語和古吉拉特語。考慮到語言會影響電影發行的方式，電影製作人轉向印度斯坦語（Hindustani），這是印地語和烏爾都語的混合，被北部和中部印度的貿易階層所使用。印度斯坦語是商貿集市的通用語，也是恰當的選擇，因為孟買通過歷史上的貿易路線和印度鐵路，與這些地方連在一起。此外，印地語是印度最廣泛使用的語言，而烏爾都語則是印度北部和今日巴基斯坦最基本的習語。兩種語言有相同的語法結構和大量相似的詞彙。因此，操印地語和烏爾都語的人當然能夠理解印度斯坦語，而講其他印度雅利安語支的觀眾也能懂其大概。

特賈斯維莉・甘蒂（Tejaswini Ganti, 2004, p.12）觀察道，「這導致了奇怪的現象，孟買電影工業的語言與該地區的語言不一致……印地語的電影在多語的孟買發展，而不在印地語的北方，這使得印地語的電影擺脫地區身分，賦以更強的『民族』色彩。結果，在全國市場的發行，印地語電影發展出自己的習語和風格，與印地語的任何地區都不同。」電影螢幕上的印度斯坦語，很多人都可以理解，但卻不屬於任何人群，使得孟買的電影——脫胎自劇院傳統——看起來是跨文化的。印度斯坦語進一步隔絕了西方進口產品，推動了賺錢的流行音樂產業發展（Punathambekar & Kavoori, 2008）。這些文化特質幫助孟買電影建立了廣泛而無序的流通方式，覆蓋殖民時期大部分印度地區，包括今天的巴基斯坦、斯里蘭卡和孟加拉。它們的成功令製作商投資更奢

7　譯注：帕西人，字面意思為「波斯人」，但特指從古代波斯（今伊朗）移居到印度次大陸、信仰拜火教的波斯人。西元七世紀中葉，阿拉伯的穆斯林大軍攻占波斯帝國，八世紀到十世紀，大批波斯人遷往印度次大陸的西海岸定居，以逃避穆斯林的迫害。

華的螢幕奇觀，進一步增強區域競爭優勢，擊敗加爾各答、海德拉巴或馬德拉斯。電影（和隨後的電視）公司堅決以大眾品味為重心，在整合多樣化的文化資源之外，又以明星和節目類型發展出雜糅的美學，以致影視文本在各種情境流行暢銷。發行的考慮完全整合到產品的構思、融資和生產過程中，確保流行的節目能夠健康流通。

孟買受益於創意活動中心的聲譽，人才被吸引到這座城市，不僅因為可以找到工作，也因為孟買擁有聞名的創意社群，將相互學習的體系制度化。大體而言，孟買歡迎各色人等，這個港口城市也有與外人在文化和經濟上打交道的長久歷史。它是穩定和繁榮的城市，有引領南亞中產和準中產階級潮流的美譽。

一九四七年印度獨立之後，商業電影製作者和印度政府關係長期緊張（Jeffrey, 2006）。然而，出於一系列複雜的原因，印度政府最終向孟買媒體業無所不在的影響力讓步，並在一九九八年賦予它官方行業的地位，為它打開大門，爭取新資金的機會，包括私人投資，以及政府為了扶植媒體行業的方案。國家還通過立法，使商業衛星電視合法，提供電視節目、故事片和流行音樂盈利甚豐的播放管道。這三個因素融合強化，帶來電影工業的好運，否則電影業可能停滯不前。儘管「寶萊塢」的標籤觸怒不少行業內部人士，但正如阿希什・拉賈德雅克薩（Ashish Rajadhyaksha, 2003）所指出的，這個提法至少有辦法處理（以印度造夢之城為總部的）商業媒體和全球媒體的複雜關聯。孟買是毫無爭議的融資、生產和銷售中心，吸引創意人才的磁石，媒體商人的集市，它的文化影響也是遠近各方的摹本。

以上的簡略歷史梗概顯示，孟買的媒介首都地位歸根結底源於商業算計、人力資源的遷移、族群多樣性、文化雜糅、語言的機會和黑社會的陰謀詭計。這座城市為眾人仰慕，為精英鄙視，它在印度經濟的中心成熟起來，畢竟在政治權力的邊緣。孟買作為媒介首都的命運，既繫於它的中心地位，也繫於它的邊緣性。很多方面象徵著印度這座大熔爐，但很多方面又很西方。它在各種流動的中心，卻在印度和西方的邊緣。因此，「寶萊塢」想要維持媒介首都的地位，就必須與新德里和好萊塢保持距離。孟買影視媒體產業的吸引力，就在於與印度國家的懲戒邏輯以及好萊塢的文化邏輯保持距離。

四、華語影視業的首都爭奪

在黃金時代，華語商業電影根本就是跨國媒介。它誕生於上個世紀二〇年代的上海和香港，有擴張性和流動性，很快就拓展到東南亞的出口市場。三〇年代，中國電影市場飽受戰爭和革命摧殘，華語商業電影的中心因此南移到新加坡，但五〇年代再一次受到馬來半島上洶湧的民族主義浪潮的衝擊。電影業於是轉移到香港，在這裡走向成熟和繁榮，既服務當地觀眾，也將目光投向海外市場（Fu, 2003, 2008; Uhde & Uhde, 2000;

Zhang, 2004）。華語電影人四處追逐機會，電影業的取向具有原始意義的全球性，儘管產品並不是世界隨處可見。電影業也受到當地創意社群支持，吸引遠近的人才和資源，香港成為華語流行文化錯綜複雜網路的中心節點。

儘管它有跨國的取向，香港電影業在很多方面卻非常本土化。二十世紀後半葉，香港電影大多數作品就在城裡的街巷拍攝，執意製作給本地影迷看。香港的電影文化曾以午夜場首映聞名，演職人員混在觀影者中間，觀察觀眾的反應，並酌情修改電影的最終剪輯版（Teo,1997; Bordwell, 2010）。電影是為本地觀眾打造的，以他們的反應粗略預測電影是否會在馬來西亞、新加坡和臺灣等海外市場賣座。創意社群在殖民城市紮下根，置身其中的人口大多從其他地方移民而來，正在發展既本土又全球的身分。電影製作是地方性的事業，但有超越本土的觸角（Zhang, 2010）。有抱負的華語人才從亞洲各地，乃至從歐洲和北美，轉戰香港，把這座城市看作可以大展身手之地。而電影主管層也認為香港是融資、招募人手、啟動項目最好的地點。

電影產業在國家政治所及之處以外運作，受到英國殖民政府放任政策的庇護。製片人隨心所欲，以迅雷不及掩耳的速度炮製出大量的故事片，偶現佳作，多半是爛片。無論如何，電影生產的節奏、規模和多樣性，培育出靈活的電影公司，為成千專業人士提供了工作的機會，也給有志入行者提供訓練的機會。香港變成吸引遠近人才的磁石，是創意實驗的孵化器（Curtin, 2007），它哺育了徐克、張曼玉和何冠昌，許鞍華、陳可辛和楊紫瓊，鮑德熹、王家衛和杜可風。它也哺育了一大批富有生機的報紙、唱片品牌和廣播電臺。

在一個多世紀的英國殖民統治之後，香港於一九九七年回歸中國。在回歸以後五十年的轉型期內，香港特別行政區應該相對獨立運作，但從回歸開始，北京顯然就有意行使權威，很多人相信政府會加強對媒介產業的審查。這給香港電影公司帶來問題，因為它們習慣於製作諷刺、猥褻的和粗俗的喜劇，以及奇幻、恐怖和犯罪片。隨著回歸的日期越近，這座城市的創意階層越緊張，因為最火的電影類型可能成為審查和宣傳官員的目標。結果，大批製片人、導演和演員開始到海外尋求工作機會，留守的也開始悄悄將資源和家庭搬到海外，以防萬一（Chan, 2009）。電影業也進入狂熱生產的惡性循環，炮製大量電影作品，希望在大限到來以前撈一筆。電影市場充斥著劣質產品，本地和海外的忠實觀眾敬而遠之。香港電影的聲譽遭到重創，更可歎的是觀眾從九〇年代末開始，從多廳影院、錄影和網路，接觸到東京、首爾、歐洲和好萊塢的文化替代品。消費者不再願意購票進入電影院觀看香港電影，寧願花上零售價格的零頭，購買（或下載）盜版華語電影影碟（Wang, 2003）。電影觀眾對香港電影漸趨冷淡，亞洲其他地區的媒介專業人亦復如此。分銷商不再購買作品，製片人不再合作，導演也不願意聘用香港演職人員。回歸之後的十年間，香港電影觀眾、銷售商和創意人才組成的跨國網路慢慢瓦解（Curtin, 2007; Chan, Fung, & Ng, 2010; Bordwell, 2010）。

回頭看，當初港人對香港回歸的焦慮有點誇大，從九〇年代到新世紀，電影行業受到了機會主義的心態誤導。實際上，與其說它遭到了審查的戕害，不如說真正的罪魁禍首是害怕審查，以致陷入自我毀滅式的過度生產迴圈。北京領導層根本不需要直接插手內容管制的髒事；反而在香港電影業面對巨大壓力時，北京刻意保持距離，沒有伸出援手。有趣的是，中國領導層致力和好萊塢推動合作項目，卻將香港電影業晾在一邊，在香港回歸之後漫長而動盪的七年裡，將香港電影當作進口電影處理。在香港電影的危機時刻，中國政府拒之門外，只有確定在處理「東方好萊塢」的關係中占上風，才慢慢打開內地市場的大門。

回歸以來，香港電影公司停止運轉，各種支援服務蒸發，電影人才風消雲散。更糟糕的是，中國的審查政策始終雲遮霧罩，很多電影製片人謹小慎微地處理內容議題，形成自我審查的文化，進一步疏遠了電影觀眾，特別是臺灣、新加坡和馬來西亞等重要海外市場的觀眾。香港媒介無厘頭的、新奇的產品品質日趨弱化，出口的收入降低，製作人面臨著兩個選擇：要麼守住香港狹小的在地市場，要麼加入中國大陸的合作專案（通常是合拍片）。[8] 前者意味著生產規模大幅縮減，後者則要求電影製作要滿足中國大陸審查員和觀眾的胃口。中央政府發出信號，不允許挑戰中影集團和中央電視臺等國家機構的地位。倘若香港電影公司想參與中國大陸迅速增長的媒介經濟，就得在中共設定的限度內活動（Yeh & Davis, 2008; Yeh, 2010; Davis, 2010）。

今天，地理分散的交易和創意活動流線，越來越受內地市場需求所驅動，香港只不過是一個節點而已。製片人必須關注政府官員的一舉一動，他們直接動用進口政策、補貼和管制手段塑造電影內容，培植大型國有企業，希望有朝一日和好萊塢一爭高下。他們青睞大牌明星參演的大製作。電影主題和對白仍然小心翼翼，有時候甚至僵硬，但製作的價值越來越有國際標準，很大程度要歸功香港電影的人才將技能和洞見帶到這些合拍片中。實際上，二十一世紀頭十年票房收入有上佳表現的電影，多半是香港和中國內地合拍的，以歷史劇（例如二〇〇二年的《英雄》、二〇〇七年的《投名狀》和二〇〇八年的《赤壁》）居多，它們沒有審查的風險，因為把懊惱的爭議轉移到遙遠的過去；它們甚至還得到官方的認可，因為它們刻畫中國為悠久歷史、最終走向統一的燦爛文明（Wang, 2009; Zhao, 2010）。

中國以外的東亞觀眾似乎感覺得到這些行動背後的謹慎與算計，結果很多觀眾選擇好萊塢產品；不能說好萊塢就不精於算計，但在好萊塢一些爆冷的電影和獨立製作時不時給電影業新的活力。此外，好萊塢還有一套電影評級系統，使之針對特殊觀眾，開發成人主題和不落俗套的題材。這些結構性的機制促使創新的製作打破制度惰性和行業的

8 近年來，還出現了第三個選擇。根據《內地與香港關於建立更緊密經貿關係的安排》（CEPA），香港電影人可以瞄準廣東省市場（Pang, 2010）。但現在還很難判斷這是否會為香港電影業帶來更大的自主性。

內部運作，例如《朱諾》（2007）、《貧民窟的百萬富翁》（2008）和《拆彈部隊》（2009）等。在當前的情勢下，中國大陸的電影業沒有這類機制。相反的，國家認可高投入的大製作（全是老幼皆宜），中檔製作和獨立電影卻營養不良，簡直天壤之別（Zhang, 2010; Chan, Fung, & Ng, 2010; Song, 2010）。中國的獨立電影通常低成本製作，要不是瞄準國際電影節，就是主要為衛星電視市場製作的的投機產品。前者是無利可圖的藝術電影，很少進入電影院線；後者多半是「主旋律」（main melody）影片，受到國家資助，以正面人物和支援社會的主題，符合意識形態的指令（Song, 2010）。

電視也同樣受到各種制度層面的限制，因此，中國大陸儘管迄今有世界上規模最大的電視觀眾，卻仍然是電視節目的淨進口國（Keane, 2010）。低成本的節目類型（脫口秀、真人秀和綜藝節目）遍地，但很少是有創新的，少數有創新的節目很快就遭到模仿者圍困（Keane, Fung, & Moran, 2007）。世界上最成功的電視推出的標誌性節目，即是電視正劇和喜劇，中國發展的水準仍低，同樣出於支配電影業的謹慎和算計。除了內容的限制，中國大陸的電視業也受制於結構性的限制。上海和廣州媒體的規模急劇擴大，湖南衛視證明是精明的創新者，但多數電視機構由省級或市級政府掌控，更關心維繫自身的權威和所有權。這使得公司之間很難合併，也很難淘汰表現最差的臺（Diao, 2008）。省級和市級電視機構受制於各種管理的政策，國家青睞全國性的龍頭——中央電視臺；中央臺也是監管全國電視收視率的機構，委實有驚人的利益衝突。省級和市級廣播電視業者不能建立海外的分銷管道，只有北京的媒體機構有這個特權，它們在國家羽翼之下舒適地築巢，內容和基調接受嚴密的監控。

如果今天中國媒介有一個地理中心，它應該在北京的中共辦公廳裡，不是因為中共在微觀層面管理電影電視的日常運作，而是因為它能系統地分配好處和特許權給承認其無上地位的機構。中共領導成功栓住國內媒體機構，利用來自海外的合作夥伴。[9] 中國政府一直默默操縱西方和香港的電影公司，為它的雄心服務，也就是要建立一個電影的基本架構，最終目的是在內可贏得觀眾青睞，在外能和好萊塢一爭高下。它在一定程度上是成功的，大體因為中國觀影群眾急劇擴張，二〇一二年全國票房總收入達二十七億美元，成為世界第二大電影市場（China box office round-up〔中國票房概覽〕，2013）。電視行業的成長軌跡也類似，中央電視臺宣佈其二〇一二年年度廣告競標收入達十九億美元，較前一年增長15%（Coonan, 2010b）；到了二〇一三年，這一數字又翻了一番。

然而，在這些亮眼的數字之外，中國大陸媒體在海外的影響力依然極其有限，在臺

9 在十多年失敗的合作之後，新聞集團和華納兄弟集團雙雙拱手認輸，而西方媒體主管中間的共識是，印度或許是今天更明智的投資選擇（Frater, 2008）。這方面最值得關注的案例，是新聞集團決定出售其掌握的星空傳媒股權，事件引發了大量媒體關注（參見Young, 2010）。

灣、韓國或日本的媒體市場沒有激起一點漣漪，遑論歐洲或者美國。這主要是因為中國大陸電影業自始就是國家的工具，擔當中共和人民之間的橋梁。二十世紀八〇年代以來，政府重組並市場化國家經濟，媒介機構的經營得以更「去中心化」。它們追逐受眾，正如它們追逐媒體消費者，但首要使命還是為黨服務，何況媒體所有權完全掌控在國家手中（Zhu, 2003; Diao, 2008）。中國大陸的觀眾深知控制體系，因此普遍通過網路和盜版DVD市場尋求替代品。年輕人尤其倚賴網路觀影，他們使用一系列的策略繞開「防火牆」，以便看到根本無法進入院線或登上電視螢幕的影視作品（Barboza, 2010; Chua & Iwabuchi, 2008）。海外觀眾似乎偶爾對中國大陸的歷史劇感興趣，但他們的品味多樣，又能夠接觸到大量媒介產品和服務。中國大陸的電影在海外表現平平，而香港、臺北和新加坡的電視觀眾對中國大陸的電視節目也沒有興趣。至於要以軟實力投射到亞洲更遠的地區，國有媒體的產品在東京、首爾或曼谷更是成效甚微。

五、結論

撇開民族國家視角，以全球眼光審視東亞媒體機構的發展，我們可以看到，在民族國家媒介與世界性媒介之間，國家的需求和媒介首都的動態原則有普遍的張力。北京在控制國內電影產業方面明顯成功，與批評者和研究者對西方媒體集團不停向全球擴張的判斷背道而馳。這意味著首都可能出現新的文化權力中心，看著國家提防的目光運作。這說明，在特定的條件下，國家政權或許對內能夠強化文化影響力，對外馴服周邊城市（如香港）的競爭者。然而，中國政府明白的勝利，其實也限制了它爭取軟實力的企圖。只要北京是國家政府的所在地，就不太可能成為全球性的媒介首都。這是因為媒介首都只會在文化十字路口興旺，而不在政治權力的中心。北京或可建立和管理龐大的國內媒介基本架構，但想在境外影響流行文化則有待奮鬥。媒介首都往往在遠離國家權力的地方繁盛，一如孟買之於新德里，拉各斯之於阿布加，邁阿密之於墨西哥城。倫敦是成功的媒介首都，大體因為它的創意產業以資本主義掛帥，英國的普通法傳統也約束了國家權力，使得創意產業免除國家的壓力。即便是全國性的公共廣播機構英國廣播公司（BBC），也有悠久的傳統，將創意獨立性隔絕於統治者的政治需要。哪天中國媒體能夠達到這種相對自主性，北京或許真有可能崛起為跨國媒介首都。但在這以前，北京的創意集群頂多是全國性中心或媒介集散地。倫敦是特例，或許是罕見的歷史意外。相比之下，華盛頓、利雅德或莫斯科這些首都，大概永遠不可能成為媒介首都。

至於香港，電影產業採取（柔性）的國家化，有助於解釋為什麼其媒介首都的地位在下降。這座城市曾經以喧鬧的、反射動作式的、粗俗的電影聞名於世，如今它的創意群體業已枯萎，留守的人才則向一套新體系繳械，小心盤算如何拍賣座的大片，以討好國家審查員、政黨官員和投資人。觀眾有重要的影響，但不是香港電影黃金時代那種影響，也不是今時今日洛杉磯或孟買電影那種影響。好萊塢和寶萊塢之所以成功，是因為它們一直追逐電影觀眾的偏好。它們在龐大、多樣的國內市場中，找到流行的要素，轉變為海外利潤，因此無論是好萊塢還是寶萊塢都高度重視全球觀眾，在構思新產品和融資階段從來就考慮他們的喜好（Schuker, 2010）。相比之下，華語商業電影卻開始向內轉，不禁令人好奇，華語電影業新的重心將在哪裡出現。到底會是依偎在北京的全國性產業，在國家警覺的目光下運作，還是會出現一個跨國的媒介首都，在中國沿海某一個港市重新崛起？倘若中國真想追逐軟實力，是不可能靠國家驅動的媒介體制的，更可能要靠世界十字路口上的流行文化產業。

參考文獻

Aksoy, A., and Robins, K. (1992). Hollywood for the 21st century: Global competition for critical mass in image markets. *Cambridge Journal of Economics,* 16,1–22.

Appadurai, A. (1996). *Modernity at large: Cultural dimensions of globalization.* Minneapolis: University of Minnesota Press.

Barboza, D. (2010). For Chinese, Web is the way to entertainment. *New York Times,* 18 April, p. B1.

Bordwell, D. (2010) *Planet Hong Kong: Popular cinema and the art of entertainment* (2nd ed.). http://www.davidbordwell.net/books/planethongkong.php.

Castells, M. (1996). *The rise of the network society.* Malden, MA: Blackwell.

Chan, P. (2009). A discussion with producer/director Peter Ho-San Chan on global trends in Chinese-language movie production. Interview, Taiwan Cinema website, Government Information Office, Republic of China (Taiwan), 2 April. http://www.taiwancinema.com/ct.asp?xItem=58252&ctNode=124&mp=2.

Chan, J. M., Fung, Y. H., and Ng, C. H. (2010). *Policies for the sustainable development of the Hong Kong film industry.* Hong Kong: Chinese University of Hong Kong Press.

Chandler, A. (1977). *The visible hand: The managerial revolution in American business.* Cambridge: Belknap Press of Harvard University Press.

China box office round-up 2012: China becomes world's second biggest market. (2013). *Screen Daily,* 21 January. http://www.screendaily.com/china-box-office-round-up-2012- china-becomes-worlds-second-biggest-market/5050843.article

Chua, B., and Iwabuchi, K. (2008), *East Asian pop culture: Analysing the Korean wave.* Hong Kong: Hong Kong University Press.

Coonan, C. (2010a). Chinese B.O. totals $1.14 bil. *Variety,* 19 October. http://www.variety.com/article/VR1118025904.html? categoryid=1278&cs=1&query=china+box+office.

Coonan, C. (2010b). Ads auction up 15.5% for CCTV. *Variety,* 8 November. http://www.variety.com/article/VR1118027181.

Curtin, M. (2004). Media capitals: Cultural geographies of global TV. In J. Olsson & L. Spigel (Eds.), *Television after TV: Essays on a medium in transition* (pp. 270–302). Durham, NC: Duke University Press.

Curtin, M. (2007). *Playing to the world's biggest audience: The globalization of Chinese film and TV.* Berkeley: University of California Press.

Curtin, M. (2014). Global media capital and local media policy. In J. Wasko, G. Murdock, & H. Sousa (Eds.), *Handbook of political economy of communication* (pp. 541-557). Malden, MA: Blackwell.

Curtin, M. (In progress). *Media capital: The cultural geography of globalization.* Manuscript.

Davis, D. W. (2010). Market and marketization in the China film business. *Cinema Journal,* 49 (3), 121–25.

Diao, M. M. (2008). Research into Chinese television development: Television industrialisation in China. PhD diss., Macquarie University, Sydney.

Durovicova, N., & Newman, K. (Eds.) (2010). *World cinemas, transnational perspectives.* New York: Routledge.

Florida, R. (2005). *Cities and the creative class.* New York: Routledge.

Frater, P. (2008). Hollywood weighs China yin-yang. *Variety,* 1 August. http://www.variety.com/article/VR1117989939? refCatId=2520&query=yin+yang.

Fu, P. (2003). *Between Shanghai and Hong Kong: The politics of Chinese cinemas.* Stanford, CA: Stanford University Press.

Fu, P. ed. (2008). *China forever: The Shaw brothers and diasporic cinema.* Urbana: University of Illinois Press.

Ganti, T. (2004). *Bollywood: A guidebook to popular Hindi cinema.* New York: Routledge.

Giddens, A. (1990). *The consequences of modernity.* Stanford, CA: Stanford University Press.

Guback, T. H. (1969). *The international film industry: Western Europe and America since 1945.* Bloomington: Indiana University Press.

Gupt, S. (2005). *Parsi Theatre: Its Origins and Development,* Calcutta: Seagull Books.

Harvey, D. (1990). *The condition of postmodernity.* Malden, MA: Blackwell.

Harvey, D. (2001). *Spaces of capital: Towards a critical geography.* New York: Routledge.

Hjort, M., & Mackenzie, S. (Eds.). (2000). *Cinema and nation.* New York: Routledge.

Innis, H. (1972). *Empire and communications.* Toronto: University of Toronto Press.

Jacobs, J. (1984). *Cities and the wealth of nations.* New York: Random House.

Jeffrey, R. (2006). The mahatma didn't like the movies and why it matters. *Global Media and Communication,* 2 (2), 204–24.

Keane, M. (2007). *Created in China: The great new leap forward.* London: Routledge.

Keane, M. (2010). Keeping up with the neighbors: China's soft power ambitions. *Cinema Journal,* 49 (3), 130–35.

Keane, M., Fung, A. Y. H., & Moran, A. (2007). *New television, globalisation, and the East Asian cultural imagination.* Hong Kong: Hong Kong University Press.

Marx, K. (1973). *Grundrisse: Foundations of the critique of political economy.* New York: Vintage.

McBride, S. (1980). *Many voices, one world: Communication and society, today and tomorrow; Towards a new more just and more efficient world information and communication order.* New York: Unipub.

Miller, T., Govil, N., McMurria, J., Wang, T., & Maxwell, R. (2008). *Global Hollywood: No. 2.* London: British Film Institute.

Mitra, S. (2010). Localizing the global: Bombay's sojourn from the cosmopolitan urbane to Aamchi Mumbai. In M. Curtin & H. Shah (Eds.), *Reorienting global communication: Indian and Chinese media beyond borders.* Urbana: University of Illinois Press.

Morley, D. (2000). *Home territories: Media, mobility, and identity.* New York: Routledge.

Nowell-Smith, G. (1999). *The Oxford history of world cinema.* New York: Oxford University Press.

Pan, Z. (2010). Enacting the family-nation on a global stage: An analysis of CCTV's spring gala. In M. Curtin & H. Shah (Eds.), *Reorienting global communication: Indian and Chinese media beyond borders*. Urbana: University of Illinois Press.

Pang, L. (2010). Hong Kong cinema as a dialect cinema? *Cinema Journal,* 40 (3).

Porter, M. (1998). Clusters and the new economics of competition. *Harvard Business Review* (November), 77–90.

Prakash, G. (2006). The idea of Bombay. *American Scholar,* 75 (2), 88– 99.

Punathambekar, A., & Kavoori, A. (Eds.) (2008). *Global Bollywood.* New York: New York University Press.

Rajadhyaksha, A. (2003). The "Bollywoodization" of the Indian cinema: Cultural nationalism in a global arena. *Inter-Asia Cultural Studies,* 4 (1), 25–39.

Scannell, P. (1991). *A social history of British broadcasting.* Cambridge: Blackwell.

Schiller, H. I. ([1969] 1992). *Mass communication and American empire.* (2nd ed.). Boulder, CO: Westview.

Schuker, L. A. E. (2010). In depth: Plot change: Global forces transform Hollywood films. *Wall Street Journal Asia,* 2 August, p. 14.

Scott, A. J. (2000). *The cultural economy of cities.* Thousand Oaks, CA: Sage.

Silverstone, R. (1994). *Television and everyday life.* New York: Routledge.

Song, T. (2010). Independent cinema in the Chinese film industry. PhD diss., Queensland University of

Technology, Queensland.

Teo, S. (1997). *Hong Kong cinema: The extra dimensions.* London: British Film Institute.

Tomlinson, J. (1999). *Globalization and culture.* Chicago: University of Chicago Press.

Uhde, Jan, and Uhde, Yvonne Ng. (2000). *Latent images: Film in Singapore.* Singapore: Oxford University Press.

Vitali, V., &Willemen, P., eds. (2006). *Theorising national cinema.* London: British Film Institute.

Wang, S. (2003). Framing piracy: Globalization and film distribution in *greater China.* Lanham, MD: Rowman & Littlefield.

Wang, T. (2009). Understanding local reception of globalized cultural products in the context of the international cultural economy: A case study on the reception of *Hero* and *Daggers* in China. *International Journal of Cultural Studies,* 12, 299–318.

Wong, A.-L. (Ed.). (2002). *The Cathay story.* Hong Kong: Hong Kong Film Archive.

Yeh, E. Y. (2010). The deferral of pan-Asian: Critical appraisal of film marketization in China. In M. Curtin & H. Shah (Eds.), *Reorienting global communication: Indian and Chinese media beyond borders.* Urbana: University of Illinois Press.

Yeh, E. Y., & Davis, D. W. (2008). Re-nationalizing China's film industry: Case study on the China Film Group and film marketization. *Journal of Chinese Cinemas,* 2 (2), 37–51.

Young, D. (2010). News Corp sells controlling stake in China TV channels. *Reuters,* 9 August, http://www.reuters.com/article/idUSTRE67,810L20100809 [http://www.reuters.com/article/idUSTRE67810L20100809] .

Zhang, Y. (2004). *Chinese national cinema.* New York: Routledge

Zhang, Y. (2010). Transnationalism and translocality in Chinese cinema. *Cinema Journal,* 49 (3), 135–39.

Zhao, Y. (2010). Whose *Hero*? The "spirit" and "structure" of the made-in-China blockbuster. In M. Curtin & H. Shah (Eds.), *Reorienting global communication: Indian and Chinese media beyond borders* (pp. 161–82). Urbana: University of Illinois Press.

Zhu, Y. (2003). *Chinese cinema during the era of reform: The ingenuity of the system.* Westport, CT: Praeger.

好萊塢不朽的生命力：「帝國冒險」類型與《阿凡達》

The Enduring Strength of Hollywood

The "Imperial Adventure" Genre and Avatar

亞普・範・欣內肯
Jaap van Ginneken
宋韻雅／譯，黃順銘／校

二十世紀最後十年，我們見證了蘇聯、華沙公約組織與東歐共產主義國家集團解體，也見證了網路的興起，成為全球化的工具。隨之，「自由市場」的狂歡引發了一系列經濟泡沫，波及非西方的貨幣市場、網路股票市場和住房抵押貸款，最後二〇〇八年爆發全球信貸危機達到頂點。[1]

如今，我們正目睹著巴西、印度和中國等新興力量迅速崛起。它們的崛起不是靠外國的「發展援助」(development aid)，而是因為這些國家足夠大而多元，能用本國的力量實現資本積累，提升生產力。

主要問題在於：這些深刻的變革，在多大程度上會影響跨國／跨文化／跨種族的傳播和媒體的全球圖景？聯合國教科文組織（UNESCO）架構內發動的「世界資訊與傳播新秩序」（NWICO）的爭論，早就因支配媒體的國家激烈反對而被擱置了：這些主要的盎格魯—撒克遜國家及其親密盟國，有世界上最大的、也是最富有的本國媒體市場。

近年來終於崛起了一些重要的非西方媒體和媒體集團，但在各大洲流通的媒介材料幾乎仍來自西方世界。通訊社的電訊稿、辛迪加新聞、圖書與翻譯、連環漫畫與視頻遊戲、玩具人物和周邊產品如此，新聞圖片和影像資料、電視劇與電視制式，以及電影亦然。誠然，香港、孟買和其他城市已成為主要的電影中心，但是它們沒有什麼電影能在周邊鄰國，或在中印的海外僑民之外產生影響。

探究這一趨勢的意涵，需要關注的不是另類電影，而是世界級大片（Stringer, 2003）。這些大片有助於塑造全球信仰，以及對歷史、地理與社會的看法。IMDb網站提供了一個詳盡的電影資料庫，包括每一部電影上映期間「全球票房」收入的最新資料和其他資訊。其中羅列出了一份大片的詳盡名單。目前有三九〇部電影在上映期間的票房收入超過二億美元[2]。下面讓我們進一步剖析。

一、誰製造了全球大片？棱錐與棱柱

在這近四百部電影中，70.3%由單一國家製作：67.9%（超過三分之二）由美國包辦，而僅有2.3%由美國之外的其他國家製作。即使這些少數「外國」影片中，也有四部是其他的盎格魯—撒克遜國家製作的，三部是歐洲國家製作，還有兩部是日本製作。相比之

1 在我出版於二〇一〇年的荷蘭語書（*Gek met geld—Over financiële psychologie*）中有詳細分析（英文書名為：*Mad with Money——About Financial Psychology*）。

2 二〇一〇年二月二十一日。當然，這樣一個名單很可能高估了發達國家的觀看人數，因為他們支付較高的票價。

下，29.7%（接近三分之一）的電影是國際合拍：其中，27.4%（超過四分之一）美國參與製片，僅有2.3%的影片美國未參與。到目前為止，合拍片中的最大份額（全部大片的19.2%）有其他盎格魯－撒克遜國家（加拿大、英國、愛爾蘭、澳大利亞或紐西蘭）參與，15.9%有歐洲內陸國家（主要是德國，因為該國有特殊稅法）參與，僅有三部電影有日本參與制作。

因此，美國仍然是這個領域的龐然大物，即使最親密的盟邦也只能扮演邊緣的角色，其他國家就更不用提了。香港參與制片上榜三次，中國大陸和臺灣各一次（因為同一部精彩的武俠電影《臥虎藏龍》而上榜）。而印度則根本未上榜（儘管《貧民百萬富翁》部分地使用了印地語，卻未被列為印度製作的電影）[3]。其他洲（亞洲其他國家、太平洋、中南美、非洲或中東）沒有任何一個國家上榜。

好萊塢「七姐妹」主要製片公司，參與製作了多數大片：環球（四十三部）、華納（四十二部）、迪士尼（含博偉，三十五部）、二十世紀福克斯（含福克斯二〇〇〇，三十二部）、派拉蒙（二十九部）、哥倫比亞（二十二部），及後起之秀夢工廠（二十部）。即使較小的美國電影公司也比（原來的）歐洲公司上榜更多次，譬如寶麗金（三部）和戈蒙（一部）。索尼上榜過一次。由此引出一個關鍵問題：為何美國至今仍遙遙領先其他國家？僅僅是因為它在政治、經濟、文化以及語言上的全球影響力，還是有其他結構性因素？

一個顯見的因素是：在好萊塢拍電影無疑是一筆生意，各方參與投資，計算該如何收回成本。他們會賭一把，但通常不會偏離主流意識形態太遠，以便控制風險。影片上映前，還會在美國觀眾中「試映」。如果需要的話，會補拍一些新場景，並重新剪輯其他場景。有時，會加一個全新的（通常更加樂觀向上的）結局，直至整部電影與觀眾產生「共鳴」為止。

與此對照的是，歐洲和其他地方的電影經常拍得更「藝術」，關鍵是有政府津貼。製片人常得向「風格導演」屈服。不過，最重要的因素是：美國是由各種移民群體所組成的「馬賽克」社會，有些新移民甚至英語講不流利；而歐洲國家則大致長期生活在單一的語言和文化環境中，因此受歡迎的法國、德國、義大利以及西班牙電影多半無法跨越文化藩離。

好萊塢從一開始就懂得拍較易突破社群界線的電影，善用人們對於「生產價值」的基本反應，包括精心設計的布景和道具，宏偉的場面和特效（再貴也要用最新的技

3　《臥虎藏龍》是第一部「泛華語」大片，儘管有人說這四個主要演員可能都不能相互溝通，因為他們分別來自北京、廣州、臺灣和馬來西亞，口音完全不同（哥倫比亞和索尼也有參與。）正式而言《貧民百萬富翁》是一部英國電影，儘管聯合制片人是印度人，電影也是基於一部印度小說。評論家稱，中國和印度電影只有迎合西方的口味和刻板印象才能成為全球大片。

術），耀眼的明星陣容，建立明星制度，加上典禮、獎項、狗仔隊與八卦的配合。

此外，名列榜上的近四百部大片中，至少有四十部是出了兩部及以上的系列電影。顯然，這些熟知的公式容易在全球行銷，跨越大西洋和太平洋，還得益於速食連鎖和軟性飲料公司的有力支撐。這些電影還捆綁了遊戲和電視劇、玩具和公仔、海報和服飾、書籍和漫畫，每一部電影都成為值數十億的產業。這個數字顯示全產業鏈加速發展的態勢。

關鍵是，美國與西方七國集團（G7）的支配地位，影響非西方觀眾有多深？誰有能力在世界舞臺發聲，誰只能保持沉默？大略比較就可以揭示問題的本質了。大多數大片的製作者構成了一種棱錐或者棱柱體：他們多是男性白人，以英語為母語，已是或將是身懷數百萬美元的富翁；他們從西方主要大都會的視角來看世界——儘管他們大都自詡為世界主義者和自由主義者。

在更根本的層面上，他們已經內化了大西洋中部的全球史地觀，以及核心的神話與傳說。雖然他們自己覺得自由地「構思有創意的幻想作品」，其實常常不經意地複製了民俗和流行文化（小說、漫畫）的陳詞濫調——常常讓人回想起殖民與種族隔離的歲月。縱在今天，很多大片還是種族中心主義的：它們通常讓非西方觀眾以西方視角看世界。

不過，這些影片的影響總是不太簡單，因為從影片生產到觀眾接受的過程中，始終存在著「意義交涉」。早期研究發現，美國、荷蘭、以色列觀眾，以及這些國家的移民，最後還有日本，對所謂「德克薩斯風」的熱播電視連續劇《朱門恩怨》的主題闡釋迥然不同，可見觀眾「接受」問題之複雜（Ang, 1985; Liebes & Katz, 1990）。

二、「文化相遇」類型與刻板印象

「類型」是電影研究的核心觀念之一，源於表示種類或範疇的法文術語。這個觀念常被視為當然，其實細看卻透露了有很多不同的、重疊的甚至矛盾的類型分法。例如，顯著的主題，怎麼處理它，可能占有一席之地。類型常常有自己的風格或語法。或顯或隱，較新出的影片常參考較早同類「經典」影片中的著名橋段與人物，觀看此類影片的部分樂趣，就在於辨別並「解碼」與以前影片的「互文性」（Altman, 1999; Neale, 2002）。

上面提到票房紀錄最好的近四百部大片中，「跨文化邂逅」是一個主要類型。如果從中挑出八十餘部（20%）明屬這種類型的影片，並分為十幾種類別，做更細緻的考察，在這些類別中，我們可以用話語分析和類似方法找出「元敘述」（meta-narratives）和「潛文本」（subtexts），並以熟悉的著例為個案加以說明，其他觀察則可以考察角色、道具、形象以及聲音的反覆運用。各種學科、分支學科和交叉學科都在努力釐清這些比喻和陳詞濫調可能的影響。

跟很多社會科學門類一樣，跨國／跨文化／跨民族傳播與媒體研究以英美為主。然而，占主導地位的英美媒介形象一直飽受批判，特別是來自受其他文化薰陶的學者。正如《朱門恩怨》相關研究所指出的，這些媒體簡單地複製刻板印象，未必能使觀眾內化；但試著分析其內在邏輯可能還是很有啟發。越來越多流行文化與電影研究就是這麼做的，例如尼德維・彼得斯（Nederveen Pieterse）對「黑」的研究（1992）、戴爾（Dyer）對「白」的研究（1997）、肖哈特（Shohat）和斯塔姆（Stam）對「歐洲中心論」的研究（1994），以及伯恩斯坦（Bernstein）和什圖德拉爾（Studlar）對「東方主義」的研究（1997）。

我長期通過視訊課程，為來自各大洲的學生講授其他文化被西方主要媒體刻畫的形象。為此，我撰寫了兩本英文著作：較早的一本是《理解全球新聞》（*Understanding Global News*）（1998），後來一本是電影的《影映差異》（*Screening Difference*）（2007）。前文提及，某些電影研究相當專業地分析鮮為人知的藝術電影，我的書則主要以直白的語言探討電影在商業上的成功，逐章剖析十餘種不同的「跨文化邂逅」類型片、系列片和典型案例。

為兒童拍攝的動畫片是一道很好的的開胃菜，讓我們觀察各種刻板印象，例如一九九〇年代迪士尼的四部主要影片，包括中東（《阿拉丁》）和非洲（《獅子王》）描寫異域男孩，美洲（《風中奇緣》）和亞洲（《花木蘭》）描寫異域女孩。介紹了開胃菜之後，我接著主要要以時間先後順序梳理。在宗教電影裡，舊約電影帶有明顯的反阿拉伯傾向（如《十誡》系列和《埃及王子》）；許多戰前的新約電影則有反猶太傾向（在《受難記：最後的激情》部分復蘇）。古裝電影（如《特洛伊》、《亞歷山大大帝》與《300壯士：斯巴達的逆襲》）對待希臘與波斯截然不同。

當然，歐洲海外擴張的電影史也充斥著種種熟悉的比喻。荒野探險電影可以再分幾個次級的類型：怪獸電影（如《金剛》系列）、叢林人電影（如《泰山》系列），以及流浪者／倖存者電影（如《魯濱遜漂流記》系列，及其當今衍生品「真人秀」）。西部片類型的陳詞濫調當然是太熟悉了，連《與狼共舞》這種有價值的修正式西部片也不能倖免。英國殖民冒險電影自然是以英國為中心的，無論據說符合史實的（如《阿拉伯的勞倫斯》或《安娜與國王》系列），或虛構的（如《天降奇兵》系列，它是其後《法櫃奇兵》的主要原型），都不例外。

有幾個特殊的主題脫穎而出。譬如，白人男性與「有色的」非西方女性浪漫而撩人的相遇，總隱藏著一種特別的邏輯，情景不是發生在太平洋（《叛艦喋血記》系列，和幾乎所有其他的南海電影），就是在東亞（藝妓系列電影，以及關於中國的電影）。同時，「我們」與「他們」是所有海外武裝對峙的核心，如間諜亞類型（《007》）、孤膽特種兵亞類型（《第一滴血》），以及有限的海外軍事遠征類型（《黑鷹計劃》）。而科幻小說則進一步將這些跨文化主題投射到太空和虛構的未來（如《星際爭霸戰》和《星際大戰》系列）。

最終，這些類型和影片在各方面都充滿了種族中心主義，從所謂的「研究」，到幻想滿足願望的人物和故事情節，莫不皆然。之所以如此，不僅因為它們明顯偏愛西方作家和西方敘事（常溯及殖民和種族隔離的時代），或因為通常求教西方專家，或因為屈從於西方的壓力集團（比如宗教電影或愛國主義電影），更重要的是意識形態導向，它決定了大量我們常忽略的電影細節。

像光線、色調、鏡頭移動的技術選擇，都一再證明是高度意識形態的。演員（種族）的選擇、妝扮和服飾也常是意識形態的；道具、布景與設計如此，音效與配樂、語言與講話風格亦然。總之，它們往往反映了帝國冒險類電影的遺風。即使它們表面上努力在「校正」這種情況，其實多半仍深陷原有的語言風格和語法中。

當然，中國、印度或其他國家的電影，鎖定廣大的國內觀眾，也是如此。一方面，它們是「開放」的文本，讓人各自「解讀」；另一方面卻沿著「同」與「異」的原則建構，奉承自己人，痛斥敵人。但它們在海外的影響與好萊塢大片比非常有限。

三、詹姆斯・卡麥隆和《阿凡達》

《影映差異》一書出版後不久，3D超級大片《阿凡達》（*Avatar*）上映了。它一方面似乎與眾不同，另一方面卻似乎又巧妙地重組了上述所有的類型——有點像《翡翠森林》結合《與狼共舞》，或《法櫃奇兵》結合《星際大戰》。《阿凡達》能多大程度擺脫堆砌的陳詞濫調，還是不可避免深陷其中？

我們首先應該強調，詹姆斯・卡麥隆（James Cameron）是才華橫溢的電影製作人。他生於加拿大家庭，後來移居加利福尼亞，在那裡第一次改編《蜘蛛人》，撰寫《第一滴血》的第一版劇本，撰寫並導演了成功的科幻電影《魔鬼終結者》、《異形》和《深淵》，加上票房最高的浪漫災難片《鐵達尼號》（Robb, 2002）。他特別喜歡自然科學、先進科技和特效，是在世紀之交第一批參與開發新一代3D系統的大片導演之一。他還製作了多部水下紀錄片，並涵蓋了神話和聖經的主題（《解密出埃及記》和《失落的耶穌墳墓》）。

卡麥隆稱，《阿凡達》的最初靈感，來自年輕時母親告訴他的一個夢。一九七〇年代中期，他沿著夢中的思路寫出第一版劇本，快到九〇年代中期寫出更詳盡的版本。但他還得再等十年，成像技術才跟得上。電影於二〇〇七年四月開拍，最終趕上二〇〇九年的聖誕檔期上映。「阿凡達」原意是指附身人體的印度教神，但它變成了視頻遊戲中玩家的螢幕角色。而在這部電影裡，當角色在人類世界沉睡時，在外星世界卻很清醒，反之亦然。

故事發生於二一五四年，遙遠星系有顆行星，它的一顆衛星即是「潘朵拉」。一家地球公司資助了大型太空項目，派遣大規模武裝探險隊，去潘朵拉開採一種叫「難得素」（Unobtanium）的稀有物質[4]，「每公斤值二千萬美元」。然而，該公司遭到了原住民（納美人）的抵制。一小群探險家被訓練成「阿凡達」，寄居到原住民體內，以博取他們的信任，或滲透到他們內部，或者雙管齊下。就在最後關頭，其中一位科學家死了，必須由「基因相同的」孿生兄弟傑克替代。這部電影的主角就是坐輪椅的前海軍陸戰隊員。

這部電影描繪了一個極其迷人的幻想世界。它採用了最新「合成」成像技術，融合真人演員與精心製作的電腦動畫。這是第一部重要的3D大片，需要佩戴特製眼鏡才能感受有縱深的視界。這部電影的故事和人物乍看非常新穎，但是稍加審視就會發現，它大量借鑑了我在《影映差異》所討論的整個「跨文化邂逅」電影庫。我們將會看到，它也從大量前文提到的「帝國冒險」類電影中，借鑑了某些特定場景和故事情節。

關鍵的問題在於：《阿凡達》成為迄今最成功的大片，是不受重複這類電影的陳詞濫調所礙呢，還是正因為這麼做才成功？即使時長超過兩個半小時，一部魔幻電影如果能切合觀眾心中的刻板印象，就會更有效率。好萊塢電影經常稱之為「研究」：先對某個特定主題，開列敘述手法和視覺元素的清單，再從中進行挑選。迪士尼重要的動畫片甚至要求這個標準程式。因此，讓我們來看看《阿凡達》的五大主題是如何與先前電影產生共鳴的。

（一）未開發的處女地主題

電影和系列作品以一個地點的「定場鏡頭」開始，為接下來的場景和基調奠基。以哥倫布為原型的電影中（其中至少有三部同時在哥倫布登陸五百周年紀念日發行），一四九二年「發現美洲」系列就是好例子，它展示了茂密植被的航拍畫面，暗示渺無人跡的「處女地」不屬於任何人，似乎可供他們勘探和開發。《阿凡達》也以非常相似的鏡頭開場。而稍後經常會接一組必不可少的反打鏡頭。在哥倫布系列電影中，一隻明顯是原住民的手推開樹枝，我們得以從葉間縫隙觀察到入侵者，提醒我們一場對抗可能即將發生。

4 譯者注：在電影《阿凡達》中「Unobtanium」被形容為罕見的常溫超導體，擁有奇特的磁場，是RDA公司開發全球運輸系統必不可少的原料。

在新發現的土地腹地，壯觀的瀑布經常是景觀的特色。這些瀑布掩蓋著洞窟的入口，或通往後面秘密山谷的通道。這些景觀描繪在河流上游和湖泊之間新開發領土的最深處。第一批探秘非洲的西方探險家，尋找尼羅河源頭，發現了湖泊和瀑布，便以英國女王維多利亞命名。這已經變成了這類場景的主要範本。[5]

這種地貌和乞力馬札羅山的特徵，成為迪士尼的非洲動畫片《獅子王》中的關鍵視覺元素（順便一提，大部分抄襲自日本動畫《小白獅王》）。第一批前往如今的薩伊的西方探險家，探索了剛果河的上游。想一想約瑟夫・康拉德（Joseph Conrad）那部駭人聽聞的小說《黑暗之心》吧，它也是法蘭西斯・福特・科波拉（Francis Ford Coppola）的越戰電影《現代啟示錄》的主要靈感來源。[6]

當然，《黑暗之心》的故事本身就發生在森林中——不是任何森林，而是茂密的熱帶雨林。世界上現存最大的熱帶雨林，從亞馬遜盆地一直往北延伸到了奧里諾科河。河口附近有一座小島，已經成為了帝國冒險幻想作品中的主題，前文提到丹尼爾・笛福虛構的《魯濱遜漂流記》故事就發生在此（如今也被流行的「真人秀電視」模式再次利用）。

這種自然生態當然是野生動物和神奇生物的棲息地，但帝國冒險敘事常用來嚇唬讀者和觀眾。《法櫃奇兵》、《木乃伊》以及其他同類電影，充分利用沙漠環境的生物。迪士尼的《泰山》和《獅子王》甚至將非洲簡化為供遊覽的野生動物園，根本不顧可能會給原住民帶來尷尬。而《阿凡達》則用熟悉的熱帶動物園科幻版本嚇唬觀眾，舉凡「蠍子、蜥蜴和蝙蝠」，乃至「鬣狗、豹和犀牛」都是（根據劇本中的解釋）。

這類電影中最可怕的是史前怪物，它們生活在未開發內陸的最深處。這種怪物形象始於柯南・道爾（Conan Doyle）《遺失的世界》的恐龍，延續到他與愛德格・華萊士（Edgar Wallace）合作創作的《金剛》，並在《哥吉拉》和《侏羅紀公園》再度復活。在《阿凡達》能找到的史前怪物，是體型更小或更大的、已被馴化的類龍動物。[7]

觀看跨文化邂逅和帝國冒險這兩類電影的日場觀眾，不免被成群結隊的爬行動物（蝙蝠、老鼠、蜘蛛等）以及噁心的動物食物所嚇到。想想那些反覆出現的油炸甲蟲、幼蛇、羊眼球、活猴腦等等，都是《法櫃奇兵》系列的標配。在《阿凡達》，原住民把甲蟲的幼胎當作美味，把活蠕蟲當作聖藥。這些影片通過劇院，如願以償地，傳出陣陣驚悚，把外星人進一步「他者化」。

---

5 亨利・莫頓・斯坦利高度戲劇性地描述了他在這些地區及其他地方尋找大衛・利文斯通的旅行。這成為了伯魯斯《泰山》小說的主要靈感（即使電影製片和小說家都沒有踏上過真正的非洲）。

6 卡梅倫曾在尼加拉瓜瀑布附近的大學生活，可能與此類原始特徵有更多的共鳴。

7 近年來，這個同樣的主題已經由幾本可同時供兒童和成人閱讀的暢銷小說發展起來。CGI動畫技術的改進已經使他們能夠被大片採用。

（二）原始部落主題

我們已經看到，帝國冒險故事主要脫胎於兩種早期的類型：一種是美國「牛仔和印第安人」的故事（「牛仔」包括早期移民和後來的騎兵），另一種是歐洲「殖民冒險」的故事（展現英國、法國以及其他拓荒者們在亞洲、非洲及其他地方的艱辛）。[8]

最初的版本以各種方式強調探險家與原住民的種族差異。在傳統的西方思維中，「膚色」是「種族」的首要標誌，如同所有流行視覺藝術中所見。首先，探險家們一直白如百合，縱使在熱帶地區活幾十年也曬不黑（如《泰山》）。很多人有很誇張的淡金色頭髮和淺藍色眼睛（如《阿拉伯的勞倫斯》）。

原住民膚色介於米色到棕色之間，也被強調是「有色的」，藉以和白人對比：東亞人是「黃色的」，印第安人是「紅色」，而非洲人則是「黑色的」——迪士尼及其他漫畫簡直直接賦予這幾種原色。在《阿凡達》中，原住民被賦予藍綠原色，故意和現實生活中傳統的膚色保持距離，但還是換湯不換藥。[9]劇中人大多留印第安人式黑長髮，也有些人梳非裔美國人流行的的髮辮。

其次，帝國冒險電影暗將白人描繪為「正常」身高，儘管男英雄有時略高於平均。亞洲人多半略矮於平均水準，有點鬼祟的模樣。非洲人則比平均略高，隱隱有威脅感。在美國南部種族主義時期的「強姦和私刑」傳說中，黑人的性慾也被描寫得更旺盛。

在《阿凡達》，原住民比探險者高得多，他們的種族混合了印第安人和非洲人的特點，他們有點被「動物化」了，明顯被賦予「貓科動物」的特徵。譬如，當傑克的愛人奈提里受到威脅時，就會像貓一樣發出嘶嘶聲。納美人可以在樹林中快速穿梭，在藤蔓上擺蕩——如同《泰山》那樣。上校因此輕蔑地稱其為「藍皮猴子」，但部落首長則以上校「有體味」來反唇相譏（這是種族差異的另一個關鍵標誌）。

其他感官也被調動起來。在《阿凡達》以及許多同類電影中，叢林籠罩著孤單的排簫聲，以表達大自然的靜謐，對照下，震耳欲聾的鼓聲（有時是集體吶喊）卻暗示附近有一個威脅性的部落存在，如《金剛》便是。一名戰士以「哭嚎」發出警報，從北非阿拉伯人和北美原住民熟悉了這種做法。卡麥隆還精心請讓民族語言學家開發了一門當地語言，正如吉恩・羅登貝瑞（Gene Roddenberry）創作、製片的《星際爭霸戰》原版電視劇樣。[10]

---

8 比利時漫畫《丁丁歷險記》（電影版權由史蒂文・斯皮爾伯格購買）是一個很好的例子，我在荷蘭語的 *Stripheiden op de divan* 一書中對其進行了詳細的分析（英文書名為：*Comic strip heroes on the couch, 2002*）。

9 綠色可能已經不在選擇範圍之中了，因為這樣會淹沒在背景中。

10 克林貢語在「星際旅行」或該系列的粉絲中高度受到歡迎，也是一種受歡迎的「偽外國」少數語言。

（三）本土的自然世界觀主題

《阿凡達》說明，西方大都市的「創意先鋒」，自詡「最先進」，卻在努力恢復原住民和熱帶雨林部落看似落後的自然宗教，又清除其中眾多的個人神靈，轉變為一種新的抽象泛神論，以稍微適應自己的口味。[11]

於是，宇宙和地球上面的動植物，形成了一個神聖完美的整體，其平衡應該得到尊重，而不是遭受干擾。這種「綠色和平」組織的倫理觀，出現在先前一系列大片中，例如《翡翠森林》和《與狼共舞》，「修正」對「印第安人」的描述為充滿道德優越感，因而體現了啟蒙哲學家「高尚野蠻人」的觀念。《阿凡達》的主角指出：「他們甚至沒有『謊言』一詞——他們是從我們這裡學到的。」（Cameron, 2007, p.84）

感受這種連通性，最好是通過禪宗式的冥想，《阿凡達》女主角說（p.64）：「當你什麼都沒聽見時，你便聽到了一切。當你什麼都沒看見時，你便看到一切。」在傳媒界，宗教記者最早注意到這個新時代（New Age）的童話故事。《紐約時報》評論員注意到「卡麥隆為泛神論的長篇辯解……是好萊塢當今一代人選擇的宗教。」一個基督教重要電影網站的影評人說，這是「好萊塢神話的虛擬典範」，不是說以前沒有做過這事，而是一直有人在嘗試，他引「嬉皮士政治」就帶有「生態精神與和平主義主題」（Greydanus, 2009）。

這種環保意識似乎要到「午夜前五分鐘」才興起：全球氣候已發生變化，各種原物料似已消耗殆盡，熱帶雨林正日益縮小，生物多樣性正在以驚人的速度萎縮，每天都有珍稀動植物在滅絕。這是一種崇拜大自然和地球母親的世俗宗教。

大地女神蓋亞一直維繫著微妙的平衡，正如潘朵拉星上對應的女神伊娃。《阿凡達》以誇張的設計和視覺，凸顯這一主題，有的令人想起法國著名跳水運動員雅克・庫斯托（Jacques Cousteau）拍攝的第一部抒情紀錄片，描述奇妙而另類的水下世界，也讓人想起美國國家地理學會（及其雜誌和電視部門）委託製作的田園詩般的圖片與影像報導。

這個部落的活圖騰是一種古老的神聖柳樹——「靈魂之井」，幫助原住民與祖先聯結。「信號轉導」連接一切生物到能量巨大的「電化學網路」，即是植物卷鬚、動物觸角和人類神經元之間的力場。數十億棵樹每棵都與其他樹有一萬個連結——「比人類大腦中還多」。

納美人還能傳遞思想。影片解釋說，「這是一個全球性網路」，可以「上傳和下載」，顯然是參照了全球網路。野心勃勃的侵略者威脅要切斷這些重要連結，有時真的

11　無論何時何地，自然環境即將消失時，環境保護主義興起，二者之間當然不是巧合。

切斷，但瀕死之人可以通過恢復「這種紐帶」而復活。象徵這個網路的，是讓人聯想起幽靈電影的藍綠色神靈螢光。

在《阿凡達》，這個宗教的關鍵人物是氏族首領，和他作為大祭司的妻子。他們是當地女英雄的父母，也是來自地球的男主角（傑克）未來的岳父母。隨著劇情的發展，傑克變成了大家熟悉的典型西方與殖民地傳說中的先知／解放者英雄。他有點像《舊約・出埃及記》的摩西，或《新約・福音書》的耶穌，但也有點像阿拉伯的勞倫斯、印第安那瓊斯以及其他許多人，「天生領袖」的優勢和魅力，在與當地人來往時表露無遺。

他們不是原住民，但很快就比原住民更原住民，而原住民被迫作出順從和尊重。在《阿凡達》中，傑克變成起義軍的領袖，娶了「公主」為獎勵，令她懷了孕。他將因此成為「新國王」，或者至少是新國王的父親，這是殖民時代中最典型的幻想（已見於被流行扭曲個人崇拜版的《風中奇緣》、《天降奇兵》以及其他電影）。

《阿凡達》還用一些尋常的道具標誌部落生活：以野生動物的牙齒作為戰士的項鍊，拉長脖子的頸環，典型的「印第安人」羽毛頭飾，在門上和圖騰上飾以野生動物的頭骨。部落圍著篝火歌唱，正如《金剛》早期版本中著名的巴厘猴跳舞。他們在淨化和入會儀式時，會使用醉人的飲料和芬芳的草藥。

聚集時，部落看起來甚至就像是「叢林版的嬉皮士的伍德斯托克」[12]——劇本如此寫道。禱告時，「人們圍成同心圓，所有人全情投入，輕聲吟唱」。動員時，他們散發出「一股黑暗的原始能量」。人們沒有忘記《天降奇兵》中激動人心的人類犧牲和食人場景，類似的情形也見於《法櫃奇兵》系列（如《法櫃奇兵2》）。

（四）帝國武裝干預主題

《阿凡達》的基本前提很簡單，基本上就是將「牛仔和印第安人」投射到遙遠的太空和未來——如在《星際爭霸戰》和《星際大戰》——延伸來說，將殖民主義和新殖民主義投射到未來的太空。侵略者的母國／母星的必備的資源即將消耗殆盡，他們武裝干預其他地方，以便攫取資源。

潘朵拉星球上的礦產「難得素」，就好比大英帝國英雄艾倫・誇特曼眼中的非洲金礦，或貫穿迪士尼電影《阿拉丁》的中東油井一樣。《阿凡達》劇本明說要干預奈及利亞和委內瑞拉等石油資源國，並暗示伊朗和伊拉克周邊地區的對峙。劇本還提到「發展援助」是不平等交換的潤滑劑，用胡蘿蔔彌補著大棒：道路、診所、學校，以及不可避

12　譯者注：伍德斯托克（Woodstock）在美國紐約州北部。那裡舉辦的伍德斯托克音樂節（Woodstock Rock Festival）是世界上最著名的系列性搖滾音樂節之一。

免要學習英語。

傳統上，這種動作與戰爭片主要針對宅在家裡的青春期男孩，活像「坐在扶手椅上的征服者」（conquistadores，十六世紀征服墨西哥和秘魯的西班牙征服者）。僅僅幾年之後，這些影片似乎就宣傳徵兵到海外參加一場更加陽剛的冒險。[13]它們往往大肆渲染西方的技術優勢——從英國間諜詹姆斯・龐德各種層出不窮的小玩意，到多數美國戰爭片中所展示的電子智慧與壓倒性的火力，含蓄的警告海外觀眾。《阿凡達》與這種展示的關係是矛盾的。一方面，那些超大型武器讓我們印象深刻；但另一方面，片子似乎不贊成實際使用這些武器——原住民貶低入侵士兵們懦弱，「藏身在機器內」。

電影用這些怪物「震懾和恐嚇」我們，但是我們可以「解讀」為工業推廣與反戰宣傳，兩方面都可以，或都不可以。電影以「三菱MK-6擴展移動平臺——四米高的人力操作步行機」開場，讓人聯想到古代民間傳說中的巨人與傀儡，聯想到中世紀軍械庫中駕馭馬匹的騎士，也聯想到好萊塢所創造的綠巨人和機械戰警等角色。還有「黑鷹直升機」，因與一部在索馬里失敗的軍事探險的電影同名而為人熟知。[14]

原住民部落只能使用傳統手段，對抗這種「壓倒性的力量」。他們塗上顏料，發出吶喊，企圖嚇跑對手。他們使用亞洲電影中常見的一對一戰鬥武術技巧，他們的注意力有如「禪定」。他們用各地原住民都會用的弓和毒箭，白人模仿者（如《泰山》和《第一滴血》）也會這麼做。然而，當他們試圖攀爬侵略者駐地周圍的柵欄時，炮火輕易掃殺他們，正如印第安人試圖攀爬騎兵碉堡周圍的柵欄時一樣。

當影片臨近尾聲，這種對抗逐漸陷入程式化的暴力狂歡：入侵者的運兵艦和武裝直升機擺好架勢，與一群龍展開對峙——有些龍由原住民駕馭，而神話中最大的那條龍則由新任的非本土領袖傑克所駕馭。這一情節在美學上頗具匠心：受害者雖眾，但鏡頭裡很少看到痛苦。這也是一種宣洩——因為好人理所當然地贏了。最後一役足足花了五十頁篇幅，等於劇本其餘部分的一半。它雖被處理得很優雅，但也是漫畫式的（"Kapow, Kaboom"）。

最有趣的是兩個處於識邊緣的「閾限性人物」（liminal characters）最終領導了這兩股對抗勢力。這邊，採礦公司保安部門有一名冷酷無情的上校，留著平頭，身上有多處傷疤，說明他是一位經驗豐富的老兵。而另一邊，則是富有同情心的截癱患者，在自己的阿凡達中轉世重生，去捍衛一項看似絕望的事業。作為阿凡達，他也是一個黑白混血兒——一個成為英雄的變節者，不再是海軍（Navy），而是納美人（Na'vi）。上校對傑克說：「背叛你自己的種族，那是一種什麼感覺？」

13　有證據表明，這些電影往往得到了國防部門的幫助和資助，特別是在美國。

14　好戰而狂熱的美國大兵，門口懸掛著巨大槍支的武裝直升機，仔細檢查下面叢林任何移動的東西，這些畫面當然直接成為了過去越戰新聞視頻和好萊塢小說的注腳。

這對美國動作片確是出人意表的轉折。但更令人驚訝的，它沒有動搖典型的帝國冒險類故事的深層結構。最後的主題也說明了這一點。

（五）漂亮的當地女郎主題

無論何時何地，與自己人約會始終是正常的；而跨越群體邊界雖然「不成體統」，但有時也格外誘人，從古典戲劇《羅密歐與茱麗葉》到現代音樂劇《西城故事》，莫不如是。

根據好萊塢早期的製片規範，在最初的帝國冒險類型中，跨種族的戀愛和通婚是根本不可能的。在後來的小說和電影中，這種禁忌慢慢消除——現實生活中也一樣，起初比較膽怯，要以各種神秘的藉口做幌子。身處海外的白人男子經常傾慕異國女子（《蘇絲黃的世界》）；而白人女子在海外被異國男子所吸引則會更成問題（《沙漠情酋》）。這是一種違背文化禁忌、品嘗「禁果」的罪惡誘惑。不過，在一次激情放縱之後，這種劇本常常要讓土著伴侶死亡，以便白人男主角（或女主角）回歸到本國過正常的生活與婚姻。

當然，當地人半裸的身體和暗示性的舞蹈，常常增加他們立即的性吸引力，譬如《海洋奇緣》便是如此。一篇影評說，在《阿凡達》裡，「姑娘們的性感看得夠舒服，但沒有性感到讓一般的父母不安」。《紐約時報》的第一篇影評補充道，「人形的納美族擁有超模的身材尺寸（苗條的腰部、蘋果般的臀部、修長的手指，以及『上揚的眼睛』）」（Dargis, 2009）。[15]

好萊塢對奈提里的衣著，在拘謹地遮蓋與挑逗性地裸露肩腿艱苦擺蕩（可與《風中奇緣》比較）。劇本描述《阿凡達》男英雄做愛的興趣：「輕盈如貓，胸部性感……美貌絕倫」。更幸運的是，她十八歲，剛剛成年。傑克的白人上司責備他：「你抓住了一隻當地的小貓咪？」在他和奈提里發生關係之後，他的原住民情敵暴怒道：「你跟這個女人上床了？」在劇本最後一頁，我們得知她已「顯然有孕在身」（Cameron, 2007, pp. 90-105）。這個女孩由佐伊・索爾達娜（Zoe Saldana）扮演，她在《星際爭霸戰》中也飾演了一名烏蘇拉的「種族他者」。[16]

頗為有趣的是，「力比多過剩」常被歸咎於異性的文化他者。他們被假定為更具動物性，更原始，更幼稚，至少更低等。在文明階梯上更低層，才會更狂放不羈，更真

15 Steven D. Greydanus發表於基督教網站http://www.decentfilms.com。Manohla Dargis在二〇〇九年十二月十九日至二十日發表於《國際先驅論壇報》。

16 好萊塢有許多明星完全投入，去扮演其他民族的角色中。像Anthony Quinn或Raquel Welch這樣的人很容易從拉丁人轉換到印度人，或任何兩者之間的人種。再想想Yul Brunner，他的整個職業生涯建立在「古代和異國暴君」的角色上。

實，更有吸引力。這一主題也源自美國南部男主人和女奴隸之間、歐洲殖民者和僕人之間，以及後來南亞、東南亞和東亞數以百萬計的軍人與妓女之間的不正當關係。從大獲成功的經典歌劇《蝴蝶夫人》，到現今的翻版音樂劇《西貢小姐》，都體現了這個主題。

當然，絕大多數的多種族社會都是嚴重不平等的。為了讓「有色」女孩成為普通白人男子潛在的未婚妻乃至結婚對象，常得把她在故事裡升級為當地的「公主」——這樣大概才能與他匹配——甚至將酋長女兒描繪成皇室成員（《風中奇緣》）。在殖民英雄艾倫・誇特曼（他那個年代的印第安那・瓊斯）的原創虛構故事中，這也是主題之一。在《阿凡達》中，這是浪漫故事的核心主題。

在《風中奇緣》和《阿凡達》中，還有更進一步的轉折。一般而言，白人男性的優越魅力還這樣強調：公主本來已經許配當地的伴侶／未婚夫，但當她在接到「徵兆」、初次邂逅「真愛」，便會立刻和他分手。在神話般的（但扭曲的）《風中奇緣》中，這是一個主題：在迪士尼版中，她真的就愛上了見到的第一個踏上美洲的年輕白男子，幾分鐘內就親吻了他。這個主題《阿凡達》也保留了，儘管花費時間稍長一點。最終，當地情敵放棄，承認了白人男子的優越性（即便不是生理上的，也起碼是性格上的）。

這與另一個反覆出現的種族主義主題（我們已做了說明）有關。白人英雄很快就證明：不管是打鬥、駕馭當地動物，或使用當地武器和戰略，他們都比原住民還厲害。這是《泰山》的核心主題，也是其他帝國英雄（譬如艾倫•誇特曼、阿拉伯的勞倫斯、丁丁、印第安那•瓊斯、蘭博，以及《阿凡達》中的傑克）的核心主題。有趣的是，像《阿凡達》這樣的電影明明是反帝國的，但敘事結構卻暗地裡保留很多親帝國的特徵，都是從先前的作品獲得啟發的。作家和導演「自由幻想」，加強了腦中預存的刻板印象，這是他們往往意識不到的。

四、《阿凡達》對好萊塢力量的復興

《阿凡達》在關鍵時刻獲得空前的成功。好萊塢似乎深受二〇〇八年經濟危機、DVD銷量下滑，以及盜版猖獗的影響。美國製片協會在洛杉磯舉行三天會議，有一千兩百名從業人員參加，討論電影產業的現狀。《紐約時報》報導說，「那些大電影公司正在縮減」製片數量，大致局限在「臃腫的續集，臃腫的重拍」裡，「美國半數獨立分銷商已在過去幾年裡倒閉。」（Barnes, 2010）

如果傳說貓有九條命，那麼好萊塢可能有十條。科技進展總是幫助好萊塢重整旗鼓，遠遠甩開海外製片公司和非法盜版商。在這種情況下，好萊塢——甚至卡麥隆自己——已開展了一些新的3D試驗。不過，《阿凡達》成為了第一部超級大片，科技革命的魅力展露無遺。世界各地電影院倉促適應，電視螢幕製造商也補個缺口——甚至考慮用新方法擺脫笨重的立體眼鏡。

在電影上映九個半月之後，二〇一〇年十月一日，各大電影資料庫已將《阿凡達》列為史上票房最高的電影，稱其為「必看」電影。它在中國等新興市場也炙手可熱，中國有自然風光和文化遺產，啟發了片中特別的「懸浮山」場景。[17]《阿凡達》的製作費估計前所未有地高達三億美元，其中超過一億五千萬美元用於市場行銷。但截止執筆時，全球院線票房收入估計為二十八億美元，還不包括錄影出租、電視轉播權、商品銷售以及其他管道所帶來數十億美元。這比十幾年前同樣由詹姆斯・卡麥隆拍攝的票房排名第二的《鐵達尼號》高出50%。而卡麥隆已迅速與二十世紀福克斯洽談兩部可能的續集。

其他導演也緊隨其後。斯蒂芬・斯皮爾伯格（《法櫃奇兵》系列以及很多其他電影的導演）參與另外一種3D系統的開發，無需佩戴特殊眼鏡；喬治・盧卡斯（George Lucas）將六部《星際大戰》倉促轉成了3D版本；迪士尼正在調整下一部《神鬼奇航》的計畫。事實上，所有的大電影公司和大片導演都匆忙轉到3D為主項，包括籌備一系列重拍片和續集。可見《阿凡達》不只是「隨大流」，更是好萊塢又一場革命的終極催化劑。

五、阿凡達的文化接受

與此同時，《阿凡達》也備受影評人的好評。儘管影片「僅僅」獲得三項奧斯卡獎（相對《拆彈部隊》獲得六項獎），但是在網站Metacritics和爛番茄（Rotten Tomatoes）匯總的三十五條早期評論中，正面評論的分別占到84%和94%。衍生品則包括書籍、音樂、視頻（包含一部卡麥隆工作和生活的紀錄片）、活動人偶。當然，還有遊戲上第一人稱「射擊」視頻遊戲，玩家必須選擇要扮演入侵者還是被侵者。雖然目前還沒有潘朵拉星球／納美族的主題公園專案，但肯定是會有的。

讓我們回到本章開篇提出的那個問題：對世界各地不同群體的觀眾，《阿凡達》意味著什麼，或是它想要表達什麼？早期的電視研究者已經提醒我們，其他文化可能另類「解讀」這部電影。我們已經看到，這部大片有意無意地充斥著矛盾的訊息。《芝加哥論壇報》甚至稱之為「這個檔期的意識形態羅夏測驗」——指在心理治療中用模糊的墨

17　一個月內，《阿凡達》據說打破了中國過去所有的票房紀錄，收入超過一億美元。像其他地方一樣，電影觀眾被證明願意去比2D影片更昂貴的3D劇院。根據一些中國網站的討論，電影類似主題與當前的國內爭議產生共鳴。根據Simon Elegant發表於二〇一〇年二月五日《國際先驅論壇報》的文章「中國來函／一些靈活性」，《阿凡達》「擊敗」當地新發行的電影《孔子》，受到當局的青睞。

蹟揭示無意識的感受。

《阿凡達》是第一部必須佩戴特殊眼鏡才能如預期般觀賞的大片。有人認為這部電影宣揚虛無主義，另一些人則認為它是烏托邦式的。《紐約時報》的一篇文章指出，就在上映的第一個月裡，它「成為了越來越多的利益集團、思想流派以及整個國家的眾矢之的」：女權主義者和控煙活動家、自由派和保守派、克里姆林宮和梵蒂岡，不一而足。[18]

卡麥隆跟他社會階層的多數人一樣，一直同情環保主義者和原住民。但在《阿凡達》之後，他覺得有義務更加明確立場，美洲原住民團體敦促他採取措施，保護世界上僅剩的「真正的潘朵拉人」。例如在亞馬遜盆地，有十三個原住民部落受到水壩工程的威脅，[19] 印第安人邀請他參加了三天的抗議。他乘飛機過去，塗上顏料，用DVD向他們展映了自己的電影：對許多人來說，這是第一次接觸到這樣的現代技術。不出所料，這次集會變成了一次媒介事件，以高清方式拍攝，並在世界各地電視頻道播放（Itzkoff, 2010a）。

然而，該片似乎也存在著一個悖論。《紐約時報》第一篇影評指出，很諷刺，《阿凡達》是「由財團資助的娛樂電影，為你講述反財團的故事」。它的發行公司二十世紀福克斯，是媒體帝國中最全球化的新聞集團（是魯伯特‧默多克所擁有的）在好萊塢的分支機構。[20] 這部大片與強大的美國企業結成廣泛聯盟，進行全球推廣。可口可樂用特別標記的阿凡達可樂罐和可樂瓶，支持其全球行銷活動，麥當勞在六個主要國家的歡樂套餐分發六個主角的公仔，而美泰則宣布它將為阿凡達推出一條活動人偶的生產線。

更令人驚訝的是，《阿凡達》被爭取自由、反抗外國統治的人民和團體，擁抱為強有力的象徵。很快，世界各地的新聞頻道便看到，巴勒斯坦示威者抗議以色列，在西岸的那不勒斯，他們塗上藍色，穿得像潘朵拉星球上的納美人。[21]玻利維亞貧窮而又在內陸，第一位原住民總統埃沃・莫拉萊斯（Evo Morales）稱讚《阿凡達》「深刻展現了抵抗資本主義和捍衛自然的鬥爭」。他與美國關係緊張，美國大力反對他的一些社會改革。前面提到的基督教電影網站，就《阿凡達》指出：「這是高貴的原始人和好戰的西方人，是帝國主義者與擴張主義者的罪惡，和『不用鮮血換石油』，是科爾特斯、卡斯特和喬治・布希的集合。」另一個網站則稱之為「展現白人罪惡的幻想本質，赤裸裸地」。

18　Dave Itzkoff，二〇一〇年一月二十日，《國際先驅論壇報》，「科幻史詩成為文化戰爭的戰場」。
19　他們將被一一〇億美元的貝洛蒙特大壩項目所取代，在新古河流域（亞馬孫支流）建造一座五百平方公里的湖泊。目的是為巴西熱鬧的工業大都會聖保羅提供電力。
20　《國際先驅論壇報》，二〇〇九年十二月十九日至二十日。
21　Euronews頻道，二〇一〇年二月十二日。

可見，即使這部電影可能充滿了古老的「帝國冒險」主題，但它總體上仍然不失為是宣示反帝國的。如此複雜的產品，有多條線索貫穿其中，以至於可以用相互矛盾的方式「解讀」它。觀眾從自身及其處境出發，「協商」影片的意義。因此，電影傳達的訊息總是有多重含義的：不同情境下，不同經歷的觀眾，從電影中提取他們自己的訊息。這仍然是跨國／跨文化／跨種族的傳播與媒介研究的一個核心發現。

參考文獻

注釋：更詳盡的參考文獻參見（Van Ginneken, 2007）。新聞、基本報告和關鍵影評大多來自《國際先驅論壇報》。《阿凡達》官方腳本下載於http://www.foxscreenings.com。頁碼數字參照該文檔。全球大片目錄和全球總毛票房參考http://www.imdb.com（2010年）。很多美國影評可以在以下網站查詢http://www.rottentomatoes.com。我也參考了該片的詳細維基百科條目的早期版本以獲得更多線索。

Altman, R. (1999). *Film/genre.* London: British Film Institute.

Ang, I. (1985). Dallas—*Soap opera and the melodramatic imagination.* London: Methuen.

Barnes, B. (2010). Facing crisis: Hollywood producers turn skills to survival. *International Herald Tribune,* 25 May.

Bernstein, M., & Studlar, G. (Eds.). (1997). *Visions of the East: Orientalism in film.* London: I. B. Tauris.

Cameron, J. (2007). *Avatar: Official movie script*. Hollywood: Twentieth Century Fox Film Corporation.

Dargis, M. (2009). "Avatar" triumphs as a high-tech Eden. *International Herald Tribune,* 19 December.

Dyer, R. (1997). *White.* London: Routledge.

Greydanus, S. (2009). *Avatar* (2009). *Decent Films Guide,* http://www.decentfilms.com/reviews/avatar/html.

Itzkoff, D. (2010a). Sci-fi epic becomes a culture-war battleground. *International Herald Tribune,* 20 January.

Itzkoff, D. (2010b). James Cameron on *Avatar, Titanic, Cleopatra,* and the future of 3D. *New York Times,* 19 October.

Liebes, T., & Katz, E. (1990). *The export of meaning—Cross-cultural readings of "Dallas."* Oxford: Oxford University Press.

Neale, S., ed. (2002). *Genre and contemporary Hollywood.* London: British Film Institute.

Nederveen Pieterse, J. (1992). *White on black: Images of Africa and blacks in Western popular culture.* New Haven, CT: Yale University Press.

O'Barr, W. (1994). *Culture and the ad: Otherness in the world of advertising*. Boulder, CO: Westview.

Robb, J. (2002). *James Cameron*. Harpenden, UK: Pocket Essentials.

Said, E. W. (1978). *Orientalism: Western conceptions of the Orient*. London: Penguin.

Shohat, E., & Stam, R. (1994). *Unthinking Eurocentrism: Multiculturalism and the media*. London: Routledge.

Slotkin, R. (1998). *Gunfighter nation: The myth of the frontier in 20th century America*. Norman, OK: University of Oklahoma Press.

Stringer, J. (2003). *Movie blockbusters*. London: Routledge.

Van Ginneken, J. (1998). *Understanding global news: A critical introduction*. London: Sage.

Van Ginneken, J. (2007). *Screening difference: How Hollywood's blockbuster films imagine, race, ethnicity and culture*. Lanham, MD: Rowman & Littlefield.

重啟國際傳播「帝國」的維度

Resurrencting the Imperial Dimension in International Communication

科林・斯帕克斯
Colin Sparks

李紅濤／譯，陳楚潔／校

二十世紀七〇年代至八〇年代初，文化帝國主義支配了國際傳播的思考。隨後，它遭到全面的質疑，多少跌出了學術主流的視野。今時今日，只有少數研究者探討與帝國主義概念相關的理論問題（Louw, 2011）。儘管媒介研究偶爾有人運用這個概念；它在語言學等其他領域仍有意外頑強的生命力，然而專門研究大都把它歸入媒介和傳播理論史的討論，聊備一格（Ndlela, 2009）。人們在討論當代現實時提及帝國主義，通常聚焦在它的局限性。例如克萊迪（Kraidy）強調，它的工作是「剖析文化帝國主義命題的缺陷」（Kraicly, 2005, p.vi）。有的學者相信該理論仍然重要，因為它指明文化資源的國際流動不平等，卻轉而探討文化帝國主義理論的種種不足（Morley, 2006）。

部分原因也許是這時期的學術和政治思潮廣泛變遷，但也反映了國際傳播領域的理論重整。過去二十年來，國際傳播領域顯著的理論強調區域市場、複雜的（資訊）流動，並弱化國家在國際傳播中的重要性。全球化理論成為支配性的學術思潮，往往低估國家的角色，轉而強調全球（the global）與在地（the local）之間的關係。要是這些研究視國家為文化交流的重要因素，其視角也是「軟實力」，而不是「帝國主義」。

本章要問的是：有沒有可能在文化帝國主義大廈的廢墟挖掘出遺珠？為此，我首先將回顧文化帝國主義理論的經典論述及其核心特徵。其後，我將綜述對該理論的主要批評意見，它們使文化帝國主義喪失了影響力。為了重新建立一個可行的理論，我將反思帝國主義背後的概念，並提出有別於二十世紀七、八〇年代支配理論的替代性解釋。在此基礎上，本章將提出一套新的理論。最後，我將分析為何以當前的國際發展而論，文化帝國主義的概念未來將會更重要。

一、文化帝國主義

眾所周知，文化帝國主義概念並不是一個精確的範疇。約翰・湯林森（John Tomlinson）是最嚴厲的批評者之一，他指出，與其將文化帝國主義視為一套有條理的思想，「不如將之視為形形色色的闡述，或許有些共同點，但彼此也可能存在張力，甚至自相矛盾。」（Tomlinson, 1991, p.9）這個判斷當然是準確的：立場迥異的學者紛紛運用這個概念，達成不同的目的。然而，把取向各異的學者（如坦斯多、馬特拉和史密斯）連在一起的就是靠這些「共同點」，特別是他們都強調美國在全球媒介市場中的重要性（Mattelart, 1979; Smith, 1980; Tunstall, 1977）。不過，除了方法論和政治立場各異，在理論層面，文化帝國主義的主流無疑受到馬克思主義的影響，赫伯特・席勒（Herbert Schiller）尤其為文化帝國主義概念的發展與擴散提供了最重要的參照點（Maxwell, 2003, pp. 38-41）。他在《傳播與文化支配》中對文化帝國主義的經典界定

廣為人知，值得在此引述：[1]

> 今天我們所說的文化帝國主義概念，最能描述社會被帶入現代世界體系各種過程的總和，以及社會統治階級如何被吸引、擠壓、強迫甚或賄賂，令他們形塑社會制度，以符合乃至推動支配世界體系的中心國家之價值和結構。（Schiller, 1976, p.9）

這一段簡短的論述既包含了文化帝國主義概念的核心內涵，也包含了其關鍵缺陷。從中我們可以提煉出在討論文化帝國主義時至關重要的四項元素：

1. 席勒提出的文化帝國主義定義非常寬泛（Lee, 1980, pp. 41-42）。從字面上來看，它囊括各種各樣的國際壓力，例如國際貨幣基金組織（IMF）的結構調整專案[2]，自然無法歸入文化範疇，但卻涉及向受惠國施壓，要求它們塑造社會制度，以契合世界體系支配中心的價值觀。在廣義的文化帝國主義之外，還有狹義的媒介帝國主義。奧利弗・博伊德—巴雷特（Oliver Boyd-Barrett）界定後者為媒介體系之間的支配過程，即「任何國家的媒介所有權、結構、發行或內容，任一或全部環節，受制於其他國家媒介利益的外部壓力，卻無法對支配國家產生相應的影響。」（Boyd-Barrett, 1977, p.117）在研究實踐當中，兩個概念的區分很難維持。博伊德—巴雷特列舉許多研究媒介帝國主義的學者，包括上引席勒的話；而席勒自己的研究也高度聚焦資訊產品的國際貿易，特別是電視節目的流通（Schiller, 1970）。

2. 席勒採納「中心—邊緣」式的帝國主義模式（Schiller, 1976, p.14）。世界體系存在一個中心，席勒在上引段落的後續論述以及在其他著述，都把這一中心指向美國。他強調，美國過去必須鬥倒更早的英法帝國中心，取得國際新聞的領導權，但後來「打著『資訊自由流通』的旗號，美國媒介產品最終壟斷了全世界」（Schiller, 1976, pp. 24-38）。同樣的，當席勒談到有的社會「被帶入現代

1 席勒本人當然是帝國主義的堅定批判者，無論是一般意義上的帝國主義，還是其特定文化樣態。不過，我們也能夠找到對文化帝國主義的正面論述，它們與尼爾・弗格森（Niall Ferguson）歡呼帝國主義的論述並行不悖：「倘若整個世界的發展方向讓國家之間的斷裂帶被共同利益聯繫起來，這一方向將契合美國的各種利益。從美國的經濟和政治利益出發，我們希望世界邁向一種共同的語言，也就是英語；希望整個世界建立共同的電訊傳播體系、安全和品質標準，也就是美國的標準；希望整個世界被電視、廣播和音樂聯繫起來，而其間流通的節目來自美國；希望整個世界發展出共同的價值觀，這套價值觀由美國人能夠接納的價值構成。」（Rothkopf, 1997, p. 45）

2 譯注：結構調整計劃（Structural Adjustment Programs, SAPs）是由國際貨幣基金組織和世界銀行提供的貸款，該貸款於一九八六年三月設立，旨在幫助低收入發展中國家通過宏觀經濟調整，解決國際收支長期失衡的問題。

世界體系」時，他明顯是指向「邊緣」國家。這個意義上的帝國主義，根本上牽涉的是富裕發達國家與貧窮欠發達國家的關係。而這種理解以致是多數文化帝國主義論述的理論和實踐根基。[3]

3. 席勒的論述提出了兩項鮮明的主張。第一，美國的媒介與文化機構受到政府的資助，壟斷了媒介產品的國際貿易，其中尤以電視節目為然，因為發展中國家新設的廣電機構，必須依靠進口節目填充播放時段，又不必擔心超出預算。第二，持續消費美國製造的媒介產品，結果就是有效宣傳美國的觀念和價值，以致精英遠離本國人民的需求，被美國企業吸納，至少是合作。這兩個命題牽涉兩類不同的研究。前者關注電視節目國際貿易的政治經濟架構，以及它如何吻合美國國家政策。後者關注電視節目消費對邊緣國家受眾的影響，這只有探究節目觀看的實情方能得到解答。[4]

4. 雖然上引段落中沒有提及，但席勒在該書後文詳論必須發展國家的傳播政策。席勒對文化支配的概念是比較複雜的，認為文化支配存在於國家內部，也存在於國家之間；其實，他強調國家傳播政策，意味發展中國家的精英所做的努力，就是重新協商他們與發達國家之間的關係。[5] 如果當下的安排以資訊自由流通為主，造成美國文化在世界的支配地位，犧牲發展中國家的文化，那麼，一個抗衡之道就要發展出國家傳播政策，限制域外訊息的流入，以防它們破壞

「弱勢國家的文化完整性」（Schiller, 1970, p.109）。美國在工業化過程中，也保護初生的製造業，直到它們能在國際市場競爭；同樣，發展中國家也有必要找辦法來保護文化生命。席勒認為，最有效的就是由聯合國教科文組織（UNESCO）制訂「負責任的電視節目流通國際規則」（Schiller, 1970, p.125）。

席勒的總體立場，激發大量學術和通俗的書籍、文章和報告。聯合國教科文組織推動曠日持久的運動，旨在改變世界傳播秩序的失衡，推動國家傳播政策，席勒為這個運動提供了理論基礎。[6]

---

3 這一界定有時候使用「大都會」和「衛星城市」等表述方式，在各種不同領域中都極具影響力（Frank, 1967）。在一篇著名的論文中，加爾通（Galtung）寫道：「帝國主義指向中心和邊緣國家之間的關係，它意味著：（一）在中心國家的中心和邊緣國家的中心之間存在著共同的利益；（二）與中心國家內部相比，邊緣國家內部存在更多的利益衝突；（三）中心國家的邊緣和邊緣國家的邊緣之間也存在著利益衝突。」（Galtung, 1971, p.83）

4 值得指出的是，席勒對效果的理解與施蘭姆及其他發展傳播研究者非常類似（參見Schiller, 1970, pp.109-115）。

5 不過，文化帝國主義的批評者指責該理論預設一個單一的、均質的國際媒介市場，但這一批評站不住腳。舉例來說，博伊德-巴雷特即指出，新聞與媒介的區域市場對中心國家的支配地位構成了潛在的挑戰（Boyd-Barrett, 1977, p. 134）。

6 譯注：即「世界資訊與傳播新秩序」（NWICO）運動，參見下節討論。

二、批評與替代

對文化帝國主義的各種批評廣為人知，無須在此贅述。不過，我們還是值得討論四個重要的批評，因為它們對一些重要議題的洞見，是任何新的理論都必須解釋的：

1. 博伊德—巴雷特和坦斯多提到，區域生產的趨勢是國際媒介產品市場重要的增長點。巴西和墨西哥發展了國家的電視產業，後來又有日本和韓國，都是以文化接近性為基礎，成為區域市場的驅動器（Sinclair, 1999; Straubhaar, 2007）。有些媒介產品（如鉅資的電影）的全球市場，仍由美國壟斷；但在其他文化交流的領域，其結構遠為複雜。

2. 文化帝國主義假定以單一的民族文化抵禦美國價值，這一假設是站不住腳的。每一個社會，即便是最發達的現代國家，都呈現多種文化，更是融合了更早的「外部」影響。任何社會的「民族文化」都是支配群體的文化，成為強化其霸權的重要機制。英國是一個絕佳的案例：民族語言（英語）是聚積不同的影響的產物；多元的人口擁有多樣的文化；「民族」文化的規範，無疑是優勢的白人、男性、城市中產階級的規範。捍衛「民族文化」，等於捍衛精英群體，而非全體人民的立場。在某些情況下，進口的文化產品甚至可能表達民族文化中被壓抑的元素，令受眾得以擁抱自己的文化經驗，這是官方文化主導的廣播所未能處理的（Miller, 1995）。

3. 文化研究和其他經驗性研究紛紛轉向「主動受眾」的想法，它們要證明的是：不論在國內或國際，受眾不會單一解讀媒介文本（Ang, 1995; Liebes & Katz, 1990）。文本解讀因消費者的文化資源而異：觀看美劇的人可能吸收美國價值，也可能對同一文本作出迥異的闡釋。進口的電視節目或劇集能否成功，至少有一部分因國內因素而定，包括當地廣播電視的傳統，播放編排也影響受眾的大小。

4. 對抗文化帝國主義，具體表現在建立「世界資訊與傳播新秩序」（NWICO）的政治鬥爭上面。為此，投入大量精力試圖影響聯合國教科文組織，與眾多聲名狼藉的獨裁者結盟，這些獨裁者巴不得控制媒體，將一統的文化加諸不幸的子民。結果，「世界資訊與傳播新秩序」捲入冷戰，與史達林主義國家的盟友一起潰敗（Hamelink, 1997）。

這個批評的清單還可以加長，反駁席勒的文化帝國主義的證據，合起來讓人應接不暇。國際傳播領域的新正統一開始就研究媒介生產和受眾行為的複雜性。許多研究描述記錄電視節目、電影和其他媒介產品的生產和流通，產地早已超出好萊塢的範圍。同時，研究者也詳盡探究發達國家的受眾——至少是部分受眾——如何使用非美國的文化產品，建構自己的文化框架與身分。在這些汗牛充棟的研究背後，是全球化理論不同的變種，取代了文化帝國主義理論，成為組織國際傳播核心思維的框架。在這麼多變的概念中，我們看到不管哪個版本都有一個共同的核心要素，那就是系統地邊緣化國家的角色。

這種邊緣化清晰地見諸到處充斥的各類口號中，例如「全球與地方」、「全球本土化」（或譯「球土化」）（glocalization）、「全球思維，地方行動」（think global, act local）等等。凡此種種，消失的正是「國家」一詞。除非「地方」就是「國家」（揆諸很多對「地方」的謳歌都有此意味），否則很難聲稱當代文化（或幾乎其他）生活一方面活在國家「之下」的區域層面，另一方面活在國家「之上」的全球層面。其實，「地方」和「全球」都與民族國家不同，都沒有國家具有的全套權力機構，在文化和經濟上強制與規管社會生活。反之，它們更多是經濟競爭的自由活動。

複雜性和自由度變成國際傳播研究核心的概念範疇。毫無疑問，以此為起點的研究闡明了當代媒介與文化圖景中的某些重要維度。在美國之外，世界上的確有許多其他生產文化產品的中心，它們的國際貿易無疑也比以前想像的更複雜：寶萊塢（印度）和瑙萊塢（奈及利亞）每年生產的電影數量超過好萊塢，巴西環球電視（TV Globo）則是電視劇的重要生產商。在國家內部，也的確存在次國家的文化和媒介組織，例如西班牙國內的巴斯克語和加泰羅尼亞語廣播，以及中國華南的粵語廣播電視。各社會群體乃至個人，都越來越多運用新媒體資源，打造自己媒介消費的食譜，繞過地方、國家或全球廣電機構的節目政策。這些都是弱化國家角色的好理由。

雖然有必要糾正文化帝國主義理論對國家角色的過分強調，但這並不是說國家不再是一個重要的行動者，其著者如像鮑曼（Bauman）的聲言：在全球化時代，「國家——任何國家——已經無法在軍事、經濟和文化等領域達到自足（self-sufficiency）乃至自我維持（self-sustainability）」（Bauman, 1998, p. 64）。在歐洲共產主義剛倒臺的時候，大家以為在「美利堅和平模式」（Pax Americana）的格局下，國家之間的對抗已經不再是嚴重的前景，這個觀點容或有表面的誘惑，但鮑曼下「任何國家」的結論怎麼說也太強了。昔日的南斯拉夫、盧旺達、索馬里，後來的阿富汗，及其他「失敗國家」四分五裂，或許的確無法「自給自足」，但這個說法根本不能適用於美國、中國甚至印度。今天，如果有人提出鮑曼這種觀點，恐怕會立刻被斥為天方夜譚。

更服人的說法是國家能力有等級差異。有些國家，尤其是美國，的確有能力在軍事、經濟和文化領域自給自足。而那些「失敗國家」則根本不可能有同等的民族自決能力。其他國家則落入這兩極之間。舉例來說，日本的經濟實力非常強大，文化層面也越來越有影響，但政治影響力則相形見絀。我們還沒有活在「後維斯特伐利亞時代」

（post-Westphalian age）[7]，除了失敗國家，其他國家都或多或少具備與地方和全球區分的特徵。具體來說，它們仍然擁有強制權（即馬克思・韋伯所說的壟斷「合法使用暴力」），對內控制民眾，對外解決與其他國家的紛爭。

批評以往的文化帝國主義經典論述，導致對該理論的摒棄。但若不從國家體系的中心地位理解當代世界，看不到經濟、政治和文化資源在國際的分布是根本性的、系統性的不平等，那麼建立替代性理論的努力也一樣會令人失望。

三、帝國主義再商榷

過去二十來年，解決與他國的紛爭是地緣政治的重要特徵之一。在形形色色的偽裝之下，強國運用它們的政治、經濟和軍事力量壓制其他弱國：塞爾維亞、阿富汗、伊拉克、格魯吉亞等國均曾遭受直接的軍事干預。強國為達目的動用武力，引發了對當今帝國主義的激烈辯論；任何重新再思考文化生活的全球模式，都必須從帝國主義的當下意涵開始。

討論帝國主義，從來都不限於馬克思主義傳統：無論是歷史上的約翰・霍布森（John Hobson）和約瑟夫・熊彼特（Joseph Schumpeter），還是當代的尼爾・弗格森

（Niall Ferguson）和麥可・曼（Michael Mann），都從各種不同的學術視角和政治立場探討了相關的議題（Ferguson, 2003, 2004; Hobson, 1902; Mann, 2003; Schumpeter, 1951）。席勒和其他文化帝國主義的學者，的確立基於廣義的馬克思主義傳統，自二十世紀初，馬克思主義知識傳統的核心關切，就是發展帝國主義的理論（Callinicos, 2009; Kemp, 1967）。

如前所述，席勒等人構思帝國主義，一個重要的特徵就是「中心與邊緣」的關係，美國正是中心。這一路徑仍然支配著當前的討論，特別以帕尼奇（Panitch）和金丁（Gindin）的論述最有影響力。他們認為，今天只有美國堪稱真正意義上的帝國主義國家，因為它支配著剩下的世界體系，弱國充當華盛頓的代理人，缺乏獨立行動的能力（Panitch & Gindin, 2004）。

有很多證據支持這一觀點。比較起來，美國是全球最大的經濟體，軍事力量和軍費開支更是舉世無匹。正如一位美國評論者所言，「我們占有全世界國內生產總值

7 譯注：十七世紀中葉簽訂的《威斯特伐利亞和約》（the Peace Treaty of Westphalia），標誌著「威斯特伐利亞體系」（Westphalian system）的形成。簽約雙方為統治西班牙、神聖羅馬帝國、奧地利的哈布斯堡王室，以及法國、瑞典及神聖羅馬帝國內的若干諸侯邦國。這個和約象徵三十年戰爭的結束，也奠定了以民族國家為基石的現代世界治理體系。

（GDP）的四分之一和軍費開支的46％」（McGregor & Dombey, 2011）。美國在運用軍事力量的時候通常會尋求盟友和支持者，但若有必要美國有能力單獨展開行動。對比之下，英國至少從一九五六年蘇伊士運河危機[8]以來，就不可能動用武力反抗美國的意志；實際上，英國更多是美國忠誠而順從的盟友。在此意義上，「帝國主義」本質上就是發達大國（中心）對貧窮弱國（邊緣）的支配，與早期版本並無二致。這種支配通過說服、賄賂和強迫等手段，限制了發展中國家的政治自由，將其經濟置於中心國家的需求之下考慮，絕大多數民眾享受不到發展帶來的成果。當然，相關事例可謂不勝枚舉。

儘管這些證據確鑿，但在理論和現實層面我們都有理由懷疑這個看法的有效性。在最初的表述中，包括古典的馬克思主義理論，以及同時期的熊彼特等非馬克思主義者，都以發達國家內部的衝突為主。他們警覺到了發達國家支配和掠奪殖民地，但更迫切的任務是解釋歐洲為何會經歷第一次世界大戰的恐怖。發展帝國主義理論，是為了解釋帝國之間為什麼會爆發衝突；他們同意自由主義者霍布森的說法，即「現代帝國主義最主要的特徵就是敵對帝國的互相競爭」（Hobson, 1902, p. 19）。這種政治和軍事競爭的表現方式，當時是吞併領土和建立殖民帝國，其源頭是資本主義生產和資本主義企業的規模日漸擴大。這些企業在本國市場占據支配地位以後，日漸面對其他國家企業的國際競爭，它們也越來越徵召「它們的」屬國進入鬥爭中。正如尼古拉・布哈林

（Nikolai Bukharin）說的，「當競爭最終發展到最高階段，變成國家資本主義托拉斯之間的競爭，國家力量和相關聯繫的可能選擇便開始扮演重要的一環」（Bukharin, 1972, pp. 123-124）。[9] 在當代論述中，阿列克斯・卡利尼科斯（Alex Callinicos）和大衛・哈威（David Harvey）等學者也都認為，正是若干發達大國家的競爭，構成了帝國主義的條件（Callinicos, 2009; Harvey, 2005）。

在經驗上，這個說法比「單極的」帝國主義理論更能解釋二十世紀的歷史。二十世紀上半葉，鬥爭發生在老牌的大英帝國和新興的德意志帝國之間。英德兩敗俱傷之後，換成美國和蘇聯的鬥爭，一直持續到一九九一年。誠然，在這個階段，美國都處在上風，這也是它最終獲勝的關鍵所在，但無論如何，美國面臨蘇聯陣營真正的對抗和軍

8 譯注：英法為奪得蘇伊士運河的控制權，與以色列聯合，於一九五六年十月底十一月初對埃及發動軍事行動。美蘇兩國隨後介入對三國施加壓力，十一月初，英法兩國在強大的國際壓力下被迫接受停火協定，埃及贏得蘇伊士運河全部主權。蘇伊士運河危機標誌著英國世界強國地位的終結，美國和蘇聯成為主宰中東乃至全世界的力量。

9 這種以國家為中心的分析路徑與麥克爾・哈特（Michael Hardt）和安東尼奧・奈格裡（Antonio Negri）的觀點之間存在著巨大的差異，後者主張，當代資本主義迅猛擴張，已經無法被國家體系所容納，因此，二十世紀的地緣政治衝突喪失了其基礎。帝國主義的衝突已經被「帝國」（empire）和「諸眾」（multitude）之間的衝突所取代。正如他們所說，「在帝國主義時代世界地圖上各國清晰可辨的色彩條塊已經融化混合成為帝國時代的全球彩虹」（Hardt & Negri, 2000, p. xiii）。本質上，這一理論關乎全球化，而不是帝國主義。

事競爭。蘇聯解體之後，美國獨大，沒有競爭對手，但這只是一段短暫和反常的插曲。美國的相對衰退和新經濟體的崛起，都顯示出這一階段正走向終結。特別是二〇〇八年經濟危機以來，證據顯示，有些國家推行的政策與華盛頓的意願相悖：無論是中美在匯率問題上的爭論，德國和美國對經濟復蘇的政治經濟爭論，還是美俄圍繞格魯吉亞戰爭的衝突，都證明其他國家有能力獨立於美國政府的意願。全球經濟力量平衡的變化，彰顯了各國的獨立性以及引發的國際衝突，都可能在未來數年更凸顯：我們正重新回到競爭的時期，美國的國際支配力遭到新興國家的挑戰。對此，美國前國務卿希拉蕊・克林頓（Hilary Clinton）曾在參議院外交關係委員會表示，「我們正在與中國爭奪影響力；讓我們將素來信奉的道德、人道主義、行善理念放到一邊，只純粹談現實政治。」在談話中，她還援引中美兩國在巴布亞紐幾內亞天然氣開發權的爭奪，來說明自己的觀點（Dombey, 2011）。美國頗具影響力的《外交事務》（*Foreign Affairs*）雜誌在二〇一一年三／四月號闢出專版刊發一系列文章，討論「中國的崛起是否會導致戰爭？」其中，查理斯・格拉瑟（Charles Glaser）的文章開篇即問道，「中國的崛起是否會引起大國的戰爭？」（Glaser, 2011）。好在他給出了一個較為樂觀的答案，他認為，只要美國讓步，例如放棄對臺灣的協防承諾，這場戰爭就能夠避免。中國當前的經濟和軍事實力雖然仍然遠遜於美國，卻日益挑戰華盛頓對國際事務的支配。帝國之間的衝突再一次成為可能。

然而，我們必須釐清帝國之間的衝突到底是什麼，不是什麼。發達國家的衝突當然可能表現在軍事衝突，但在國家之間的競爭中，使用國家力量卻可以採取許多不那麼毀滅的方式。貿易與匯率政策、智慧財產權保護、安全與設計標準、國際經濟援助等等，都是國家用以保護和推進本國企業經濟利益的方法。另一方面，有許多國際經濟競爭都不必牽涉國家干預，除了必要的國際協定以確保合法貿易。如果「帝國主義」要有準確有用的意思，那麼它只應該描述國家行為，而不是私營經濟活動。

在這些考量的基礎上建立帝國主義理論，更契合經驗現實，也和席勒等人的理論大相徑庭。帝國主義的驅動力是大規模資本主義企業的衝突，它們與「自己的」國家結盟，以謀求競爭中更有利的位置。在這個體系中，不只單一的中心，而是有若干大小強弱不一的國家相互競爭和衝突，當中涉及政治和經濟權力的協作。這類競爭所帶來的後果，是爭奪對弱小的、欠發達國家的控制權，背後既有經濟考量，也牽涉地緣戰略。[10]二十世紀初葉，通常是正式吞併領土，並建立對立的殖民帝國，但一個世紀內這種模式幾乎完全變為哈裡•馬格多夫（Harry Magdoff）所說的「沒有殖民地的帝國主義」（imperialism without colonies）（Magdoff, 1972）。征服欠發達國家固然可以採取殘酷

10 因此，大英帝國之所以吞併直布羅陀、馬爾他、賽普勒斯、亞丁和新加坡，並不是為了剝削當地居民、掠奪原材料或出口資本，而是為了奪取軍事上的有利位置。

剝削和軍事暴力，但這不是帝國主義的基本特徵。發達國家的鬥爭才是真正的驅動力。在這樣的框架內，某些因素可稱之為「帝國主義」（世界大戰中，幾乎所有社會活動皆是），但其他因素則只是不同形式的經濟競爭，或多或少獨立於國家以外運作。

四、重構文化帝國主義

修正的帝國主義理論，對於修訂文化帝國主義而言，有三個結果。首先，文化帝國主義並不預設只有一個中心，恰恰相反，現代帝國主義的條件是不同國家之間的競爭。其次，這種競爭發生在帝國主義的主軸，即是在發達國家之間，而不是發達國家對發展中國家的支配。第三，我們必須仔細檢視國家間文化交流的經驗證據，以確定它們到底是單純的經濟貿易，還是依賴國家行使這種或那種的權力：只有後者才能歸諸帝國主義。

第一，鑑於國際競爭是帝國主義的驅動力，我們可以預見國際貿易是多元而非單極格局：換言之，帝國主義理論預指的不是單一中心，而是一群不同的製作者在國際市場上競爭。文化生產不能和經濟實力直接聯繫，但文化商品的生產與其他產業類似，也遵循規模經濟的邏輯。我們有理由相信，文化生產的重要競爭者多半是國內生產總值位居前列的經濟體。比較起來，美國是世界頭號的經濟體，無論是名義國內生產總值還是購買力平價國內生產總值都排第一（1/1）。[11]那些被視為供應替代性文化產品流通的源頭也很可觀：日本（3/3）、印度（4/11）、巴西（7/8）、墨西哥（11/14）和韓國（12/15）。以這兩種計算方式，美國的經濟規模都大約是日本的三倍，印度的三到十倍，美國在許多文化生產領域占據支配的地位，也就不足為奇了。然而，以時間衡量，美國在將近一個世紀執全球經濟和文化權力之牛耳，但它的地位已遭到削弱，而支配的優勢也遇到了挑戰（Tunstall, 2008, pp. 360-412）。

第二，文化產品的國際貿易受到大公司的支配，但它們有明確的「國內」市場。如同帝國主義理論相所預測的，它們的貿易主要分布在發達國家。根據執筆時最新資料，新聞集團（News Corporation）或許是最「全球化」的全球性媒體企業，它的市場仍然高度依賴發達國家。二〇〇九年，新聞集團94%的營收來自北美、澳大利亞和歐洲

11 國內生產總值可以以不同的方式來測量。最常用的測量方式是以美元計算的名義國內生產總值（Nominal GDP），另一種方式則是購買力平價（PPPs）國內生產總值。我們沒有明顯的理由傾向於哪一種測量方式，不過，考慮到花費在文化生產過程中的人力，購買力平價國內生產總值或許能更準確地反映各國的實力。兩組資料都來自國際貨幣基金組織，而這裡的排名基於二〇一〇年的資料。括弧裡的第一個數字是該國的購買力平價國內生產總值排名，第二個數字則是名義國內生產總值排名（"World Economic Outlook Database," 2010）。

（News Corporation, 2009, p. 95）。其他主要媒體機構的情況也大同小異：以同一年（2009）的資料計，維亞康姆有90%的收入來自美國和歐洲（Viacom, 2010, p. 106）；迪士尼有93%的收入來自美國、加拿大和歐洲（Walt Disney Company, 2010, p. 71）；貝塔斯曼公司更甚，來自歐洲和美國的收入高達95%（Bertelsmann, 2009, p. 57）；培生集團也有87%的收入來自美國、加拿大和歐洲（Pearson plc., 2009, p. 97）。

這些資料不是說發達國家的媒介產品沒有滲透或覆蓋發展中國家，也不是說其後果無足輕重，但必須放在比例原則來看。歐美發達國家的公司支配本國市場，又在其他市場——主要是發達國家市場——激烈競爭，這構成了現代帝國主義崛起的先決條件。

相比之下，第三個問題則更為棘手，我們很難判斷哪些國際性的文化交流構成了文化帝國主義。一方面，有些形態的文化交流確是文化帝國主義：美國之音、英國廣播公司世界服務（BBC World Service）和英國文化教育協會[12]等機構，皆由帝國主義國家資助，旨在推廣母國的觀念、信仰和價值。另一方面，許多文化交流活動不能歸入文化帝國主義的範疇，例如，製作公司在國際市場售出節目樣式，就是一種簡單的貿易關係，不大牽涉國家干預，這跟在海外銷售用來觀看這些節目的電視機並無二致。在這兩極之間，有各種案例，需要具體分析，才能準確分類。分類的時候，必須謹記以下七點：

1. 帝國主義或文化帝國主義的概念，都不會預設任何國家蓄意有侵略性的政策，也不會預設上流社會的資本家與戴禮帽的官員陰謀同盟。資本主義企業「正常」的經濟競爭中，的確會出現衝突，但只有當國家捲入試圖解決衝突時，才算是帝國主義的衝突。國家可以宣稱自己的政策旨在推動「和平崛起」或擴散「自由與民主」，有時也不無道理，但追求這些目標可能把它們帶入與其他國家的衝突。

2. 文化帝國主義既可能是進攻性的，也可能是防禦性的。以往的討論通常聚焦於文化帝國主義的進攻性現象，例如談判簽約以開放視聽市場的自由貿易。相反的例子則是利用國家權力，以阻止他國進入本國文化生產：美國為了防止本國電視臺被外國人掌控，規定外國人不能持有25%以上的股份。與之類似，歐盟也規定綜合廣播頻道必須播放特定份額的歐洲節目。

3. 如前所述，倘若帝國主義指的是調動國家，介入國際關係，以促進經濟發展，那麼國際文化交流要成為文化帝國主義，就必須證明有國家行為介入。

4. 進而言之，文化帝國主義的「帝國」維度取決於國家行為的在場，而不是相關

12 譯注：英國文化教育協會（British Council）成立於一九三四年，是英國提供教育機會和促進文化交流的國際機構。該機構是英國皇家特許的非營利機構，與全球一百多個國家開展合作，涉及藝術文化、英語語言、教育和社會發展領域。

文化產品的性質。之所以成為文化帝國主義，不是因為一檔電視節目或一種語言本身的特質，而是因為使用了國家權力。即便博伊德—巴雷特所列出的條件皆存在，媒介自身也不會成為「帝國主義」媒介（Corcoran, 2004, pp. 15-16）。以愛爾蘭為例，英國文化帝國主義在愛爾蘭有悠久的歷史，但是英國廣電信號溢播到愛爾蘭，卻不屬於這個範疇。

5. 我們必須區分「文化帝國主義」——簡單地界定為在國際文化領域使用國家權力——以及和帝國主義緊密關聯的有些文化交流。英語的國際地位是一個好例子。英語本身不是「帝國主義」語言。英語在世界各地流行（特別是愛爾蘭），以前的確與帝國主義的政策緊密關聯，但現在英語普及全世界，倒是因為過去兩百年主導世界的帝國勢力基本上是英語國家：先是大英帝國，後是美國。英語在印度的地位不是因為語言本身的特質，而是因為英國在印度長期的殖民統治；英語本身不是文化帝國主義，而是帝國主義的文化後果之一。

6. 對受眾造成特殊影響，不是文化帝國主義（或帝國主義的文化後果）成立的必要條件。在某些情況下，明顯來自帝國中心的文化形式被屬地的子民熱情採納。例如板球在印度主流文化的核心地位，遠超出它的原地；板球運動的控制權，昔日在倫敦，今日卻在印度。在其他情況下，文化現象在不同的地方可能會產生不同的意義，在某些地方流行卻在其他地方乏人問津，或被改造成混雜的文化樣式。文化現象到底產生多大的影響，又是什麼樣的影響，這些是經驗研究的問題；至於這些現象是國家行為或單純的經濟交換所致，則與這個問題不相干。早期文化帝國主義理論假定，文化產品交易的本質本身造成這些後果，其實它們只是許多可能的後果之一。

7. 在經驗上，同質化的「民族文化」極難成立，但文化帝國主義的理論不必涉及這個概念，因為多數馬克思主義理論認為現代國家是不同階級利益歷史鬥爭的產物，而不是一個民族的自然表達。我們沒有理由假定，文化帝國主義的代理人（大型資本主義公司，和強大的現代國家）或對象（經濟、政治和軍事力量相對弱小的國家）的種族或文化是同質的。在帝國主義國家和受其「青睞」的國家內部，都有支配性和附屬性的文化。

五、後果

運用上述標準的第一個後果是，我們可能提出一個可行的、連貫的文化帝國主義概念，避免席勒的理論所招致的各種批評。我們有可能探究在文化產品的生產和流通中，國家權力和文化權力如何交織為用。第二個後果是，「文化帝國主義」一詞將用在比以往更為狹隘的範圍，儘管「帝國主義的文化後果」這個範疇可能相當大。

二十世紀七、八〇年代，文化帝國主義概念盛行，我們不妨審視一些當時最富爭議的問題，以說明這是什麼意思。如前所述，不管參與者的動機是什麼，「世界資訊與傳播新秩序」最終捲入到美蘇的帝國主義對抗中。論爭中的某些議題無疑屬於修正版的文化帝國主義範疇，例如美國國務院和美國電影協會建立起密切的、公開的同盟，以保證貿易條約確保美國電影自由進入其他國家的音像市場。但其他議題，例如非洲報導的特點，包括被報導的社會領域，和以前（甚至現在）報導所做的許多假設，則更符合帝國主義的文化後果這個範疇。

未來，這些概念的現實意義會變得更加明顯。美國霸主和新的挑戰者直接經濟對抗無疑是當代世界的重要特徵。我們在上面看到，美國國務卿已經開始從策略衝突的角度闡發這種對抗關係。隨著中國和印度等經濟體日漸強大，我們會看到，這些國家和支配世界兩百餘年的西方國家會有更多的競爭和衝突。此情此景，就好像十九世紀末大英帝國所建立的「自然」支配格局遭到德國的挑戰，後來又遭到美國和蘇聯的挑戰。我們關注的是媒介，不是當代世界的地緣政治，因此無需猜測這一次對抗是否會帶來早期衝突那樣的後果：我們也只能熱切期盼，這一次的後果會不一樣，不像上一次那般恐怖。

不過，從媒介的角度，我們可以展望在六個方面，這些更廣泛的經濟和政治變化會引起論爭和衝突：

1. **各國宣傳活動的直接對抗**。過去十餘年間的重大發展之一，就是國家支援的國際廣播電視臺激增，挑戰現有的（不管是國有的或私營的）國際廣電臺。再引用希拉蕊・克林頓的觀點：在中東，「我們（美國）正在打一場資訊戰，我們正在輸……半島電視臺在贏」（Dombey, 2011）。未來，挑戰可能擴大：例如，中國近年來投入大量資源給原來的央視第九頻道（CCTV9），並改造為央視新聞頻道（CCTV News），同時資助新華社開設了一個新的國際新聞頻道。值得注意的是，這些新聞頻道無需龐大的受眾規模，即能對公眾感知產生強大的影響。半島電視臺是一個特例，在阿拉伯世界擁有相當龐大的受眾。美國有線電視新聞網（CNN）和英國廣播公司（BBC）在多數時間和多數地方受眾規模都不大，但精英受眾的關注卻足以跟大規模受眾一樣成為爭論點。
2. **新聞和新聞業本質的衝突**。國有的廣電臺已捲入何為「新聞」的爭論，質疑深植於各國新聞文化的假設。美國記者、新聞機構和學者有一套熟練的、自覺的專業行為準則，深信不疑，也不斷這樣表達，然而現實有時與意識形態不合。實際上，其他傳統的記者並不贊同這些觀點，只要回想二〇〇八年報導西藏所引起的爭議，就明白新聞記者、學者，甚至一般人都可能表達不同的看法。
3. **規制國際媒介流動的衝突**。自從一九四七年關稅及貿易總協定（GATT）簽署以來，保護文化產業便一直是國際貿易談判的一項主題。關貿總協定第四條第四款允許為大螢幕電影設置放映限額。原始條款規定，「放映限額的限制、放寬或取消需進行談判」，但從這一條款中衍生出的文化保護主義卻一直延續到今天（General Agreement on Tariffs and Trade, 1947）。各國為了保護本國創意產業的種種努力，往往引發激烈的公開爭論。歷史上，要求開放市場、允許自由貿易的壓力，通常來自最強大的國家，在一般的經濟領域如此，在創意產業亦然。但隨著經濟實力的重心轉移，攻勢和守勢也可能互換。昔日熱切的貿易保護主義者可能變成明天的自由貿易者，反之亦然。半島電視臺難以登上美國有線電視頻道，稍許透露這種反轉的端倪。隨著經濟權力平衡的轉移，誰擁有電視頻道和電臺的問題勢必加劇。

4. 網路控制的衝突。網路管治的權力分配反映了舊的國際秩序。例如，在撰寫本章之際，網路名稱與數字位址分配機構（ICANN）理事會有二十一人，其中只有一位中國人（來自臺灣）、兩位印度人（其中一位定居美國多年）（ICANN, 2011）。監督根伺服器的委員會，要向美國國家電信和資訊管理局的頻譜管理辦公室報告。隨著網路用戶和商業力量向亞洲轉移，必將爭論應該在哪裡做出決策，決策團體應該如何構成。資訊社會世界峰會（WSIS）的進展說明，這類爭論往往將經濟和政治力量攪合在一起。

5. 智慧財產權保護的衝突。眾所周知，電腦程式、電影、視頻節目以及音樂領域，都引起盜版或翻版的問題。吊詭的是，在經濟平衡翻轉之後，我們可以期待這方面的國際衝突可能降低。例如，亞洲廣電大台也有輸出內容的野心，已經改變它們對節目形式的態度。以往，從英國《流行偶像》（*Pop Idol*）到《美國偶像》（*American Idol*）再到《超級女聲》，經歷了可疑的「借鑑」過程，近來卻正式購買版權，簽訂聯合製作的協議。

6. 流行文化本質的衝突。流行文化產品領域也發生國際衝突。我們只要想一想好萊塢怎麼再現日本人、俄國人和共產主義者，就看到國際鬥爭密切聯繫到意識形態，在未來還會繼續。同時，經濟權力的轉移，使得不同國家的文化形式得以流行：加勒比地區曾經流行板球，如今流行籃球運動，便是個中著例。另一個例子是，日本的經濟發展曾經帶動動畫的視覺風格，如今中國動漫產業勃興，可能延續這一過程。流行文化的場景和內容也在變化：在西方的酒吧消磨一夜，或到中國卡拉OK唱一晚的，兩者的距離還是遙遠得很。

這裡提到的某些議題，在目前的媒介場景已經很明顯了，其他議題則將在未來十年變得更重要。若單單以經驗方式羅列這些變化，可以借助任何理論框架，也可以完全沒有理論框架。但若要分析並解釋這些變化，就必須借助適當的理論了。這些議題都有單純的經濟維度，但也或多或少牽涉國家行為，夠格的理論必須解釋這兩個維度。因此，在國際傳播研究中，帝國主義、文化帝國主義，以及帝國主義的文化後果必將成為理論框架的重要部分。

參考文獻

Ang, I. (1995). *Watching* Dallas*: Soap opera and the melodramatic imagination.* London: Methuen.

Bauman, Z. (1998). *Globlization: The human consequences.* Cambridge: Polity Press.

Bertelsmann. (2009). *Annual report.* Gütersloh: Bertelsmann.

Boyd-Barrett, O. (1977). Media imperialism: Towards an international framework for the analysis of media systems. In J. Curran, M. Gurevitch, & J. Woollacott (Eds.), *Mass communication and society* (pp. 116–35). London: Edward Arnold.

Bukharin, N. (1972). *Imperialism and world economy.* London: Merlin.

Callinicos, A. (2009). *Imperialism and global political economy.* Cambridge: Polity.

Corcoran, F. (2004). *RTÉ and the globalization of Irish television.* Bristol, UK: Intellect.

Dombey, D. (2011). US struggling to hold role as global leader, Clinton says. *Financial Times,* 2 March. Retrieved 7 March, 2011 from http://www.ft.com/cms/s/0/5ff5669c-4508-11e0-80e7-00144feab49a.

html-axzz1FCm5vqgK.

Ferguson, N. (2003). *Empire: How Britain made the modern world.* London: Allen Lane.

Ferguson, N. (2004). *Colossus: The rise and fall of the American empire.* London: Allen Lane.

Frank, A. G. (1967). *Capitalism and underdevelopment in Latin America: Historical studies of Chile and Brazil.* New York: Monthly Review Press.

Galtung, J. (1971). A structural theory of imperialism. *Journal of Peace Research,* 8 (2), 81–117.

General Agreement on Tarrifs and Trade (GATT). (1947). *WTO legal texts.* 30 October. Retrieved 27 April 2011 from http://www.wto.org/english/docs_e/legal_e/gatt47_01_e.htm.

Glaser, C. (2011). Will China's rise lead to war: Why realism does not mean pessimism. *Foreign Affairs,* 90 (2), 80–91.

Hamelink, C. (1997). World communications: business as usual? In M. Baillie & D. Winseck (Eds.), *Democratising communication? Comparative perspectives in information and power* (pp. 407–25). Cresskill, NJ: Hampton.

Hardt, M., & Negri, A. (2000). *Empire.* Cambridge, MA: Harvard University Press.

Harvey, D. (2005). *The new imperialism.* Oxford: Oxford University Press.

Hobson, J. (1902). *Imperialism: A study.* London: George Allen and Unwin.

International Monetary Fund. (2010). World economic outlook database. October. Retrieved 14 February

2011, from http://www.imf.org/external/pubs/ft/weo/2010/02/weodata/index.aspx.

Internet Corporation for Assigned Names and Numbers (ICANN). (2011). *Board of directors.* Retrieved 29 April 2011, from http://www.icann.org/en/general/board.html.

Kemp, T. (1967). *Theories of imperialism.* London: Dennis Dobson.

Kraidy, M. (2005). *Hybridity, or the cultural logic of globalization. Philadelphia: Temple University Press.*

Lee, C.-C. (1980). *Media imperialism reconsidered.* Beverly Hills, CA: Sage.

Liebes, T., & Katz, E. (1990). *The export of meaning: Cross-cultural readings of* Dallas. Oxford: Oxford University Press.

Louw, P. E. (2011). Revisiting cultural imperialism. In H. Wasserman (Ed.), *Popular media, democracy and development in Africa* (pp. 32– 45). Abingdon: Routledge.

Magdoff, H. (1972). Imperialism without colonies. In R. Owen & B. Sutcliffe (Eds.), *Studies in the theory of imperialism* (pp. 144–70). London: Longman.

Mann, M. (2003). *Incoherent empire.* London: Verso.

Mattelart, A. (1979). *Multinational corporations and the control of culture: The ideological apparatuses of imperialism.* Brighton, UK: Harvester.

Maxwell, R. (2003). *Herbert Schiller.* Lanham, MA: Rowman & Littlefield.

McGregor, R., & Dombey, D. (2011). Defense: a question of scale. *Financial Times, 6 March.* http://www.

ft.com/cms/s/0/695f48d8– 4823–11e0-b323–00144feab49a.html-axzz1FvhvUx4v.

Miller, D. (1995). The consumption of soap operas: "The young and the restless" and mass consumption in Trinidad. In R. Allen (Ed.), *To be continued . . . soap operas around the world* (pp. 213–33). London: Routledge.

Morley, D. (2006). Globalisation and cultural imperialism reconsidered: Old questions in new guises. In J. Curran & D. Morley (Eds.), *Media and cultural theory* (pp. 30–43). London: Routledge.

Ndlela, N. (2009). African media research in the era of globalization. *Journal of African Media Studies,* 1 (1), 55–68.

News Corporation. (2009). *Annual report.* New York: News Corporation.

Panitch, L., & Gindin, S. (2004). *Global capitalism and American empire.* London: Merlin Press.

Pearson plc. (2009). *Report and accounts.* London: Pearson.

Rothkopf, D. (1997). In praise of cultural imperialism? *Foreign Policy,* 107,38–53.

Schiller, H. (1970). *Mass communications and American empire.* New York: Augustus M. Kelley.

Schiller, H. (1976). *Communication and cultural domination.* White *Plains, NY: M. E. Sharpe.*

Schumpeter, J. (1951). *Imperialism and social classes.* Oxford: Basil Blackwell.

Sinclair, J. (1999). *Latin American television: A global view.* Oxford: Oxford University Press.

Smith, A. (1980). *The Geopolitics of information: How Western culture dominates the world.* London: Faber.

Straubhaar, J. (2007). *World television: From global to local.* London: Sage.

Tomlinson, J. (1991). *Cultural imperialism.* London: Pinter.

Tunstall, J. (1977). *The media are American: Anglo-American media in the world.* London: Constable.

Tunstall, J. (2008). *The media were American: US mass media in decline.* Oxford: Oxford University Press.

Viacom. (2010). *Transition report persuant to Section 13 or 15 (d) of the Securities Exchange Act of 1934.* New York: Viacom.

Walt Disney Company. (2010). *Annual reports pursuant to Section 13 or 15(d) of the Securities Exchange Act of 1934*. Burbank, CA: Walt Disney Company.

「去西方化」與世界主義的媒介研究

De-Westernization and Cosmopolitan Media Studies

西爾維奧・瓦斯博多
Silvio Waisbord
黃順銘／譯，宋韻雅／校

詹姆斯・柯倫與朴明珍（2000）主編的《「去西方化」媒介研究》問世，適時疾呼，從地理上和知識上拓展傳播與媒介研究的疆界，旨在通過「考量非英美國家的經驗，以拓寬媒介理論和對媒介的理解」（Curran & Park, 2000, p.11）。該書包括世界各地十幾個章篇，提出一個規範性的論斷，解釋媒介研究領域需更具包容性與世界性。這是新進推動媒介研究走向「國際化」的一個著例（Thussu, 2009）。我們並不缺乏英文的研究成果，考察世界各國在媒介制度（Fox & Waisbord, 2002; McCargo, 2008; Romano & Bromley, 2005; Sakr, 2007; Voltmer, 2006）、新聞實踐（de Burgh, 2005）、媒介政治（Lilleker & Lees-Marshment, 2005；Stromback & Kaid, 2008），以及新聞倫理（Ward & Wasserman, 2010）等方面最新變化。一九九〇年代，「一切都要全球化」，學術界亦不例外，柯倫與朴明珍主編的這本書力陳我們為何必須打破學術的偏狹。「去西方化」意味著考慮世界各地的案例，以開闊分析的視野，而以前大家由於語言障礙或者缺乏興趣，對這些案例並不瞭解。非西方的重要性對非西方學者不是新聞，柯倫與朴明珍主要是為了激發英美研究者對於世界上其他地區的好奇心。

媒介研究領域從頭就帶有濃郁的西方（尤其是英美）口音。在兩次大戰期間，這個領域誕生於西方社科傳統的理論與問題交匯（Katz et al., 2003）。分析焦點與理論一直都是西方的，尤其是美國的理論。媒介研究以西方為中心，不足為奇。主導該領域的研究問題，例如媒介效果、新聞實踐以及媒介與輿論，主要折射了美國與西歐學者們的研究重心，畢竟是他們為本領域奠定了基礎。同樣地，理論框架也深植於西方政治學、心理學、社會學理論的各種認識論預設與分析傳統。本領域雖以交叉學科、跨學科的交匯地自居，其實大致還是集中於美國關切的問題，基本上依憑西方的社會思想。西方中心主義，不獨以媒介研究為然，近年來這種批評也見諸其他社會科學與人文學科。在多元文化主義、解構主義和庶民研究的影響下，學者們開始批評社會分析中的西方焦點與知識範疇（Rudolph, 2005）。

正當各學科都在辯論這個問題，柯倫與朴明珍提出了媒介研究「去西方化」的目的、策略與學術政治等問題。「去西方化」的目的何在？是為了豐富以英文發表的研究總量，為了質疑這種研究的偏狹性，還是為了以更多案例去推進理論建構？需要何種方法與分析策略才足以「去西方化」？是要在西方學術界中把非西方研究制度化，還是要研究分析全球性的問題？誰需要「去西方化」？西方學者與非西方學者能否聲氣相通？這個辯論只攸關西方學術界，還是同樣適用於「全球南方」的學術界？這些問題的答案都並非不言自明。

本章旨在討論「去西方化」媒介研究的目的與策略。基於我自己對媒介研究的特殊興趣，我的分析將聚焦於媒體與政治研究。本章提出如下觀點：「去西方化」應當為世界主義的研究提供養分。世界主義研究的特徵是，對比較性、全球性的問題與取徑深具敏感，並積極介入全球化的論爭。「去西方化」不應像「區域研究」那樣，把世界各地區「巴爾幹化」（balkanization）。反之，它應該使理論與研究議程「去中心化」（decentralization），以凸顯全球化的視角與問題。「去西方化」不只要照顧國際性的研究與視角，更要彰顯從各種媒介與政治制度提出的問題與論斷，從而使研究變得全球化。世界主義（cosmopolitan）媒介研究的依歸，在於理論和經驗問題能否跨越地理與學術的邊界。

一、由區域研究抵達「去西方化」的媒介研究為何行不通？

有人會說，應該毫不猶豫地接受媒介研究的「去西方化」。「去西方化」當然是既美好又可取的，誰會說漠視世界其他地方是有益於學術生活呢？唯有敞開世界的分析心靈，才能界定知識工作與學術想像力（Bourdieu, 1988; Mills, 1959），這正是世界主義最近幾十年為人稱道的原因（Appiah, 2007; Held, 1995）。康德理解的世界主義，就是一個懂人情世故的、好學的、有好奇心的心靈，並友好對待外國人。所以，地方主義是一個貶義詞，學術心靈不當如此。所以理論家們堅信，國際教育對於培養世界主義的心靈至關重要（Hansen, 2008; Nussbaum, 1996）。忽視對世界上多數媒介制度，違背了知識的開放性，但認為研究非西方媒介就必然是好的也不足取。西方的媒介研究史已充分證明，研究非西方社會的目的是模糊的。研究非西方媒介的動力不同，甚至截然相反：有的將西方新聞/媒介制度的理想正當化並加以宣揚，有的批判地審視西方的預設，有的探索其他社會及其媒介制度。

「去西方化」的目的模糊不清，有必要加以廓清。「去西方化」不只要使西方媒介研究減少一點偏狹，更加歡迎世界各地的研究。我們可以支持非西方媒介的知識生產，卻也可以不瞭解或不在乎全球性的觀念與發現，兩種學術心態並存；它們可以平行發展，既不開展有意義的對話，也不挑戰對方預設或分析的焦點。即使西方得到更多非西方的案例，或越來越接納非西方社會的研究，卻未必使人拋棄地方主義，也未必促人反思流行的範式。

因此，以區域研究為策略，將世界各地的研究整合到學科或領域中特定的地區範疇，並不能解決媒介研究「去西方化」的主要挑戰。在「冷戰」歲月，西方社會科學和人文學科但凡涉及非西方世界的，都打著區域研究的旗幟。區域研究是圍繞地理標籤組織起來的（如「南亞」和「中東」），假定鄰國之間必有共性，於是「拉美研究」將美國以南的國家當作一個群體來分析，假定它們在政治史、經濟、文化等方面有著共同的特徵。[1]

以區域研究組織「非西方」知識，這個方式頗成問題。問題主要不在「軟的」經驗研究（即「區域研究」）與「硬的」理論（即「美國」研究）的差別（Bates, 1997; Franco, 1988; Graham & Kantor, 2007）。若把「國際研究」具體化為區域研究，會帶來幾個問題。它會以西方的地理範疇，複製它們如何構思學術知識的形式（Krastoska, Raben, & Schulte Nordholt, 2005; Nugent, 2010; Simpson, 1998; Szanton, 2004; Yudice, 2003）。區域的劃分沿襲了西方對世界地區（如「拉美」和「東南亞」）的建構，這些地區因為地緣政治和戰略原因聯繫在一起，與學術分析無關。「區域研究」建立的分析範疇各自為陣，阻礙了不同地區之間的對話與合作。區域研究無形中被降格成了西方建立的知識生產。最後，「區域研究」進一步建構「非西方」為「他者」（Harbeson, 1997; Rafael, 1994）。

這些批評揭示了學術的孤島性與碎片性——建構出了分隔的地理界限。區域研究的發現，即便區域專家感興趣，對研究領域卻可能無關宏旨。把學術研究塞進明晰的理論範疇盒子，卻缺乏理論或方法的特點。通常，研究必須提出問題，以瞭解某些國家或地區在媒體制度、新聞實踐，以及新聞報導的原因、特徵與後果。這些問題再重要，假如不聯繫到廣泛的討論，則與整個領域可能並無直接關係。對個案的「深描」（Geertz, 1973）主要只是區域專家們感興趣，它們強化了以地理、政治、社會與文化邊界為基礎、畫地自限的分析。這種取向對整個領域的影響很有限。

這些局限性見諸非西方案例的著作當中，它們所討論的問題雖然有趣，卻未能提出與整個領域相關的理論，因為以區域研究為名，主要關注在地的現象，不太參與廣闊的理論討論。結果，一大批豐富的國際文獻，對聚焦「西方」議題的理論或概念論爭卻影響甚微。區域專家只跟區域專家對話。吊詭的是，縱使他們對同樣的理論問題感興趣，譬如新聞框架的力量、不同類型的議程設置效果、商業媒介對政治知識的影響，彼此卻活在不同的學術世界之中。結果，地理分野無助於元理論（metatheoretical）的討論以及知識的異花授粉。

這種問題見於某些編著中，雖然展示了世界各地多元的案例，卻未能充分聯繫到共同的主題或問題。它們對國際化的貢獻在於，提供了許多以英文發表的案例，但本身卻未必深究西方學術的論旨。在皮帕・諾裡斯看來，除非它們圍繞廣泛而共同的問題做出理論貢獻，否則這些研究和書籍不過是世界的「豪華遊」罷了（Norris, 2009）。研究

1 可以說，在過去半個世紀，美國的區域研究完全沒有達到政治學、歷史學和文學等其他學科中媒介研究的國際化水準。這個問題超出了本章的分析範圍，但值得進一步關注。應對下列三個原因進行考察：傳播／媒介研究與社會科學和人文學科相比起步「晚」、重點大學中各個學科之間實力懸殊、基金會和政府機構在「二戰」後拿去發展區域研究的公私資助額度。

各國案例本身倒不是問題，問題是這些研究和發現如何聯繫到更廣泛的理論或經驗辯論。區域研究的分割所聚焦的問題和論旨，也許關乎某些地區，卻並未增加整個領域的知識體系。

「區域研究」還有其他的挑戰。它假定國家之間具有共性，故歸成一類來研究，其實我們必須批判檢討這些共性。它採取本質化的看法，把內在的共性歸諸地理區域。這些區域不過是政治與學術的建構，忽視了區域之內以及區域之間的深刻異同。事實上，無數國別／區域研究已顯示，地理區域內部有重要差異，致使區組的標籤成為問題。南非應當跟非洲其他地區合為一組嗎？莫三比克、肯亞和塞內加爾有不同的殖民者，遺留的媒介不同，應與非洲其他地區合為一組嗎？中國、越南和柬埔寨都有共產主義的歷史，就應歸在一組嗎？中國應該與其他金磚國家（巴西、俄羅斯和印度）比較嗎？當代俄羅斯應該與威權／民主合胎的政權（如委內瑞拉）比較嗎？中東最開放的媒介制度（黎巴嫩）應該與君主制（摩洛哥和沙烏地阿拉伯）的媒介比較嗎？印尼與其他穆斯林國家應該被歸為同一組嗎？巴西市場化媒介的傳統強大，新聞實踐深受美式專業主義影響，其他拉美國家沒有這些條件，它們應該合在一組嗎？

質疑地理分組的邏輯，不啻是盤問「西方」與「非西方」的二元劃分。如果繼續建立西方與非西方的差異，是否有危險把國家、區域與學術本質化（Godrej, 2009）？到底何謂「非西方」？將幾十個國家統歸為「非西方」，只因為它們所處的地理位置，以及假定它們與西方有共同的關係。但維持這種分野的理由並不明顯。當然，不論是維護「西方」傳統和地緣政治者，還是批評「西方文明」者，都見到這個二分法。主導半世紀社會科學的分析和意識形態範疇（譬如第一／第三世界、中心／邊緣）如今已備受質疑，難道我們不應該慎用或乾脆棄用「西方／非西方」的兩分法嗎？

我們如何回答這些問題，就看媒介研究將什麼理論挑戰擺在優先位置。就算共同的媒介歷史、語言、殖民歷史與政體使區域組別合理化，維持地理分析的邊界仍是問題。執著於整齊的地理劃分，反而使我們忽略了一點：必須用理論的問題意識驅動研究的議程。在地與區域的發展必然產生經驗問題，諸如媒介與政權過渡的關係、右翼民粹主義崛起的媒介作用、新媒體對於政治認同的影響，這些問題都源自特定國家的具體發展，對其媒介／政治制度的關係自然更緊密。然而，區域研究只考慮經驗意義，卻不考慮對媒介研究領域的重要性。區域分割使區域學者關起門來對話，研究並未惠及地理邊界之外的其他學者。

區域研究的另一個問題，是維護「方法民族主義」（methodological nationalism）（Beck, 2007; Beck & Sznaider, 2010），也就是聚焦於現代國家邊界的「國內」（national）問題。貝克認為，面臨整個地球的挑戰，全球性的意識與行動抬頭，「國內」問題不是最迫切或最重要的。「方法民族主義」忽視了一點：必須從全球化的角度，重新思考問題。從「在地／國內」移向「全球」，研究者的問題必須超越政治地理的邊界。

貝克不必要地淡化了以「民族」和「國家」為分析單位的持久意義。全球的問題出現，並不證明在地／國家層次是錯誤的，對許多問題而言依然重要。例如，儘管全球化加快，媒介政治以及媒介－政治模式（Hallin & Mancini, 2004）大致仍以在地和國家的動態為主軸。這不是「非此即彼」的問題，而是需要關注多個層次的問題。但貝克呼籲要有「全球性」思維，倒中肯地說明媒介研究的分析視角有待拓展，不啻及時矯正了區域研究的地理偏狹性。區域研究的視角不太從全球發展與趨勢思考問題，而是傾向於分析那些與在地和國內相關的問題。

概言之，視區域研究為媒介研究「去西方化」的道路，有強化學術孤島性與碎片化的風險。它假定了某些共性，卻未檢討地理分割的基礎。維持和鼓勵互不通氣的討論。案例凸顯理論問題在不同場境如何演繹，當然很重要，不過將地理差異的「案例知識」碎片化與固態化，卻遏制了跨區域與全球性的論辯。

最後，倘若我們此時沿著區域研究的方向，去謀求媒介研究的「去西方化」，那將極其錯誤。區域研究忽略了媒介研究和政治傳播的基本挑戰，至今尚未在眾多案例的基礎上建立出有力的經驗通則與理論視野。文獻中奠基性的與當代的理論，大都出自英美的案例研究。拓寬分析的基礎，才能確定西方的命題在跨媒介、跨政治制度之後具有多大的力度。總之，區域研究除了「本質主義」和「地緣政治」的預設，還強化了學術的孤島性與互不交叉的討論。

二、世界主義的媒介研究

為了克服區域研究的局限，我提倡世界主義觀，以促進媒介研究的「去西方化」。這裡，世界主義指一種超越地理之上的多重視角與發展之開放性分析態度。

學術的世界主義觀，建基於近年來社會科學和人文學科的「世界主義」轉向（Caney, 2005; Dallmayr, 2003; Held, 1995; Nussbaum, 1996）。世界主義取自古典與現代哲學，通常與當前的規範理論聯在一起，主張超越傳統國家邊界，而對正義、法律、人權與政治作出道德承諾。世界主義擁護世界性治理，假定全球社群都是世界公民，而且都是平等的成員。當今，人們、觀念與物品空前流動，政治、經濟與文化邊界互相滲透，世界公民呼應了關鍵問題和迫切需求。沿著這些思路，媒介學者（Chouliaraki, 2006; Silverstone, 2006）力陳，在培育世界主義意識和公民的過程中，媒介扮演著關鍵的角色。

世界主義的媒介研究要求研究整個世界，以豐富和挑戰現有的知識預設、範疇與結論。它從全球化和彼此連結的世界現況出發，旨在刺激世界主義的前景（Fine,

2007）。世界主義的媒介研究不是總匯世界各地「案例研究」的同義詞。它背馳明顯的地理分割，地理分割只會把「他者」在「國際」和「全球」範疇中更加具體化。世界主義的學術不能化約為歡迎「國際」研究，而是要從全球化的視角，批判地檢視世界的差異，從而明察理論視野，並界定經驗問題（也可參見Miller, 2009）。

世界主義的取向可以提升全球的異同意識（Ong, 2009）。在一個彼此連結與多重流動的世界中，世界主義邀請學者們將分析視野拓展到國家邊界的「舒適區」之外。它增進全球的敏感度，以世界各地研究的分析性問題為指引，推動知識與對話的全球化，也鼓勵以國界為別的專家針對普遍性的理論與概念做出貢獻。

世界主義媒介研究並不假定政治、經濟、社會與文化差異的邊界不重要。相反，它假定我們必須考慮這些邊界，以求拓寬研究議程，並根據異同提出論斷。跨媒介和跨政治制度的對比及其互動，可提供證據檢驗結論。這樣，世界主義學術當能克服主要以英美學術建構的理論局限。因為這些國家的媒介與政治各有獨特的傳統，撒一張更大的地理之網，是改進理論所不可或缺的。

世界主義的學術也有助於改變知識的流向。媒介研究也跟其他社會科學一樣（McFarlane, 2006），長期受制於西方（尤其是英美學術）單向的「知識轉移」。這種模式是有問題的，它既維繫由少數國家所製造的理論概念的至尊地位，也不符合學術生產多中心化的現實。因此，世界主義的學術提倡全球的平等交換與討論，以矯正觀念流動的一面倒。

我不是提議以「世界主義的媒介研究」為學術身分認同，就像有人在日益移動與流動的世界中提倡「世界主義公民性」一樣。我也不是說，國家邊界已被全球化取代，淪為舊秩序的殘餘，因而對媒介與政治研究已無關緊要。我的論斷無關乎規範性的公民身分（在學界生存的一種方式），也不是把全球性問題放到絕對優勢的地位上。我的提議是以世界主義學術為分析視角，將國際研究和全球對話的理論與批判思考擺在首位。這種取向符合全球化的學術世界和當前全球化的挑戰，有必要克服地理分割，使不同的研究圍繞在共同問題與論據上面。

三、如何「去西方化」與推動世界主義？

正如世界主義的哲學和政治主張一樣，世界主義的學術也提出了策略的問題。世界主義何以可能？何種策略會刺激研究的全球化視角？

基本上，世界主義的媒介研究是要將在地研究放到全球性討論與發展的語境，使之超越在地的興趣與現象，而展開對話。它不僅將超越邊界的研究問題擺在優位，更重要的是要轉換提出和解答問題的方式。

我在此要沿著世界主義的路線，提出三種研究策略，以追求媒介研究的「去西方化」：處理西方文獻中所缺失的問題，針對非西方案例開展比較研究，分析超越地理與區域邊界的全球現象。

（一）分析被忽視的議題

第一種選擇是以「全球南方」（Global South）為寶藏，從中開掘案例，這一向是西方所忽視的議題。由於研究議程以西方為中心的，全球南方的重要問題在西方擺不到前列，甚至根本不被討論。不出所料，「南方」研究大致只關心在地的或全國性的研究議程，結果無論在經驗上和理論上，文獻都有盲點，反映它們受到西方關懷與範疇的巨大影響。

在此，我略舉數例。在世界上許多地方，由於不時出現國家動盪，準國家的勢力猖獗，傳媒的表現和條件常處於一種無國家狀態（Waisbord, 2007）。在世界各地，媒介與民粹主義的關係各有不同。在威權政體的國家，或者在政府可以強力影響媒介經濟、獲取資訊的國家，記者們如何應對政府限制的策略，也與西方迥然不同（Lee & Chan, 2008）。世界上，宗教價值觀在記者的專業認同中所起作用，既與歐洲世俗的情況不同，也與美國專業新聞的傳統規範不同。商業主義對國家控制下的媒介制度的影響，也與它在西方國家中的影響截然不同（Porto, 2008; Sakr, 2007; Zhao, 1998）。一個國家如果具有漫長的民族或宗教衝突的歷史，媒介多元非但不能增進民主的表達，反而加深分裂與暴力（Ismail & Deane, 2008）。公民社會有不同的歷史與哲學傳統，因而參與媒介政策和媒介表現的機會也與西方相去甚遠（Rodriguez, 2001; Waisbord, 2010）。

這些問題在英美乃至西方都不常見，英語文獻很少去研究它們。這些研究之所以重要，不僅在於它們處理了全球南方某些關鍵問題與動態，更在於它們揭示了重要的理論問題，以便深刻理解媒介與政治的交匯關係。它們對一些核心的論斷（例如表達的自由與民主傳播、記者的專業認同、媒介範例、以及媒介、國家與市場之間的交匯），提出了重要的問題。

研究這些議題，不只為了顯示西方之外「情況不同」，更因為這些問題在西方罕見，燭照它們足以幫助我們反思論斷，拓寬分析的視野。回到上面的例子：如果國家癱瘓，應當如何思考新聞自由？媒介小報化（media tabloidization）是不是在任何政權和國家都會孕育民粹主義的態度與運動？商業化對政府嚴控的媒介制度有正面效應嗎？媒介多元主義必然會促進民主表達，還是會培植宗派主義與兩極分化？有單一的專業主義新聞模式嗎？世界各地公民行動者推動媒介改革，前景會迥然不同嗎？倘如是，為什麼？

（二）開展比較研究

媒介研究「去西方化」的另一種策略，是本著世界主義學術的精神做比較研究。自從布呂姆勒和古雷維奇（Blumer & Gurevitch, 1975）的宏文發表，這幾十年來對媒介與政治的比較研究興趣與日劇增。其後，他們又發表了另外一篇文章，說明開展系統的比較的重要性，因為我們需要「瞭解不同的語境（譬如由不同類型的國家政權、政治機構、文化地區、發展水準或媒介制度所衍生出來的）如何形塑政治傳播的過程」（Gurevitch & Blumler, 2004, p.327）。最近，學者們重燃比較研究的興趣（Esser & Pfetsch, 2004; Hallin & Mancini, 2004; Voltmer, 2008），擺脫過去以意識形態來分類媒介/新聞模式的取向（Siebert、Peterson & Schramm, 1956; 有關批評參見Nerone, 1995）。這些研究共同的前提是，欲求概念與理論嚴謹，結論必須源自比較分析（也可參見Norris, 2009）。同時，要求打破文獻中的「美國中心論」，也激勵著比較研究。文獻中的中心論斷和理論，都反映美國媒介與政治的特性，故有必要探究它們的普適性。

跨國比較研究的主要貢獻，不只使研究不那麼狹隘，更是如同其他學科所討論的，比較方法可以生產出更強的命題和普遍理論，其意義超越了特定的語境（Skocpol & Somers, 1980）。它最大的長處不在於關注不同的語境或刺激求知慾，而是要提供更堅實細緻的理論結論。

最近的媒介與政治研究文獻可分為兩類比較研究。一類是隱性比較，考察一個國家（或媒介／政治制度）的結論是否適用另一個國家（或媒介／政治制度），但不做國與國的比較。另一類是顯性比較，對兩個國家以上的某些現象（如新聞內容、競選活動、媒介對政治知識的影響）做比較。隱性比較主要檢驗美國的結論在其他場景中是否適用，例如新聞框架對政治態度和政治參與的影響（Aarts & Semetko, 2003; de Vreese & Semetko, 2002）、政治精英對新聞內容的影響（Archetti, 2008; Sheafer & Wolfsfeld, 2009）、媒介制度的特性對公民資訊的影響（Curran et al., 2010）、政治傳播制度對投票率的影響（Baek, 2009），以及議程設置與政策制定的動態變化（Baumgartner, Green-Pederson & Jones, 2006; Walgrave & Van Aelst, 2006）。相對來說，顯性比較則檢視兩個國家以上的媒介與政治，解釋其異同，近例包括：關於戰爭與和平的新聞報導（Dimitrova & Stromback, 2005; Peng, 2008）、移民（Benson, 2010）、媒介模式（Hallin & Mancini, 2004），以及總統傳播（Hallin & Mancini, 1984）。比較新聞報導、媒介制度，以及媒介制度與政治制度的互動，目的是從多個案例提出有證據支持的理論論斷。

這兩種比較研究提供洞見，改善原有的論斷。例如，它們質疑了美國研究最初建立的關於新聞、犬儒主義與參與之間的必然關係，其實在不同的媒介與選舉環境下，悲觀的新聞框架未必會抑制參與，也未必加劇政治犬儒主義（de Vreese & Semetko,

2002）。它們力證媒介制度的公共或商業性質會影響新聞品質和公民的資訊水準（Curran, et al., 2010）。同樣地，跨國分析移民、戰爭、反戰運動和醜聞的新聞報導（Canel & Sanders, 2006）顯示，媒介制度與政治制度的特性及其互動確實會影響到新聞內容（Dimitrova & Stromback, 2005; Peng, 2008）。制度層面的差異在跨國比較研究中見得最清楚，因此國際研究最能提供更具普遍性的理論，說明新聞中介化的政治話語如何生產。

政治傳播中新近的比較研究主要聚焦於西方，檢驗美國的論斷是否適用於歐洲，或比較歐洲各國的發展與趨勢。這是不足為奇的，因為美國在傳播／媒介研究（尤其是政治傳播）中獨占鰲頭，而地緣接鄰、地區性學術網路／以及資助機構，也在鼓勵歐洲的跨國研究。還有，許多歐洲學者能用英文流利寫作，歐洲各大學也提供誘因，鼓勵他們以英文發表期刊文章或著作（Lillis & Curry, 2010），都刺激了比較研究的蓬勃發展。

然而，倘若僅歸因於泛歐學術網路和美國學界的全球地位，卻又是不對的。有理由相信，以西方為聚焦點的新近比較研究，其實是因為美國／西歐更適合做比較研究。它們似乎滿足跨國比較研究的關鍵條件，即約翰・斯圖爾特・密爾（John Stuart Mill）在《邏輯學體系》（*A System of Logic*, 1843）提出的「異同法」。舉凡「政黨—傳媒」平行主義（party-press parallelism）、公共廣播制度、小報媒介以及議會制度，都使得歐洲國家成為跨國比較的一方沃土。此外，北大西洋兩岸既有同（如穩定的民主制度和共同的哲學傳統），也有異（如媒介制度與政治制度），這也促進了美國與歐洲國家的比較。

比較西方與非西方，挑戰更大，因為必須解釋的差異更多，而有意義之「同」卻更難發現。比較研究應該選擇足夠相似而又不同的案例，而不是聚焦差異太懸殊的案例（Przeworski & Teune, 1970）。國家之間的差異太大，就難以控制差異，難對因果關係得出精簡的論斷。顯性比較比隱性比較更難解決這個挑戰。若不同國家之間的媒介、政治的歷史與動態差異巨大，就很難解釋造成異同的眾多因素。做隱性比較的設計（即「X國的結論適用於Y國嗎？」），更能有效解決這個挑戰。

將隱性比較應用於非西方語境，有望為由西方所支配的媒介與政治研究帶來新洞見。在所有民主制度中，新聞媒介都會激發政治興趣和政治參與，並促進「良性循環」嗎（Norris, 2000）？各國政治精英對各種議題索引（index）新聞時（Bennett, 2005），會行使相同的權力嗎？以精英為主的新聞，會持續縮小公共議題和公民聲音的範圍嗎？軟新聞會激起年輕公民的政治興趣嗎？新媒介（從有線電視到社交媒體）會加劇政治極化現象嗎？何種因素會影響媒體報導恐怖主義？新社會運動如何利用新興資訊技術，以表達需求，推進政治目標？不同的媒介會促進或抑制政治參與？「後廣播」媒介（Prior, 2007）會強化政治資訊獲取的不平等嗎？為何報紙與新聞業的危機在美國反而不如在全球南方國家嚴重？公民團體如何製造新聞？公民社會如何形塑媒介改革的進程？

概言之，以新近案例檢驗其他政治與媒介環境所提出的命題是否適用，以及歐洲所開展的比較研究，彰顯了兩種有效「去西方化」的策略。這兩種研究設計的共同點是：解釋媒介與政治互動的異同時「語境」是否重要，以及如何重要？它們顯示出了案例研究和小樣本的比較對改善理論結論的好處。

（三）分析跨邊界與全球性的問題

去西方化的第三種途徑，是分析超越國家與地區邊界的經驗問題。在地／國家的案例研究極少關注這些問題。研究全球的現象或過程，可以凸顯異同，考察原因、特徵及後果。

一條可能的研究路徑是：研究經意或不經意超越在地邊界的「全球媒介事件」。「計畫的」全球媒介事件（Dayan & Katz, 1992），例如奧運會、世界盃、美國總統就職典禮、加冕禮、國葬，預計會有多得不得了的觀眾，正好提出媒介全球化的態勢、受眾闡釋、在地與全球的紐帶、新聞報導的政治等有趣的問題。相反，「非計畫的」媒介事件則超越一個國家的政治／媒介邊界，成為世界各國報導與討論的對象。例如，近期的「穆罕默德漫畫風波」（Eide, Kunelius & Phillips, 2008），從最初的在地新聞事件迅速演變成了全球事件。全球性的新聞報導、反應與政治後果，提出了全球新聞倫理、國際新聞、公共外交等重要問題。任何媒介內容都可能在網路中「病毒般擴散」，直至全球各地，這種新聞事件可能成為全球化媒介政治的慣常特徵。

另一套「全球性問題」涉及整個地球的發展，不囿於某一個國家或地區的趨勢與現象。新近的例子包括：新聞實踐與範例的全球化（Cohen et al., 1996），政治的「現代化／美國化」（Scammell, 1998; Swanson & Mancini, 1996）、「政治媒介化」（Canel & Sanders, 2006; Stromback, 2008）、政治的個人化（McAllister, 2007）、政治的專業化（Esser, Reinermann & Fan, 2001; Holtz-Bacha, et al., 2007），媒介民粹主義（Mazzoleni & Schulz, 1999）、世界各地的叛亂團體採納類似的傳播策略（Bob, 2005）、使用手機和其他新資訊平臺從事公民參與（Aday & Livingston, 2008）。這些發展超越了政治和媒介制度的國家邊界，必須跨邊界地研究。倘若它們並非某一國的媒介和政治制度所獨有，就有理由假定是由全球化力量所引起的。

這一條研究路徑表明，同質化和異質化兩股力量同時起作用。跨媒介和跨政治制度的發展可能原因類似，卻未必有相同的結果。它們反映了全球事件與趨勢，經由跨國機構與技術而傳播，影響在地與國內的動態。例如，媒介商業化、政黨危機與新聞低俗化等趨勢推動了世界上類似的進程，但它們也融入了在地媒介和政治機構邏輯的特殊過程之中。

總之，本節提出的三條研究路線，是媒介研究「去西方化」、提倡世界主義學術的策略。

四、全球化與世界主義媒介研究

然而，學術政治可能不會大力支持世界主義的學術。學界雖對世界主義與學術全球化有一腔熱情，但世界主義的視角未必能輕易契合學術習慣。世界主義的轉向未必帶來知識論的重要轉變，也未必會嚴肅質疑媒介研究的預設。毫無疑問，全球化增進了世界各地的傳播與學術聯繫；全球學術知識網路，包括資訊技術、專業機構、國際會議等，增加了連接，卻未必激勵出貝克構想的分析與研究那樣的重大改變。這些發展雖帶來了新動力，增添學術議程的新問題，卻還遠遠未能促使學者們反思研究和理論取向。世界主義的媒介研究無法頑抗學術現實，在地／國家研究仍有持續的吸引力。

「在地性」繼續為選擇題目、採用視角、架構學術研究，提供強大的激勵。地理接近性、研究機會、語言以及既有的專業網路，都使研究傾向於選擇在地與國家的問題。「民族國家」是現代社會思想最重要的分析單位（Gerring, 2007），在這個基礎上做「案例研究」仍然十分吸引人。世界主義的學術能否取代「國家」的取向，或者會不會使研究問題的概念化產生重要卻有限的變化，尚待存疑。全球化的學術界是全世界學者連結的社群，與在地／國家問題的優勢地位並行不悖。

另一個挑戰則是全球學術知識生產的失衡，滿書架都是首先偏向美國、其次才是歐洲的媒介政治研究。英語是全球學界的通用語，美國的學術產量驚人，由來已久自北而南的資訊流動，都突出了美國的媒介與政治研究。只要西方研究媒介與政治專家們認為，研究西方的發展和證據足以產出有價值的知識，他們就不覺得有必要使研究興趣全球化，或省察分析取向。儘管學術正在走向全球化，研究議程可能仍透著濃郁的英美味道，限制著世界主義學術的影響力。在地因素對決定研究議程舉足輕重，以前的學術知識流動也持續存在，「去西方化」的呼籲可能引起西方和其他地方媒介學者的強烈共鳴，也可能導致研究重點發生巨大的翻新。

我們必須通過學術生產與研究議程的平臺，激發世界主義的視角，以應對這些挑戰。專業協會、資助機構、學術課程、期刊以及叢書，都需要鼓勵全球化的討論與研究，以加強媒介的理論。我並不是說只有全球性問題才能拓寬研究視野，產出更好的理論。地理範圍不能決定稿件的品質或理論價值。為了探究與充實理論命題，確定語境在媒介化政治中是否重要、如何重要，「案例知識」仍是相當關鍵的。然而，在此關鍵時刻，我們有必要以世界主義的觀點，促進媒介研究的「去西方化」。研究具有普遍理論意義的案例，開展跨國比較研究，分析全球性的發展與趨勢，有望使研究領域更具包容性，提出更細緻的命題。

五、結論

毋庸置疑，過去二十年，媒介研究已經沒有那麼美國中心主義了。歐洲研究者們重燃興趣，頗有助於檢查最初在美國發展的結論。專業或私人網路中的持續合作，歐盟機構和基金會的支援，推動這個趨勢，前景可期（例如Koopmans & Statham, 2010）。同時，「國際研究」的書籍與期刊穩定出版，拓展了以英語撰述的「非西方」案例。進一步跨地區的對話與合作很有必要。在全球化的世界，「區域研究」無助於多邊對話，反而鞏固「向內看」的論辯。世界主義的學術提供另類出路，讓研究領域進一步去中心化，並增進在共同理論與經驗問題上的合作。但世界主義的媒介研究所要求的制度條件，尚未發展充實。此外，資助來源、語言障礙和地理距離也限制了全球化研究的潛力。當務之急在於，討論以什麼方式使媒介研究不但接受而且參與全球的論斷與視角。

參考文獻

Aarts, K., & Semetko, H. A. (2003). The divided electorate: Media use and political involvement. *Journal of Politics,* 65 (3), 759–84.

Aday, S., & Livingston, S. (2008). Taking the state out of state-media relations theory: How transnational advocacy networks are changing the press-state dynamic. *Media, War & Conflict,* 1 (1), 99–107.

Appadurai, A. (2001). *Globalization.* Durham, NC: Duke University Press.

Appiah, A. (2007). *Cosmopolitanism: Ethics in a world of strangers.* New York: W. W. Norton.

Archetti, C. (2008). News coverage of 9/11 and the demise of the media flows, globalization and localization hypotheses. *International Communication Gazette,* 70 (6), 463–85.

Baek, M. (2009). A comparative analysis of political communication systems and voter turnout. *American Journal of Political Science,* 53 (2), 376–93.

Bates, R. H. (1997). Area studies and the discipline: A useful controversy? *PS: Political Science and Politics* 30 (2), 166–69.

Baumgartner, F. R., Green-Pedersen, C., & Jones, B. D. (2006). Comparative studies of policy agendas. *Journal of European Public Policy,* 13 (7), 959–74.

Beck, U. (2007). The cosmopolitan condition: Why methodological nationalism fails. *Theory, Culture & Society,* 24 (7–8), 286–90.

Beck, U., & Sznaider, N. (2010). Unpacking cosmopolitanism for the social sciences: A research agenda. *British Journal of Sociology,* 61,381–403.

Bennett, W. L. (2005). *News: The politics of illusion.* New York: Longman.

Benson, R. (2010). What makes for a critical press? A case study of French and U.S. immigration news coverage. *International Journal of Press/Politics,* 15 (1), 3–24.

Binderkrantz, A. S., & Green-Pedersen, C. (2009). Policy or processes in focus? *International Journal of Press/Politics,* 14 (2), 166–85.

Blumler, J. G., & Gurevitch, M. (1975). Towards a comparative framework for political communication research. In S. H. Chaffe (Eds.), *Political communication: Issues and strategies for research* (pp. 165–95). London: Sage.

Bob, C. (2005). *The marketing of rebellion.* New York: Cambridge University Press.

Bourdieu, P. (1988). *Homo academicus.* (P. Collier. *Trans.*). Cambridge: Polity Press.

Canel, M. J., & Sanders, K. (2006). *Morality tales: Political scandals and journalism in Britain and Spain in the 1990s.* Creskill, NJ: Hampton Press.

Caney, S. (2005). *Justice beyond borders: A global political theory.* New York: Oxford University Press.

Chouliaraki, L. (2006). *The spectatorship of suffering.* London: Sage Publications.

Cohen, A. A., Levy, M., Roeh, I., & Gurevitch, M. (1996). *Global newsrooms, local audiences: A study of the Eurovision news exchange.* London: Libbey.

Curran, J., & Park, M.-J. (Eds.) (2000). *De-Westernizing media studies.* London: Routledge.

Curran, J., Salovaara-Moring, I., Coen, S., & Iyengar, S. (2010). Crime, foreigners and hard news: A cross-national comparison of reporting and public perception. *Journalism,* 11 (1), 3–19.

Dallmayr, F. (2003). Cosmopolitanism: Moral and political. *Political Theory,* 31 (3), 421–42.

Dayan, D., & Katz, E. (1992). *Media events: The live broadcasting of history.* Cambridge, MA: Harvard University Press.

de Burgh, H. (Eds.) (2005). *Making journalists: Diverse models, global issues.* New York: Routledge.

de Vreese, C. H., & Semetko, H. A. (2002). Cynical and engaged: Strategic campaign coverage, public opinion, and mobilization in a referendum. *Communication Research,* 29 (6), 615–41.

Dimitrova, D. V., & Stromback, J. (2005). Mission accomplished? Framing of the Iraq War in the elite newspapers in Sweden and the United States. *International Communication Gazette,* 67 (5), 399–417.

Eide, E., Kunelius, R., & Phillips, A. (2008). *Transnational media events: The Mohammed cartoons and the imagined clash of civilizations.* Göteborg: Nordicom.

Elenbaas, M., & De Vreese, C. H. (2008). The effects of strategic news on political cynicism and vote choice among young voters. *Journal of Communication, 58* (3), 550–67.

Epstein, D., Boden, R., Deem, R., Rizvi, F., & Wright, S (Eds.). (2007). *Geographies of knowledge, geometries of power: Framing the future of higher education.* New York: Routledge.

Esser, F., & Pfetsch, B. (2004). *Comparing political communication: Theories, cases, and challenges.* New York: Cambridge University Press.

Esser, F., Reinemann, C., & Fan, D. (2001). Spin doctors in the United States, Great Britain, and Germany: Metacommunication about media manipulation. *Harvard International Journal of Press/Politics,* 6 (1), 16–45.

Fine, R. (2007). *Cosmopolitanism.* London: Routledge.

Fox, E., & Waisbord, S. R. (2002). *Latin politics, global media.* Austin: University of Texas Press.

Franco, J. (1988). Beyond ethnocentrism: Gender, power, and the third-world intelligentsia. In C. Nelson & L. Grossberg (Eds.), *Marxism and the interpretation of culture* (pp. 503–15). Urbana: University of Illinois Press.

Geertz, C. (1973). *The interpretation of cultures.* New York: Basic Books.

Gerring, J. (2007). The case study: What it is and what it does. In C. Boix & S. Stokes (Eds.), *The Oxford handbook of comparative politics* (pp. 90–122). Oxford: Oxford University Press.

Giddens, A. (1990). *The consequences of modernity.* Stanford, CA: Stanford University Press.

Godrej, F. (2009). Response to "what is comparative political theory?" *Review of Politics,* 71 (4), 567–82.

Graham, L., & Kantor, J.-M. (2007). "Soft" area studies versus "hard" social science: A false opposition. *Slavic Review,* 66 (1), 1–19.

Gurevitch, M., & Blumler, J. G. (2004). State of the art of comparative political communication research: Poised for maturity? In F. Esser & B. Pfetsch (Eds.), *Comparing political communication: Theories, cases, and challenges.* New York: Cambridge University Press.

Hallin, D. C., & Mancini, P. (1984). Speaking of the president: Political structure and representational form in U.S. and Italian television news. *Theory and Society,* 13 (6), 829–50.

Hallin, D. C., & Mancini, P. (2004). *Comparing media systems: Three models of media and politics.* New York: Cambridge University Press.

Hansen, D. T. (2008). Curriculum and the idea of a cosmopolitan inheritance. *Journal of Curriculum Studies* 40 (3), 289–312.

Harbeson, J. W. (1997). Area studies and the disciplines: A rejoinder. *Issue: A Journal of Opinion,* 25 (1), 29–31.

Held, D. (1995). *Democracy and the global order: From the modern state to cosmopolitan governance.* Stanford, CA: Stanford University Press.

Holtz-Bacha, C., Mancini, P., Negrine, R., & Papathanassopoulos, S. (2007). *The professionalization of political communication.* Bristol, UK: Intellect.

Ismail, J. A., & Deane, J. (2008). The 2007 general election in Kenya and its aftermath: The role of local language media. *International Journal of Press/Politics,* 13 (3), 319–27.

Katz, E., Peters, J. D., Liebes, T., & Orloff, A. (Eds.) (2003). *Canonic texts in media research: Are there any? Should there be? How about these?* Malden, MA: Polity Press.

Koopmans, R., & Statham, P. (Eds.) (2010). *The making of a European public sphere: Media discourse and political contention.* New York: Cambridge University Press.

Kratoska, P. H., Raben, R., & Schulte Nordholt, H. (Eds.) (2005). *Locating Southeast Asia: Geographies of knowledge and politics of space.* Athens: Ohio University Press.

Lee, F. L. F., & Chan, J. M. (2008). Professionalism, political orientation, and perceived self-censorship: A survey study of Hong Kong journalists. *Issues and Studies,* 44 (1), 205–38.

Lilleker, D. G., & Lees-Marshment, J. (2005). *Political marketing: A comparative perspective.* New York: Palgrave.

Lillis, T., & Curry, M. J. (2010). *Academic writing in a global context: The politics and practices of publishing in English.* London: Routledge.

Mazzoleni, G., & Schulz, W. (1999). "Mediatization" of politics: A challenge for democracy? *Political Communication,* 16 (3), 247–61.

Mazzoleni, G., Stewart, J., & Horsfield, B. (2003). *The media and neo-populism: A contemporary comparative analysis.* Westport, CA: Praeger.

McAllister, I. (2007). The personalization of politics. In R. J. Dalton & H. D. Klingemann (Eds.), *The Oxford handbook of political behavior* (pp. 571–88). Oxford: Oxford University Press.

McCargo, D. (2008). *Tearing apart the land: Islam and legitimacy in southern Thailand.* Ithaca, NY: Cornell University Press.

McFarlane, C. (2006). Knowledge, learning and development: A post-rationalist approach. *Progress in Development Studies,* 6 (4), 287–305.

Mill, J. S. (1843/1956). *A system of logic*. New York: Longmans, Green.

Miller, T. (2009). Media studies 3.0. *Television and New Media,* 10 (1), 5–6.

Mills, C. W. (1959). *The sociological imagination.* New York: Oxford University Press.

Nerone, J. C. (Ed.). (1995). *Last rights: Revisiting four theories of the press*. Urbana: University of Illinois Press.

Norris, P. (2000). *A virtuous circle: Political communications in postindustrial societies.* New York: Cambridge University Press.

Norris, P. (2009). Comparative political communications: Common frameworks or Babelian confusion? *Government and Opposition,* 44 (3), 321–40.

Nugent, D. (2010). Knowledge and empire: The social sciences and United States imperial expansion. *Identities,* 17 (1), 2–44.

Nussbaum, M. (1996). Patriotism and cosmopolitanism. In J. Cohen (Ed.), *For love of country?* (pp. 3–18). Boston: Beacon Press.

Ong, J. C. (2009). The cosmopolitan continuum: Locating cosmopolitanism in media and cultural studies. *Media, Culture & Society,* 31 (3), 449–66.

Peng, Z. (2008). Framing the anti-war protests in the global village: A comparative study of newspaper coverage in three countries. *International Communication Gazette,* 70 (5), 361–77.

Porto, M. P. (2008). Democratization and election news coverage in Brazil. In J. Stromback & L. L. Kaid (Eds.), *The handbook of election news coverage around the world.* New York: Routledge.

Prior, M. (2007). *Post-broadcast democracy: How media choice increases inequality in political involvement and polarizes elections.* New York: Cambridge University Press.

Przeworski, A., & Teune, H. (1970). *The logic of comparative social inquiry.* New York: Wiley-Interscience.

Rafael, V. L. (1994). The cultures of area studies in the United States. *Social Text,* 41, 91–111.

Rodríguez, C. (2001). *Fissures in the mediascape: An international study of citizens' media.* Cresskill, NJ: Hampton Press.

Romano, A. R., & Bromley, M. (2005). *Journalism and democracy in Asia.* New York: Routledge.

Rudolph, S. H. (2005). The imperialism of categories: Situating knowledge in a globalizing world. *Perspectives on Politics,* 3 (1), 5–14.

Sakr, N. (2007). *Arab television today.* New York: I. B. Tauris.

Scammell, M. (1998). The wisdom of the war room: US campaigning and Americanization. *Media, Culture & Society,* 20 (2), 251–75.

Sheafer, T., & Wolfsfeld, G. (2009). Party systems and oppositional voices in the news media: A study of the contest over political waves in the United States and Israel. *International Journal of Press/Politics,* 14 (2), 146–65.

Siebert, F. S., Peterson, T., & Schramm, W. (1956). *Four theories of the press: The authoritarian, libertarian, social responsibility and Soviet communist concepts of what the press should be and do.* Urbana: University of Illinois Press.

Silverstone, R. (2006). *Media and morality: On the rise of the mediapolis.* Cambridge: Polity Press.

Simpson, C. (1998). *Universities and empire: Money and politics in the social sciences during the Cold War.* New York: New Press.

Skocpol, T., & Somers, M. (1980). The uses of comparative history in macrosocial inquiry. *Comparative Studies in Society and History,* 22 (2), 174–97.

Sparks, C. (2008). Media systems in transition: Poland, Russia, China. *Chinese Journal of Communication,*

1 (1), 7–24.

Stromback, J. (2008). Four phases of mediatization: An analysis of the mediatization of politics. *International Journal of Press/Politics,* 13 (3), 228–46.

Stromback, J., & Kaid, L. L. (2008). *The handbook of election news coverage around the world.* New York: Routledge.

Swanson, D. L., & Mancini, P. (1996). *Politics, media, and modern democracy: An international study of innovations in electoral campaigning and their consequences.* Westport, CT: Praeger.

Szanton, D. L. (2004). *The politics of knowledge: Area studies and the disciplines.* Berkeley: University of California Press.

Thussu, D. K. (2009). Why internationalize media studies and how? In D. K. Thussu (Ed.), *Internationalizing media studies.* London: Routledge.

Vliegenthart, R., Schuck, A. R. T., Boomgaarden, H. G., & De Vreese, C. H. (2008). News coverage and support for European integration, 1990–2006. *International Journal of Public Opinion Research* ,20 (4), 415–39.

Voltmer, K. (2006). *Mass media and political communication in new democracies.* New York: Routledge.

Voltmer, K. (2008). Comparing media systems in new democracies: East meets South meets West. *Central European Journal of Communication,* 1 (1), 23–40.

Waisbord, S. (2007). Democratic journalism and “statelessness.” *Political Communication,* 24 (2), 115–29.

Waisbord, S. (2010). The pragmatic politics of media reform: Media movements and coalition-building in Latin America. *Global Media and Communication,* 6 (2); 133–53.

Walgrave, S., & Van Aelst, P. (2006). The contingency of the mass media’s political agenda setting power: Toward a preliminary theory. *Journal of Communication* 56 (1): 88–109.

Ward, S. J. A., & Wasserman, H. (2010). *Media ethics beyond borders: A global perspective.* New York: Routledge.

Yudice, G. (2003). Rethinking area and ethnic studies in the context of economic and political restructuring. In J. Poblete (Ed.), *Critical Latin American and Latino studies* (pp. 76–102). Minneapolis: University of Minnesota Press.

Yusha’u, M. J. (2009). Investigative journalism and scandal reporting in the Nigerian press. *Ecquid Novi: African Journalism Studies,* 30 (2), 155–74.

Zhao, Y. (1998). *Media, market, and democracy in China: Between the party line and the bottom line.* Urbana: University of Illinois Press.

在地經驗，全球視野：國際傳播研究的文化性

Local Experiences, Cosmopolitan Theories

On Cultural Relevance in International Communication Research

李金銓

Chin-Chuan Lee

君子和而不同，小人同而不和。

——《論語》

今天的世界實際上是個混雜、遷徙與跨界的世界。

——薩伊德（Edward W. Said）

從特殊性出發，我們可以拾級攀登到普遍性；但從宏大理論出發，我們再也回不去直覺地瞭解特殊性了。

——蘭克（Leopold von Ranke）

一、前言

一位著名英國學者問我，在美國中西部大學教國際傳播這麼多年有什麼心得。我半開玩笑，回道：「美國學生老把他們的國家擺在『國際』的對立面，而不是『國際』的一部分。因此，『國際』學生是『外國』學生，『國際』傳播自然就是『非美國』傳播了。」北美職業棒球隊的年終賽號稱「世界盃」，彷彿美國就是世界，世界就是美國。「國際傳播學會」（International Communication Association）之為「國際」，不外是每四年選一個「海外」大都會的希爾頓或喜來登酒店開一次年會罷了。該會一向以美國人為主，如今外籍會員已攀達42％（會員增長最迅速的是中國），而且隔年就選在海外開年會，但我仍然懷疑這是「收編」更多外國人做美式研究，而不是醞釀著一場認識論與方法論的靜默「革命」。唐寧（Downing, 2009）調查美國大學採用的導論教材及課程內容，結論是「越走越偏狹，而不是朝國際化的方向走」。布迪厄（Bourdieu, 2001）批評以西方價值當作全球標準是一種「普世性的帝國主義」（the imperialism of the universal）。這個「以西方為全球」的霸道模式，其實源自西方的特殊語境，我模仿布迪厄，稱之為「特殊性的偏狹主義」（the parochialism of the particular）。

有些學者疾呼「傳媒研究必須國際化」，他們尚未完全同化於美式主流研究，又有「跨文化」或「多文化」的經驗與身分認同。唐寧（Downing, 1996）質疑，傳媒研究大抵來自少數政治穩定、經濟富裕的民主國家——它們得天獨厚，深具新教背景，又有海外殖民的糾葛，豈能概括第三世界的經驗？科倫和朴明珍（Curran & Park, 2000）最早提倡傳媒研究「去西方化」（de-westernize），以糾正「西方傳媒理論僅僅關注自己而眼光偏狹」的弊病。柯倫（Curran, 2005）左右開弓，攻擊美國新聞研究只顧向內看，又批評歐洲中心的傳媒和文化理論妄稱有普世性。屠蘇（Thussu, 2009）與汪琪（Wang, 2011）編輯的論文集相繼做了一些「去西方化」的努力，可惜論文水準參差不齊。大致上，發出「去西方化」微音的，多半是非主流學者（也有例外，如柯倫），只有位處邊緣，才願意跨界去交叉連結不同的知識領域。

冷戰結束後，美國政治的勝利意識高漲，文化情結志得意滿，與「國際傳播國際化」的呼聲形成尖銳的對比。美國宣稱註定要領導「世界新秩序」（Nye, 1990），一意要把象徵新自由主義的「華盛頓共識」延伸到全世界。「全球化」的口號高唱入雲，非但沒有促進國際或跨文化的對話，反而變成美國外交利益的潛臺詞，為其「天命論」（manifest destiny）披上一層浪漫的理論外衣。例如福山（Fukuyama, 1992）聲稱，二十世紀裡自由主義先後擊敗了法西斯主義與共產主義，自由主義成為「歷史的終結」。豈料二十二年後他卻轉個大彎，宣稱「政治衰退」與「民主退潮」（Fukuyama, 2014）？冷戰期間，杭廷頓（Huntington, 1993）宣導現已破產的「現代化理論」，冷戰結束後他又提出「文明衝突論」，論點簡單化約，極盡誇大西方與儒家、伊斯蘭文明衝突之能事，彷彿這些文明既鐵板一塊，又一成不變。杭廷頓關注的不是如何化解文明衝突，而是擔心文明衝突會對美國利益與西方價值帶來潛在威脅。「全球化」的進行曲敲得震天價響，但國際傳播卻不太「國際化」。

在本章這篇文字裡，我首先要論證：極端的實證方法論忽視「文化性」，把文化特殊性（specificity）扭曲為抽象的普遍性（generality），強加西方的世界觀於全世界，成為普遍的實踐標準。接著，我願意以個人的知識生涯為例，檢討美國國際傳播範式的問題。然後，我呼籲重新審視韋伯式的現象學，探討它對國際傳播研究有何啟示，從而認真對待文化意義的問題，而非僅將文化視為社會或心理因素的前因、後果或殘餘變項。

在進入正題以前，我必須說明幾點：第一，我們不全盤接受西方支配性的觀點，也反對抱殘守缺的本土觀點。薩伊德（Said, 1995, p. 347）說，文化與文明是混種的，異質的，「彼此緊密關聯，相互依賴，無法簡單刻畫它們的個性」。在一端，類似福山（Fukuyama, 1992）與杭廷頓（Huntington, 1993）占據話語霸權，以致封閉了另類思想與平等對話。另一端有獨裁的「北京共識」和李光耀的「亞洲價值」等等盤踞，都自以為是，傲慢自卑，是抗拒自由民主的逆流。過猶不及，兩種立場都不可取。第二，普遍性與特殊性間有辯證關係，社會科學是處理這種關係的一門藝術：一味抹煞特殊性造成霸道的學術殖民；但一味訴諸特殊性，毫無普遍意義，必然一事無成。文化解釋賦具體性以豐富的生命，使具體性與普遍性蓬勃互動；而凸顯具體性，正可以使普遍性更加生動活潑。第三，社會科學在西方兩百年不到，中國於十九世紀末引入社會科學以後，社會動盪與政治干擾頻仍。傳播學在中國尚在襁褓階段，有待摸索它的語言與範式，思考它的認識論與方法論。我們當然應該鼓勵中西交流，但必須取精用宏，無損於文化根基。

二、美國主導性範式的陷阱

一九七〇年代初，我有緣接觸到一系列「發展傳播」顯學的名著，於是一腳踏入年輕的國際傳播領域。引領這個範式的學者勒納（Daniel Lerner）、施蘭姆（Wilbur Schramm）和羅傑斯（Everett M. Rogers），都以現代化理論為圭臬，試圖解釋傳媒在國家發展的角色與功能。「現代化理論」是美國社會科學家在政府鼓勵下所構建的，認為經濟成長是促進政治民主化的關鍵，完全符合美國戰後外交政策的思路（Diamond, 1992）。二戰結束後美國推動「馬歇爾計畫」，拉拔歐洲各國從廢墟中重新站起；東西冷戰開始以後，美國在全球的擴張達於巔峰，在第三世界推動「國家發展」計劃，以經濟發展為主軸，目的在於防止國際共產主義的蠶食鯨吞。

（一）勒納：《傳統社會的消逝》

施蘭姆與羅傑斯坦承受惠於勒納的理論，施蘭姆（Schramm, 1964）是影響深遠的二手研究，我打算聚焦於勒納與羅傑斯，並從勒納（Lerner, 1958）的先驅著作《傳統社會的消逝》開始。此書在國際傳播領域公認是經典之作，左右了學術方向和問題意識至少二十年，但在社會學現代化理論群中地位卻不突出。我在第一章已經約略評介該書，本章我將集中討論勒納如何「索證」以自圓其說。

一九五〇年代美蘇兩國在中東角逐宣傳戰，哥倫比亞大學做問卷調查，證明美國輕易勝出。勒納（Lerner, 1958, P. 46）根據調查資料再分析，提出一個現代化的模型：

> 工業化愈高，都市化也愈高；都市化程度高，將帶動識字率成長；識字率提高，接觸傳媒程度上升；接觸傳媒程度上升，可望提高公眾在政經生活的參與。

勒納的論旨很簡單：一個社會要告別傳統，步入現代，人們必須擺脫傳統宿命論的桎梏；要擺脫宿命論，就要培養所謂的「移情」（empathy，或譯同理心）能力，也即是「精神的流動性」（psychic mobility）。這是一種現代化人格，令人敢於想像宿命以外的角色與情境。傳媒無遠弗屆，正是移情作用的「魔術擴散者」（magic multiplier），是社會變遷的關鍵觸媒。只要人人具備移情能力，整個國家自然就從傳統踏入現代化的門檻了。

學界對勒納理論的批評，過了這麼多年，大致已經耳熟能詳，舉其要者包括：第一，傳統與現代錯誤截然兩分，但除非傳統與現代有機綜合，否則無法創造發展；第二，他運用簡單的社會心理學概念（移情能力）解釋宏觀的社會變遷，以致漠視社會結構僵硬的因素、全球霸權、帝國主義與後殖民情境；第三，他錯以為西方現代化的路徑適用於全世界；第四，「後進」第三世界與「先進」歐美國家在現代化的進程中，面臨不同的結構條件（Lee, 1980, pp. 17-24）。

勒納相信，現代化進程是直線的，美國只不過走在中東前頭，中東將來必步美國後塵；他斷然宣稱：「一言以蔽之，美國是怎麼樣，中東追求現代化，就是希望變成美國那樣」（Lerner, 1958 p. 79）。美國經驗不只適用於地理上的「西方」，更投射成為全球行之有效的模式。當新興國家有人懷疑美國經驗是否適合，因而呼籲建立另類模式時，勒納毫不妥協，痛斥「種族中心的窘境」是「現代化的重大障礙」（Lerner, 1958, p. ix）。然而他的現代化直線發展論畢竟是背馳史實的：歷史社會學家穆爾（Moore, 1967）揭示，西方國家現代化的歷史進程（英、美、法、德、俄）其實是崎嶇而殊途的；提利（Tilly, 1975）指出，西歐民族國家不是自然而然形成的，而是經過了榨取、鎮壓與強制的血淋淋過程，今天得到這個結局是始料所未及的，但這種好運未必能夠再複製。由此可見，社會科學研究者（如勒納和其他「現代化理論」的鼓吹者）要是缺乏適當的歷史脈絡照應，只截斷「當代」西方的經驗，想當然耳，投射到第三世界的未來，縱然他們建築的是空中樓閣也未必自知。

回到方法論上，我最關心的是他如何舉證，以圓其說。他屬意在「多樣性中尋求統一原則」，此話何解？「透過說明事物的規律，我們記錄現代化的過程；透過指出偏差，我們可以將各國放到適當的階段。」（Lerner, 1958, p. 77）換言之，他為了建立現代化的普遍性，不惜抹煞各國進程的差異性，企圖把「例外」消解於普遍規律之中，這是實證主義一般處理問題的方法。在哲學上，他的舉證方式是一種「目的論」，充滿了迴圈邏輯，先有結論，再找證據。他模擬一個金字塔式的「現代化」（也就是西化）指標，土耳其與黎巴嫩高居塔尖，埃及與敘利亞夾在中間，而約旦及伊朗則墊在塔底。為了「證明」這個先驗模型的正確，他分頭撰寫了六個國家的個案敘述，文筆雄健，故事生動，著名政治學家拉斯威爾（Harold Lasswell）在書的封底頁推薦語譽之為「引人入勝」。作者所寫每一個國家的案例，其實混合了史實、奇聞軼事及二手資料的分析，他用這個方式「建構現代化理論，刻畫所有中東民族必經之道」。

在方法論方面，我要提出三點評論。首先，作者顯然先入為主，有了結論，再在各章節穿插各種有趣生動例證。但例子通常充滿片面性，容易以偏概全，縱然巧為既有立場自圓其說，卻無力證偽。一般讀者未必看得出這一層的問題。其次，作者承認，在比較各國經驗時採取「相當的自由度」，他選的個別議題因國而異，這樣做旨在「討論傳播、經濟與政治行為間的顯著關聯」（Lerner, 1958, pp. 103-104）。每個國家的故事單獨看都精彩，但六個國家合起來一道比較，無論選擇的事實、強調的題目以及證據的解釋都甚為隨意，這樣得出的「顯著關聯」實欠嚴謹。重讀此書，我強烈感覺到他的假設就是結論，結論就是假設，理論殿堂建築在動搖的經驗基礎上面很難不垮。最後，作者一味追求「多樣性的統一」，以常態象徵現代化，不合他的解釋體系的「異例」則歸為「未現代化」國家。然而，與其輕易抹煞這些「反證」和「異例」，何不引為重新思考理論的契機？作者從不承認他的理論是有瑕疵的、片面的，甚至錯誤的。如果他肯仔細思考「反證」和「異例」的背後，也許就不敢硬撐「現代化直線發展」的假設與結論了。

（二）羅傑斯：《創新擴散》

有學者以「無形的學府」為喻，研究「創新擴散」學術群體網路的形成、流程與互動（Crane, 1972），可見這個範式曾經發揮重要的影響。《創新擴散》一書流傳廣泛，在四十年的學術生涯裡，羅傑斯連續增訂五版。他建立一套「通則庫」（propositional inventory），號稱為經驗證據與理論概念搭橋。第一版（Rogers, 1962）整理了四百零五篇文章，以美國與歐洲研究為主。第二版歸納了一千五百篇研究，提煉一百零三個命題；隨著一九六〇年代發展中國家的研究顯著增加，作者自信滿滿，此版冠上「跨文化取徑」的副標題（Rogers & Shoemaker, 1971）。第三版從三千零八十五篇案例中篩選出九十一個命題，其中30％的研究來自發展中國家，作者宣稱他的書越來越沒有文化偏見（Rogers, 1983）。到了修訂第四版（Rogers, 1995）時，文章繁多，不及備載，只能估算為四千篇。在他辭世以前的第五版，估計累積至五千二百篇文章（Roger, 2003）。

「通則庫」的結構風格獨具，保留在前後五個版本中。我最初接觸此書第二版（Rogers & Shoemaker, 1971），每個命題更附有「評分表」（其他版本取消了），印象深刻。例如在該書第五章中：

> 早採納（創新）的人比晚採納（創新）的人更可能是意見領袖（共四十二篇，76％支持；另十三篇不支持）。
>
> 早採納（創新）的人比晚採納（創新）的人，其所從屬的制度可能更具有現代規範（共三十二篇，70％支援；另十四篇不支持）。

當時我剛進入研究所的門牆，接觸到這些言簡意賅、貌似科學的推論，立即被吸引到國際傳播的領域，後來羅傑斯一度成為我的業師。若干年後，我才逐漸接觸到其他學者的批評。有學者（Downs & Mohr, 1976）批評羅傑斯那些命題晦澀難解，因為經驗支持度太不穩定。羅傑斯（Rogers, 1983, p. 132）回覆道，比起其他社會科學研究，創新擴散的穩定性毫不遜色。這個辯護也許不無道理，但我不禁懷疑，他參考的文獻來自五花八門各領域，在綜合的過程中是否有意無意儘量磨平經驗證據的矛盾，以提高命題的穩定性。又有學者（McAnany, 1984）指責羅傑斯的命題太瑣碎粗糙，無助於理論建構，這個批評更傷筋動骨。就本文所關注的方法論範圍而言，我倒是想問：如果一個通則出現高達百分之三十或更多的「異例」，是應該被當作一般的「例外」打發掉，還是應該以此為鑑，借機批判或反省理論假設的有效性？

儘管創新擴散的許多研究源自發展中國家，但整個文獻既缺乏「比較的」視野，也不是真正意義的「跨文化」研究，而是逕自在海外前哨複製美國的理論預設、框架及世界觀。例如，羅傑斯（Rogers & Svenning, 1969）由美國國際開發總署資助，採用相同問卷的譯本，在巴西、奈及利亞、印度與哥倫比亞做調查，探討傳播對農民所造成的影響。他們難道假定國家脈絡間沒有文化意義的差異，就是有也無關宏旨，否則怎麼會在異地散發相同的問卷？羅傑斯在《創新擴散》各版中曾小幅修正他的理論：第一，他批評主流範式忽略「創新擴散」的負面功能，以個人為單位，沒有注意到結構的制約作用（Rogers, 1983）；第二，他提出匯合模式，以取代線性擴散模式（Rogers, 1995）；第三，他增添新議題（如網路、愛滋病、恐怖主義等）的擴散過程（Rogers, 2003）。這些技術性的修修補補，實在無補於大局，對「現代化理論」的詰難者未免隔靴搔癢，完全沒有回答他們提出的根本問題。

在方法論上，「比較研究」必須通過三個考驗（Smelser, 1976, p. 166）：首先，不同的社會能否比較？其次，抽象的概念在不同社會是否對等或同義？最後，用以衡量概念的經驗指標在不同的社會是否對等或同義？任何研究都必須照顧到概念與經驗指標的效度和信度，但比較研究必須考慮更深一層的問題：不同的社會文化脈絡，如何影響到理論概念與經驗指標的連結？以此標準衡量，「創新擴散」的過程儼然是單一的，是放諸全球而皆準的，不因社會脈絡而改變。論者可能辯說：羅傑斯（Rogers, 2003）的書蒐集不同文化的許多案例，怎能批評他漠視文化差異？然而，如同勒納對個別國家的描述，羅傑斯選的這些案例即使再盎然有趣，也都帶有高度的選擇性；作者只會選擇符合既定立場的故事，不會選擇相左的例證，更不會從「跨文化」的高度省察理論或方法的預設。

總而言之，知識一般由中心擴散到邊陲，由發達國家擴散到發展中國家，從西方擴散到東方。學術霸權不能單靠強制脅迫，而是靠制約「跟從者」一些核心信念及預設，使之心悅誠服接受，或視為當然；一旦「跟從者」把信念或預設內化甚至制度化以後，則強化知識上的依賴，再也無法產生有意識的反省、抵抗或挑戰。「創新擴散」的影響力在國際傳播日漸式微，但在市場行銷、公共衛生與農業推廣等應用領域仍然維持不衰。此外，它在全球中心的影響日漸消退，但在邊陲國家卻仍頗具權威。第三世界如此缺乏自信與警覺，正是彰顯了學術霸權的根深蒂固。倘若「後現代轉向」有何積極意義，那就是「去中心化」與「多極中心」未嘗不可能，哪一天邊陲也可能成為中心。因此，維持學術警醒及文化自覺，就顯得特別迫切而必要了。假如海外研究只一味替美國中產階級的世界觀背書，「跨文化」研究還有什麼價值？

三、韋伯式的現象學研究取徑

綜上所述，勒納量身打造中東各國的案例以圓其說，羅傑斯抽繹的結論率皆「一方面……另一方面……」模棱兩可。他們都映照了美國主流的意識形態，理論框架裡「跨文化」的意義是枯竭的。為了糾偏補弊，我以為國際傳播應該回頭多重視韋伯式的現象學取徑，獲取知識論和方法論的靈感。這個路徑先由社會演員（社會行動者、當事人）入手，解釋他們自己所創造的「跨文化」意義，描寫深層的動機及複雜多端的結果，並允許不同「跨文化」的詮釋社群建構多重的社會實體。

（一）「意義之網」：因果與意義

實證社會科學以自然科學為張本，旨在將複雜的社會現象化約成少數變項，建立其間的因果關係，組成精簡的結構，企圖以最少的因素解釋最多的現象，若能用數學公式呈現出來尤其高妙（Luckmann, 1978）。解釋性社會科學受到人文學科的啟發，旨在以「深描」（Geertz, 1973）的方法照明威廉斯（Williams, 1977）所說的「感知結構」（structure of feelings）層層疊疊的複雜意義。懷海德（Alfred N. Whitehead）形容實證主義是「追求簡約，然後懷疑之」，意思是：既要尋找那個最精簡的結構，卻又戒慎恐懼，不斷自我否定，生怕找錯了那個結構。卡瑞（Carey, 1992）把這句話俏皮地翻轉為：「尋求複雜，並賦予秩序。」人間事物不只因果關係，還牽涉意義的問題；而文化意義千頭萬緒，複雜萬端，不但不能簡單化約，還應該用濃彩重墨，細緻刻畫並剝解其層層的意義，井然有序，呈現豐富的意義結構。韋伯式的現象學試圖平衡科學與人文的兩個傳統，為國際傳播「國際化」在認識論和方法論上提供重要的基礎。

韋伯的方法論不是刻意發展的，而是在與其他學派辯論時被逼出來的。我們討論韋伯的方法論，當然不能跟他的實踐截然割離[1]，但這篇文字只能粗及韋伯方法論對國際

1 韋伯的《基督新教倫理與資本主義精神》（Weber, 1930）是曠世宏著，但他對中國儒家與印度教的分析則充

傳播重要的啟迪。七十年前，社會學家希爾斯（Shils, 1949）即指出，社會科學已發展出一系列精確的、具體的觀察技術與分析方法，在韋伯那個時候連最樂觀的人都不敢預見。但他說，學界的興趣氾濫無歸，無法形成核心的知識體系，因此呼籲以韋伯所提的「價值關聯」（value-relevance）為選題標準，為社會科學帶來一種秩序。這番話在今天尤有現實意義，因為學術日趨行政化，鋪排成一條生硬的論文生產線，使得學術「碎片化」的潮流更加勢不可擋，許多人抱個瑣碎的小問題糾纏到底，形成學界各說各話的局面，沒有從容交流對話的基礎。此時更需要提倡以「價值關聯」選題，促進學術多元化，從不同角度在重大問題上互相爭鳴。

韋伯式的研究的第一步，從瞭解社會演員解釋他們自己的「生命世界」開始——用社會科學的術語來說，就是人類學家格爾茨（Geertz, 1983）說的「在地知識」（local knowledge）、現象學家伯格（Berger & Kellner, 1981）說的「相關結構」（relevance structure），以及英國文化研究巨擘威廉斯（Williams, 1977）說的「過往和活生生的經驗」（lived and living experience）。第二步，學者運用有洞察力和概括力的學術概念，協助社會演員在更大的脈絡下重釋「生活世界」的意義，這是主觀解釋的客觀化，現象學稱為「類型化」（typification）。換言之，社會演員解釋「內在於」生活世界的第一層意義，學者把它轉化為「外在於」生活世界的第二層意義，當中的橋梁是概念、邏輯和理論架構（Berger & Kellner, 1981）。

必須強調的是：韋伯企圖平衡「因果充分性」（causal adequacy）與「意義充分性」（meaning adequacy），一方面以「同理心」去理解社會行動的前因後果，一方面闡明社會行動所蘊含豐富而複雜的層層意義。韋伯也講因果關係，但不像實證主義講得那麼斬釘截鐵，而是靈活因應具體脈絡而變化；韋伯不追求抽象的「普遍通則」，而是在歷史架構內追溯具體之因與具體之果（Ringer, 1997; Weber, 1978b）。雖然現象學和實證主義都以經驗（empirical）證據為基礎，但現象學反對「實證主義」式（positivistic）的因果化約，而力圖照明證據裡幽暗的多重意義。現象學的雙重解釋與實證主義的單層解釋是迥然異趣的。

在這裡，我要提出三點意義來討論。第一，我們必須謹防「普世性的帝國主義」（Bourdieu, 2001），切莫接受自外強加的模式為預設或結論。舉凡現代化理論、科技決定論或經濟決定論，都可以活絡我們的思想，但切切不能取代邏輯推理或剝奪經驗證據。例如，德國海德堡大學的一群漢學家（Wagner, 2007），硬套哈伯馬斯的宏大理

滿爭議。韋伯（Weber, 1951）認為儒家無法發展出如喀爾文教派的「入世禁慾主義」，因而阻礙資本主義的發展。余英時（1987）根據文本解讀，認為「入世禁慾主義」是中國宗教倫常的一部分，而且在思想上明清兩代的儒商關係逐漸改變，兩者未必對立，也不分高下，甚至後來棄儒從商也不罕見。他認為中國無法發展出資本主義，未必如韋伯歸咎於儒家，可能是因為政治與法律體系並未經歷理性化的過程。由此可見，運用韋伯的理念類型恰到好處並非易事。

論，宣稱晚清和民初上海報業已營造了「公共領域」，把中國帶入「全球共同體」。我以為，他們以後設的概念曲解歷史，沒有還原早期上海報紙的歷史時刻和語境，以至於一廂情願，過度詮釋公共領域（Lee, 2011b）。第二，選題最好以韋伯的「相關結構」為依歸，以文化的內在理路和歷史經驗為主導。我服膺米爾斯（Mills, 1959）揭櫫的「社會學的想像力」，力圖聯繫困惑個人的難題到社會結構的公共議題，並置個別問題於歷史和全球的時空座標中檢視。第三，實證主義者假設，宇宙現象的背後暗藏一套客觀規律，科學家的任務便是「發現」這套已經存在的規律。現象學家認為，人文與社會的「意義之網」複雜、矛盾而又統一，略如《論語》說的「毋意、毋必、毋固、毋我」，所以無法以「自然化」的途徑直接理解；唯有透過「主客交融」或「互為主體」（intersubjective）的方式「建構」與詮釋，方能顯豁「意義結構」的豐富性，條理分明，譬如「橫看成嶺側成峰」的多元景象。說到這裡，不同的詮釋社群建構「多重現實」（multiple realities），賦相同事相以不同的意義，琢磨切磋，求同存異，也是應有之義了。韋伯不是為國際傳播「國際化」提供最堅實的知識論和方法論嗎？

我絕非提倡一條鴕鳥式保守或偏狹的學術取徑。「在地」（local）不是「偏狹」（parochial）的同義字，「在地」必須與「全球」（global）隨時保持互動。從內在理路發展出來的問題，達到某一點時，自然而然會從具體聯繫到普遍：我們在適當的時候必須接觸浩瀚的文獻，或商議之，或詰難之，從而善用世界性的概念，重構更具世界性意義的論述。但以優先順序來說，寧可從特殊性向普遍性移動，而不是從普遍性向特殊性移動。唯有經過批判、評價、修正，並吸收相關文獻、反思具體經驗以後，才邁步走向普遍性。特殊性與普遍性是一組辯證關係，愈瞭解自己，也愈會理解別人，這樣才會出現有意義的文化對話，而這個對話總是有相關脈絡與語境的。十九世紀德國史學泰斗蘭克說：「從特殊性出發，我們可以拾級攀登到普遍性；但從宏大理論出發，我們再也回不去直覺地瞭解特殊性了。」（轉引自Ringer, 1997, p. 11）國際傳播融會在地觀點與全球視野，與其用具體經驗去迎合抽象理論，不如善用抽象理論來燭照具體經驗。經驗是馬，理論是拖車，要是把拖車綁到馬的前面，必本末倒置，得不償失。試問我們為何要放棄文化傳承，難道只為了提供異國風味的材料，以驗證那些以科學為名的西方「真理」？

（二）對比兩種「依賴」論述

第一章論及法蘭克和卡多索的依賴理論，這裡我將它們置諸韋伯的視角之中再加審視。法蘭克（Frank, 1972）是激進的政治經濟學家，遵循實證主義的方法，企圖建立一套形式化的理論（formal theory），他在意識形態上固然與「現代化理論」對立，但在方法上卻是它的水中倒影。提出「依賴發展」（dependent development）觀點的卡多索

（Cardoso & Faletto, 1979）是歷史社會學家，後來當選巴西總統。卡多索從韋伯式路徑出發，反對視「依賴發展」為形式化的理論，而只是一種具體分析巴西（以至於第三世界）的「方法論」。法蘭克採取從普遍到特殊的框架，卡多索走由特殊到普遍的路徑，這種分析更細緻，並落實到具體的歷史語境。卡多索（Cardoso, 1977）抨擊美國學者知其一不知其二，只透過法蘭克的實證視角簡單理解「依賴」理論。

「依賴發展」認為，若干拉丁美洲國家的經濟是「依賴」與「發展」同時並進的，一方面繼續依賴第一世界，一方面繼續發展工業。他們以結構與歷史分析法，以關鍵概念闡釋在全球的架構裡和「依賴的具體情況」下，「對立的勢力拉著歷史向前走」。「當解釋提出堅實的概念範疇，能照明（支配的）根本關係時……歷史就變得清晰可解了。」（Cardoso & Faletto, 1979, p. xiii）「依賴發展」不只聚焦於外部的剝削關係，更深入刻畫國家機器、國內階級結構，以及國家與國際資本主義體系間的多組複雜互動。這種細緻入微的分析，激發了巴西、韓國與臺灣地區「依賴發展」的個案研究，但應用到傳媒研究倒不多見，僅有少數例外（如Salinas & Palden, 1979）。過去三十年，依賴理論已不時髦了，倒不是解釋力已呈疲態，也不是無關現實，而是冷戰結束「新自由主義」體制及意識形態抬頭，學術獵狗轉而追逐更鮮美的新獵物，那就是後現代主義與全球化論述了。

四、跨文化研究

國際傳播迄今仍不太「國際化」或「跨文化」。國際研究不能單向強加西方觀點於世界的邊陲，我提出直率的批評，不是故意對往生的前輩不敬，而是學生時代的教訓使我不斷檢視走過的軌跡。我願意反省向西方所學到的東西，但我也回應文化學者張隆溪（2004, 2010）的呼籲，拒絕封閉保守的「文化民族主義」，反對東西二元對立。漢學家應該趕緊跳出文化的封閉圈，出來與廣大的知識社群良性對話。「區域研究」應該轉型為「以區域為基礎的研究」（area-based studies，借用Prewitt〔2002〕的創詞），庶幾將豐富的區域知識整合為有意義的理論框架。

社會學家墨頓（Merton, 1972）呼籲局內人與局外人的觀點應該互相學習，彼此滲透。他借用詹姆斯（William James）的兩種知識分類：「熟悉知識」（acquaintance with）與「系統知識」（knowledge about）。[2]「熟悉知識」指個人接觸的第一手經驗，例如日常生活的現象和事物，局內人當然有直覺理解的優勢；但局內人習焉不察，熟悉導致忽視，猶如身在廬山中看不到廬山真面目，所以局內人不能僅憑天賦特徵

2 更早前，芝加哥社會學派帕克（Park, 1940）也曾借用這組概念，分析新聞（熟悉知識）與學者（系統知識）的關係。

（不論是種族、國家、性別或文化）宣稱有知識壟斷權，彷彿他們獨有特殊通道瞭解真相，外人不得其門而入。另一種是「系統知識」，指經過長期研究與深入探索，獲得條貫分明、邏輯嚴謹的抽象知識。要獲得這種知識別無捷徑，端賴嚴格訓練，接受客觀學術規範，有治學能力，知道問些什麼問題，知道如何蒐集和評估相關證據。「系統知識」不讓局內人或局外人所獨占，只開放給那些長期耐心墾殖、系統探索的人。

局內人與局外人的觀點應當相互滋養，沒有理由彼此排斥，容我引申四點。第一，社會科學把我們訓練為專業上的「多重人格」（multiple persons），穿梭於兩個經驗區，對於某些問題有局內人的直覺洞見，對於其他問題則必須靠冷靜分析和系統理解。這兩種知識交叉重疊，活潑交流，我們既相信直覺，又要否定直覺。學術活動其實就是把「熟悉知識」轉化為「系統知識」。第二，如果聯繫到韋伯式的現象學，學者的角色不啻把社會演員的「熟悉知識」轉變為學術的「系統知識」。第三，國內傳播與國際傳播的辯證關係，也當作如是觀；國內傳播幫助我們思考國際傳播的面相，但國際傳播矯正國內傳播的局限。第四，墨頓說局內人未必有掌握「系統知識」的特權，但若以韋伯的知識論和方法論為國際傳播「國際化」的基礎，豈不又優遇了特殊社群（例如中華文化圈）的文化權？我以為「文化社群」不以種族或國籍為界限或為依歸，「研究」中國文化和華人社會的美國學者，在各方面都是不折不扣的美國人，但在專業認同上不可能完全自外於中華文化社群。反之亦然。關鍵還在於文化社群有沒有能力把

「熟悉知識」轉化為「系統知識」。

（一）牛頓的蘋果：捍衛個案研究與比較研究

斯梅策（Smelser, 1976）寫了一本《社會科學比較研究法》專書，以托克維爾的《論美國的民主》個案研究首開其端，接著比較介紹韋伯的現象學方法和涂爾幹的實證主義方法，最後歸宗於涂爾幹。他認為實證主義比托克維爾和韋伯優勝，因為實證主義可以用嚴謹的統計方法，剔除冤假錯誤的因果變項。多變項的統計分析需要大量的資料，很少國際傳播和跨文化研究做得到，何況若要照顧豐富的脈絡與文化意義，則難上加難。話說回來，國際傳播研究一旦抽離文化意義，往往簡單、化約而乏味，結論也常模棱兩可。

儘管斯梅策的分析精煉老到，他的學術偏好和標準未必顛撲不破。換個角度，倘若學術旨趣在求知識洞見，不是因果關係，實證主義的方法就失靈了，必須借取格爾茨（Geertz, 1973）的「深描法」（thick description），刻畫、剝解、分疏層層意義，烘托出各種社會形態、結構、過程、動機與互動關係。即使一個多世紀以後，嚴肅的民主論述都還繞不過托克維爾在《論美國的民主》（初版一八三五／一八四〇年，再版一九四五年）立下的基準。一百年以來，李普曼（Lippmann, 1922）對美國媒介與公共輿論的經典論述，無論是贊成他，反對他，都無法迴避他，也是這個道理。我在這裡無法也無意對李普曼做出全面的評價，但《公共輿論》引起杜威（Dewey, 1927）在政治哲學上針鋒相對的反駁，更啟發了傳播研究量化實證開山祖師拉查斯斐及其門生（Lazarsfeld, Berelson, & Gaudet, 1944; Katz & Lazarsfeld, 1955），發展出「兩級傳播」和「意見領袖」等概念。光提這兩個例子，就知道李普曼的影響不可謂不大。然今之學人，有的受過「嚴格社會科學方法」訓練以後，形成「技術至上」的傲慢與偏見，便本末倒置，反而排斥李普曼不夠「學術」而漠視之。其實，幾十年來累積了大量技術精確的公共輿論實證研究，究竟超越李普曼的見解多少，倒是一個值得公開討論的議題。

總之，我覺得，社會科學盡可仰慕科學的成就，卻無須盲目模仿科學的「硬」法則。我們能借鏡於人文學科的不少，包括對核心價值的恆久關注，長期累積的豐富洞見，以及各種詮釋方法。韋伯（Weber, 1978b）執客觀主義（科學因果）與主觀主義（人文意義）的兩端，開闢一個可行而有效的中間立場，為國際傳播「國際化」提供知識論和方法論的基礎。他的學術業績斐然（Weber, 1978a），與涂爾幹、馬克思並列為現代社會學三大鼻祖。

以文化角度研究傳媒的名家卡瑞（Carey, 1992; Munson & Warren, 1997），從未涉足國際傳播領域，但他的國內分析足為國際研究提供典範。瓦斯博多（Waisbord, 2015）在本書第九章（Waisbord, 2015）批評「深描式」個案研究，認為只能取悅偏狹的區域專家，有世界視野的學者不屑光顧。是耶，非耶？我以為卡瑞「深描」的美國傳媒歷史、文化及其技術形成，理論層次高，感興趣的其實是跨學科人文與社會科學學者，區域專家的窄圈反而無動於衷。卡多索的韋伯式分析，不也如此？個案研究（特別是「比較性」個案研究）的特長不在於提供「經驗的概括性」（empirical generalization），而在於提供「概念的概括性」（conceptual generalization）。喻諸牛頓的蘋果，目的不在解剖蘋果的顏色或味道，而是要從蘋果揭露地心引力的奧秘。最出色的個案研究總是提出解釋力強的概念，從小見大，聯繫到歷史和全球的比較性架構，令人看世界眼光一新，景象更豁朗，見樹又見林。

第一章提到格爾茨（Geertz, 1963）首創involution的概念，一般漢譯為「內捲化」，我則譯為「內眷化」，因為「內眷化」帶有「眷顧」之意，可以延伸理解為「向內看」的趨勢。換言之，學科只顧向內部細節發展，精心雕琢，一味炫耀巧技，以致忽略概念創新、大膽嘗試以及開放性變革。有人讚揚傳播期刊文獻引用日臻「自足」，是學科成熟的象徵。我深不以為然，毋寧相信這是典型的學術「內眷化」，心態上自我陶醉，概念上近親繁殖，對新興領域（如國際傳播）的發展極其不利。只顧在瑣碎的問題上面精耕細作，碎片化，好比放大鏡照肚臍眼，徒給自己一種虛假的安全感，可以躲在學術高牆下面高枕無憂，對大問題不聞不問，不主動參與，更不積極爭鳴。總之，「內眷化」的概念其來有自，是美國著名人類學家在遙遠的印尼群島做的個案研究，而其影響力不限一隅一地，早已超越學科和文化的藩籬。可見問題不出在個案研究，而在做個案研究的學者能否提出具有解釋力的概念。

我再舉兩個相關的傳播研究為例，以說明個案研究的價值。朝鮮戰爭的聯軍統帥麥克阿瑟僭越授權的範圍，被杜魯門總統解職。麥帥回到美國，在各大都市巡迴接受官式和民間的歡迎。當時芝加哥大學有一對年輕的社會學博士生朗氏夫婦（Lang & Lang, 1953）獨具匠心，利用這個事件做了個案研究，後來成為傳播學的經典之作。在麥帥從機場到進城的沿途，朗氏夫婦布置了三十一位觀察員，採集四十二個觀察點的紀錄，發現沿途群眾稀稀落落，麥帥的車隊呼嘯而過，很多人根本不知道發生什麼事。但分析當晚電視報導的內容，卻見熱情群眾人山人海，不斷瘋狂地向美國的戰爭英雄歡呼。作者稱之為電視「奇觀」（spectacle），這是因為電視必須捕捉戲劇性的鏡頭才能引人，技術剪裁和故事編排使得電視報導和真正發生的事實大相徑庭。朗氏夫婦從「象徵互動學派」（symbolic interactionism）指出，電視不是簡單反映社會現實的一面「鏡子」，而是提供隔了一層的「第二手真實」（second-hand reality）。後來，達陽和卡茨（Dayan & Katz, 1992）把這類事件命名為「媒介事件」（media events）。

芝加哥的「象徵互動學派」和由歐陸傳入的現象學（phenomenology）有血緣之親，塔克曼（Tuchman, 1978）從這個角度闡釋「真實的社會建構」（social construction of reality）。她說，媒介機構為了駕馭有限的資源，發揮最大的效能，必須建立「常規化」（routinization）的機制，為混沌不明的外在環境賦予空間和時間的穩定秩序。以空間來說，塔克曼比喻新聞採訪有如一張疏漏有洞的網子，而不是一張密實的毯子。這張「新聞網」（news net）撒出去時必須捕捉大魚，因此記者總是派去採訪最顯著的新聞來源，即是以中央性合法機構為據點。空間的「常規化」，大致根據三個標準：一是劃分地理領域的責任區，並決定其重要性；二是以專門機構或組織（如市府、警察局）的重要性為著眼點；三是以突出的題材為重點，例如政治新聞總比軟性的人情趣味更重要。[3]另外，塔克曼說，新聞組織必須謀畫時間，善加利用，以配合工作的節奏，一方面遵守中央性機構的辦公作息，一方面規定內部的截稿時間。新聞組織不可能捕捉每時每刻發生的大小事件，於是往往把事件「類型化」（typification），按照時間的性質分為不同的新聞類型——軟性新聞、硬性新聞、突發新聞、發展中的新聞、繼續發展的新聞——以便靈活調派記者，加以適當處理，例如有些例行性的慶典新聞或訃聞的生平介紹，早就可以預先籌畫準備。總之，新聞機構要應付日常世界所發生的複雜事件，在空間上集中精力注意中央性的有力機構，在時間上將事件「類型化」，才能有效

3 例如各國新聞機構決定派駐外特派員，總是以大國為優先。再說，他們若派駐美國，主要還是集中在華盛頓和紐約；華盛頓的採訪對象首先是國務院和本國大使館，在紐約首先採訪聯合國（特別是聯合國高級官員、本國和重要友邦的大使）；他們看重的新聞以政治、經濟、外交題材為主。國內或市內的新聞運作可以類推。

分配與調派資源，以維持正常的新聞作業。何為真實，何為新聞，都不是自然決定的，而是因為社會條件所建構的意義。

必須強調，朗氏夫婦不過根據芝加哥發生的單一事件，塔克曼則在美國東部的少數新聞機構做深入參與式觀察，都是典型的「小樣本」個案研究。但它們洞見絕不僅適用於芝加哥或美東地區，而是為各國各地學者打開一扇縱深的窗口看問題，生動而有趣，解釋力強，使我們在瞭解新聞運作的潛規則時豁然開朗，甚至恍然大悟。所謂「麻雀雖小，五臟俱全」，哈佛商學院特別重視個案分析的訓練，就是這個道理。一般做「大樣本」的人對個案研究有很多的偏見或誤解，應該是不攻自破的。在我看來，只有個案研究做得「好不好」的問題，沒有「要不要」做個案研究的問題。兩種研究各有優劣，可以彼此滲透，但也須因情況與需要制宜，不應該在「先驗上」分高下。有鑑於此，我們應該審視傳媒的個案研究，從這些文化資本中，提煉有解釋力的概念，帶出國際傳播的意涵——例如李普曼（Lippmann, 1922）的「刻板印象」（stereotype），塔克曼（Tuchman, 1978）的「客觀性的策略儀式」（strategic ritual of objectivity）與「新聞網」（news net），哈林（Hallin, 1986）的「有認受性的爭論區」（sphere of legitimate controversy），威廉斯（Williams, 1977）的「收編」（incorporation），皆屬之。

（二）跨文化研究的普遍意義

人文社科研究是否需要有普遍意義？史學家為此爭論不休，傳播社會學者可多數是肯定的。國際傳播既是比較性的，也是普遍性的；比較的視野來自文化社群之內，也來自各種文化社群之間。以色列社會容納全球各地回歸的猶太人，他們帶回來不同的價值與經驗，展現了一幅繽紛的文化馬賽克圖。卡茨和他的同僚（Liebes & Katz, 1993）透過深度焦點訪談，發現各地移民社群在以色列落戶生活，但其所來自的文化價值和觀點仍然根深蒂固，因此對美國進口影集《朱門恩怨》（*Dallas*）的解讀簡直南轅北轍。以往有些激進左派政治經濟學家提出「文化帝國主義」，總是先分析跨國媒介資本的所有權，然後把資本所有權等同媒介內容的控制權，再把媒介內容的控制權等同資本主義發揮意識形態的效果，一連串邏輯推論完全漠視受眾如何解讀內容（Tomlinson, 1991）。卡茨和他的合作者發現，受眾根據他們不同的次文化解讀媒介內容，得到的是複雜矛盾的「多元歧義」（polysemy）。這個視角賦受眾以發言權，挑戰原來簡單化的「文化帝國主義」，重啟了一場重要的辯論。

「跨文化」研究可以聚焦於國內的次文化群，也可以擴展到國際間的文化群體。前面提到的「創新擴散」研究，通常把美國的問題搬到外國「再生產」。但韋伯式的跨國界研究是反對這樣做的，它必須深入當地的文化肌理，所要求的語文歷史文化素養高，難怪學者一般說得多做得少。（多年來，屢有出版社邀我撰寫比較東亞媒介制度的專書，自問無力承擔，不敢答應。即使東亞學者在一起開會，講的是通用的英語，但他們分析東亞媒介制度的英文論文不多，夠分量的更少。東亞學者缺乏文化自覺，連選題都跟著西方亦步亦趨，知識霸權之頑強，這是鮮活一例。）因此，要做好「跨文化」研究，最可靠的還是結合志同道合的跨國學者，通力合作。近年來成功的範例是：哈林和曼西尼（Hallin & Mancini, 2004）比較西歐與北美十八個國家的媒介制度，從中總結若干論據加以分類；接著以這些論據為基礎，他們（Hallin & Mancini, 2012）邀請六位非西方國家學者，各自提出比較個案，回應西方經驗的論據，以驗證其解釋力和概括力。從研究設計來說，西方國家代表「最大相似性」（許多面相類似），非西方國家代表「最大相異性」（愈不同愈好），互相對話交流，為「跨文化」研究開拓一條有意義的途徑。

容我舉兩項拙作為例，進一步說明。其一，我們針對香港回歸，深度訪問來自中國（包括內地、香港、臺灣）、英國、美國、澳洲、加拿大和日本的七十六位記者，並蒐集三千八百多篇他們的文字及電視報導，從事細緻的話語分析，以聯繫新聞報導的真實建構如何為國家利益、文化價值所影響，最終編織成冷戰結束後一幅重大國際意識形態陣營對壘及媒介話語鬥爭的光譜（Lee, Chan, Pan, & So, 2002）。其二，選題要抓社會「主要矛盾」，我們聚焦於當前中國的傳媒在承受政治體制的制約以及準資本主義市場機制的雙重壓力下如何運作（Lee, He & Huang, 2006, 2007）。我們沒有現成的理論憑藉，只能先聽取各級編輯、記者和管理層的「意義系統」，再根據平日理解，與相關文獻結合。我們借用拉美學者「黨國統合主義」（party-state corporatism）的概念，但在中國的體制下，黨權與市場既合謀又競爭，所以修訂為「黨與市場的統合主義」（party-market corporatism）。全國共分三種統合形態，說明國家、資本與傳媒的交錯關係。第一種以上海為例，是一種侍從主義（clientalism）的關係，傳媒以沉默和效忠換取經濟酬報。第二種以廣州為代表，可稱之為「政治管理的市場化」（marketization of political management），在國家意識形態的界限內允許激烈市場競爭。第三種，以北京最顯著，是「市場化的政治吸納」（political absorption of marketization），因為各種新舊權力山頭多，維持某種微妙的平衡，權力空隙創造有限度的言論空間，而市場活躍的媒介更期望被吸納到政治建制內。這種分析一旦成熟，可望用來比較前歐洲共產國家、拉美與東亞右翼政權在「傳媒——國家——資本」的轉型。

薩伊德的《東方主義》（Said, 1978）對我最有啟發。他閱讀相同的西方文學藝術經典文本，卻讀出不同的味道——借威廉斯（Williams, 1978）的話來說，薩伊德在英法美帝國的支配性（dominant）主流意識形態以外，讀出「另類」（alternative）和「敵對」（oppositional）的文化意義。他是樂評家兼業餘鋼琴演奏者，順理成章從古典音樂汲取靈感，以「對位」（contrapuntal）的方式解讀西方文學經典，並聯繫到歐美帝國主義的政治、經濟與文化脈絡。之後，薩伊德（Said, 1993）延伸到第三世界，剖析它們如何抵抗、顛覆或挑戰帝國中心的文化霸權。他強有力地挑戰西方的主流閱讀，截然改變了解釋學的徑道，並豐富了整個比較文化、政治與意識形態的論述。特別值得注意的是：自始至終，他的解讀除了「去西方化」，還有更遠大的目標，那就是他從來沒有脫離「啟蒙」和「解放」的宏大敘述。受他鼓舞而發展的「後殖民」觀點，實應構成許多國際傳播研究的起點。他的「對位閱讀法」不妨廣泛而系統運用，當有助於去蕪存菁，以修正、發展、延伸，甚至淘汰國際傳播和跨文化傳媒研究文獻中的理論概念。

（三）「跨文化」交流的典範

余英時（1988, pp. 331-351; 2007, pp. 279-290）筆下對王國維（1877-1927）和陳寅恪（1890-1969）融匯中西、創造轉化的過程，有非常深刻而親切的描述，也不愧是夫子自道。王國維的年輕歲月浸淫於德國哲學，包括康德、叔本華以及尼采，而且遍讀西方社會科學各領域，從心理學到社會學，從法學到邏輯，無不涉獵，代表當時中國人瞭解西學的最高峰。這些早年的經驗構成後來寶貴的知識養分。當他回頭研究中國的中古史地，固然得益於新出土的考古文物以及歐、日漢學界的成果，但最重要的是他接續乾嘉之學，加以發揚光大，將它帶到一個新高峰，學風所及，影響了以後數代學人。等王國維的思想到了成熟時期，他的作品幾乎不提康德的名字，彷彿全然不懂康德似的。余英時說，王國維要不是早年接受這種西學的訓練，而且將其精神內化，斷無可能提出這麼具有原創性的問題，做出這麼嚴格精闢的分析。

陳寅恪是百科全書式的史家，與王國維「風義平生師友間」，清華園的王國維紀念碑碑文就是他寫的。余英時追述陳寅恪的史學有三變。第一變，陳寅恪受到歐洲「東方學」的影響，以其通曉十幾種歐洲、邊疆和西域語文的優勢，研究「殊族之文，塞外之史」，於史實考證和音韻訓詁，發人所未發。第二變，中年以後「捐棄故技」，轉而專治隋唐政治史與制度史，由於早年遊學外國時經歷過「學習世界史」的自覺階段，能夠自如運用重要的概念，使史實復活，對中古史提出嶄新的、有系統的整體解釋。第三變，則發揮飛躍而入情入理的歷史想像力，通過明清興亡的故事，以及三百年前人物的種種活動與「心曲」，撰寫他個人的「心史」。王國維和陳寅恪，學貫中西，融會貫通，把中國史學最好的傳統加以現代化，攀登學術的頂峰，允為最具啟發性的典範。

五、結語

國際傳播學者若要從文化對話相互理解，就必須虛心聆聽交響樂的主題與變奏，並深刻體會交響樂是由各種刺耳樂器組成的和諧曲。薩伊德（Said, 2000, p. 583）對杭廷頓與基辛格之流政客學者嗤之以鼻，勸他們多多聆聽梅湘（Oliver Messiaen）與武滿徹（Toru Takemitsu）之類的作品，感受各種音樂交融在一起的妙諦。

八百多年前，管道升寫給趙孟頫一闋雋永的〈我儂詞〉：

> 你儂我儂，忒煞情多，情多處，熱如火。把一塊泥，撚一個你，塑一個我。將咱兩個，一齊打破，用水調合。再撚一個你，再塑一個我。我泥中有你，你泥中有我。與你生同一個衾，死同一個槨。

這闋詞打消了趙孟頫納妾的念頭，夫妻私情原不足為外人道也，但它的意象與比喻相當生動而豐富，權且借來說明一點：國際傳播的「國際化」，就像泥土重塑，需要「我」的形象，也需要「你」的形象，最終我能進入你的，你能進入我的。用太極的智慧語言表述，陽是陽，陰是陰，但陽中有陰，陰中有陽。這正是中西學術互相滲透、彼此學習、共同滋長的最高境界。有你無我，何益於溝通交流？然而國際傳播的現狀正是「我」被「你」掩蓋，西方一面壓倒東方。為了建立「我」的形象，只能拿出大量精湛的學術業績，從文化制度、媒介再現到日常生活方式各方面，展示出色的個案、比較和跨文化研究，否則要求文化對話有如緣木求魚。我們離建造理論華夏的境界還有漫長的道路要走，但至少應該開始添磚加瓦，第一步得建構有理論和文化意義豐富的個案和比較研究。在我看來，國際傳播的本質就是要理解與對話，這是可以從韋伯式的現象學獲益的。我曾應英文期刊《新聞學研究》主編的邀請，撰文介紹我和同事的研究旨趣與成果（Lee, 2011a）。末了，容我野人獻曝，引用拙文，表達我對中國傳媒研究的一些淺見，以結束這篇文章：

我深惡以「西方為全球標準」的霸權，但也痛絕「文化民族主義」的閉門造車；我不相信有「本質化」的亞洲或中國傳媒理論，更與假大空的「中國例外論」毫無瓜葛。研究中國傳媒，固然因為我們受文化中國的薰陶，但這不是唯一的原因；更不是因為我們屬於文化中國，就只能研究中國傳媒。研究中國傳媒，在知識上不許自足或孤立，應當與國際傳播保持互動，更當隨時從人文與社會科學的活水源頭汲取理論與方法的新生資源。我們想建立的，是具有中華文化特色的普遍性理論，選題和解釋根植於中華文化的特殊性，也彰顯中華文化的特殊性；除此，還應該更進一步從深刻的文化反省，汲取更寬廣的洞見，發展出具有普遍意義的廣闊視野，以瞭解世界是如何運作的。哪天能夠建起這種普遍性觀點，具有文化特色，包容內部差異，又超越理論的偏狹，我們便能立於不敗之地，以開放心靈與西方文獻平等對話。這是世界主義的精神，是國際傳播的指路明燈。

參考文獻

余英時（2007）。《知識人與中國文化的價值》。臺北：時報文化出版社。

余英時（1987）。《中國近世宗教倫理與商人精神》。臺北：聯經出版事業公司。

余英時（1998）。《陳寅恪晚年詩文釋證》。臺北：三民書局。

張隆溪（2004）。《走出文化的封閉圈》。北京：生活・讀書・新知三聯書店。

Berger, P., & Kellner, K. H. (1981). *Sociology reinterpreted*. New York: Anchor.

Bourdieu, P. (2001). Uniting to better dominate? *Issues and Items*, 2 (3-4), 1-6.

Cardoso, F. H. (1977). The consumption of dependency theory in the United States. *Latin American Research Review*, 12 (3), 7-24.

Cardoso, F. H., & Faletto, E. (1979). *Dependency and development in Latin America*. Berkeley, CA: University of California Press.

Carey, J. (1992). *Communication as culture: Essays on media and scociety.* New York: Routledge.

Crane, D. (1972). *Invisible colleges*. Chicago: University of Chicago Press.

Curran, J. (2005). Introduction. In Hugo DeBurgh (Ed.), *Making journalists* (pp. xi-xv). London: Routledge.

Curran, J., & Park, M.-J. (Eds.). (2000). *De-Westernizing media studies*. London: Routledge.

Dayan, D., & Katz, E. (1992). *Media events: The live broadcasting of history*. Cambridge, MA: Harvard University Press.

Dewey, J. (1927). *The public and its problems*. New York: Holt.

Diamond, L. (1992). Economic development and democracy reconsidered. *American Behavioral Scientist*, 35 (4-5): 450-499.

Downing, J. D. H. (2009). International media studies in the U.S. academy. In Daya Thussu (Ed.), *Internationalizing media studies* (pp. 267-276). London: Routledge.

Downing, J. D. H. (1996). *Internationalizing media theory*. London: Sage.

Downs, G. W. Jr., & Mohr, L. B. (1976). Conceptual issues in the study of innovation, *Administrative Science Quarterly*, 21 (4), 700-714.

Evans, P. B (1979). *Dependent development: The alliance of multinational, state, and local capital in Brazil*. Princeton, N. J.: Princeton University Press.

Frank, A. G. (1972). *Lumpenbourgeoisie, lumpendevelopment: dependence, class, and politics in Latin America*. New York: Monthly Review Press.

Fukuyama, F. (1992). *The End of history and the last man*. New York: Free Press.

Fukyuama, F. (2014). *Political order and political decay: From the industrial revolution to the globalization of democracy*. York: Farrar, Straus and Giroux.

Geertz, C. (1963). *Agricultural involution: The process of ecological change in Indonesia.* Berkeley, CA: University of California Press.

Geertz, C. (1973). *The interpretation of cultures: Selected essays*. New York: Basic Books.

Geertz, C. (1983). *Local knowledge: Further essays in interpretive anthropology*. New York: Basic Books.

Hallin, D. C. (1986). *The "uncensored war": The media and Vietnam*. New York: Oxford University Press.

Hallin, D. C., & Mancini, P. (2004). *Comparing media systems: Three models of media and politics.* New York: Cambridge University Press.

Hallin, D. C., & Mancini, P. (Eds.). (2012). *Comparing media systems beyond the western world.* New York: Cambridge University Press.

Huntington, S. (1993). The clash of civilizations, *Foreign Affairs*, 71 (3), 22-49.

Katz, E., & Lazarsfeld, P. (1955). *Personal influence*. New York: Free Press.

Lang, K., & Lang, G. E. (1953). The unique perspective of television and its effect: A pilot study. *American Sociological Review*, 18 (1), 3-12.

Lazarsfeld, P., Berelson, B., & Gaudet, H. (1944). *The people's choice: How the voter makes up his mind in a presidential campaign*. New York: Columbia University Press.

Lee, C. C. (1980). *Media imperialism reconsidered: The homogenizing of television culture*. Beverly Hills, CA: Sage.

Lee, C. C. (2001). Beyond orientalist discourses: media and democracy in Asia. *Javnost-The Public*, 8 (2), 7-20.

Lee, C. C. (2010), Bound to rise: Chinese media discourses on the new global order. In Michael Curtin and Hemant Shah (Eds.), *Reorienting global communication* (pp. 260-283). Urbana, IL: University of Illinois Press.

Lee, C. C. (2011a). Voices from Asia and beyond: Centre for communication research at City University of Hong Kong. *Journalism Studies*, 12 (6), 826-836.

Lee, C. C. (2011b). Overinterpreting the 'public sphere,' *International Journal of Communication*, 5, 1009-1013.

Lee, C. C., Chan, J. M., Pan, Z., & So, C. Y. K. (2002). *Global Media Spectacle: News war over Hong Kong*. Albany, NY: State University of New York Press.

Lee, C. C. , He, Z., & Huang, Y. (2006). "Chinese party publicity inc." conglomerated: The case of the Shenzhen press group, *Media, Culture and Society,* 28 (4), 581-602.

Lee, C. C. , He, Z., & Huang Y. (2007). Party-market corporatism, clientelism, and media in Shanghai, *Harvard International Journal of Press / Politics*, 12 (3), 21-42.

Lerner, D. (1958). *The passing of traditional society: Modernizing the middle east.* New York: Free Press.

Liebes, T., & Katz, E. (1993). *The export of meaning: Cross-cultural readings of Dallas*. Cambridge, U. K.:

Polity.

Lippmann, W. (1922). *Public opinion*. New York: Harcourt Brace.

Luckmann, T. (1978). Philosophy, social sciences and everyday life. In Thomas Luckmann (Ed.), *Phenomenology and Sociology* (pp. 217-256). London: Penguin.

McAnany, E. G. (1984). The Diffusion of innovation: Why does it endure? *Critical Studies in Mass Communication*, 1 (4), 439-442.

Merton, R. K. (1972). Insiders and outsiders: A chapter in the sociology of knowledge, *American Journal of Sociology*, 78 (1), 9-47.

Mills, C. W. (1959). *The Sociological imagination.* New York: Oxford University Press.

Moore, B. (1967). *Social origins of dictatorship and democracy*. Boston, MA: Beacon.

Munson, E. S., & Warren, C. A. (Eds.). (1997). *James Carey: A critical reader.* Minneapolis, MN: University of Minnesota Press.

Nye, J. S. (1990). *Bound to lead: The changing nature of American power*. New York: Basic Books.

Park, R. E. (1940). News as a form of knowledge: A chapter in the sociology of knowledge. *American Journal of Sociology*, 45 (5). 669-686.

Prewitt, K. (2002). The Social science project: Then, now and next, *Items and Issues*, 3 (1-2), 5-9.

Ringer, F. K. (1997). *Max Weber's methodology: The unification of the cultural and social sciences.*

Cambridge, MA: Harvard University Press.

Rogers, E. M. (1962, 1983, 1995, 2003). *Diffusion of innovations*. New York: Free Press.

Rogers, E. M., & Svenning, L. (1969). *Modernization among peasants: The impact of communication*. New York: Holt, Rinehart and Winston.

Rogers, E. M., & Shoemaker, F. F. (1971). *Communication of innovations: A cross-cultural approach*. New York: Free Press.

Said, E. W. (1978). *Orientalism*. New York: Vintage Books.

Said, E. W. (1993). *Culture and imperialism*. New York: Knopf.

Said, E. W. (2000). *Reflections on exile and other essays.* Cambridge, MA: Harvard University Press.

Salinas, R., & Palden, L. (1979). Culture in the process of dependent development: Theoretical perspectives. In Kaarle Nordenstreng and Herbert I. Schiller (Eds.), *National sovereignty and international communication* (pp. 82-98). Norwood, NJ: Ablex.

Schramm, W. (1964). *Mass media and national development*. Stanford, CA: Stanford University Press.

Shils, E. A. (1949). Foreword. In Max Weber, *The methodology of the social sciences* (Edward A. Shils and H. A. Finch, Trans). New York: Free Press.

Smelser, N. J. (1976). *Comparative methods in the social sciences*. Englewood Cliffs, N J: Prentice-Hall.

So, C. Y. K.（蘇鑰機）(1988). Citation patterns of core communication journals: An assessment of the developmental status of communication. *Human Communication Research,* 15, (2), 236-255.

Thussu, D. K. (Ed.). (2009). *Internationalizing media studies*. London: Routledge.

Tilly, C. (1975). Western State-making and theories of political transformation. In Charles Tilly (Ed.), *The formation of national states in western Europe* (pp. 3-83). Princeton, N. J.: Princeton University Press.

Tocqueville, A. de. (1945). *Democracy in America*. New York: Knopf.

Tomlinson, J. (1991). *Cultural imperialism*. Baltimore, MD: Johns Hopkins University Press.

Tuchman, G. (1978). *Making news*. New York: Free Press.

Wagner, R. G. (Ed.). (2007). *Joining the global public: Word, image, and city in early Chinese newspapers, 1870-1910*. Albany, N Y: State University of New York Press.

Waisbord, S. (2015). De-westernization and cosmopolitan media studies. In Chin-Chuan Lee (Ed.), *Internationalizing "international communication."* (pp. 178-200). Ann Arbor, MI: University of Michigan Press.

Wang, G.（汪琪）(Ed.). (2011). *De-Westernizing communication research: Altering questions and changing frameworks*. London: Routledge.

Weber, M. (1930). *The protestant ethic and the spirit of capitalism*. London: HaperCollins.

Weber, M. (1951). *The religion of China: Confucianism and taoism.* New York: Free Press.

Weber, M. (1978a). *Economy and society*. Berkeley, CA: University of California Press.

Weber, M. (1978b). The logic of historical explanation. In W. G. Runciman (Ed.), *Weber: Selections in translation* (pp. 111-131). New York: Cambridge University Press.

Williams, R. (1977). *Marxism and literature*. New York: Oxford University Press.

Zhang, L.（張隆溪）(2010). The true face of Mount Lu: On the significance of perspectives and paradigms. *History and Theory*, 49 (1), 58-70.

把「媒介生產」理論化為準自主場域：中國新聞研究再評價

Theorizing Media Production as a Quasi-Autonomous Field

A Reassessment of China News Studies

朱迪・波倫鮑姆
Judy Polumbaum

陳楚潔／譯，李紅濤／校

廿五年前，查理斯·伯格（Charles Berger）和史蒂芬·查菲（Stephen Chaffee）主編了《傳播科學手冊》（Berger & Chaffee, 1987c，以下簡稱《手冊》），試圖描述他們心目中傳播學領域的輪廓。他們在《手冊》的導論中指出，有關傳播的研究已經匯流到專門的學系、學刊和研究流派，以前這個比較鬆散的領域「已獲得了象徵學科建立的地位」（Berger & Chaffee, 1987a, p.15）。這與再往前廿五年威爾伯·施蘭姆（Wilbur Schramm）的評價形成了對照，施蘭姆認為傳播學遠未獲得獨立的學科地位，「只是一個學術十字路口，過客者眾，常駐者寡」（Schramm, 1963, p. 2）。伯格和查菲認為，這個知識領域的越來越自覺，制度化的程度日益提高，但尚不成熟，因此呼籲此時應該建立理論的連貫性了。

「傳播」與「科學」兩個詞彙的組合，說明伯格和查菲劃定相當窄的學科邊界，排除某些研究的形式，抬高其他的研究。他們說，「科學」（顯然講的是自然科學模式）與「非科學」的分別在於：能否形成「可測試的理論」（testable theories），以追求可概括性解釋。這個定義明白地排斥了「媒體批評」或「行動主義」(activism)的研究，也拒絕那些不能推動宏大理論原理的「個體傳播事件」研究（Berger & Chaffee, 1987a, p. 17）。他們認為，科學的根本目標包括「解釋，……預測和控制」——不是「控制」社會結果，而是就狹義的方法論來「控制」研究的條件；至於研究帶來的是「正面」還是「負面」影響，雖是公民的合理關切，但他們不認為這是科學家考慮的事

（Berger & Chaffee, 1987b, p. 100）。

誠然，我們不應低估《手冊》的價值，其中綜述性論文提供了歷史標記和持久洞見，有些文章更是大師之作。毋庸置疑，《手冊》的主編是傳播學領域的巨匠——查菲在英年早逝前已是傳奇。《手冊》在分析層次上尤其清晰易懂，也考察了相當廣泛的傳播模式和語境，繼續為傳播學領域帶來活力。話雖如此，從二十一世紀的視角來看，《手冊》主編對這個領域的定義是畫地自限的，未免顯得出奇地小氣，也適得其反。

「實證主義」已成為流行的稱謂，指的是採納自然科學模式來研究社會科學，但它過度簡化了問題，更不消說挑起無謂的學術對抗。理論預設、指導性的問題和方法論的選擇往往會限制研究結果；但如果資料蒐集的過程透明，它們對有心檢驗的人應該是有用處的；縱使事後的分析無關最初的研究設計，還是可以重審這些資料。自然科學家雖然質疑理想化的科學方法，但並不妨礙不同取徑的學者互相借用經驗上的發現。

然而，在傳播學領域，自然科學模式過時，也過分限制了研究的視野。比如，從僵硬的科學視角來說，「國際傳播」或「比較傳播」不過是複製（美國研究）的場所。《手冊》把國際傳播化約成為最後一章「跨文化比較」（Gudykunst, 1987），分明是排斥特殊性研究的症狀。輕視「國際傳播」或「比較傳播」，也凸顯傳播學者對外部世界興趣索然。迄今，見解迥異的學者都認識到，「多樣性」和「共通性」對人類生存同等重要。這不是說放棄追求可移植的解釋，但在某種程度上必須先找出重大的差異，才能獲得這種解釋。不過，這些差異的重要性可能體現在其他方面。

歸根結底，本章呼籲：在理解什麼是「重要」的傳播學理論建構時，應當寬大為懷，同時對國際傳播也應該有更廣闊的看法。本著這種精神，我將聚焦當代中國新聞生產的研究，勾勒一條有望推進國際媒體生產研究的取徑。改革開放時期中國新聞傳媒研究已積累不少，我試圖整合最新的經驗研究結果，加以融會貫通，既照顧普遍性，也儘量尊重特殊性。

如同本書其他章節，我的討論也從「去西方化」（de-Westernize）媒體研究運動（Curran & Park, 2000）吸取靈感，批評一貫以西方或美國語境為標準或範本來衡量其他研究。批評並不意味要拋棄西方思想者創造的一切理論。我和其他作者一樣，發現西方社會的理論對指導國際傳播研究很有價值，在西方研究中也有很多有益的範例。我要特別感謝羅德尼・班森（Rodney Benson），他在本書以及其他著述（如Benson, 1999, 2006）中闡釋了皮埃爾・布迪厄（Pierre Bourdieu）的「文化生產場域」概念。我還要感謝李金銓（例如本書第十章），他主張要做扎根的、文化上細緻入微的研究，重視而非漠視多樣性。實際上，本章旨在補充（也是致敬）他們的研究。

一、作為行動競技的場域

我一開始就反思伯格和查菲所代表的社會科學傳統式定義和目標，我的看法絕不是原創。一九七〇年代初，社會科學轉向闡釋社會學、反思性人類學（reflexive anthropology），以及其他替代主流經典的方案，對實證主義的批評達到最高潮。這方面的優良傳統在今天繼續發展，學術氛圍比以前更多元，也較少爭論。同樣，傳播學文獻中也充滿了來自各方面的警訊，包括一九七〇年代討論「領域中的躁動」[1]，文化研究跨洲而來的影響，以及尋找替代英美式傳媒和新聞觀念的興趣。然而，即使在今天，這些趨勢通常也被看成批評，可見自然科學的模式根深蒂固。

紀登斯最著名的著作——《社會的構成》，是拒斥自然科學範本最烈之一，他主張放棄尋找人類領域不變的定律甚至通則。在他看來，社會理論的分析模式應該以「人的存在與行為、社會再生產和社會轉型的概念」為中心（Giddens, 1984, p. xx）。紀登斯

1　譯注：Ferment in the field是一九八三年發表於*Journal of Communication*（第三十三卷第三期）上的一組評述傳播學研究的專刊主題。三十五年之後，該刊（二〇一八年第六十八卷第二期）又以Ferment in the Field: The Past, Present and Future of Communication Studies（「領域中的躁動：傳播研究的過去、現在和未來」）為主題，組織了二十篇論文。

的「結構化」（structuration）概念，旨在取代建立和驗證通則的取徑，而主張要分析人的能動性與社會結構的互動。「結構化」理論是關於世界如何運作的概念性假設，而不是有待檢驗的命題；這個理論是起點，而不是終點。也許有人質疑為什麼我們稱它為理論，而不是取徑、框架或指導性的前提？紀登斯感興趣的，是社會行動者如何在權力機制中維護行動的自主性，他也重視意義和行動場域的經驗研究，這些都能夠啟發我們研究媒體生產。

布迪厄（Bourdieu, 1993）提出「生產場域」的概念，涉及文化生產者運作的社會空間。場域是「可能性的空間」（a space of possibles）（Bourdieu, 1993, p. 176），專門的行動者和機構互動其間，以維持或改變既定秩序。當外部結構對這些場域施加影響時，空間本身允許不同程度的自主性。在場域外部，經濟或政治力量、歷史事件或技術進步都可能擴大或壓縮可能性的彈性範圍；在場域內部，不同位置的行動者有不同利益和不同的資源，相互影響，或鞏固既定的可能性，或促進初露頭角的創新，或產生新的創造。

我認為，紀登斯和布迪厄使用不同的語言，但他們在理解個人層次的社會行動者卻異曲同工。在紀登斯看來，「平常人」是學術研究的對象，而不是研究者，這些平常人對自己的行為很有見識；布迪厄認為，他研究的專業生產者既有策略又有目標。他們闡釋了人的能動性，考慮有意識和無意識的行為，也考慮預期和非預期的結果。

「場域」（field）圍繞著特定的利益和結構化的位置，占據不同位置的人有不同的資源和傾向，參與了界定和重構利益的策略鬥爭。場域有不同程度的自主性，邊界是流動的，一個場域和其他場域相互依存（Warde, 2004）。布迪厄的「習性」（habitus）與紀登斯的「常規」（routine）產生共鳴，都是社會體制的再生產、日常實踐的必要部分。他們都堅信，社會體制規制了行動的可能性，而行動反過來創造並調節社會結構。

赫斯姆德哈爾格（Hesmondhalgh, 2006, p. 216）認為，布迪厄為「創造性自由和創新的幼稚觀念」提供了替代方案，紀登斯也是如此。「結構化」（structuration）的信念是：人類事務的動力涉及各層次活動的互相讓步，從個人的心智活動到最宏觀的社會力量皆然；分析生產場域，必須關注不同層次和不同場域的勾連（articulation）。正如萊夫所說（Ryfe, 2006, p. 207，引自Benson），新聞業的獨特性在於扮演了中介其他場域的角色，因此新聞生產的場域也容易受到相鄰場域的影響。

這些觀點為研究新聞生產提供了有益的框架，它必須根植於特殊性，和人類學關注語境的準則吻合。格爾茨（Geertz, 1973）認為，文化就是語境；他勸大家拉近焦鏡，對準研究現象的微景，說明精準地解釋「包容文化」（an enveloping culture）的意義何等重要。目標不在於因果規律，而是扎根式的解釋。這種模式所探究的是：在時空交匯處，一群行動者在特定制度結構內，我們要問「怎麼樣」和「為什麼」之類的問題，由此可見跨越地理學、史學和傳記的重要性。它還呼籲，考察有邊界但可滲入的社會體制內部變革的形態——追蹤過去那樣，現在怎麼這樣，而移動的部分內部、移動部分之間發生了什麼變化，以重估結局和後果。

這一框架有益於研究問題和研究設計（如Kunelius & Ruusunoksa, 2008），也有助於我們重新分析既有的研究。我們若承認場域的內部有自主性，而且特別關注到多層次、多方向的賦能機制（enabling mechanisms），那就得考察媒體工作的社會空間是如何擴大或縮小的。近年來，許多中國媒體生產的經驗研究提供了這方面的啟示。

二、縱覽中國的新聞場域

以前研究中國大眾媒體的窗口極為狹小，但自從一九八〇年代以來，隨著學術機會的增加，相關文獻在數量、抱負和水準上都不斷提高（參見Polumbaum, 2010）。本文評述的文獻，主要來自本世紀初十年以英文出版的中國新聞工作的經驗研究。

不論理論取徑或目標是什麼，學者們大多對社會變革感興趣，並且普遍認為國家、市場、媒體職業和受眾影響是變革的潛在來源。他們的研究方法有差異，其中以田野調查研究記者及其新聞實踐的成果最豐碩，但用內容分析推斷新聞實踐偶有佳作，通常不太高明。田野研究一貫將議價（或協商）、臨場發揮甚至狡詐看作新聞生產過程的重要動力。至於哪些行動者發揮積極性，產生實質影響，誰又從中獲得短期和長期利益，學者的意見不一。遍檢文獻，謹記差異，有助於我們找出可能性的範圍，標誌進一步研究的方向。

在許多考慮結構與能動性互動的研究中，潘忠黨（Pan, 2000）認為記者是「創業型行動者」（entrepreneurial actors），他們利用政治控制和市場自由的緊張關係，臨場發揮和創新，因地制宜，重構制度空間。阿卡萬-馬吉德（Akhavan-Majid, 2004）指出，官方和非官方行動者在國家政策方面有協同利益，使非官方行動者得以「創造性的再議價和擴張」，助推大眾媒體的改革。在她看來，官方以實用主義代替意識形態，當局操作的重點從「意識形態監督」轉向「創業型協作」（entrepreneurial collaboration），以及在日益商業化的體制下彼此對媒體盈利有共同利益，這三個因素有利於各種類型的行動者。

胡正榮（Hu, 2003）發現，在媒體重組中，政治力量和經濟力量交織纏繞，建立傳媒集團，鞏固了資本與政治的聯盟。李金銓、何舟和黃煜（Lee, He, & Huang, 2006, 2007）在這方面走得最遠，他們發現國家、媒體行動者和社會機構合謀，在多層面互相調適，最終同時服務政治和經濟權力。

布萊恩・蒂爾特和蕭青（Tilt & Xiao, 2010）用內容分析研究二〇〇五年松花江化學品洩漏的報導，提供更多證據，表明中國媒體並非鐵板一塊。他們寫道：「我們驚訝地發現中央電視臺（一個龐大的新聞機構，嚴格來說仍由中央政府擁有和運營）居然播出報導，揭露和譴責政府掩蓋重大醜聞。」他們歸因於中央電視臺財務上越來越獨立，以致有能力控制該事件的報導；而且，在國家和「非正式社會」之間，集體利益的社會領域不斷增長，連國有新聞機構也越來越進駐其間。喬納森・蘇利文和謝蕾（Sullivan & Xie, 2009）初步發現，環境行動主義在網路上的交流，吸引了官方與非官方的行動者。在複雜的線上社會網路中，這些行動者圍繞各種目標，以各種方式相互關聯。

這些發現與中國政治科學的文獻不謀而合。例如，馬沙（Mertha, 2009）指出，所謂「碎片化威權主義「（fragmented authoritarianism）的體制正變得驚人的多元化，包括媒體的「政策企業家」（policy entrepreneurs）得以進入政策過程。在水電開發的領域，他舉例說明各種行動者的利益偶然結合，而媒體和個別製作人發揮了重要作用，促成和體認共同利益。

國家全權控制媒體的絕對性建構大致已被拋棄了，但有些研究指出，媒體在某些主題、某些時刻還是服從直接的政治壓力（Chen, 2005; E. Zhang & Fleming, 2005）。普格斯利（Pugsley, 2006）增加一個變數，他說在有爭議或危機的時刻，新聞媒體用文化上熟悉的方式，聲援官方講述的故事。張曉玲（Zhang, 2006）同樣認為，政治權力在危機期間更會支配時事節目的建構。反之，童靜蓉（Tong, 2007）指出，爭議事件能為有衝勁的新聞實踐打開缺口。她還說，記者策略性地編輯敏感話題的報導，能說明爭議新聞順利「出街」（Tong, 2009）。

更常見的是，學者們認為媒體與國家長期拉鋸，為對立的各方衍生出各種益處。黃成炬（Huang, 2003, 2007）強調，媒體在強大的結構性決定因素中做出調適；吸收私人和外來資本，適應管理上的需要，這些務實的條件使媒體轉向「資本主義公司」模式，但國家仍在政治和財政上控制媒體機構。不過，他堅信，媒體市場日趨結構多樣性和開放性，將會促進新聞專業意理，遏制腐敗。王海燕（Wang, 2010）發現，地方記者一邊遵守明確的界限，一邊主動地採用各種「溫和抗爭策略」應對政府壓力。

林杰（Lin, 2004）是中央電視臺製片人，休假時曾任哈佛大學尼曼學者，她的描述提供了局內人的視角，顯示國家和新聞界互相別苗頭，從市場爭取優勢。她寫道，「中國媒體是政治和經濟領域重疊處的一股特殊力量，現在似乎處於關鍵節點，……政府越允許甚至鼓勵媒體商業化，媒體就越可能不可避免要向政治結構提出重要的挑戰。」她提出，某種調適已經出現，中國政府「樂觀地」相信可以分開媒體內容和媒體經營，而且行之有效。

陳和順（Chan, 2002, 2007）指出，國家在這些時候是更靈活的行動者，媒體機構總是順從於國家，以更微妙、更有彈性的方式，服從意識形態的領導權。斯多克曼

（Stockmann, 2010）研究二〇〇五年春季北京居民對反日抗議的態度，發現媒體控制的一種方式是「外包」給市場，但商業化媒體必須反映政府的觀點。她認為，商業化其實提高了國家通過大眾媒體影響輿論的能力。

徐明華（Xu, 2010）研究中國電視行業，材料豐富。她指出，中央的新政策和新做法已將媒體生產的風險轉嫁給獨立製片人，他們以小心翼翼的議價策略，製作意識形態上安全的內容。她認為，自從中國加入世貿組織以來，官方推行的商業化、頻道專業化和其它改革，不但沒有削弱國家的控制力，反而在某些方面增強了。

何尚恩（Jonathan Hassid, 2008）警告大家不能把中國記者當作黨國制度結構的臂膀，也不能把他們當作公民利益的宣導者，而是當作「抗爭的行動者」（contentious actors）。不過，他也看到有一股動力在推動新聞相對獨立於國家，以抵制政治和經濟外部力量。但他的研究有問題，因為他的證據主要來自備受矚目的新聞抗爭事件，缺乏實地的田野調查；他用的例子使他得到這個結論：「純粹結構化的取徑」不足以理解政治。

辛欣（Xin, 2006）從新華社的研究發現，要剝離國家力量與市場力量並非易事。新華社原是國家資助的獨一內容供應者，外部競爭迫使它採取多元化策略，表面上它還是官方的新聞機構，但已從宣傳系統機關轉型為客戶導向的運作，而報刊和其他部門通過使用其服務也獲得影響力。在新聞生產場域的競爭中，無論是媒體組織之間還是組織內部，政治利益和經濟利益都既合謀又衝突。

趙月枝（Zhao, 2000）認為「看門狗新聞」（watchdog journalism）是多方面的戰略聯盟，最終和最重要的就是強化國家的力量。她分析，調查報導的出現，首先是黨國迫切需要「重新掌控失靈的官僚機構」，增強中央領導層的合法性，也同時服務記者的專業利益和媒體機構的商業利益。

黃旦（Huang, 2011）同樣把「輿論監督」政策看作黨國的工具，以提高行政效率和增強合法性。黃旦分析表面上敢碰釘子的電視新聞節目——《焦點訪談》，其實內容與黨和政府的利益一致。他指出，輿論監督的使命的確提供一些批評的空間，促進技術層面的新聞專業意理；但歸根結底，新聞自主性和獨立性不過是「策略性修辭」。總之，「媒體監督權力的能力，是在既定的權力結構內自我調整和自我完善的機制」（p. 110）。

童靜蓉和斯帕克斯（Tong & Sparks, 2009）提出了不同的觀點，認為新聞調查的制度化，首先受到市場驅動，其次則得到記者群體的職業意識形態支持。童靜蓉（Tong, 2010）對媒體的集權化控制、政經利益合謀的說法有保留，她把中央政府描寫為出人意表的進步角色，而地方精英則相互勾結，抵制中央的政策。

孫五三（Sun, 2006）研究某個小鎮電視臺的監管，這個案例細緻地理解有不同的國家行動者。她發現，中央權威在地方是流失的，因為各級地方政府有能力根據自身的利益操控媒體市場。她研究「輿論監督」，顯示管控的分散和利益的變化，政府、商業化媒體和記者評估風險和收益後形成戰略關係（Sun, 2010）。

普格斯利（Pugsley, 2010）回顧了二〇〇八年在中國陸續出現的熱門新聞——北京奧運會（「喜慶的媒體事件」）、西藏騷亂和火炬傳遞示威（「衝突的媒體事件」）、四川地震（災難）和毒奶粉（醜聞）。他指出，國際新聞的流通，削弱了中央電視臺「中央把關者」的角色，國家也越來越難控制媒體事件的廣播。但他認為，國家仍然界定和管制「文化形式和實踐」，塑造國內媒體上的民族文化。

這些表述似乎不言自明，但錢憶親（Chin, 2011）對之頗有保留。她研究二〇〇一—二〇〇八年間中央政府促進海外電視節目進入中國的努力。她的經驗證據顯示，省級政府、國家決策者和其他行動者有複雜而微妙的互動，各自發揮影響力。她觀察到，最高層制訂了政策，但中央當局面臨微妙的平衡，既要依賴下級政府管理和懲處，又得防止它們濫用讓渡的行政彈性。省級官員和廣電公司在政策實施和修訂的過程中出手干預，可能挫敗中央政府實現目標。錢憶親發現，廣東為了維護省級的利益，推行更嚴格的壁壘、更廣泛的監管和其他措施，包括遮罩信號，以致抵消中央的政策，防止海外電視進來支配當地的傳媒市場。

大眾傳播研究在做理論和經驗工作時，通常會區分觀眾的接受與節目的生產。然而，如果以媒體生產為一個場域，自然需要整體考慮受眾的向度。萊夫（Ryfe, 2006, p.

206）說得好：「由於新聞位居社會行動者之間，它對讀者社群共同的基本承諾尤其敏感。簡單地說，新聞的成形大體上取決於所服務的公眾。」

學者強調受眾在塑造新聞生產與新聞產品中的角色，張詠（Zhang, 2000）指出，官方對媒體受眾意識形態定位的變化，加上商業化，創造了新的制度空間給記者「秀肌肉」，也建立新的管理方法。孫濤、張讚國和喻國明（Sun, Chang, & Yu, 2001）指出，因為受眾在市場中的重要性，市場導向的媒體蒸蒸日上，而黨媒卻遭遇困難。儘管這些研究案例納入了受眾分析，但是中國語境下「受眾—生產者」關係的經驗研究仍有待探索。

順帶一提，一些謹慎的研究揭示，記者的態度與行為頗有落差，讓我們更覺得必須用恰當的研究設計（而不是靠自我報告），以捕捉職業實踐。戴雨果（De Burgh, 2003）發現，杭州電視臺記者的社會責任信念並未體現在實際的新聞報導中。林芬（Lin, 2010）的廣州記者調查顯示，記者的人口特徵發生變化，因為黨的價值觀和職業價值觀加在一起，記者的態度和行為形成新的「複雜性」。總之，她認為記者有「消極的自由傾向」——具體而言，記者儘管聲稱有自由的信念，他們的專業能動性卻鮮見於政治、文化或道德議題的實際報導中。

累積起來，這些經驗研究有助於解釋更大的問題，就是新聞場域如何與政治、經濟、法律和技術等場域互動；也有助於闡明，一旦相鄰的場域發生變化，會如何影響、滲透、改變、爭奪或干擾新聞生產的場域，以至於改變新聞的實踐和媒體產品，調整意義的公共建構（Benson, 1999; Peterson & Anand, 2004）。不出所料，隨著網路普及率提高，電子通信模式的數量、多樣性和顯著性增長，研究者越來越關注媒體技術。但是，迄今仍少有中國語境的研究揭示技術如何影響新聞生產。

何舟和祝建華（He & Zhu, 2002）用「生態」和「虛擬社群」的概念，研究中國報紙早期的網路版。他們根據社會因素、電信基礎設施，以及新通信技術的特徵之間的互動，預測網路報紙的前景。當時，網路基礎設施薄弱原始，分布不均，消費成本過高，加上政治和社會的制約，他們判斷報紙的網路版尚不可行，也以此解釋印刷版和網路版內容的高度雷同。中國網路發展的速度已超越他們的發現，但他們樹立了好榜樣：把技術納入更大的圖景中。

辛欣（Xin, 2010）研究傳統新聞媒體如何與博客和其他非正式管道的「公民新聞」互動，她的結論符合預期：線民帳戶是主流媒體日益重要的新聞源，也是替代性的資訊管道，但黨的控制仍然影響公眾如何使用網路。更值得關注的是網路的互動性，這對理解新媒體環境中技術如何改變受眾與生產者的互動，以及新聞生產場域如何重構，至為重要。

普格斯利（Pugsley, 2010）警告不要高估草根媒體行動的力量。他研究二〇〇八年中國國內重大新聞事件報導，發現即使全球的影響削弱了部分的國家控制，國家仍然掌握媒體文化的總體領導權。他提醒不應高估公民記者的作用，因為他們「建立持續而可靠的新聞採編網路的能力」十分有限。

伊恩・韋伯（Ian Weber）和盧嘉（Lu Jia）（Weber & Lu, 2007）研究中國網路合資企業，雖未涉及新聞媒體本身，但他們的發現仍然有助於理解媒體生產場域的變化，尤其是有關自我約束的元素。網路娛樂領域快速增長，服務於他們所稱的國家媒體「策略性商業化」——通過吸引消費者受眾，獲得最大的回報。這些策略包括：聯合制作和文化內容進口，鼓勵國內網路門戶與全球媒體公司合作，共同開發網路服務和產品。研究數家合資企業的案例說明，合作最成功的關鍵在於「針對性地」提供娛樂，以技術協調內容需求。

韋伯和盧嘉強調，地方合作夥伴幾乎一律簽署了官方「承諾」，包括遵守政府的內容管制。他們說，這種自律免除了外國運營商對內容控制的責任，國內網路服務供應商承當了全責。換言之，自律性條例減少外國投資者的風險感，讓合作更具吸引力，同時爭取國內企業的合謀，提升國家的影響力和控制力，增進國家的經濟利益和政治利益。

韋伯和盧嘉找到國內和全球行動者的銜接點，以及國內業者的互動，把本土和全球聯繫起來，闡明了過程和產品。諸如這樣的研究為學者指示一個方向，即用易懂的、可測量的方式建立「在地——全球」的聯繫。拔高抽象層次，解釋「在地——全球」的互動總是誘人的。但我和李金銓一樣，認為要理解全球體制的運作，密切關注在地研究必不可少。

全球化研究的一個主要問題是文化的完整性——也就是民族文化抵制美國或西方文化衝擊的能力。奈特（Knight, 2006）寫過一篇文章，分析全球化對中國的影響，頗有洞見。他呼籲要精準理解文化權威的來源，他的理由更進一步增強本土化研究的重要性：「所謂『民族』文化，很可能是各國政府構建和維繫的，試圖給多元文化的人口灌輸統一的民族意識，向國家獻出政治和諧與忠誠。因此，政治建構的脆弱民族文化更容易受全球化的侵蝕，而附著於特定地點和社區的文化反而比較不會，因為地方和文化之間的聯繫還是很強。全球化的影響在不同層次上有差異」（p. 4）

祝建華（Zhu, 2001）以追求普遍性和特殊性的標準，區分了中國大眾傳播研究的「理論化」和「本土化」取徑，主張應該整合兩種取徑。李金銓（Lee, 2004）呼籲從中國文化的內在理路發展理論視野。他們有力地呼籲：在地研究應該結合人類社會運作的通解。我們還認識到，因為中國與跨國流動（包括貨物、人員、觀念、資訊、資金）日益緊密交織，加上其他推動全球化的因素，再也不能孤立看中國；這適用於內陸農村，也適用於大城市。建立媒體生產場域與更大一組外部條件的經驗聯繫，無疑是國際傳播學者面臨的最大挑戰之一。

三、保持扎根、靈活度和好興致

我嘗試說明，紀登斯的「結構化」概念和布迪厄的媒體生產場域理念啟發媒體研究，幫助我們釐清中國新聞工作語境下廣泛的經驗研究，並有利於擬定未來的研究議題。我表達了與其他學者的共同目標，強調緊密地聚焦扎根的研究。為了推動這項課題和做出總結，我為國際傳播研究再提供兩個指導概念：境況（circumstances）和機緣巧合（serendipity），最後我還要提供一個隨你任選但強烈推薦的原則：奇思妙想（whimsy）。

激發這種三維構想的文獻並非來自傳播學，也不是來自社會理論，而是來自管理和組織研究。大約四十年前，邁克爾・科恩（Michael Cohen）、詹姆斯・馬奇（James March）和約翰・奧爾森（Johan Olsen）三位組織理論家，發表〈組織選擇的垃圾桶模型〉一文[2]。他們反駁以人類制度的規律性和理性為假設的研究，此文堪稱經典，但爭

2 譯注：在垃圾桶模型中，問題、解決方案和參與者／決策者是三條互相獨立的「流線」，隔離產生，在流動過程中互不關聯。只有當第四條「流線」——選擇機會出現的時候，這三條「流線」才會相交。選擇機會堪比一個垃圾桶，以便這三條「流線」匯入。垃圾的組合（也即三條「流線」）能否匯流入一個垃圾桶（即選擇機會），取決於可用的垃圾桶的組合、每個垃圾桶所黏貼的標籤，以及哪種垃圾在生產之中。

論還在持續（Cohen, March, & Olsen, 1972）。他們的目的是解釋組織決策的特徵：流動式的參與、轉變的科技，和變動的目標，「是任何組織的部分特徵——有時候」，但「在公共機構、教育機構和非正規組織中特別矚目」（p. 1）。

他們提出，在組織內部，眾多因素以不可預知的方式結合，形成了決策。這些因素包括「流線」——具體而言，是決策選擇、問題、解決方案，以及介入程度不同的參與者的流動。他們寫道，「從這個視角來看，組織是這樣的組合：『選擇』在尋找『問題』，議題和情感在尋找可能得到表達的決策情境，解決方案在尋找它們能夠解答的議題，決策者在尋找工作」（Cohen, March, & Olsen, 1972, p. 2）

垃圾桶的比喻不是貶義，而是為一群混亂的現象提供易懂的隱喻。三位作者的結論是：儘管垃圾桶模型在解決問題方面不太成功，卻能讓人在模棱兩可和多變的環境中做出抉擇，使問題得到關注。奧爾森（Olsen, 2001, p.193）後來總結說，這個模型「視組織生活為高度情境化，主要受時間和機緣巧合的驅動。」

此後，他們的研究（如，March & Olsen, 1989, 1995）延伸到更宏觀的制度領域，諸如治理、民主、軍事，以及國家、地區和國際政治秩序的性質，提倡「新制度主義」的取徑。有些媒體學者已採用新制度主義解釋新聞生產的現象，比如新聞機構的內容同質性（Cook, 2006）或異質性（Ryfe, 2006）。

與制度層面的關切相比，研究單一組織內部決策所提出的古怪解釋可能相形失色，但垃圾桶模型表達的基本姿態卻經久不衰：理解人類事務的最佳取徑，不是把它們當作理性計算和有序過程的結果，而是歷史偶然和社會萌生的產物。從這個角度來看，獨特的社會文化理解支配著行動，社會建構的規則和實踐不斷通過互動和經驗塑造，制度結構在與多方利益、資源變動和歷史曲折的相互影響中，得到創造、維持和轉化。

垃圾桶模型以「境況」和「機緣」為操作概念，加上它在制度主義的申論，能夠啟發媒介研究——包括比較研究和跨國媒體研究。這個研究始於某種場景（流動式的），加上某些因素（選擇、問題、解決方案、參與者），展示了可識別、可描述的境況。關鍵條件的互動結果不是特別有效或合理，但碰到機緣便生氣蓬勃了——機緣不純是機會或運氣，而是一組混合的因素，為蓄勢待發者找到機會（參見Golin, 1957; 亦見Zilber, Tuval-Mashiach, & Lieblich, 2008）。

境況是「在地的事實」（facts on the ground），是人類社會行動者——從個人到整個結構——的實踐和常規、行為和行動、舉止和關係。境況是科學所描述的基本內容，也是任何社會結構的基本成分。記述科學發現時常常出現「機緣巧合」這個詞，指的是境況如何結合與互動，行動者即使未能控制這種結合，也能夠利用從中產生的機會。它是解釋和分析的基本內容。這些詞語本身並不是理論或模型，卻為處理社會研究的挑戰，提供組織性的原則。它們應該有助於研究者關注具有文化啟示意義的異象、例外和異類，這是一般社會科學不屑一顧的。最生動的誇張，或過分偏離「常態」，都可能是顯著的文化印記，其重要性不亞於常態曲線內的模式和流行的標準。

對自豪卻不失好玩的學者，垃圾桶模型暗示了第三個原則——奇思妙想。在一九七二年的文章中，科恩、馬奇和奧爾森顯然已預料到人們會質疑他們是否認真，因此他們將模型轉化為可供電腦類比的定量形式（使用當時流行的程式設計語言Fortran[3]），以保證他們的態度嚴謹和持重。但在主線敘事中，三位作者顯然不在乎是否顯得有點荒唐，居然用日常物體（垃圾桶）作為理論術語——我希望，他們是故意用輕浮來刺激討論與發現。

在垃圾桶模型最初的文章發表多年之後，奧爾森（Olsen, 2001, p. 192）撰文回應批評者（Bendor, 2001），再次展現這種調調：他說批評者缺乏想像力，好比「沒有幽默感的人偶然闖入熱鬧市鎮發的牢騷」。歸根結底，奇思妙想是學者性情的一部分，也呼籲我們謙遜地對待我們的研究結論和發現。

3 譯注：Formula Translation（公式翻譯）的縮寫，是世界上最早出現的電腦高級程式設計語言，由IBM公司於一九五〇年代開發，並廣泛應用於科學和工程計算領域，是後續許多其他的電腦程式語言的基礎。

參考文獻

李金銓（2004）。《超越西方霸權》。香港：牛津大學出版社。

祝建華（2001）。《中文傳播研究之理論化與本土化：以受眾及媒介效果的整合理論為例》。《新聞學研究》（臺北），第六十八卷第一期，第一一二二頁。

Akhavan-Majid, R. (2004). Mass media reform in China. *Gazette,* 66 (6), 553–65.

Bendor, J. (2001). Recycling the garbage can: An assessment of the research program. *American Political Science Review,* 95 (1), 169–90.

Benson, R. (1999). Field theory in comparative context: A new paradigm for media studies. *Theory and Society,* 28 (3), 463–98.

Benson, R. (2006). News media as a "journalistic field": What Bourdieu adds to new institutionalism, and vice versa. *Political Communication,* 23 (2), 187–202.

Berger, C.R., & Chaffee, S.H. (1987a). The study of communication as a science. In C.R. Berger & S.H. Chaffee (Eds.), *Handbook of communication science* (pp. 15– 19). Newbury Park, Ca: Sage.

Berger, C.R., & Chaffee, S.H. (1987b). What communication scientists do. In C.R. Berger & S.H. Chaffee (Eds.), *Handbook of communication science* (pp. 99–122). Newbury Park, Ca: sage.

Berger, C.R., & Chaffee, S.H. (Eds.). (1987c). *Handbook of communication science*. Beverly Hills, Ca: sage.

Bourdieu, P. (1993). Principles for a sociology of cultural works. In R. Johnson (Ed.), *The field of cultural production: Essays on art and literature* (pp. 176–91). New York: Columbia university Press.

Chan, A. (2002). From propaganda to hegemony: *Jiaodian Fangtan* and China's media policy. *Journal of Contemporary China,* 11 (30), 35–51.

Chan, A. (2007). Guiding public opinion through social agenda-setting: China's media policy since the 1990s. *Journal of Contemporary China,* 16 (53), 547–59.

Chen, C.H. (2005). Framing *falun gong*: Xinhua news agency's coverage of the new religious movement in China. *Asian Journal of Communication,* 15 (1), 16–36.

Chin, Y.C. (2011). Policy process, policy learning, and the role of the provincial media in China. *Media, Culture & Society,* 33 (2), 193–210.

Cohen, M.D., March, J.G., & Olsen, J.P. (1972). A garbage can model of organizational choice. *Administrative Science Quarterly,* 17 (1), 1–25.

Cook, T.E. (2006). The news media as a political institution: Looking backward and looking forward. *Political Communication,* 23 (2), 159–71.

Curran, J., & Park, M.-J. (Eds.). (2000). *De-Westernizing media studies*. London: Routledge.

De Burgh, H. (2003). Great aspirations and conventional repertoires: Chinese regional television journalists and their work. *Journalism Studies,* 4 (2), 225–38.

Dickinson, R. (2007). Accomplishing journalism: Towards a revived sociology of a media occupation. *Cultural Sociology,* 1 (2), 189–208.

Geertz, C. (1973). *The interpretation of cultures*. New York: Basic Books.

Giddens, A. (1984). *The constitution of society: Outline of the theory of structuration*. Berkeley: university of California Press.

Golin, M. (1957). Serendipity-big word in medical progress: Does "pure luck" deserve all the credit? *Journal of the American Medical Association,* 165 (16), 2084–87.

Gudykunst, W.B. (1987). Cross-cultural comparisons. In C. R. Berger & S. H. Chaffee (Eds.), *Handbook of communication science* (pp. 847–89). Newbury Park, Ca: Sage.

Hassid, J. (2008). China's contentious journalists: Reconceptualizing the media. *Problems of Post-Communism,* 55 (4), 52–61.

He, Z., & Zhu, J.J.H. (2002). The ecology of online newspapers: The case of China. *Media, Culture & Society,* 24 (1), 121–37.

Hesmondhalgh, D. (2006). Bourdieu, the media and cultural production. *Media, Culture & Society,* 28 (2), 211–31.

Hu, Z. (2003). The post-WTO restructuring of the Chinese media industries and the consequences of capitalisation. *Javnost–The Public,* 10 (4), 19–36.

Huang, C. (2003). Transitional media vs. normative theories: Schramm, Altschull, and China. *Journal of Communication,* 53 (3), 444–59.

Huang, C. (2007). Trace the stones in crossing the river: Media structural changes in post-WTO China. *International Communication Gazette,* 69 (5), 413–30.

Huang, D. (2011). Power and right: "*yu lun jian du*" as a practice of Chinese media from an institutionalism perspective. *Journalism Studies,* 12 (1), 106–18.

Knight, N. (2006). Reflecting on the paradox of globalisation: China's search for cultural identity and coherence. *China: An International Journal,* 4 (1), 1–31.

Kunelius, R., & Ruusunoksa, L. (2008). Mapping professional imagination. *Journalism Studies,* 9 (5), 662–78.

Lee, C.-C., He, Z., & Huang, Y. (2006). "Chinese party publicity inc." conglomerated: The case of the Shenzhen Press group. *Media, Culture & Society,* 28 (4), 581–602.

Lee, C.-C., He, Z., & Huang, Y. (2007). Party-market corporatism, clientelism, and media in shanghai. *Harvard International Journal of Press/Politics,* 12 (3), 21–42.

Lin, F. (2010). A survey report on Chinese journalists in China. *China Quarterly,* 202, 421–34.

Lin, J. (2004). China's media reform: Where to go? *Harvard China Review,* 5, 116.

March, J.G., & Olsen, J.P. (1989). *Rediscovering institutions: The organizational basis of politics*. New York: Free Press.

March, J.G., & Olsen, J.P. (1995). *Democratic governance*. New York: free Press.

Mertha, A. (2009). "Fragmented authoritarianism 2.0": Political pluralization in the Chinese policy process. *China Quarterly,* 200, 995–1012.

Olsen, J.P. (2001). Garbage cans, new institutionalism, and the study of politics. *American Political Science Review,* 95 (1), 191–98.

Pan, Z. (2000). Spatial configuration in institutional change. *Journalism,* 1 (3), 253–81.

Peterson, R.A., & Anand, N. (2004). The production of culture perspective. *Annual Review of Sociology* 30, 311–34.

Polumbaum, J. (2010). Looking back, looking forward: The ecumenical imperative in Chinese mass communication scholarship. *International Journal of Communication,* 4, 567–72.

Pugsley, P.C. (2006). Constructing the hero: Nationalistic news narratives in contemporary China. *Westminster Papers in Communication & Culture,* 3 (1), 77–92.

Pugsley, P.C. (2010). Transnational media showdowns in China's Olympic year. In E. Morrell & M.D. Barr (Eds.). *Crises and opportunities: Proceedings of the 18th biennial conference of the Asian Studies Association of Australia, Adelaide, OK Australia*. Canberra: ASAA & University of Adelaide (published online at http://asaa.asn. au/asaa2010/reviewed_papers/).

Ryfe, D.M. (2006). The nature of news rules. *Political Communication,* 23 (2), 203– 14.

Schramm, W. (1963). *The science of human communication*. New York: Basic Books.

Stockmann, D. (2010). Who believes propaganda? Media effects during the anti-Japanese protests in Beijing. *China Quarterly,* 202, 269–89.

Sullivan, J., & Xie, L. (2009). Environmental activism, social networks and the internet. *China Quarterly* 198, 422–32.

Sun, T., Chang, T.-K., & Yu, G. (2001). Social structure, media system, and audiences in China: Testing the uses and dependency model. *Mass Communication and Society,* 4 (2), 199–217.

Sun, W. (2006). A small Chinese town television station's struggle for survival: How a new institutional arrangement came into being. *Westminster Papers in Communication & Culture,* 3 (1), 42–56.

Sun, W. (2010). Alliance and tactics among government, media organizations and journalists: A description of public opinion supervision in China. *Westminster Papers in Communication & Culture,* 7 (1), 43–55.

Tilt, B., & Xiao, Q. (2010). Media coverage of environmental pollution in the People's republic of China: Responsibility, cover-up and state control. *Media, Culture & Society,* 32 (2), 225–45.

Tong, J. (2007). Guerrilla tactics of investigative journalists in China. *Journalism,* 8 (5), 530–35.

Tong, J. (2009). Press self-censorship in China: A case study in the transformation of discourse. *Discourse &*

Society, 20 (5), 593–612.

Tong, J. (2010). The crisis of the centralized media control theory: How local power controls media in China. *Media, Culture & Society,* 32 (6), 925–42.

Tong, J., & Sparks, C. (2009). Investigative journalism in China today. *Journalism Studies,* 10 (3), 337–52.

Wang, H. (2010). How big is the cage? An examination of press autonomy in China. *Westminster Papers in Communication & Culture,* 7 (1), 56–72.

Warde, A. (2004). *Practice and field: Revising Bourdieusian concepts*. Manchester: Centre for Research on Innovation & Competition, University of Manchester.

Weber, I., & Lu, J. (2007). Internet and self-regulation in China: The cultural logic of controlled commodification. *Media, Culture & Society,* 29 (5), 772–89.

Xin, X. (2006). A developing market in news: Xinhua News Agency and Chinese newspapers. *Media, Culture & Society,* 28 (1), 45–66.

Xin, X. (2010). The impact of "citizen journalism" on Chinese media and society. *Journalism Practice,* 4 (3), 333–44.

Xu, M. (2010). *Globalization, cultural security and television regulation in the post-WTO China.* PhD Diss., National University of Singapore.

Zhang, E., & Fleming, K. (2005). Examination of characteristics of news media under censorship: A content analysis of selected Chinese newspapers' SARS coverage. *Asian Journal of Communication,* 15 (3), 319–39.

Zhang, X. (2006). Reading between the headlines: SARS, Focus and TV current affairs programmes in China. *Media, Culture & Society,* 28 (5), 715–37.

Zhang, Y. (2000). From masses to audience: Changing media ideologies and practices in reform China. *Journalism Studies,* 1 (4), 617–35.

Zhao, Y. (2000). Watchdogs on party leashes? Contexts and implications of investigative journalism in post-Deng China. *Journalism Studies,* 1 (4), 577–97.

Zilber, T.B., Tuval-Mashiach, R., & Lieblich, A. (2008). The embedded narrative: navigating through multiple contexts. *Qualitative Inquiry,* 14 (6), 1047– 69.

翻譯，交流與東西間的理解

Translation, Communiction, and East-West Understanding

張隆溪

Longxi Zhang

袁夢倩／譯，陳楚潔／校

人類生在世間，在特定的社會、歷史和政治環境之中，有特定的語言和文化，在我們之前或之後一直存在。預定的環境和成長環境決定了我們的母語、社會習俗和文化價值觀，也決定了我們的基本觀點、理解的視野，以及歸屬感或認同感。這些預定的元素不但適用於個人生活和社會結構，也適用於個人、群體、社區和國家所採取的立場和選擇。可以說，所有的人類在開始時都是非常狹隘的。然而，人類的美妙恰恰在於有能力超越個人層面的自我封閉，並超越社區和國家層面的社會界限。本位主義和世界主義、民族主義的傾向和跨文化的開放，都是不斷鬥爭的力量，而人類生活始終是一個力圖保持微妙平衡的協商過程。

人類生而向地方本位傾斜幾乎是「自然的」，而培養世界主義精神和開放心智則要竭盡心力。跨越語言和文化藩離是人類特有的行為，代表教育水準和能力，乃至相應的社會地位。我們這個時代的人如此，幾乎自遠古以來無不皆然。能夠翻譯不同語言，從而說明他人擺脫語言和文化束縛的人，是有特殊天賦的，在更早的時代甚至被認為具有某種神力。翻譯總是令溝通成為可能。希臘吸收埃及的文化元素，希臘和羅馬相互關聯，阿拉伯學問對拉丁中世紀和文藝復興的貢獻，以及佛經從印度引介到中國和東亞，使我們瞭解人類歷史上早已有翻譯發生。並且，在知識的擴張、對世界的理解和人類文明的發展中，翻譯更一直發揮著重要作用。

隨著人類知識的增長，世界的觀念也逐漸發展。古代的世界觀，在地理、語言和文化上，都是有限的。在我們現在所稱的東亞地區，「天下」的概念是一個以中國為中心的世界，以中國語言和文化為主要參照，幾乎對歐洲沒有瞭解或接觸。另一方面，早期歐洲人的世界概念，大致受到《聖經》的影響，所理解的世界是洪水滅世之後諾亞及其後代如何移居到不同地區。中世紀的歐洲世界地圖（*mappa mundi*），即T-O型地圖，對世界只有非常粗略的概念，認為左側是歐洲，右側是非洲，T字的頂部則是亞洲，而亞洲就是印象模糊的印度。直到十三世紀末，馬可・波羅（Marco Polo, 1254?–1325?）發表著名的旅行見聞，擴展了歐洲對世界的瞭解，並提供許多東方的地名及其位置。例如，著名的加泰羅尼亞地圖（1375）顯然以馬可・波羅的書為主要的信源。約翰・拉爾納（John Larner, 1999, p. 105）說，馬可・波羅給歐洲帶來了「一份神奇的禮物，一部內容豐富而複雜的地理專著，無與倫比地打開視野。」馬可・波羅年輕時離開威尼斯，跟隨父親和叔叔到中國經商。他看到的是忽必烈統治下的元朝，在這個蒙古帝國他幾乎沒有機會接觸占多數的漢人及其文化。難怪現代讀者認為典型的中國事物——如儒家思想、毛筆和書法、飲茶、筷子、女人裹腳、長城——馬可・波羅可都沒有觀察，沒有述評，甚或隻字不提。因此，有人質疑他的記述是否真實（Wood, 1995; Yang, 1999）。對歐洲來說，正如拉爾納所言，馬可・波羅的重大貢獻在於發現世界，包括東亞在版圖之內，拓展了地理知識。

又過了三百餘年，十六世紀末，另一位義大利人利瑪竇[1]（Matteo Ricci, 1552-1610），以基督教傳教士的身分到中國，這時東西方文化的接觸才開始熱切起來。當利瑪竇和其他耶穌教會士抵達晚明的中國，發現這個國家歷史悠久，經濟繁榮，文化成熟，知識傳統豐富。基督教傳教士意識到，不能簡單地宣稱中國人沒有文化，不能教他們天啟教的精神真理，不能一夜之間轉化數以百萬計的中國人成為基督徒。於是，他們在傳教工作中，採用了所謂通融之道：他們學會漢語，嘗試從中國古典找到概念和術語，以翻譯基督教思想；他們展現自己是西方飽學之士，並試圖介紹歐洲最新的科學技術，以給中國皇帝和士大夫留下深刻的印象。利瑪竇用漢語寫出基督教教義《天主實義》[2]，並與徐光啟（1562-1633）合作，翻譯歐幾里得的《幾何原本》（*Elements*）前六本為中文。徐光啟是大明高官中皈依基督教最重要的人物之一。耶穌教派採取「通融之道」，從事翻譯活動，當然有宗教目的，最終希望將中國人受洗為基督徒；然而，與此同時，東方和西方第一次接觸，試圖尋找雙方理解和交流的共同基礎，這些努力對跨文化的理解貢獻甚大。

耶穌會士們介紹中國文化（尤其是儒家思想）到歐洲。透過眾多的書信、書卷和小冊子，耶穌會士的中介使中國廣為歐洲知識份子知悉。傳教士闡釋儒家道德和政治哲學，在歐洲產生了強烈影響，引起了戈特弗裡德・威廉・萊布尼茨（Gottfried Wilhelm Leibniz）和伏爾泰（Voltaire）等一流哲學家的關注。如果說馬可・波羅為中世紀的歐洲「無與倫比地打開眼界」，那麼利瑪竇及其追隨者無疑進一步開闊了這些眼界，加深歐洲對中國和東方的理解。在物質文化方面，中國進口的瓷器、絲綢、牆紙、傢俱、園藝，十七和十八世紀在歐洲掀起了一股中國商品熱；迷戀這種歐洲的中國想像，或是所謂「中國風」，正如修・昂納（Hugh Honour, 1961, pp. 7-8）說的，「可視為表達歐洲的華夏景觀」（the European vision of Cathay）。

不過，中國在歐洲出現，其重要性不僅限於物質文化和大眾想像，更重要的可能是文化和社會影響。耶穌會士正面呈現中國為以自然神學為基礎的善治國家，促使許多歐洲啟蒙運動思想家反思世俗文化、精英政治，以及科舉考試的文官制度。儒家思想的世俗取向，為啟蒙運動的哲學家暗示「政教分離」的概念，這正是現代民族國家的重要概念。對歐洲知識份子來說，以考試制度選拔才俊之士，分配到政府部門，這是深具吸引力的，因為歐洲在貴族血統的世襲制下，社會流動受到嚴重的限制。阿道夫・利奇溫

1　譯注：利瑪竇（Matteo Ricci），義大利耶穌會士，致力於中國思想文化研究，與晚明士大夫進行了深入的思想交流，在中西之間充當了思想交流的中介。其中文著作有《交友論》、《幾何原本》、《西國記法》等，並繪有《坤輿萬國全圖》。

2　譯注：《天主實義》由利瑪竇始撰於一五九六年，成書於一六〇三年並出版，是用中文寫就的對話體著作，共二卷、八篇。它的出現影響了方以智、黃宗羲、戴震等明清思想家。參考〔意〕利瑪竇／著，〔法〕梅謙立／注（二〇一四）。《天主實義今注》（譚傑譯校）。北京：商務印書館。

（Adolf Reichwein, 1925, p. 26）多年前指出，十八世紀是中國和西方「形而上接觸」的時期，萊布尼茲（Leibniz）和伏爾泰（Voltaire）等哲學家在中國和儒家哲學發現了「幸福生活的願景，如同他們的樂觀所夢想的。」利奇溫（Reichwein, 1925, p. 77）甚至宣稱：「孔子成為十八世紀啟蒙運動的守護神。只有通過他，啟蒙運動才能找到中國的聯繫。」萊布尼茲（Leibniz, 1994, p. 51）熱切地提議，歐洲人「需要來自中國的傳教士，他們可以教我們如何使用和實踐自然宗教，就像我們向他們派出天啟神學的老師一樣。」可見當時歐洲對中國和儒家思想有多熱情。對於萊布尼茨（Leibniz, 1994, p. 45）來說，這幾乎是一個神聖的計畫，在世界的兩端發展出這麼不同又同樣偉大的文明，因而「最文明和最遙遠的民族開懷互相擁抱，可能將兩端之間的民族逐漸帶入更好的生活方式。」基督教傳教士和啟蒙哲學家們的議程和意識形態截然不同，但他們都相信並促進了東西方的相互理解。

世界主義精神對十八世紀的歐洲思想產生了重要影響，相信即使是相距遙遠的民族，文化和歷史背景不同，不但能夠互相理解，彼此還可以凝聚在一起，形成共同的人性。啟蒙運動的哲學家認為，中國是建立在理性而非宗教信仰的國家，這個積極形象給歐洲生活的世俗化帶來了重要啟示。然而，天主教會把這種世俗化傾向視作威脅，也不讚賞耶穌會士正面介紹異教國家及其文化。十七世紀和十八世紀初期，利瑪竇去世不久，天主教會內部掀起一場名為「中國禮儀」的爭論；堅持正統教條者們批判耶穌會士的「通融之道」過分向異教民族的語言文化妥協。皈依的中國基督教徒能否繼續「祭祖」的儀式和習俗，或能否在孔廟敬孔，都成為熱烈爭論的議題。甚至連術語也有爭論，漢語有沒有對應的詞彙，翻譯基督教的神、天使和其他精神真理等概念。法國漢學家雅克・謝和耐[3]（Jacques Gernet）研究禮儀之爭，提出純粹正統的觀點，認為基督教的精神概念和術語確實無法翻譯為中文這樣的異教語言，更根本的是無法為中國人的思維所理解。皈依的中國基督徒不能真正理解基督教的真理，謝和耐（Gernet, 1985, p. 33）引述聖方濟會神父安東尼奧・德・卡巴列羅（Antonio de Caballero）說，「中國人似乎是在說我們的神和天使，但他們只是在模仿真理」。另一位反對利瑪竇主張的正統論者龍華民[4]（Niccolò Longobardi）聲稱：「中國人從來不知道任何物質以外的精神實質」（Gernet, 1985, p. 203）。最終，耶穌會士的「通融之道」被認定不可接受，天主

3 譯注：謝和耐（Jacques Gernet, 1921-2018），法國二〇世紀下半葉著名的漢學家、歷史學家、社會學家，法蘭西學院名譽教授。專事中國社會和文化史研究，其著述《中國社會史》、《中國與基督教》、《中國5-10世紀的寺院經濟》、《中國人的智慧》、《蒙元入侵前夜的中國日常生活》等均已有中譯本出版。

4 譯注：龍華民（Niccolo Longobardi, 1559-1654），號精華，明朝末年來華的天主教傳教士。義大利西西里人，貴族家庭出身，一五九七年入耶穌會，一五九七年抵達澳門，一開始在韶州（即現廣東韶光）傳教，一六〇九年到北京，一六一〇年繼利瑪竇出任在華耶穌會會長。他反對利瑪竇允許教徒參與祀孔祭祖儀式的做法，被稱為「中國禮儀之爭」的第一人。參見夏伯嘉。〈天主教與明末社會：崇禎朝龍華民山東傳教的幾個問題〉，《歷史研究》，二〇〇九年第二期，頁五一—六七。

教禁用翻譯神和其他類似概念的中國術語；謝和耐（Gernet, 1985, p. 31-32）說，「教宗克里蒙十一世在一七〇四和一七一五年譴責『天』和『天主』等術語」。中國禮儀之爭的結果是，中國與歐洲形成二分對立，只看到彼此對立的概念、術語、範疇和價值。

誠如蘇源熙[5]（Haun Saussy, 1993, p. 36）所言，在「歐洲漢學的傳教士開端期」創造的二分對立，仍然影響著現代西方人的中國觀。比如，把中國禮儀之爭視為文化衝突的雅克・謝和耐（Jacques Gernet, 1985, p. 3），基本上同意天主教正統論者，他認為傳教士在中國遭遇的困難，都可以溯及中西方的根本差異，「不僅是不同的智識傳統，也是不同的心理範疇和思維模式。」謝和耐認為中國的「思維模式」不同，可能是受到葛蘭言[6]（Marcel Granet, 1884-1940）《中國思想》（*Pensée chinoise*）（1934）的影響，該書描述「中式的思維方式」根本與歐洲思想不同；反過來，葛蘭言又受到路西安・列維・布呂爾[7]（Lucien Lévy-bruhl, 1857-1939）集體精神狀態（collective *mentalité*）概念的影響，宣稱世界上每個民族都有獨特的「思維方式」。謝和耐不僅贊同正統論者的東西二分對立，更從思想和語言為它提供形上學的基礎，因為他強調中西本質的差異，就在於中文和印歐語言的鮮明對照。謝和耐說，「簡直無法想像一個與希臘語、拉丁語和梵語更不同的語言模式。」他描述中文為沒有適當的語法分別，因而無力表達抽象概念，因為「在中文裡，沒有表示『存在』的詞彙，沒有能夠表達存在或本質的概念，而在希臘語中，名詞*ousia*或中性名詞*to on*可以很容易表達這些概念。結果，『存在』的概念，也就是永恆不變的現實，這個超越現象的範疇，中國人也許難以理解。」（Gernet, 1985, p. 241）對謝和耐（Gernet, 1985, p. 244）來說，語言和思維方式是互相關聯的，而印歐語言與中文鮮明對比，「證實了本維尼斯特（Benveniste）[8]的分析：印歐語系的語言結構似乎說明了希臘語世界——之後是基督教世界——構思現實為超凡不變的概念，而不是由感官所建立的短暫現實。」

在此，我們發現許多主題後來被其他西方學者重提，當中以弗朗索瓦・于連[9]

5　譯注：蘇源熙，耶魯大學比較文學博士，現任美國芝加哥大學比較文學系教授。

6　譯注：葛蘭言（Marcel Granet, 1884-1940），二十世紀法國著名的社會學家、民族學家和漢學家，社會學年鑒學派重要成員，師從愛彌爾・涂爾幹、馬塞爾・莫斯和沙畹。他將社會學方法運用到了漢學研究當中。主要學術成果有：《古代中國的節慶與歌謠》、《古代中國的舞蹈與傳說》、《中國人的思想》、《中國文明》、《中國宗教》等。參考〔法〕葛蘭言（Marcel Granet）（二〇〇五）。《古代中國的節慶與歌謠》（趙丙祥、張宏明譯）。桂林：廣西師範大學出版社。

7　譯注：又譯路先・列維・布留爾或路西安・萊維・布律爾，法國社會學家、哲學家、民族學家，法國社會學年鑑派的重要成員。

8　譯注：埃米爾・本維尼斯特（Emile Benveniste），法國著名語言學家，一九〇二年出生於法國的阿萊城，一九三七年起任法蘭西學院比較語法教授，並且加入了布拉格語言學會結構主義的行列，是布拉格語言學派在法國的繼承人和傳播者。

9　譯注：又譯弗朗索瓦・朱利安，法國哲學家，漢學家。曾任法國中國研究協會主席（1988-1990）、巴黎國際

（François Jullien）為代表，他在很多著作中以不同的方式重申希臘與中國的二分對立。他認為，「中國提供了一個案例，通過它我們可以自外審視西方思想」（Jullien, 2000, p. 9）。這是他不斷重複而不變的論點，在書名*Penser d'un Dehors (la Chine)*（《自外思考（中國）》）中體現得一清二楚。他宣稱，歐洲人「走出希臘語框架」的唯一辦法，就是來一趟「中國」之旅，因為中華文明是「唯一在浩瀚文本中得到記載的，其語言和歷史譜系是完全非歐洲的」（Jullien & Marchaisse, 2000, p. 39）。史景遷[10]（Jonathan Spence, 1998, pp. 145）指出，以中國建立「相互強化異國情調的形象和感知」，似乎是法國人特殊的天賦。不過，這種異國情調顯然不限於法國人。美國學者理查・尼斯貝特（Richard Nisbett, 2003, pp. xvi–xvii）進一步發展心智和思維方式的概念時，將所有的西方人和所有的亞洲人作了鮮明對照：「人類認知並不是到處一樣。第一，不同文化的成員在『形而上學』，也就是對世界本質的基本信仰的看法是不同的。第二，不同群體特有的思維過程是大相徑庭的。第三，思維過程與對世界本質的基本信仰首尾一貫，就是說，為了理解這個世界，人們使用似乎有道理的認知工具。」在這樣的二分觀下，所有「西方人」和所有「亞洲人」的想法南轅北轍，但在西方內部和亞洲內部，人們卻以特定的方式統一思考。東西二分觀的另一個特徵是過分強調文化差異，同時把同一文化的內部差異降到最低。其荒謬處在於假設宏大概念——同質化的「西方人」和「亞洲人」——彼此對立，沒有任何內部差異。當代西方學術界一般過分強調文化差異和獨特身分，這個趨勢在理論上造成的影響更大。我們想到雅克・德里達（Jacques Derrida, 1976, p. 90）「延異」（*différance*）的概念，和他所聲稱的「邏各斯中心主義是完全西方的」，想到蜜雪兒・福柯（Michel Foucault, 1973, p. xv）以中國為不可解的「異托邦」（*heterotopia*）想像[11]。這種知識環境使得東西方比較研究很難做，即使做出比較，大概會落在東西差異，而非任何相似、共同的價值或密切的關係。

如同「中國禮儀之爭」中的純教條派，有些現代學者也認為中國人是沒有靈性理解力的唯物主義者，思維模式具體而非抽象，觀點是內在的不是超凡的。當然，並非所有的漢學家都信奉這種二分，但也確有人篤信於此，顯著地影響了現代西方對中國和中國人的理解。就像「中國禮儀之爭」中的純教條派，持東西對立觀點的學者強調，概念和

哲學學院院長（1995-1998）。主要著作包括：《過程或創造》、《恬淡頌》、《「勢」的研究》、《聖人無意——或哲學的他者》、《迂回與直進》、《道德的基礎》、《論時間》、《大象無形》等。

10 譯注：史景遷，美國歷史學者，美國當代著名漢學家，以研究明清史見長。曾任二〇〇四—二〇〇五年度美國歷史學會會長。主要著作包括：《王氏之死：大歷史背後的小人物命運》、《中國皇帝：康熙自畫像》、《胡若望的困惑之旅：18世紀中國天主教徒法國蒙難記》、《皇帝與秀才：皇權遊戲中的文人悲劇》、《曹寅和康熙：一個皇室寵臣的生涯揭密》等。

11 我在諸多研究中反對過這種對中國的異域化和東西方的二元對立。關於德里達對邏各斯中心主義批評的討論，請參見Zhang（1992）；關於福柯將中國視為「異托邦」的討論，請參見Zhang（1998, chapter 1）。

術語不可互譯，文化價值觀和觀念難以通約。「噢，東方就是東方，西方就是西方，二者永不相會。」大英帝國詩人拉德・亞德基卜林[12]（Rudyard Kipling）的這些詩句，有時被斷章取義，引述來表達東西方文化的不通約性。再次引用謝和耐（Gernet, 1985, p. 239）的話，他聲稱，在中文裡「很難表達抽象和一般事物如何與具體和特殊的事物根本不同」，以至於「歷史上試圖從語尾變化的語言，例如希臘語、拉丁語或梵語，翻譯成為中文概念，總是自取其辱。因此，語言結構不可避免地構成了思維模式的問題。」儘管數百年前梵語佛經已譯成中文，謝和耐還這麼說，他大概認為梵文的中譯都不過是扭曲訛誤，佛教真諦已永遠喪失。這個顯著的例子說明，以東西對立立論的學者，無視歷史和文本證據，一味否定翻譯的可能性，也看不到東西二分如何嚴重地影響他們自己強加的「思維模式」。通常，「不可譯性」罔顧歷史事實和文本證據，否定溝通的可能，因為正統派堅持百分之百的純度，卻不關心文本是怎樣翻譯的，也不關心有哪些詞彙和術語是不可翻譯的實例，他們只顧在概念層次上辯說理解和溝通是不可能的，心智或精神範疇層面是不可通約的。

在現代批判理論中，湯瑪斯・庫恩（Thomas Kuhn）提出不同範式的「不可通約性」（incommensurability），可能是最著名的。這個提法給哲學、社會科學以及一般人文學科的研究帶來的巨大衝擊，遠遠超過了他原本討論科學的歷史演變（所謂科學革命）的目的。庫恩認為，科學革命是一種斷裂，是完全的突破，新範式出現，取代老範式，而不同範式不能完全互通。在不同範式下工作的科學家們，不說同一種語言；庫恩說，範式改變太劇烈，「革命之後，科學家就在新的世界工作了。」（Kuhn, 1970, p. 135）在一九七〇年代和之後的很長一段時間裡，人們借用庫恩的極端「不可通約性」的概念來探討文化和傳統，其影響甚遠。但這種借鑒的結果並非全然正面，因為它助長了二分觀，如琳賽・沃特斯（Lindsay Waters, 2001, p. 144）所說的，「為部落主義的復興提供了合理性。」在人文學科和社會科學中，庫恩這一廣為人知的觀點，竟變成了「顛倒的不可通約性」，以致「把身分政治正當化，堅持跨越種族思考是不可能的。」最激進的「不可通約性合理化了一種狹隘的、絕對主義的、非多元化的相對主義」（Waters, 2001, p. 145）。這些當然不是預期的社會後果，但即便就科學史而言，「不可通約性」顯然也是言過其實了，因為在不同範式下工作的科學家，例如托勒密的地心說和哥白尼的日心說，還是能夠爭辯重要的議題，因為他們理解對方主張的宇宙中心是什麼。辯論也是交流，而且預設不同觀點及其差異也可以用語言表達。

晚年，庫恩放棄了他在《科學革命的結構》提出的極端「不可通約性」概念，但他仍然堅信「不可譯性」（untraslatability）的概念。他承認，不同範式的科學家相遇

12 譯注：又譯拉德亞德・吉布林，一八六五年生於印度孟買，一九三六年逝世，英國記者、小說家、短篇小說作家、詩人。一九〇七年獲得諾貝爾文學獎，成為英國第一位獲諾貝爾獎的作家。

時，使用的術語和語言大致相同，但他們對某些術語的理解可能大相徑庭。一方面，庫恩（Kuhn, 2000, p. 36）允許有共同語言，理解的問題因而減少和受限。「只有涉及一小群通常是互相定義的術語，以及包含這些術語的句子時，可譯性的問題才會出現。」因此，「不可通約性」被降格成為語言學的問題，是「關於語言和轉義的論斷」。另一方面，術語的語義轉變如此劇烈，庫恩認為新舊術語無法互譯（Kuhn, 2000, p. 93）。他指出，「不可通約性因此成為了一種不可譯性」，「僅限於兩種不同詞彙分類的領域」。然而，誠如希拉蕊・普特南（Hilary Putnam, 1990, p. 127）所言，翻譯之難「並不意味著沒有一種『共同語言』，可以說明兩個理論的術語指什麼。」「不可譯性」純粹是一個建構的概念，因為在現實中，無論翻譯有多困難，多偏頗，或多不完美，它總能使人類溝通成為可能。

翻譯不一定涉及兩種語言，如喬治・斯坦納（George Steiner, 1975, p. 47）所言，以同一種語言進行理解已經是翻譯了，而語際翻譯不過是「溝通之弧的特例，每一個成功的言語行為都在一種語言中關閉。」斯坦納以廣義的「翻譯」說明認知或交流的行為。他說，「任何交流模式也是翻譯模式，是縱向或橫向傳遞意義的模式。」（Steiner, 1975, p. 45）語際翻譯可以提供借鑒，因為它最明顯地提出了交流的問題。「在語際層面，翻譯提出了濃縮的、明顯棘手的問題；但在更隱蔽的、慣常被忽視的語內層面，這些問題也大量存在。……無論語內或語際，人類交流即翻譯。」（Steiner,

1975, p. 47）因此，純化論者的「不可譯性」概念否認交流，是向狹隘觀念倒退，退向惰滯和種族中心主義的「自然」趨勢。如安東莞・伯曼（Antoine Berman, 1992, p. 4）所言，「翻譯的確切目的——在寫作中打開與『他者』的關係，通過外來思想的調和以豐富『自我』的思想」，「這是與每種文化的種族中心主義結構截然相反的，由於形形色色的自戀，每個社會想成為純粹無雜的『整體』。」「不可譯性」的概念基礎沒有別的，只是文化和語言純粹性的自戀欲求，一種種族中心主義的幻覺，認為自身的語言和文化是獨一無二、高人一等、無與倫比的。

就狹義而言，我們都知道有些字詞確實無法翻譯，因為在一種語言中存在的東西，在另一種語言中可能不存在，或找不到近似的對等表達。從這個意義上講，許多習語、雙關語、固定短語、笑話和技術術語是無法翻譯的，但這個技術問題通常可以通過音譯和外來詞來化解。事實上，這並非翻譯才會遇到的問題，因為語言自身發展的過程中也常常是詞彙借用的案例，用已有的詞彙指稱新的、未名的事物，這也是斯坦納所謂的「意義的轉移」。抽象觀念和概念尤其如此。在詹巴蒂斯塔・維柯（Giambattista Vico, 1999, p.76）看來，「人的心智有這樣的特性，當人們對遙遠而陌生的事物一無所知時，他們就會根據當前和熟悉的事物來加以判斷。」他進一步指出，「在所有語言中表達無生命之物時，大多借用人體及其部位的隱喻，或用人類感官和情感的隱喻」（Vico, 1999, p. 159）。這似乎是所有語言增長語源和詞義的共同原則，即根據已知和未知、熟悉和不熟悉之間的某種關係，借用熟悉的詞語來表達陌生事物。在中國古典《易經》的繫詞中，我們也能找到非常接近的表述。《易經》說，上古皇帝伏羲通過觀察天象地形、模仿鳥獸蹤跡創造了八卦。「近取諸身，遠取諸物，於是始作八卦，以通神明之德，以類萬物之情。」（《周易正義》，一九八〇年，頁八十六）這在後來被認為是創造中國文字的方式。換言之，語言及其詞彙基本上是隱喻性的，其增長靠的是自我借用，即將一個詞的意義轉移給另一個。詞彙的借用不僅存在於語際（如翻譯），也存在於同一種語言之中。前文所述，這也是喬治・斯坦納強調「無論語內或語際，人類交流即翻譯」的原因。理解、翻譯、交流——這些認知行為，都是在距離之外理解原初之物，以我們的當下解釋過往，也是用一種表達指稱另一事物的行為，而不是純化派企圖複製原作的幻想。

在一篇論翻譯的名作中，瓦爾特・班雅明（Walter Benjamin, 1973, p. 70）特別強調「（我們）應當考慮語言創造的可譯性，即便沒有人能夠翻譯這些語言。」班雅明是在形而上學層面而非在翻譯實務的技術層面講這番話的。深植於猶太神秘主義和德國哲學唯心主義，班雅明認為，翻譯不是對外語原作的簡單傳達，而是力圖表達原作無法表達的東西，這是所有語言——即是他說的「純粹語言」——的目的。伯曼（Berman, 1992, p.7）評論說，在班雅明看來，譯者的任務是「超脫經驗語言的嗡嗡聲，去尋找『純粹語言』，這是每種語言內在所承載的彌賽亞式共鳴。這個目標無關倫理的目的，是徹底形而上的，超越自然語言，尋找柏拉圖式的『真相』。」用班雅明自己的話說，正是「純粹語言」把所有語言聯繫在一起。他指出，「語言之間並非形同陌路，而在先驗上，除了歷史關係，它們所想表達的其實是互相聯繫的。」（Benjamin, 1973, p. 72）所有語言所想表達的是一種深層的意向，「即每種語言整體的根本意向——但是，沒有任何語言可以達到這個意向，只有靠種種意向互補形成整體才能實現，這就是純粹語言。雖然外語的所有單獨元素——詞語、句子、結構——彼此互斥，但這些語言在意向上卻是互補的。」（Benjamin, 1973, p. 74）明確地說，班雅明堅持語言的可譯性，因為人類交流的根源是所有語言的本質及其共同的意向。認同「可譯性」就是認同：不同個人、社會群體和文化傳統中的事物、價值和觀念是本質上「可通約」的，跨越語言和文化障礙的理解和交流也是可能的。比較陌生和熟悉的事物，尋找對等表達，將外來事物帶入我們的知識範圍，翻譯擴展了我們的思維，彌合了語言和文化的差異。

但是，當差異在東西方之間，翻譯還可能嗎？當然，我的答案是肯定的，但只要文化「不可通約性」的二元對立、文化差異的過分強調，影響學術話語甚巨，東西方研究就仍然面臨著巨大挑戰。隨著我們進入二十一世紀日益全球化的世界，事物迅速變化，東西方之間的物理距離和心理距離正在縮小，東西方研究正成為社會科學和人文學科蓬勃發展的新領域。批判歐洲中心主義和任何其他種族中心主義，為真正開放的視野鋪平了道路；正如奎邁・安東尼・亞庇（Kwame Anthony Appiah, 2006, p. xvi）所說的，新的世界主義有強烈的道德承諾，「每個人都得對他人負責。」當下的社會和知識環境似乎變得有利於東西方研究。如前所述，翻譯總在不同程度使人類交流成為可能，並且隨著東亞經濟和文化蒸蒸日上，東西方研究在國際學界吸引越來越多的注目，最終也許有機會獲得更好的跨文化理解和交流。要學會東西方傳統充足的語言技能和深入知識，是令人生畏的挑戰，這也構成了東西方研究的另一個挑戰。即使任何學者要想獲得語言技能和文化知識，以投入嚴肅的東西方研究，絕非易事，但這實在是值得努力的事，這是值得我們自豪地為之作出重大貢獻的新研究領域。

參考文獻

楊志玖。《馬可・波羅在中國》。天津：南開大學出版社，一九九九年版。

《周易正義》。載〔清〕阮元校刻，《十三經注疏》（卷第一）。北京：中華書局，一九八〇年版。

Appiah, A. (2006). *Cosmopolitanism: Ethics in a world of strangers*. New York: W. W. Norton.

Benjamin, W. (1973). The task of the translator (trans., H. Zohn). In H. Arendt (Ed.), *Illuminations* (pp. 69–82). Glasgow: Fontana.

Berman, A. (1992). *The experience of the foreign: Culture and translation in romantic Germany* (S. Heyvaert, Trans.). Albany: State University of New York Press.

Derrida, J. (1976). *Of grammatology* (G. C. Spivak, Trans.). Baltimore: Johns Hopkins University Press.

Foucault, M. (1973). *The order of things: An archaeology of the human sciences*. New York: Vintage Books.

Gernet, J. (1985). *China and the Christian impact: A conflict of cultures* (J. Lloyd, Trans.). Cambridge: Cambridge University Press

Honour, H. (1961). *Chinoiserie: The vision of Cathay*. New York: E. P. Dutton.

Jullien, F. (2000). *Detour and access: Strategies of meaning in China and Greece* (,Trans. S. Hawkes). New

York: Zone Books.

Jullien, F., & Marchaisse, T. (2000). *Penser d'un dehors, la Chine: Entretiens d'Extrême-Occident*. Paris: Éditions du Seuil.

Kuhn, T. S. (1970). *The structure of scientific revolutions*. Chicago: University of Chicago Press.

Kuhn, T. S. (2000). Commensurability, comparability, communicability. In J. Conant & J. Haugeland (Eds.) *The road since Structure: Philosophical essays, 1970–1993, with an autobiographical interview*. Chicago: University of Chicago Press.

Larner, J. (1999). *Marco Polo and the discovery of the world*. New Haven, CT: Yale University Press.

Leibniz, G. W. (1994). Preface to the Novissima Sinica (D. J. Cook & H. Rosemont, Trans.). In *Writings on China*. Chicago: Open Court.

Nisbett, R. E. (2003). *The geography of thought: How Asians and Westerners think differently—and why*. New York: Free Press.

Putnam, H. (1990). The Craving for objectivity. In J. Conant (Ed.), *Realism with a human face*. Cambridge, MA: Harvard University Press.

Reichwein, A. (1925). *China and Europe: Intellectual and artistic contacts in the eighteenth century* (J. C. Powell, Trans.). New York: Knopf.

Saussy, H. (1993). *The problem of a Chinese aesthetic*. Stanford, CA: Stanford University Press.

Spence, J. D. (1998). *The Chan's great continent: China in Western minds*. New York: W. W. Norton.

Steiner, G. (1975). *After Babel: Aspects of language and translation*. New York: Oxford University Press.

Vico, G. (1999). *New science* (D. Marsh, Trans.). Harmondsworth, UK: Penguin.

Waters, L. (2001). The age of incommensurability. *Boundary 2*, 28 (2), 133–72.

Wood, F. (1995). *Did Marco Polo go to China?* London: Secker & Warburg.

Zhang, L.-X. (1992). *The tao and the logos: Literary hermeneutics, East and West*. Durham, NC: Duke University Press.

Zhang L.-X. (1998). *Mighty opposites: From dichotomies to differences in the comparative study of China*. Stanford, CA: Stanford University Press.

公共領域、場域與網路：去西方化世界中的西方概念？

Public Spheres, Fields, and Networks
Western Concepts for a De-Westernizing World?

羅德尼・本森
Rodney Benson
宋韻雅／譯，黃順銘／校

就地緣政治的目標而言，媒體研究終於走向國際化了，可是這對學者的理論化、分析與資料評估工作有何（或者，應當有何）意義呢？對國際媒介研究所面臨的真正挑戰，至少有三種不同的主張：其一，為了超越英美和歐陸語境，提升經驗上的變化性和複雜性到新高度，需要建立新的理論模式（Appadurai, 1990; Thussu, 2009）。其二，研究開始多向流動了——西方研究非西方，非西方研究西方，非西方研究非西方（「西方」和「非西方」的概念一直包含多重立場）——因而湧現了認知論的問題，而知識形式的局限和偏見也備受矚目（Smith, 1999）。其三，西方認為什麼要素構成良好公正的「民主」社會，乃至民主是不是唯一有價值的目標，這些都不能再視為當然了（Latour, 2005a; Silverstone, 2006）。

有人辯稱，這種挑戰是深遠而根本的，必須建立全新的非西方理論和模式，甚至更激進地說，「北方」（無論我們如何定義它）在認知上和道德上都沒有資格研究或批評「南方」的事物，因此需要有新的研究者和新的研究機構。即使不全盤接受這些批評，我們也理當歡迎新的理論和新的研究社群。但現實的情況是，全球研究絕大多數仍是那些老面孔用老理論在做的。我的問題是：面對各種非西方背景所湧現的挑戰，這些西方理論如何在本體論、認知論和規範性等方面做出回應？

我將聚焦三個重要概念，即公共領域、場域和網路，它們正日益被用來描繪世界上複雜而互聯的媒介環境。本章我會逐一分析這些詞語，首先看主要的理論宣導者如何界定這些概念——包括哈伯馬斯（Jürgen Habermas）和彼得斯（Bernhard Peters）的「公共領域」，布迪厄（Pierre Bourdieu）的「場域」，卡斯特（Manuel Castells）和拉圖爾（Bruno Latour）的「網路」——接著再看國際媒介學者如何運用這些概念。大致而言，我認為，如果從哈伯馬斯／彼得斯和布迪厄這一面，移向卡斯特（特別是移向拉圖爾）那邊，本體論的解釋就變得愈不固定，認識論的解釋（就其闡述程度而言）變得愈相對主義，而政治討論則變得愈自由開放。最後，我會討論這些不同取徑的問題，各種理論在何種程度是相輔相成、彼此對立，或僅僅代表不同的選擇。

一、公共領域

「公共領域」與哈伯馬斯關係最密切，通常指市民展開討論、試圖影響政府的社會空間。長期以來，一直有人批評「公共領域」最初的概念（Habermas, 1989）對制度說得不夠具體（Benson, 2004; Calhoun, 1992; Peters, 2008）。哈伯馬斯為了建立一個具有「經驗重要性」的公共領域模式，在廣泛參考已故學生兼同事彼得斯（Bernhard Peters）的著作（已由Wessler〔2008〕編纂並譯為英文）以後，已承認當代公共領域有多層的複雜性。

在一篇奠基的文章中，彼得斯（2008）稱民主社會是按照「中心」和「邊緣」的原則組織起來的。「政府體系的制度核心」有四大部門：「議會、法院、政府（政治領導）和行政（『非政治』或公務部門）」（Peters, 2008, p. 23）。外部邊緣由生活世界（lifeworld）各種「私人」社會領域的非正式組織構成（p. 20）。大眾媒介與其他公共領域的組織共同扮演一個重要角色，形同居間的「閘門」，把先進的、解放性的觀念由外部邊緣帶到中心。公共領域在政治體系的內部邊緣，包括「大眾媒介、民意調查、各種傳播網路，以及『公眾』（publics），它們都圍繞著時下的話題，或圍繞著出版物、行業關係，以及特殊討論的語境。」中心或核心是「討論問題，以謀解決，把整個過程濃縮成為決策」的地方，然而「（這些）決策的合法性，卻仰賴邊緣所形成的意見和政治意志」（Peters, 2008, p. 25）。

這個新模式有多大能力解釋歐洲和北美之外、超越單一民族國家的傳播實踐？索尼婭・塞拉（Serra, 2000）分析巴西「濫殺流浪兒童」的激烈行動、媒體報導和政策制訂的三面關係，她力圖以案例證明（新）哈伯馬斯式的「國際公共領域」所起的作用。多年來，「邊緣」的巴西宗教人士、左翼和人權活動人士，不斷挑戰政府的全國性政策——政府鼓勵或聽任員警濫殺貧困青少年，這些青少年多半犯過輕微罪甚至暴力罪（參見電影《無法無天》）。但這些人的努力一直沒有得到進展，直到被國際特赦組織和天主教會等國際非政府組織關注到，情況才有所不同——通過這些組織，《世界報》、《衛報》、《紐約時報》和CNN等備受尊敬的媒體，充當了「閘門」的角色，將濫殺青少年的焦點，從巴西的邊緣一方面轉移到巴西政府的「中心」，一方面轉移到西方／國際權力的「中心」，譬如聯合國（及其相關組織：聯合國兒童基金會，國際保護兒童組織）和美洲國家組織。國際（美國／歐洲）的關注，終於使巴西政府成立全國委員會處理這個問題，在「司法、軍隊、員警和商會中權勢群體」的反對下，頒佈了新法令，限制員警濫殺（Serra, 2000, p.162）。

就某個層面而言，這個故事說明發展中國家「權力結構之外」的邊緣社團，聯合（西方）國際市民社會的團體和主流的媒體機構，「影響國家決策」（Serra, 2000, p.169）。這個案例增加了哈伯馬斯「中心—邊緣模式」的複雜性：實際上，邊緣通過動員，爭取（與聯合國相關的）國際組織的支援，挑戰一個國家（巴西）的權力中心，這些國際組織的權力有多大，最終還要取決於它們與支配全球的國家權力中心（如美、英、法）聯繫如何。然而，正因為它們這種與美歐的權力聯繫，至少在這一案例中，我們看到「國際公共領域」的民主性與批判性有其局限。西方媒體樂於報導充滿戲劇性的、令人痛心的故事，以此再次證實這是「第三世界野蠻之地的文化形象」，這是不足為奇的（Serra, 2000, p. 166）。非政府組織和西方媒體宣稱，必須停止殺戮。但是，什麼社會條件助長輕微犯罪和員警暴行？在鼓動、慫恿巴西制訂經濟政策，造成極端的貧富懸殊時，西方政府、企業和國際貨幣組織扮演什麼角色？「進步的」非政府組織和媒體絕口不提這些問題：實際上，這個報導真正的「中心」——西方和國際權力中心——絲毫未動搖，它們反而為自己的道德優越感和善意沾沾自喜。

塞拉承認這些複雜性和反諷性。她的研究一方面證明哈伯馬斯的新公共領域理論，在跨國、非西方研究中相當實用和靈活；但另一方面，也暴露哈氏協商民主政治的缺陷，它未能促使西方國家自我批判，也未能推動進步的經濟改革。

以認識論和規範性而言，哈伯馬斯模式最初根據的是歷史研究，他考察了西歐資產階級公共領域如何興起，以制衡國家的權力。他一直是西方啟蒙運動的有力捍衛者。然而，他的「溝通行動」（communicative action）概念——即在相互理解的過程中產生知識——顧名思義，在認識論上似乎相當開放。以溝通行動為指引開展研究（其形式必然跟文化場景改變），似乎是與「他者」建立密切聯繫的絕對必要條件，但如何實現這種聯繫，仍然（不可避免地）語焉不詳，更不用說理解了。

更棘手的是哈伯馬斯的規範性立場，他支援一種特殊的民主，即協商式民主，這可能不適用於所有社會。哈伯馬斯較近的著作（1996）承認（亦見於他在卡爾霍恩〔Calhoun,1992〕主編書中的文章），需要容納多種多樣的溝通方式，確保狹義的「理性」公共協商不致強化了教育、財富和父權制根深蒂固的特權。然而，不斷地開放式協商，既不合政治現實，也無法與某些非西方社會中固有的文化習俗產生共鳴。

無論是狹義（強調理性的、批判性的辯論）或廣義（強調包容性和多元溝通方式）的「公共領域」理想，都並不必然與學者的國籍或地域相關。阿聯酋媒介學者穆罕默德・阿伊什（Ayish, 2006）嚴厲批評，半島電視臺的「針鋒相對（*The Opposite Direction*）」節目極盡煽情之能事——他稱之為「邊緣政策」（"brinkmanship"），他並以定量細緻地分析讓嘉賓互毆的節目技巧。阿伊什雖然承認該節目的「激辯」論壇很重要，但結論卻是高度哈伯馬斯式的：「談話節目需要促進真正的對話，而非參與各方聳動的叫嚷」（p.125）。另一方面，美國媒介學者馬克・林奇（Marc Lynch）雖也道出類似的煽情主義的問題，卻偏向強調阿拉伯媒體積極的一面。在林奇看來，「新興的阿拉伯公共領域，是一個真正的公共領域，其特徵是有自覺的、開放的，和爭議性的政治辯論……改革是這個新公眾群體一貫在意的，是社論版和談話節目持續引發公眾激辯的話題。」（2006, p. 247-48）

二、場域

「場域」的概念常與法國社會學家布迪厄（Pierre Bourdieu）聯繫在一起，儘管「新制度主義」的理論家和研究也用這個概念（例如Powell & Dimaggio, 1991; Fligstein, 2001），而且這個概念的源頭是社會心理學家庫爾特・勒溫（Kurt Lewin）（參見

Martin, 2003）。場域理論中的「場域」，指當代社會分化為多重職業和創作空間，相互競爭，組織層級分明，但有部分自主性，且日益專門化。在場域之內和場域之間，權力關係從根本上建構了人類的行為。布迪厄結合了費爾迪南・德・索緒爾（Ferdinand de Saussure）與馬克斯・韋伯（Max Weber）、卡爾・馬克思（Karl Marx）、埃米爾・涂爾幹（Émile Durkheim），堅信「現實都是關係性的（relational）」，在社會層面和話語層面皆如此：經濟與各種形式的文化權力根本對立，相互轉換，也可以聯合。

在經驗意義上，場域理論提供了靈活的模式，但也追求普遍有效性。布迪厄是比較研究的學者，原則上否定「場域間存在跨歷史關係的定律」，他認為「我們必須分別考察每一個歷史案例」（Bourdieu & Wacquant,1992, p. 109）。然而，一九八九年布迪厄在日本東京大學演講說，他在阿爾及利亞和法國做的文化和權力深層結構與關係分析，並不囿限於這些地區，而是有更廣泛乃至普遍的適用性（Bourdieu, 1998c）：

> 我想如果我是日本人，我不會喜歡大部分外國人寫日本的東西……這是不是意味我應該限在單一社會的特殊性，而對日本不置一詞？我不以為然。相反，我想，我報告的社會空間與象徵空間模式，是從法國的特例構建出來的，但我還是要跟你們談論日本（如同我在其他情境中談論德國或者美國）（p.1）。

布迪厄（Bourdieu, 1998c）接下來所講的，也值得大段引述，因為我們後面要提到的另一位理論家將駁斥他的觀點：

> 我相信，我的取徑看似民族中心主義，但我按照這種（關係性）邏輯構建起來的模式，應用到另一個社會世界，無疑更尊重歷史現實（以及人民）；最重要的是，比起熱衷異國情調者繪影繪聲描述差異的表面特徵，它在科學術語上更有建樹……研究者……想理解那些被本族人或外來者所忽視的結構與機制（儘管原因有所不同），譬如社會空間的建構原則、該空間的再現機制；同時，（研究者）也力圖通過一種追求**普遍有效性**（universal Validity）的模式來表現它們。（pp.2-3，強調為原文所加）

結構性、關係性的基本社會關係模式，有潛在的普遍意義，[1]儘管它的具體形式在

1 Neil Fligstein在《麥克希爾社會學評論》（McGill Sociological Review）一（二〇〇一，頁五九—六五；網址為http://www.mcgill.ca/msr/volume1/interview/）的一篇精彩訪談中是這樣評價場域理論的目標：「我認為場域理論是一個巨大的突破。它橫跨社會科學……John Levi Martin（社會學家和場域理論家）和我經常開玩笑說，我們正在研究『一切的』理論（theory of everything）。所以當我們在一起時，稱之為TOE。那是個玩笑！但是我認為有了場域理論，你會回過頭去瞭解人類是做什麼的，以及集體行動是如何發生的……人群和

特定的社會場景不同。我們可以提出一個工作假設，預測在此時的工業化世界，經濟場域占據支配的地位。但這不是馬克思理論的歷史必然性；而是韋伯所說的，只不過是路徑依賴的歷史進程中發生的偶然結果。經濟場域的支配度如何，文化生產自主性如何，經濟和文化領域如何理解，都因國家而異。在工業化的西方，特別是西歐，主要是藝術、科學的「文化」場域與經濟場域對峙；在很多國家，主要是宗教場域與經濟場域對峙，宗教甚至是至尊的場域。在某些國家，軍事性的、或指令經濟的政治場域，可能占據支配地位。可見在布迪厄的場域理論中，被認定為普遍性的基本結構框架，有一部分至少需要以開放式研究加以平衡，以瞭解這些結構在特定社會領域的經驗形式。

場域理論已經應用到英美法以外的研究（如Kjær & Slaatta, 2007; Hovden, 2008; Hallin & Mancini, 2004），也應用到一些比較研究，成績卓著。這些研究顯示，各國的場域邏輯很強，超過所謂美國化的同質力量（如Benson & Hallin, 2007; Benson, Blach-Ørsten, Powers, Willig, & Vera Zambrano, 2012; Benson, 2013）。近年來，全球南方的學術研究也已經有效地應用場域理論。[2]

奧瑞布・納吉亞（Orayb Najjar）運用場域理論，研究兩個跨國新聞媒體的崛起，一是卡達半島電視臺（阿拉伯頻道與國際頻道），一是委內瑞拉南方電視臺（Najjar, 2007）。納吉亞跳脫政治經濟解釋的窠臼，轉而以布迪厄的方式，強調資金（經濟資本）和合法性（象徵資本）的區別，以及以象徵資源爭取合法性背後的關係基礎。場域理論堅稱，場域關係超越國界，納吉亞重視這點；正如布迪厄（Bourdieu, 1998b, p.41）所言，新聞場域分析若要完整，就必須考慮「國族性媒介場域在全球媒介場域中所處的位置」。

納吉亞研究半島電視臺和南方電視臺，說明場域的結構和動力是歷史產物。就全球媒體而言，必須考慮全球南方對西方的悖反心理，它們一方面長期不滿支配性西方通訊社的種族中心主義，另一方面又推崇美式新聞專業主義鼓吹「獨立」於國家的干預。瞭解場域的這種預存狀態，有助於解釋為什麼半島電視臺和南方電視臺為了增加受眾、收益與專業合法性，一邊強調自己支持一九七〇年代聯合國教科文組織挑戰美國的媒體霸權，一邊又強調相對於主辦國的自主性（前者是卡達，後者主要是委內瑞拉，但也有阿根廷、烏拉圭、古巴和巴西）（Najjar, 2007, pp.7–8）。

團體如何互動，以及觀察他人、參考他人並且取得位置，這是一個非常普遍的社會過程。」

2　因為篇幅的限制，我在文中重點解讀了Najjar（2007）的著作，但是Noha Mellor（2007）也大量運用了布林迪厄（和哈伯馬斯）的作品。與Najjar不同，Mellor明確表示：「為了記述西方社會的變革而發展起來的西方理論，不能不加批判地用於分析非西方社會...但是場域理論可以作為建構的基石。」（第四頁）Mellor根據阿拉伯媒體及其觀眾的特點，對場域理論提出有趣的修正。例如，半島電視臺（和許多其他阿拉伯媒體）使用高尚的阿拉伯書面語，但中低收入／低教育的觀眾遠多於高收入／高教育的觀眾。這挑戰了布林迪厄認為媒體生產與消費者「相應」的觀點（同上，第四頁；另見於Benson & Neveu,〔2005〕對同源性程度上這種變化的可能性的討論）。

納吉亞（Najiar, 2007）捕捉了象徵資本的驅動力如何影響全球新聞場域的行為：

> 南方電視臺甚至在引入一個革命性的項目時，也無法背離全球新聞業的信條，無法擺脫人們對政府擁有媒體的負面看法。因為南方電視臺最初由古巴總統卡斯楚提議創辦，在開播之前即已被批評者稱為「查韋斯（按：委內瑞拉總統，卡斯楚的盟友）電視臺」，故不得不為「去除烙印」而努力：即遠離由委內瑞拉總統資助的政治場域，轉而尋求一個類似於半島電視臺那樣的（相對更加自主的位置），即雖由統治者資助，卻保持董事會的獨立。（p.10）

美國的政治、經濟和文化的世界霸權逐漸式微，半島電視臺追求新聞工作者的專業化與多元化（半島電視臺國際頻道在這方面廣為人知），廣泛提供多元視角，持續而不煽情地報導西方媒體所忽視的地區。這些努力積累了象徵資本，坐收豐碩的紅利；《哥倫比亞新聞評論》（*Columbia Journalism Review*）盛讚半島的英文頻道，即為明證（Editors, 2011）。諷刺的是，美國政府不瞭解影響力端賴象徵資本，居然公然以政府資助和控制「公共外交」的方式，以對抗半島電視臺。正如納吉亞（Najiar, 2007, p.17）所言，這些方式「被認為是不正當的，因為它們落入政治場域，而非新聞場域」。

與哈伯馬斯不同，場域理論的前沿和核心是認識論的問題，至少布迪厄版本如此。態度、品味、體態——布迪厄謂之「慣習」（habitus）——是人們在複雜的分層系統中所處的位置所塑造的，部分也得看獲得這個位置的環境：「談慣習，也就是在宣稱個體，甚至一己，與主體是社會性的、集體性的。慣習乃社會化的主體性。」（Bourdieu & Wacquant, 1992, p.126）當然，這對社會研究者和其他人都適用。但例如尼古拉斯・盧曼（Niklas Luhmann）的系統論，有經驗上癱瘓的相對主義，場域理論又當如何擺脫它？一句話：反思性（reflexivity）。

對布迪厄而言，科學研究之所以為「科學」，與其說是系統地檢驗假設和蒐集事實，不如說在認知論上與自然化的常識性知識範疇充分斷裂。布迪厄深受法國認識論學者加斯東・巴什拉（Gaston Bachelard）影響，他意簡言賅地描述研究過程：「（經由與常識斷裂），事實被征服、被建構，被證實」（Bourdieu et al., 1991, p. 24）。人們在充分「客體化」特定的社會世界之前，必須要「自我客體化」，也就是不僅要考慮階級的軌道與位置、種族與性別，也要考慮「在遠處和在上方」生產知識的「學術凝視」之特權地位：「必須要客觀化的，不僅是研究者個人平生的習性，還有她在學術空間的位置，以及因『越位』或『出局』所帶入視野的偏見。」（Bourdieu & Wacquant, 1992, pp. 70-72）

如果說布迪厄的反思性從概念上解決了認識論的問題，觀察者能夠超越個人特性和機構位置的偏見，以生產客觀知識，那麼如何落實這個過程則稍顯神秘。我觀察和閱讀過許多受到布迪厄啟發的研究，再根據我自己的研究，我認為：反思性是不能毫無懷疑地接收官方機構或過往學術研究的分析範疇，而且要把自己的範疇當作暫時性的，不斷接受批判性反思（比如，詞語的預設是什麼？它們隱約支持誰的利益？這樣的詞語排除誰或什麼在外？）；一方面傾聽在場域中的個人，瞭解他們從「主觀」行動得到的分析範疇；另一方面蒐集「客觀」社會因素的資料（客觀資料制約「行動」），兩者所花的時間不分軒輊。布迪厄抨擊自然化的分析範疇，無異於布藍勒、麥克勞德和羅森格倫（Blumler, Mcleod, & Rosengren, 1992, p.3-18）辯護比較研究時說：比較研究「是世界化的，讓我們將目光投向周遭時空脈絡中無法關注到的傳播模式與問題」。

場域理論隱含的規範性立場是什麼，是其政治性嗎？在布迪厄看來，國家和大眾傳媒的「象徵性暴力」加劇了經濟不平等，這是一個嚴重的問題，他晚年痛斥其為「激進分子」（見Bourdieu, 1998c）。布迪厄一方面辯護藝術（尤其是科學）的自主性，一方面又宣稱，科學旨在批判已知的知識範疇，揭露權力的關係，科學和社會正義的工程卻是天然盟友（Bourdieu, 1996）。儘管布迪厄曾經力批父權制（Bourdieu, 2002），而且他的長期合作者阿卜杜拉—馬利克・賽義德（Abdelmalek Sayad）是法國研究移民問題的重要學者，但布迪厄對「社會正義」的概念，卻幾乎完全只從經濟公平、工人權利的角度著眼。他一直批評美國式的身分認同和種族政治，不僅因為美國文化帝國主義自以為可以移植到世界各地，他無形中也批評美國的文化外銷削弱了大家對經濟正義問題的注意力（Bourdieu & Wacquant, 1999）。

然而，這些政治立場並不是場域理論所固有的。場域理論是社會關係的關係—結構模式，它承認在經濟權力之外，還有多重（即便是有限的）權力（資本）形式。「新制度主義」的場域理論立場往往相對保守，起碼是一般的「自由多元主義」：這些取徑並不預設經濟場域具有壓倒性的權力，也不太關注深層文化模式的階級分層（參見Powell & DiMaggio〔1991〕編著中的某些章節）。

三、網路

社會網路分析有不同的知識來源，早在火熱的全球數位網路以前就有了。[3]我聚焦

3 參見Monge & Contractor（2003）對社會網路文獻的完整回顧。不同網路理論的交流越來越多。二〇一〇年二月十九日至二十日南加州大學傳播學院召開國際網路理論大會，Manuel Castells, Bruno Latour, Noshir Contractor, Peter Monge, Yochai Benkler等人主講，見證了這個趨勢（見http://ascnetworksnetwork.org/ann-conference瞭解報告摘要和演講視頻）。

於兩種網路理論分支，我認為它們與全球媒介研究關係最密切：曼紐爾・卡斯特（Manuel Castells）的「網路社會」模式（1996, 1997, 2000, 2007）和與布魯諾・拉圖爾（Bruno Latour）相關的「行動者網路理論」（2005a；也參見Callon, 1986和Law, 2007）。

卡斯特如今以網路分析廣為人知，但二〇一〇年二月十九日他在南加州大學安能堡傳播學院會議致辭時（參見註腳3）說，他最初為《網路社會》一書取的標題是「流」（Flows），出版商建議改題為「網路社會」更動人，也更精準抓住卡斯特所描述的網路崛起。拉圖爾和其他學者早在網路之前，就已提出「行動者網路」的概念，以避免落入個體—社會二元對立，從而建立科學社會學研究方法論的藍圖；直到近幾年，拉圖爾才轉而關注數位網路，也才引起媒介學者的注意（參見Turner, 2005; Hemmingway, 2008）。我從卡斯特開始，因為他更早與媒介研究有聯繫，也因為他的框架介於哈伯馬斯和布迪厄（宏觀政治經濟模式）與拉圖爾（更微觀、反結構主義、相對主義的認識論）之間。[4]

（一）卡斯特的網路社會

卡斯特百科全書式的三部曲著作，當初命名為「資訊時代」時，他承認相當猶豫；這說明他的涉及面很廣，「網路」未必在中心位置。卡斯特強調的，是劃時代的經濟變革，即一九七〇年代以來從福特轉向後福特「靈活積累」的資本主義秩序（這種分析與大衛・哈威〔David Harvey〕等人如出一轍）。他認為，伴隨「新經濟」而來的新社會」，「關鍵的社會結構與活動，都組織在電子處理的資訊網路」（Castells, 2000, p. 695）。在卡斯特看來，網路是「連結節點的集合……靈活而又有適應能力的結構，在資訊技術的驅動下，能夠執行網路中編寫的任何任務。」網路一直與「大型的，集中的組織」共同存在；網路崛起，只不過為網路凌駕於其他社會組織的形式提供強大的技術助力（p.695）。因此，卡斯特與大衛・哈威之類的地理學家不同，也與批判性政治經濟學家不同，因為他強調科技，有時甚至接近麥克魯漢式的技術決定論（儘管他拒絕接受這個標籤）。

對卡斯特而言，媒體正日益成為全球權力運行的中心。這是因為先前的媒體形式

4　Van Loon（2000, pp 109-110）提供了類似的分析：「隨著卡斯特《網路社會的興起》（*Rise of the Network Society*）（1996）一書的出版，網路理論已經成為當代政治經濟的主流力量。卡斯特採取幾乎毫不妥協的經濟主義，卻又誘惑性地融合了技術決定論的精神，以致文化分析的研究難以有效使用他的概念。相反，研究者在更加難以捉摸、更複雜的德勒茲瓜塔理論（Deleuzoguattarian）的集合概念裡尋求庇護……在政治經濟的『網路』概念與差異化的『集合』概念之間，我們發現了『行動者網路』。『行動者網路』比『網路結構』更具活力，但比『集合』更容易理解。」

（廣播、電視、印刷媒體）都融合到網路之中。卡斯特（Castells, 2007）在他一篇最簡潔有力的文章寫道：

> 在數位時代，傳播技術不斷變革，傳播媒介延伸到網路裡的社會生活各領域；這個網路是全球性的，也是地方性的，是一般性的，也是不斷量身裁製的。於是，權力關係——它構成一切社會基礎的關係——以及挑戰制度化權力關係的過程，就在傳播領域中被不斷塑造和決定了。（p. 239）

卡斯特（Castells, 1997, p. 312）指出，在傳播場域和「媒介空間」（“media space”）內部，政治以電子媒介的「邏輯」為組織原則，這種邏輯涉及「電腦化的政治行銷，政治導航的即時民調，〔以及〕人身攻擊的政治策略」。

卡斯特對世界各地政治傳播日益顯著的變化，記載甚詳。他經常說，相對於全球資本，國家權力日益衰弱；但他引用的和他幫助出版的不少西方與非西方國家研究案例卻又強調，在全球「網路社會」的運行中，存在著跨國差異（參見Castells, 2004）。卡斯特坦承特例太多，但問題是他沒有把它們理論化。卡斯特的「媒介空間」概念太寬泛，無助於解釋為什麼有些政治辯論相比起來更簡單化，更個人化，更戲劇化，或更脈絡化（例如，他一筆帶過，提到北歐對政府的信任並未下降，卻沒有追問為什麼；參見

Castells, 2007, p. 244）。

網路上也出現「大眾自傳播」（"mass self-communication"，即「互動傳播的橫向水準式網路」），這個「新型媒體空間」，部分制衡了（大眾）媒介邏輯（Castells, 2007）。舉凡博客、社交媒體網站、大量使用者生產內容的各類媒體網站，都日益結合行動電話通訊系統，改變人們怎麼使用網路和誰使用它。這種水準式網路傳播，內容多非政治性的，但卻也增加活躍的社會運動數量、類型和全球影響力。一方面，網路使得積極分子更容易直接挑戰企業權力，憑藉「文化干擾……這種策略通過收編、駭客入侵、嘲諷以及意義的再脈絡化，讓企業權力變成自身的對立面」，而「意義的再脈絡化」就是靠製造、流通企業品牌的負面（經常是幽默的）訊息和圖像（Bennett, 2003）。另一方面，像墨西哥的薩帕塔民族解放軍之類的武裝團體，已利用網路建立國際聲援的網路，既對抗本國政府，也（不太有效地）對抗全球性的經濟與政治機構（Castells, 1997; Russell, 2001）。

「大眾自傳播」的潛能容或幫助發展中國家的抵抗運動，但卡斯特（Castells, 2007, p. 249）指出，「『自傳播』技術的發展畢竟是我們的文化產物，強調個人的自主性，以及社會行動者的自我建構」，可見「自傳播」也可以成為歐美嶄新的秘密力量。卡斯特強調，資本主義媒介集團利用各種手段，從社交網站收編、獲取廣告和行銷研究，獲得YouTube的所有權、雅虎公司收購湯博樂（Tumblr）都是例子。

卡斯特不論使用任何理論，都是靈活、折衷又務實的。就算有明確的認識論，卡斯特也沒有強調它。他檢驗觀察的方法，是把連續性的、常常是團隊式的經驗研究（包括原始和二手資料）熔於一爐。

在政治上，與哈伯馬斯和布迪厄一樣，卡斯特的著作強調社會運動的行為有進步潛能。但他又與布迪厄不同，因為他似乎支持「新興」文化與身分認同的社會運動，以及階級激進主義。卡斯特（Castells, 2007）和哈伯馬斯、布迪厄不同的是，他對長期的政治後果評價似乎更樂觀：

> 有理由認為，社會行動者自主設立政治議程的能力，在「大眾自傳播網路」要比在大眾媒介的企業世界大得多。儘管爭取社會支配和反支配的舊式鬥爭，在新興的媒介空間仍會繼續，但以往對權勢者的結構性偏袒，正日益被新興的傳播社會實踐削弱。（pp. 257-158）（另見於Castells, 2012）

（二）拉圖爾的「行動者網路」理論

卡斯特突出當代的經濟與科技變革，但拉圖爾及其他行動者網路理論（ANT）學者聲稱，「行動者網路」一直都是人類社會的構成要素：網路造就的資料獲取，不過令這方面的人類生存變得更具「可追蹤性」和可見性（Latour, 2010）。

拉圖爾最早是研究科學的，最大的影響也在科學技術領域。近年來，他將研究聯繫到十九世紀法國社會學家加布里埃爾・塔爾德（Gabriel Tarde），寬泛地挑戰他所謂的「社會的社會學」（sociology of the social）——也就是以社會為獨特的分析單元，不同於（而且大於）個人的總和。對塔爾德而言，這種「社會」取徑的代表人物是涂爾幹；而對拉圖爾而言，代表人物則是皮埃爾・布迪厄。與「社會的社會學」不同，塔爾德式或拉圖爾式的取徑始於「行動者網路」，由人（以及非人的物體）和其他行動者（包括人，和非人的物體）的關係所構成，與更大的結構無必然聯繫：「每個行動者都是一個網路，而每個網路都由行動者組成」（Latour, 2010; Latour, 2005b）。

乍看之下，行動者網路理論的關係取徑似乎頗近場域理論。兩者都是「建構主義」的形式，前提是：沒有真實的知識是未經中介化的，大凡「識見原則和社會世界的差異」（布迪厄）或「關注的對象」（拉圖爾），都是社會和話語建構。兩者都避免抽象的理論，而要使用到經驗研究中。布迪厄（Bourdieu, 1989）的「結構主義的建構論」，特別重視一種建構——就是反思性社會學家的建構，看歷史如何塑造結構，使人得以在其間行動。「行動者網路」理論是嚴格的建構主義，極端中立，只扁平地敘述他人的描述，而不評判誰的說法最接近「現實」。正如蜜雪兒・卡龍（Michel Callon）所言，「觀察者不要強加預先建立的分析架構……而要追蹤行動者，以便弄清楚他們如何界定、聯繫他們建造和解釋世界的不同成分，無論這是社會還是自然世界。」（Sallon, 1986, p.4）

人、動物或物體，誰也不比誰高，這就是「行動者網路」理論有名（或是臭名）的人與非人公式。因此，有的「行動者網路」理論家，例如約翰・勞（John Law），寧可用「物質符號學」（material semiotics）來描述其取徑（Law, 2007, p.2）。「行動者網路「理論雖不否認結構的存在，卻視之為不穩定的、脆弱的和轉瞬即逝的，如同哲學家蜜雪兒・塞爾（Michel Serres）所言，「在無序之海中的一些秩序補丁」（Law, 2007, p.5）。勞將「行動者網路」理論描繪為「後結構主義的經驗版」，與吉爾・德勒茲（Gilles Deleuze）的遊牧哲學關係密切。在勞看來，「行動者網路」和「集群」（“assemblage”）（拉圖爾、卡龍等人也使用德勒茲的詞語）都是「指在總體秩序範圍之內，具有生產力、異質性和相當有限（這一點相當關鍵）的組合形式，形成暫時性的集結」（Law, 2007, p.6）。

「行動者網路」理論與全球媒介經驗研究相關性可能並不明顯，讓我指出某些可能的聯繫。首先，全球媒介的結構與文化權力的結構有多穩定？許許多多理論強調流動性、不確定性和無常性，「行動者網路」理論在光譜的極端。卡斯特朝著這個方向走，但他並未放棄權力能超越特定情境持續存在的想法。在二〇一〇年南加州大學網路理論會議上（參見註腳3），卡斯特（2010）在點評時建議拉圖爾拋棄權力觀，但拉圖爾回應說要「求同存異」。同樣地，阿爾君・阿帕杜萊（Arjun Appadurai）認為全球文化經濟是一種「複雜、重疊而又斷裂的秩序，無法再從現有的中心—邊緣模式（即便它可以解釋多重中心和邊緣）角度理解」（Appadurai, 1990），他不啻預先譴責哈伯馬斯或布迪厄後來對媒介權力的著述。然而，阿帕杜萊堅稱，他並不想完全「抹煞社會參照」（p.6, n2），他還使用「景」（scapes）這個聽起來像結構性的詞尾，表明他不會走得像拉圖爾等人那麼遠，只一味強調偶然性和混沌。在流動性／偶然性之間，在結構／受約束的能動性之間，與其事先作出取捨，更合理的是：假設某些社會領域比其他領域有更多的能動性和偶然性，而這只能通過經驗研究才能證實。

我們如何同時研究「全球」、「在地」及其複雜關係？對於拉圖爾而言，無所謂「全球」與「在地」，如同無所謂「宏觀」與「微觀」；有的只是網路網站（華爾街交易室、科學實驗室、法律辦公室，諸如此類），有些網站比其他網站更具「網路性」，即接近於「一種星狀圖，其中心被許多放射狀的細小雙向通道來回包圍著」（Latour, 2005b, p.177）。拉圖爾（Latour, 2005b）說：

> 一旦生產全球性結構的在地網站受到重視，社會世界的整個拓撲圖便為之一變。宏觀不再是描述一種像俄羅斯套娃般，將微觀嵌套於更廣或更大的網站，而是另一

> 個同樣在地、同等微觀的地方，通過某種媒介連結許多網站，傳輸某些特殊類型的軌跡。沒有一個地方比其他地方大，但有的受益於與更多地方、更安全的連結。（p.176，強調為原文所加）

「行動者網路」理論的最後一個潛在用處是科技分析。塔特龍（Tatnall）和吉爾丁（Gilding）指出，「行動者網路理論解決社會-技術鴻溝的方法，是靠否定純技術關係或純社會關係為不可能的」（Tathall & Gilding, 1999, pp. 57-58, 63），因此力避技術決定論和社會決定論。弗雷德・特納（Fred Turner）以「波因特在線」（Poynter Online）吉姆・羅蒙內斯克（Jim Romenesko）的新聞專欄為例：羅蒙內斯克這個人只是使得他的網站有影響力的部分原因；數位技術也是行動者，凡是「能夠起作用，確實改變事態的，都是行動者」（Latour, 2005b, p. 71）。特納（Turner, 2005, p. 323）這樣寫道：「從傳統的角度觀之，新媒體只是提供資訊分配的新管道。然而，從『行動者網路』理論來看，新媒體與人類合作的夥伴合力創造了新的社會—技術形式。數位媒體為羅蒙內斯克這樣的專業人士，不僅提供新的聲音，更提供他建立機構、個體與機器新聯繫的能力。」同樣地，艾瑪・海明威（Emma Hemmingway）給ＢＢＣ區域電視新聞做了細緻的民族志，彰顯了技術（譬如攝像機、麥克風和錄音設備）在塑造新聞生產過程中發揮重要的作用（Hemmingway, 2008）。然而，她的研究並不是技術決定論，而是以「行動者網路」理論，追蹤人與機器不穩定和高度偶然的協作。

最後，在這裡所檢視的幾個理論中，「行動者網路」理論在認識論和政治上似乎最開放，最不妄加評判，尤其適用於非西方社會的西方研究。它要求所有行動者（包括研究者在內）的敘述一視同仁，確保西方和非西方各種視角都能呈現，並受到尊重。這個立場也延伸到了政治層面。倘若好的社會就是使人們「集結」（assemble）起來，那麼我們不能假定，在一種場景下能集結，在另一種場景下也能集結。因此，與哈伯馬斯的協商民主理想相反，拉圖爾謹慎認為，「集結在一起未必是普世願望！」（Latour, 2005a, p.34）拉圖爾宣稱（但未證明），對於一些西方的基本觀念，例如「代表」（representation）（在日本傳統裡，「代表」一詞聽上去古怪又膚淺；同上，p. 35）、「政治就是在集會中表達自己的看法」（「中國的傳統似乎完全無視這一點」；同上），世界各地的態度差異甚大。拉圖爾問道，「我們可以把政治的定義擴大，大到它接受自己的停置狀態嗎？」「誰又能真的思想那麼開放呢？還有，我們有另一套行動方案嗎？」（同上，p. 36）。拉圖爾感到安慰的是，儘管我們未能提出一個政治（民主或不民主）概念，以團結不同文化的人群，但實際上，在很多方面，透過「那些我們稱之為市場、技術、科學、生態危機、戰爭和恐怖主義網路等臨時性集群」，人們已經「連接」起來，「只是我們一般的政治定義，未能跟上已建立的大量聯繫」（同上，p. 37）。

四、結論

對於真正的國際化、去西方化或跨國媒介研究而言，本章討論的每個詞語（以及相伴的理論框架）——公共領域、場域和網路（網路社會和行動者網路）——都各有優點和缺點。

公共領域可能使用得最普遍，延伸到北美、西歐、澳大利亞和紐西蘭之外的研究，但通常只是描述性，而非分析性。哈伯馬斯「新」的「中心—邊緣」公共領域模式，可望提供經驗研究的框架，特別是以它分析多重的中心和邊緣。即使如此，它仍受困於哈伯馬斯以往研究的缺點，因為它過分偏重邊緣（或生活世界）作為解放運動的發起者，但未能指引制度組成部分（包括傳媒）應該如何有效地挑戰政經權力的集中。若嚴格解釋他的「協商」詞語（市民討論、理性討論、包容性討論），那就必須加上一個規範性的標準，但這個標準在全球各地卻未必適用或相關（至少短期內如此）；另一方面，他提倡相互理解的溝通行動，在東西方、北南方之間架起了既是規範性也是認識論的橋梁。

場域理論剛開始被用於非西方的場景。是個有潛力的經驗性和認識論模式。它的基本框架指向所有社會（潛在地）運行的社會關係過程，包括身分認同的形成、資源

（資本）分配的不均衡，特別是象徵權力和經濟權力的重要性。但到目前，我接觸到以場域理論所做的去西方化、跨國化的研究，大多忽視了（研究者的）反思性問題，也方才開始探索經驗性／概念性的潛力。

卡斯特「網路社會」的優點是提供了寬鬆靈活的框架，指引各種西方、非西方場景下網路相關的經驗研究。網路社會理論既強調技術和經濟因素，也強調權力建制與權力對抗持續衝突的新形式。這個理論的優點——靈活性和全面性——正是它的缺點。無論定義得再模糊或再靈活，卡斯特還是對權力和民主政治感興趣。「行動者網路」理論就未必如此了。這難道會使它成為國際媒介研究的理想理論嗎？

「行動者網路」理論與場域理論，一開始都提出一群基本準則作為研究導向，但它們的準則差別很大。在「行動者網路」理論那裡，人們應當追蹤行動者，平等對待非人物體與人體，它們都是構成網路的合作夥伴，此外還要尋找網路的調節者（mediators）（轉換、轉譯、歪曲並改變它們本應所攜帶的意義或元素），而調節者是有別於居間者的（intermediaries）（「不加轉換地」傳輸意義）（Latour, 2005b, p. 39）。「行動者網路」理論不借助反思性來構建客觀的世界圖景，也不借助它來批判性地揭露權力關係；反之，它不把任何一種解釋——認識論的、本體論的，或規範政治學的——淩駕另一種解釋。這樣的極端相對主義，似乎與任何批判性的研究對立；在激進的後結構主義外表下，「行動者網路」理論最終淪為傳統的多元理論形式（見Steven Lukes [2005]，權力的「第一副面孔」）。即使如此，當拉圖爾論及社會重新結集時，似乎在呼應伊萊休・卡茨（Elihu Katz）對社區的重要關懷（參見Dayan & Katz, 1992）。在種族、宗教與政治紛爭日益加劇的時代，探索和建設社區的價值不容低估。

儘管有差異，這些理論或許有辦法互補和對立。當公共領域理論超出狹隘地辯護理性／批判協商時，我們被逼得要反思民主的形廓和限度。即使激進的去西方化——例如西爾弗斯通（Silverstone, 2006）或屠蘇（Thussu, 2009）提及的後殖民理論家——已超出公共領域理論的範圍，但至少它質問我們如何才能實現免於支配的政治（domination-free politics）。場域理論超越中心─邊緣的模式，顯示權力是以關係為基礎建構的，而權力涉及文化資源和經濟資源。拉圖爾堅持他的聯繫社會學（sociology of associations）與布迪厄的社會的社會學（sociology of the social）對立，但有些學者認為只有這兩種模式合起來，才能提供社會世界的完整圖景：布迪厄承認，社會空間並不涵蓋一切場域，因此「行動者網路」或許就是那些「間隙空間」（"spaces between"）（Eyal, 2013）。對於網路社會而言，不管卡斯特能否提供連貫一致的模式，他綜合大量資料就是重要的貢獻；他通過大量書籍、文章、編著及線上期刊《國際傳播學刊》（*International Journal of Communication*），成為不斷擴大的全球網路經驗研究的中心節點，頗有完成百科全書式著作的雄心。

總之，研究者沒有理由不充分利用以上一種或者全部取徑，跡象顯示他們正這麼做：要麼直接對話，如沃爾克默（Volkmer, 2003）用卡斯特的理論建立了全球公共領域模式；要麼尊重地認可，卻只是有限度使用，如達爾格倫（Dahlgren, 2001）在一篇文章中向卡斯特致敬，卻聚焦於哈伯馬斯式的關懷；要麼依次使用它們，這個研究用卡斯特，下一個用布迪厄，端視研究個案和所要解釋的內容而定，如拉塞爾（Russell, 2001）對薩帕塔（Zapatistas）做網路社會分析，又以場域理論分析法國城市騷亂的媒體報導（Russell, 2007）。

無論這些理論是否充分評估「西方」偏見，它們畢竟超越了抽象哲學困境，增進系統性的研究。當然，哈伯馬斯、布迪厄、卡斯特和拉圖爾並未窮盡媒介研究國際化的可能性。他們只是展現一組可能的取徑，在這些基礎上，未來的理論化工作——西方的和非西方的——當可取得豐碩的成果。

參考文獻

Appadurai, A. (1990). Disjuncture and difference in the global cultural economy. *Public Culture,* 2 (2), 1–24.

Ayish, M. I. (2006). Media brinkmanship in the Arab world: Al Jazeera's "the opposite direction" as a fighting arena. In M. Zayani (Ed.), *The Al Jazeera phenomenon: Critical perspectives on new Arab media* (pp. 106–26). Boulder, CO: Paradigm Publishers.

Bennett, W. L. (2003). New media power: The Internet and global activism. In N. Couldry & J. Curran (Eds.), *Contesting media power* (pp. 17–37). Lanham, MD: Rowman and Littlefield.

Benson, R. (2004). Bringing the sociology of media back in. *Political Communication,* 21 (3), 275–92.

Benson, R. (2013). *Shaping immigration news: A French-American comparison*. Cambridge: Cambridge University Press.

Benson, R., Blach-Ørsten, M., Powers, M., Willig, I., & Vera Zambrano, S. (2012). Media systems online and off: Comparing the form of news in the U.S., Denmark, and France. *Journal of Communication,* 62 (1), 21–38.

Benson, R., & Hallin, D. (2007). How states, markets and globalization shape the news. *European Journal of Communication,* 22 (1), 27–48.

Benson, R., & Neveu, E. (Eds.). (2005). *Bourdieu and the journalistic field.* Malden, MA: Polity.

Blumler, J. G., McLeod, J. M., & Rosengren, K. E. (1992). An introduction to comparative communication research. In J. G. Blumler, J. M. McLeod, & K. E. Rosengren (Eds.), *Comparatively speaking: Communication and culture across space and time.* Newbury Park, CA: Sage.

Bourdieu, P. (1989). Social space and symbolic power. *Sociological Theory,* 7 (1), 14– 25.

Bourdieu, P. (1996). *The rules of art: Genesis and structure of the literary field.* Stanford, CA: Stanford University Press.

Bourdieu, P. (1998a). *Acts of resistance: Against the tyranny of the market.* New York: New Press.

Bourdieu, P. (1998b). *On television.* New York: New Press.

Bourdieu, P. (1998c). Social space and symbolic space. *Practical reason* (pp. 1–13). Stanford, CA: Stanford University Press.

Bourdieu, P. (2002). *Masculine domination.* Stanford, CA: Stanford University Press.

Bourdieu, P., Chamboredon, J. C., Passeron, J. C., & Krais, B. (1991). *The craft of sociology.* New York: Walter de Gruyter. Bourdieu, P., & Wacquant, L. (1992). *An invitation to reflexive sociology.* Chicago: University of Chicago Press.

Bourdieu, P., & Wacquant, L. (1999). On the cunning of imperialist reason. *Theory, Culture & Society,* 16 (1), 41–58.

Calhoun, C. J. (Ed.). (1992). *Habermas and the public sphere.* Cambridge, MA: MIT Press.

Callon, M. (1986). Some elements of a sociology of translation: Domestication of the scallops and the fishermen of St. Brieuc Bay. In J. Law (Ed.), *Power, action and belief: A new sociology of knowledge?* (pp. 196–223). London: Routledge.

Castells, M. (1996). *The rise of the network society.* Oxford: Blackwell.

Castells, M. (1997). *The power of identity.* Oxford: Blackwell.

Castells, M. (2000). Toward a sociology of the network society. *Contemporary Sociology,* 29 (5), 693–99.

Castells, M., ed. (2004). *The network society: A cross-cultural perspective.* Cheltenham, UK: Edward Elgar.

Castells, M. (2007). Communication, power and counter-power in the network society. *International Journal of Communication,* 1, 238–66.

Castells, M. (2010). Remarks at USC-Annenberg conference on networks, 20 February. http://ascnetworksnetwork.org/ann-network-theory-seminar-report-manual-castells.

Castells, M. (2012). *Networks of outrage and hope: Social movements in the Internet age*. Malden, MA: Polity.

Cook, T. E. (1998). *Governing with the news.* Chicago: University of Chicago Press.

Dahlgren, P. (2001). The public sphere and the net: Structure, space, and communication. In W. L. Bennett & R. M. Entman (Eds.), *Mediated politics.* Cambridge: Cambridge University Press.

Dayan, D., & Katz, E. (1992). *Media events: The live broadcasting of history.* Cambridge, MA: Harvard University Press.

Editors. (2011). Lift the shroud: Why we need Al Jazeera English. *Columbia Journalism Review,* 4 (4).

Eyal, G. (2013). Spaces between fields. In P. S. Gorski (Ed.), *Bourdieu and Historical Analysis* (pp. 158–82). Durham, NC: Duke University Press.

Fligstein, N. (2001). *The architecture of markets: An economic sociology of twenty-first-century capitalist societies.* Princeton, NJ: Princeton University Press.

Habermas, J. (1989). *The structural transformation of the public sphere: An inquiry into a category of bourgeois society.* Cambridge, MA: MIT Press.

Habermas, J. (1992). Further reflections on the public sphere. In C. Calhoun (Ed.), *Habermas and the public sphere* (pp. 421–61). Cambridge, MA: MIT Press.

Habermas, J. (1996). *Between facts and norms: Contributions to a discourse theory of law and democracy.* Cambridge, MA: MIT Press.

Habermas, J. (2006). Political communication in media society: Does democracy still enjoy an epistemic dimension? The impact of normative theory on empirical research. *Communication Theory,* 16 (4), 411–26.

Hallin, D. C., & Mancini, P. (2004). *Comparing media systems: Three models of media and politics.* New

York: Cambridge University Press.

Hemmingway, E. (2008). *Into the newsroom: Exploring the digital production of regional television news.* London: Routledge.

Hovden, J. F. (2008). Profane and sacred: A study of the Norwegian journalistic field. PhD diss., University of Bergen, Bergen, Norway.

Kjær, P., & Slaatta, T. (Eds.). (2007). *Mediating business: The expansion of business journalism.* Copenhagen: Copenhagen Business School Press.

Latour, B. (2005a). From realpolitik to dingpolitik or how to make things public. In B. Latour & P. Weibel (Eds.), *Making things public: Atmospheres of democracy* (pp. 14–41). Cambridge, MA: MIT Press.

Latour, B. (2005b). *Reassembling the social: An introduction to actor-network-theory.* Oxford: Oxford University Press.

Latour, B. (2010). Remarks delivered to USC conference on networks, 19 February. Retrieved from http://ascnetworksnetwork.org/ann-network-theory-seminar-report-bruno-latour.

Law, J. (2007). Actor network theory and material semiotics. Available from John Law's STS webpage, retrieved 5 November 2010, http://www.heterogeneities. net/publications/Law2007ANTandMaterialSemiotics.pdf.

Lukes, S. (2005). *Power: A radical view* (2nd ed.). New York: Palgrave Macmillan.

Lynch, M. (2006). *Voices of the new Arab public: Iraq, Al-Jazeera, and Middle East politics today.* New York: Columbia University Press.

Martin, J. L. (2003). What is field theory? *American Journal of Sociology,* 109 (1), 1–49.

Mellor, N. (2007). *Modern Arab journalism: Problems and prospects.* Edinburgh: Edinburgh University Press.

Monge, P. R., & Contractor, N. (2003). *Theories of communication networks*. New York: Oxford University Press.

Najjar, O. (2007). New trends in global broadcasting: "Nuestro Norte es el Sur" (Our North is the South). *Global Media Journal,* 6 (10), 1–26.

Peters, B. (2008). Law, state and the political public sphere as forms of social self-organization. In H. Wessler (Ed.), *Public deliberation and public culture: The writings of Bernhard Peters, 1993–2005* (pp. 17–32). New York: Palgrave Macmillan.

Powell, W. W., & DiMaggio, P. (Eds.). (1991). *The new institutionalism in organizational analysis.* Chicago: University of Chicago Press.

Russell, A. (2001). The Zapatistas online: Shifting the discourse of globalization. *Gazette,* 63 (5), 399–413.

Russell, A. (2007). Digital communication networks and the journalistic field: The 2005 French riots. *Critical Studies in Media Communication,* 24 (4), 285–302.

Serra, S. (2000). The killing of Brazilian street children and the rise of the international public sphere. In J. Curran (Ed.), *Media organisations in society* (pp. 151–72). London: Arnold.

Silverstone, R. (2006). *Media and morality: On the rise of the mediapolis.* Cambridge: Polity Press.

Smith, L. T. (1999). *Decolonizing methodologies: Research and indigenous peoples.* London: Zed Books.

Tatnall, A., & Gilding, A. (1999). Actor-network theory and information systems research. Paper presented at the Australasian Conference on Information Systems, Wellington, New Zealand.

Thussu, D. K. (2009). Why internationalize media studies and how? In D. K. Thussu (Ed.), *Internationalizing media studies.* London: Routledge.

Turner, F. (2005). Actor-networking the news. *Social Epistemology,* 19 (4), 321–24.

van Loon, J. (2000). Organizational spaces and networks. *Space and Culture,* 2 (4–5), 109–12.

Volkmer, I. (2003). The global network society and the global public sphere. *Development,* 46 (1), 9–16.

Wessler, H. (Ed.). (2008). *Public deliberation and public culture: The writings of Bernhard Peters, 1993–2005.* New York: Palgrave Macmillan.

世界主義與國際傳播：理解公民社會行動者

Cosmopolitanism and International Communication

Understanding Civil Society Actors

彼得・達爾格倫
Peter Dahlgren

宋韻雅／譯，黃順銘／校

幸虧學術界從未完全統一，所謂的主流思想總要面對不同的聲音與挑戰。這在智識上是健康的；一個領域內部的爭論幫助參與者保持警醒。然而，在現在這個國際傳播史的節點上，我們所目睹的可能遠不只是領域邊緣慣常的討論與爭議。國際傳播領域越來越焦躁不安，近幾十年來，世界動盪的現實要求人們嚴肅反思：國際傳播應該做什麼樣的研究，以及怎麼做。但提出國際傳播領域的新「範式」，遠遠超出了本章的意圖。我希望考慮學科常見的批評，探索一條重要的軌道，可以容納國際傳播研究，並調動某些關鍵知識素養，加快這一步伐。我關注的是：跨國公民社會行動者——特別是另類全球化運動——如何借助網路科技形成廣闊的圖景。我也提議世界主義的角度有益於分析行動者及其實踐。

本章的討論建基於下列幾個核心前提。首先，齊格蒙特・鮑曼（Zygmunt Bauman）用「液態」形容全球化的晚期現代性（除了他的諸多著述外，可參見二〇〇七年的一篇概述），我認同他所想捕捉的基本敏覺，儘管他有時可能言過其實。這個經常被引用的詞語意味著：不論全球的或在地的結構與機制，變化的力度都很大，而且似乎缺乏恆久性，文化領域大致是有流動性的，為了維持穩定的生命歷程與身分認同，也越來越受到挑戰。「液態」顯然不是可測量的概念，卻標誌著一種研究的氣質：至少願意關注「無常」，也同樣聚焦於看似根深蒂固、變動不居的事物。

此外，我假設，快速轉型的關鍵促因之一，就是當代的資訊傳播技術（ICTs）及全世界數以億計的使用者。另一個前提必須考慮世界上——包括鞏固的民主國家和新興民主國家——不斷演變的政治圖景。（近期反抗數個威權政權的暴動自然也異常重要，但不在本章探討之列。）這些不斷變化的政治圖景，增進了跨國交流。結果，我們如今看到範圍更廣泛的行動者，以各種方式參與全球政治的舞臺。並且，由於資訊傳播技術的可供性（affordances），政治性質和參與模式表現出較新的形式。

我稱跨國脈絡下較新的政治參與者為「公民社會行動者」。儘管某些人及其活動可能仍以新的方式強化西方支配國際傳播的舊模式，但我們也看到，在其他戰線上，出現許多新的非西方行動者和非西方的場景。倘若國際傳播研究要跟上不斷變化的全球現實，就必須正視這些發展。一個重要的步驟就是，在民族國家、私營公司、官方國際機構以及主要媒體組織現有的名冊上，加上公民社會的行動者。

要理解這樣的行動者，近期世界主義文獻雖有些枝蔓無序，但只要仔細選擇，當可幫助我們在理論上把握它所涉及的能動性脈絡與模式，以及把握行動者的主觀視野和規範願景。這些文獻來自道德和政治哲學思潮，以及各種抽象層次的社會科學。社會科學的貢獻雖然是次要的，但我認為這還是一塊學術沃土，邀請國際傳播學者去耕耘。話說回來，理論視野需要與經驗策略相輔相成；如果認真看待目前大家批判傳統量化方法的局限，我要指出，我們有許多機會可以使用更大的方法工具箱。

下面，我首先將概述世界主義，並放在當前國際傳播的格局內討論。接著，我會介紹世界主義的視野，並努力確立它的概念效用。然後，我會探討改變中的媒介圖景，觀察一些公民社會行動者——他們從事另類全球化的社會運動——為我的論點提供例證。最後，我簡短反思了研究方法的問題。

一、找準方向

（一）領域的力場

和其他任何領域一樣，什麼才是國際傳播合適的理論、概念、方法、思潮——一言以蔽之，這個領域是什麼——存在諸多分歧。這些五花八門的討論至少已伴隨我們四十載，事實上已變得相當「正常」，也應被視為一種健康的跡象。的確，太志得意滿可能象徵一個領域已經邁入暮年。

要理解當前的分歧，有一種（容或過度簡化的）方法是看如何界定研究領域的矛盾：如果採取狹義，則整齊、任務清晰而確定，減少歧義；如果採取廣義，試探、探索可以吸納什麼新的知識元素，但可能導致模糊不清，異質性太多，以及激起流派之爭。本章堅定站在寬泛取徑一邊，並宣導盡力理解那些尚未成為本領域主流的現象和文獻。

正如本書中幾位作者所言，過去幾十年來，國際傳播已處在幾個元理論（meta-theoretic）視野或範式的力場當中。從「發展」和「現代化」到「文化帝國主義」和「全球化」，我們一直在尋求一個整合性的分析視野。即便最新的範式「全球化」，似乎也無法提供我們所需要的。全球化理論包含了非常廣泛的元素、議題和爭論，卻並未整理出統一的理論來。因此，這一詞語還停在抽象的層面上，但即使不能直接用作國際傳播領域的研究範式，它還是提供了一些有用的概念和視角。縱使全球化是個太鬆散的理論概念，但與它有關的具體性歷史和經驗發展仍然極為重要。

我們應該拋棄建立統攝性範式的努力，即使達不到這個目標，我們還是可以彰顯問題，澄清立場。同時，我們聽到了許多呼聲（也出現在本書），要求國際傳播繼續「去西方化」，敞開大門，容納更多歐美之外的學者和視角。很少人會反對這點，但大家都承認困難重重。我們都支援並貢獻這個具體的目標，我在此提供的視角自然也指向這個目標。

（二）全球媒介環境

回到全球化的具體表現這個主題，張讚國（第三章）強調，從一九八〇年代起，許多頻道追隨CNN的24小時電視新聞模式，國際傳播領域因而在九〇年代迅速發生變化。它們以國家或地區為基地，開始與BBC和CNN等老牌頻道一較高下，它們以特有的世界觀報導新聞和發表評論。他所謂「全球媒介環境」的異質化，影響當代國際傳播的面貌：新興的行動者把新的社會與政治角度，投射到跨國的象徵環境裡。我們站在現在的歷史位置，看到資訊傳播技術易得和可供，全球媒介環境正經歷又一次巨變。在數碼傳播的新時代，網路和輔助技術（例如移動通訊）提供大量平臺和通訊模式，世界各地的行動者借助它們進入國際傳播。

這些活動規模之大，足以改變國際傳播的重心：到底什麼人跨越國家邊界，傳播什麼——向誰，出於何種目的，有何效果——這些經驗現實正深刻轉型。如今，跨國的傳播空間聚集數以百萬計的行動者，以前他們是沒有這個位置或角色的。個人或私人性質的跨境電子傳播姑置一旁，還留下大量的「公共」傳播，包括各種個人、團體、組織、網路以及運動的傳播實踐，都與政治、經濟、社會或文化領域息息相關。很難歸類這些行動者及其實踐，但作為分析的第一步，我們先來談談公民社會行動者，他們超越正式的民族國家和主要經濟實體開展活動。

二、公民社會行動者和另類全球化

跨國公民社會行動者存在的理由大為不同：有的是人道主義取向，有的則開展社會或文化的網路，例如僑民團體或宗教團體。許多行動者介入各種鼓吹的活動，或為自己，或為更大的目標，或為利益團體發言。不少還與大型的知名國際組織（如聯合國和歐盟）合作，這些國際組織常常積極與公民社會組織交換意見。不少行動者甚至進入了決策層。很多行動者的政治色彩鮮明：有的為曠日持久的衝突發聲，有的為新湧現的衝突說話，有的根據他們對全球變革的規範性願景，在政治上努力改變政府、監管部門或公司的行為。對某些政治行動者，宗教也是一種動力。許多公民社會行動者展示出了健康的民主形象，但另一些的目標或做法，就以寬泛的民主定義和闡釋來看，也是成問題的。仇恨團體、種族主義者以及明顯反民主、反文明的行動者（如恐怖組織），因為背馳民主理想，不能算在全球公民社會之內。然而，誰是全球公民社會的合法行動者，在定義上一直有灰色地帶，正因為民主概念本身仍有爭議。

我們還看到廣泛的非政府組織（NGO）：各種非營利組織、活躍分子網路、利益團體與遊說團體，有時也包括了無組織的社會運動；連另類新聞群組織也算在內，其中以「獨立媒體中心」（Indymedia）最著名。總之，全球公民社會的領域不斷擴張，國際傳播以縱橫交錯的形式在其中上演。公民與政治國際傳播有一個顯著的特徵，即是在全球公共領域中，行動者的範圍和意識形態的光譜，都要比一九九〇年代中期數位資訊傳播技術擴散以前大得多。國際傳播領域開始採納全球公民社會視角，原本統一和框定的國際傳播變得更異質化了。有的文獻仍多少保留國際傳播的框架，將全球公民社會安插到這個傳統（如Chandler, 2006; Eberly, 2008; Scholte, 2011）；有的根據「批判性參與」跨國層次的權力關係，以架構全球公民社會。這些文獻雖與國際傳播領域無甚交集，卻顯然在處理國際傳播相關的現象（如Drache, 2008; Keane, 2003; Keck & Sikkink, 1998; Thörn, 2009; Walker & Thompson, 2008）。

我想從後面這種批判的取徑，分析一種特別的全球公民社會，即所謂的「另類全球化」運動（或稱「全球正義運動」）。另類全球化運動由各種運動、網路和組織組成，聚焦於經濟公平（尤其是全球南方國家的）、環境、人權、性別議題、勞工議題、本土文化保護等主題。可見另類全球化運動本身也很龐雜，但在全球公民社會的角落內部，還找得到統一的基本概念：它們面對當前新自由主義社會發展的軌道，如何奮力爭取反霸權的出路。

這些活躍分子是政治左派，但大體上是改良主義的運動，力圖動員輿論，既影響各層法律制定者，也影響在跨國脈絡中被認為危害社會的法人行動者。另一個共同處是幾乎所有行動者都使用網路；可以說，要不是資訊傳播技術的可供性，全球公民運動不會這樣發達。連媒體——發展另類媒體實踐、建立更民主的公共領域——也成為全球公民運動的焦點。（這些報告在活躍分子與學者的合作下出版了，見Rodriguez, Kidd, & Stein, [2010] 和Stein, Kidd, & Rodriguez, [2009] 兩本指南。）

過去十年，有一個鬆散的、統領性的組織，即世界社會論壇（WSF），把很多另類全球化運動聯繫起來。它有區域性的分支，如歐洲社會論壇。

世界社會論壇的參與者遍布世界，根基在全球南方，因此具有強烈的非西方背景。論壇舉辦年會，與會者數以萬計；它起於巴西，以對抗全球政經精英的達沃斯（Davos）會議。世界社會論壇的會議旨在尋求協調並建立全球聯盟，分享知識和經驗，制定戰略。近年來，整個另類全球化運動——特別是世界社會論壇——已經受到了學術界的關注（參見Acosta, 2009; Gills, 2011; Hosseini, 2010; Maeckelburgh, 2009; Pleyers, 2011; Sen & Waterman, 2007; de Sousa Santos & Rodriguez-Garavito; 2005; Smith, Della Porta, & Mosca, 2007）。

順帶一提，世界社會論壇和整體的全球公民社會，固然受惠於資訊傳播技術的可供性乃至於網路化（Castells, 2010），但技術的影響力必須與社會因素相互作用。這些社會條件的互動不能化約為資訊傳播技術，因此分析國際傳播，必須觀照更大的社會條件。

三、世界主義與國際公民傳播

西爾維奧・瓦斯博多（Silvio Waisbord）在本書第九章力辯，整個媒介研究（尤其是國際傳播）必須增強世界主義的性格。他指的是「一種分析態度，超越地域，保持對多元視角和發展的開放……在人、觀念和商品空前流動，政治、經濟和文化邊界互相滲透的時代裡，世界公民身分回應了關鍵議題和迫切需求。」對此我自然是贊同的，並願進一步斷言，世界主義不僅關乎研究和研究者，而且涉及獻身於全球公民社會和另類全球化的行動者、他們的實踐，和他們用媒體做什麼。我們在世界主義的文獻中發現一個有力的規範性理論，令人鼓舞，即「另一個世界是可能的」（引自世界社會論壇的口號）。

不僅如此，倫理理想和價值承諾也是公民跨國實踐的重要基礎。超越國籍、族裔或宗教團體的個人及群體身分方式，對這種國際傳播的形式來說至關重要。因此，在當今全球化的環境下，許多行動者都相信受到不同的世界主義思想驅動。這不是「道德化」，而是說我們若要透過全球公民社會和另類全球化運動，考察國際傳播的動機基礎，世界主義當可提供潛在有用的分析工具。

（一）世界主義的視界

世界主義是古老的觀念；蘇格拉底（Socrates）有一個著名的宣言，說他不是雅典人，也不是希臘人，而是世界公民。伊曼努爾・康德（Immanuel Kant）為現代版本的世界主義賦予強烈的倫理維度；雖然世界主義的概念正在被重塑，但這個倫理要素還是很顯著。近年來，世界主義簡直是時髦的話頭了，但這個概念並不因此變得無用或誤導。隨著全球化的進程，世界不斷被整合——儘管其方式極不均衡、不平等、有爭議——其他人（不如說是眾數的其他人）在日常生活中離我們越來越近。在某種層面上，世界主義是把我們對其他人的關切轉化到全球脈絡。更具體地說（對研究更有用），世界主義提供一個分析框架，考察我們對世界上遠方他者的社會認知，以及我們和他們的關係。說到底，道德（判斷人類事務是非的基本概念）和倫理（道德在具體行為規範的應用或體現）構成了大多數人類行為的基礎，即便是隱性的方式也罷。因此，世界主義仍然是理解社會世界重要的分析視角，對國際傳播尤其如此。

世界主義的實際地位可以說毀譽參半。沒錯，全球化以後，許多人已建立新視界，以看待自身及其所處的世界。我們還可以熱心指出，有大量證據顯示參與跨國社會現實的程度日增，對本國邊界以外的具體人類狀況也越來越有同理心。然而，當下很多狀況卻不得不促人清醒；歸咎於世界主義的全球性弊病那張單子長得很。特別是媒體在這些脈絡下的角色雖熟悉卻令人沮喪：它們一再鞏固「我們與他們」之間的心理邊界。

然而，眼前巨大的跨國難題，更要挑戰我們的理解，最近大量出現的世界主義文獻體現了這一點。很多文獻涵蓋了道德理論和政治哲學（Breckenridge et al., 2002; Brock & Brighouse, 2005; Nussbaum, 2006），探討了更美好、更民主的全球政治秩序（Archibugi, 2008; Gould, 2004; Held, 2010）或倫理秩序（例如 Sullivan & Kymlicka, 2007; Vernon, 2010）；也涵蓋了公民觀念，以及當代全球局勢中（尤其是與歐盟有關的）權利和包容性的議題（例如 Benhabib, 2006; Habermas, 2006）。其他還探討了世界主義的社會文化先決條件及其主觀的維度（例如 Appiah, 2007; Beck & Cronin, 2006; Hannerz, 1996; Kendall, Woodward, & Skrbis, 2009; Robertson, 2010）。有的作者以批判新自由主義來分析世界主義（Cheah, 2006; Dallmayr, 2003; Delanty, 2009; Harvey, 2009）。

（二）一種還是多種世界主義？

世界主義的文獻概念鬆散，這是不足為奇的。肯德爾、伍德沃德和什克爾比斯（Kendall, Woodward, & Skrbis, 2009）在全面回顧文獻時強調，世界主義觀念缺乏明晰性，討好所有的人。世界主義可以作不同的解釋，它們的矛盾如果不能解決，至少應該點明。他們還提到，有的文獻政治上很幼稚；有的則隱藏烏托邦的衝動，想建設一個新世界，這個新世界的公民是寬容和負責的，但作者對如何實現這個理想卻提不出有見地的分析。特別是有些文獻往往無視於全球重大的差距，大衛・哈威（David Harvey, 2009）在批判幾位關鍵作者時也提到這點。如果降低一點道德的維度，以增加經驗內容的方式發展這個概念，世界主義的討論或許會更有效。

科爾普斯・翁（Corpus Ong, 2009）討論各學科的理論家如何看待他所稱「向世界開放」的世界主義。他得出四種基本類別，把主要的作者歸為「封閉型」（非世界主義，或反世界主義）、「聲望型」（地位和特權與之密切相關）、「平庸型」（以日常而「普通的」開放態度對待他者，作為自我身份的表達），以及「陶醉型」（有遠見的熱情）。這幅圖譜有助人們駕馭文獻——人們可能發現不少作者最終被歸類到「陶醉性」。

文獻中常見的更具體的問題，牽涉到普遍性與特殊性（在地，或國家）的基本矛盾。有沒有一套世界主義的價值觀與認知可以「放諸四海而皆準」？答案具有政治涵義。布雷克—安布裡奇（Breck-Enridge et al., 2002）等人在引言中提議，這一概念應該是複數的，不能只跟歐洲傳統的優越地位連接，因為我們看到世界各地人們有動機、也有能力超越自身的文化反思這個問題。該書各章探討了非西方世界不同地區的世界主義模式。

另一方面，布賴恩・S・特納（Bryan S. Turner, 2002）從十六世紀作家蜜雪兒・蒙田（Michel Montaigne）的思想，提出了普遍世界主義的品性。在特納看來，蒙田回應那個時代的戰爭恐怖，而擁抱慈悲、同情與溫柔等更柔性的（女性的）價值觀。世界主義的品性主要包括和平的價值觀，消除暴力，提升人的能動性與尊嚴。特納認為，世界主義的品性就是反對苦難，「形成一種既超越又統合不同文化、不同歷史時期的立場」（p. xx）。他聲稱，人的脆弱成為人類共同性和同情心的起點，這是世界主義倫理的基礎。他認為，聯合國人權宣言顯然是非常世界主義的傑作，因而將之納入他自己的論點。

因此，我們可以感受到，世界主義一方面表達世界上多重的經驗現實，一方面又是普世品性的單一理想，兩者的矛盾懸而未決。特納鮮明反對道德相對主義：世界主義品性與麻木不仁是不相容的。人們可以回敬說，特納的立場太「容易」了，畢竟減少身體痛苦不太有爭議；但在多數主義的文化籠罩下，少數社群究竟如何表達自己（如表達宗教的服飾），可難找到可行的世界主義倫理了。此外，提倡普遍主義也會時不時闖進民族中心主義和文化權力的地帶。

（三）權力維度

即使我們不能輕易解決這種矛盾，哈威（Harvey, 2009）說，我們把世界主義當作文化的面相時，在某個時刻總要聯繫到「歷史」與「權力」的主題。如今，世界文化當然不是簡單地反映經濟與政治權力從中心向邊緣的流動，但殖民主義的歷史令人難以否認這些機制的重要性（當然，媒介結構及其再現的形態尤為凸顯）。總之，如果全球化構成了實現世界主義的關鍵條件，全球舞臺的權力關係（及其歷史根源）對理解世界主義的性質和可能性也不言可喻了。

但權力的視界不太見諸世界主義的文獻，如同全球化的文獻大多避談權力的主題。全球權力可以從不少的角度討論，尤其是世界體系的政治經濟，但後殖民主義提供文化視野來看世界主義。後殖民主義如同文化研究（有時結合在一起），敏銳地捕捉文化和意義生產如何與權力關係捆綁在一起。

有趣的是，過去二十年左右，「全球化」（主要在社會科學中）和「後殖民主義」（多在人文學科盤旋）兩個重要的理論傳統很少相遇。它們似乎各自活在平行的宇宙中，儘管其實它們應當緊密纏繞在一起，它們彼此缺乏互動已受到關注（例如，參見Krishnaswamy & Hawley, 2008）。對於世界主義而言，後殖民主義提醒我們，必須關注與權力（特別是文化權力）攸關的各方面歷史前因：包括文化影響的形態、他者形象、身分認同的過程、融合／同化、語言使用、制度建設等等。在概念上和經驗上，世界主義都不能簡單地化約為權力的作用，但也不能置權力於不顧。縱然未必十分凸顯，權力也始終盤桓於微觀和宏觀的情境當中。權力會引發「反權力」（counter-power），所以即使霸權地位籠罩著，權力也並不僅是單向的、決定論式的機制。

四、媒體與公民世界主義

（一）媒體連結

奇怪的是媒體並未廣泛出現在世界主義的文獻中。諾里斯和因格哈特（Norris & Inglehart, 2009）的經驗研究試圖建立媒介使用與世界主義心態的連結；一般而言，接觸全球媒體似乎會促進世界主義，但他們強調建立因果關係很複雜，許多非媒介性的變項也在起作用。博爾坦斯基（Boltanski, 1999）的聚點更集中，他從理論上探討人們如何經由苦難的新聞報導，意識到遠方的他者，與他們感同身受；柯里雅克（Chouliaraki, 2006）也探討同一主題，不過採用更嚴格的經驗方式；羅伯遜（Robertson, 2010）更寬泛地觀察電視新聞、記者／編輯以及世界各地觀眾，以闡明媒體在培養世界主義視野的角色。賴（Lai, 2008）從網路的視域探索這些主題。這些文獻強調媒體對世界主義的重要性，但也提醒我們所知有限。

羅傑・西爾弗斯通（Roger Silverstone, 2006）逝世前最重要的著作是建立媒介與世界主義的關聯。這本書的風格不是經驗性的，而是論述性的，如同世界主義主流文獻一樣，帶有濃厚的規範性味道。他認為，在晚期現代性的構成及其全球化的形式中，媒介起著決定性的作用。這是反思國際傳播與世界主義有用的起點，特別是它們與民主的關係。具體而言，我要特別強調他的基本理念，尤其是他把世界主義當作現代全球化世界公民能動性的必要因素，而媒介是這種能動性的前提條件。

西爾弗斯通（Silverstone, 2006）小心游走於樂觀與悲觀之間，但他顯然傳達一個雄圖。他在一個還是多個世界主義的緊張關係中，巧妙地保持平衡：他強烈主張應該對他人負責的普遍性倫理，但也承認人們的行為和道德框架必須視環境而定，才會有意義和效果。他認為，如今媒體已把世界主義的條件加在我們頭上，我們能夠（也務必）從自身的生活加以回應。他很瞭解權力關係的重要性，尤其是涉及媒體制度和運作的權力關係。這就引領我們到了民主和公民社會行動者的領域。不過，我得先回頭總結他的主要觀點。

（二）媒體城邦

簡言之，西爾弗斯通（Silverstone, 2006）觀察，媒體正成為他所謂的「環境性的」：它們不能簡單視為個別訊息的流通，而是象徵了稠密的符號生態，滲透到我們生存的每個角落。他所說的「媒體城邦」（Mediapolis），是中介化全球外觀的巨大傳播空間所組成。正是借助媒體，世界才展現在我們面前，外觀才構成了世界。透過媒體，我們認識到自己是誰，認識到不同於我們的人，認識到全球公共舞臺上自我與他者的關係。媒體建立連結和關係，媒體為我們在世界上找到定位。

媒體城邦既是規範性詞語，也是經驗性術語。從經驗上講，它不同於哈伯馬斯式理性的公共領域；它是嘈雜刺耳的，有多重聲音、變調、圖像以及修辭——超越邏輯和理性而存在，不能指望完全有效的溝通。西爾弗斯通用「對位」（contrapuntal）指稱這種傳播動態：每條溝通的線索頂多只能在與他者的關係中獲得意義——充滿緊張矛盾的溝通介入，共同組成了一個喧囂的整體。

從規範性上講，傳播權力與其他形式的權力不同，但「媒體城邦」要求生產者和觀眾／用戶對彼此負責，各方要有反思能力，包括承認文化的差異。這種道德反應表現在我們對思考、言說、傾聽和行動的責任之中。這自然就引出「媒體城邦」創造了何種現實、何種公共性、誰怎樣露面，以及誰不露面等問題。這裡有明確的媒介權力元素：媒體組織最直接掌握如何定義世界的控制權，但西爾弗斯通強調，各方都必須負起責任。記者、編輯和製作人要對他們提供的媒介再現負責，而觀眾／用戶則有義務反思自己所接觸的東西，以倫理性的方式，回應媒體及其描繪的世界。

因此，「媒體城邦」觀念是一個挑戰，挑戰了媒體再現的不平等、排他性的機制、（來自國家和資本的）媒介權力失衡，以及「未經反思的報導和故事敘述，其意識形態偏見所建構的框架」（Silverstone, 2006, p. 37）。當媒體再現世界的時候，不可避免要涉及他所謂的邊界工作，即在「我們與他們」對立之間不斷劃定、加強與改變各種邊界。西爾弗斯通強調道德和倫理的重要，道德維度應成為分析焦點，正如我們用社會、政治和文化視角分析傳播過程一樣。

（三）從道德到全球公民參與

這些討論，西爾弗斯通（Silverstone, 2006）承認是非常難處理的問題。公眾是「媒體城邦」中受眾的集合體，不是很有效的能動者。思想、言語與行動相互脫節和妥協，因為他們缺乏脈絡、記憶和縝密分析，特別是越來越缺乏互信，我們目睹了從公共領域向私人領域撤退的態勢——這正是民主的主要困境。儘管西爾弗斯通對政治能動性語焉不詳，但他的政治感悟力已說明，「媒體城邦」不僅是道德反應的場所，而且是潛在的實踐場所。世界主義的道德能動者必須超越，不只思考自己的責任，而能通過某種行動（在政治脈絡中常常採取某種傳播形式）把責任體現出來。

這樣積極主動的社會倫理，要求我們與全球性的他者互動，並對其負責；這種倫理引領我們成為世界公民，靠「媒體城邦」建立世界聯繫，而世界公民身分與某種民主形式密不可分。世界主義與民主公民能動性的聯繫——我稱之為「公民世界主義」——牽涉到轉化世界主義的道德立場為具體的政治脈絡，對我們自己和對全球化的他者都有益。對當代全球公民品性和公民能動性而言，世界主義成為不可替代的維度。

我正是想從此處——從某種意義上來說是其著作的外緣——接過他的棒，繼續跑下去。我以前探究過應該如何理解公民能動性，即理解能夠促進人們政治參與的主觀現實，和媒體在這方面的角色（Dahlgren, 2009）。我勾勒出的主題包括公民身分、公民社會、政治活躍，以及相關媒體環境的全球化。但跨國維度尚待發展，也未確立公民能動性與全球道德責任概念聯繫。我發現，西爾弗斯通提倡的世界主義，並賦之予規範性的基礎，有力地邀請我們好好思索那些聯繫。

在論述「媒體城邦」時，西爾弗斯通雖總是把大眾媒體擺在前面，但他也強調網路及其輔助技術改變大眾媒體的基本特徵。他說得對，在公共性方面，網路需要以大眾媒體為參照和脈絡，以避免被席捲成為一座座小孤島。（當然，網路本身就具有大眾的中介化傳播性質。）因此，如果我們將他的「媒體城邦」框架，用在網路的全球公民社會領域，特別是用在另類全球化運動和「世界社會論壇」，焦點就會放在相對具體、數量有限的國際傳播行動者身上。當然，線上「媒體城邦」中多數人沒有這種參與性，會被我們忽略，不過為了專注於可能的研究，寧可收窄我們的焦點。

五、對另類全球化的公民世界主義研究

過去十五年，新一代國際傳播者在世界各地湧現，以全新而富有想像力的方式使用資訊傳播技術。這些公民社會行動者包括「世界社會論壇」的另類全球化運動。它們有強烈的規範意識；他們有很多目標，均以改變當前全球發展的方向為旨歸。他們在許多場合碰面，但也廣泛利用數字媒體。他們在媒體城邦之中，發出反霸權的聲音，對抗新自由主義主導的媒介再現。

（一）經驗視角與比較視角

這裡有兩條明顯而互補的經驗研究路線可供選擇：一條涉及來自這些群體的國際傳播本質。在此，我們可以區分群體內部、群體之間，甚至跨越國界的內部傳播；而另一種傳播，則是指向外部世界、全球公眾，甚至是決策者和掌權者。我發現後者更重要。「世界社會論壇」官方網站（www.forumsocialmundial.org.br/）有葡萄牙語、英語、法語和西班牙語版本，這就是一個很好的出發點。網站提供各類資訊，包括新聞、組織與動員資訊，包括下一年度的會議準備進展。人們可以順著連結，追蹤話題和

辯論，進而接觸到大量參與網路、團體和運動提供的資訊。

另一條路線是研究個人和集體的行動者本身。他們的背景、動機、觀念、組織策略以及媒體使用，打開了許多可能的研究路徑。行動者的公民身分與實踐，聯繫到全球他者的世界主義主題及其道德視野，為研究提供了豐富的可能性。

這種研究還處於起步的階段。賴（Lai, 2008）為線上活躍主義建立一個概念的起點。德索薩・桑托斯（de Sousa Santos, 2005）對「世界社會論壇」活動家的視野，提出不少重要而具體的見解。烏爾丹（Uldam, 2010）探索倫敦兩個從事全球公正問題的團體，在它們的身分、承諾和策略方面取得了重要的進展。一個研究的方向是以國家脈絡的許多研究為基礎，考察何種因素會促進（或抑制）公民參與社會運動和政治團體，以及媒體如何有助（或無助）於創造公民文化（參見Dahlgren 2009的概述）。

在研究行動者及其媒體實踐時，應當以比較的維度為指導方針：可以比較不同地區的團體及傳播實踐，或比較另類政治傳播與主流傳播的接連。這種傳播如何在全球媒體城邦「旅行」，有何影響，如何關聯主流傳播對這些話題的說法，對國際傳播的性質意味著什麼？西方與非西方的維度均能在此得以彰顯。此外，線上世界也正快速轉型，另類全球化利用YouTube之類的流行平臺接觸更多受眾（參見Askanius & Gustafsson, 2010）。這如何改變他們的傳播策略與身分？將政治塞進強烈偏向流行文化與娛樂的媒體環境，有何意涵？比較媒介城邦各部門的策略及政治效能，是日益重要的研究課題。可能的資料包括各類團體的媒體生產、事件報導、討論以及隨後的評論。

這樣的研究自然有一個倫理維度：是什麼在驅動研究？它會產生什麼知識？對誰有用？尤其是研究者與被研究者有什麼關係與責任？在做研究之前澄清這些問題，既是為研究者著想，也是為研究對象著想。研究行動者及其實踐，可以（也應當）包含到國際傳播領域更廣闊的發展中，幫助我們理解這個領域如何跟著演變。

（二）方法論之協商

李金銓在本書第十章中主張，國際傳播研究需要認真考慮到文化意義。揚・瑟韋斯（Jan Servaes）在第四章中談及方法論的問題，他指出要跳出這個領域嚴格量化的方法，需要更關注文化權力。我們需要從能動者的角度——行動對他們有什麼意義——來理解能動性。在我看來，這些呼籲指出公民國際傳播行動者的規範與文化框架的重要性，這些呼籲至少能透過世界主義部分折射出來。

我發現，為方法論打壍壕戰是徒勞無益的，沒有哪一種方法天生享有特權，沒有哪一種取徑先天優於或劣於其他取徑。最後決定的是我們所尋求哪一種知識，提出什麼研究問題，以及掌握什麼材料。既然如此，想要探究社會行動者的自我認知、動機和身分認同，在某個時刻必須用到定性方法，以深度訪談和現場觀察，燭照意義和現實建構的過程。同樣，在分析媒體產品時，闡發意義和燭照話語——尤其是很多材料有多媒體的維度（視覺、聲音和文本）——都需要定性方法。

然而定性絕不是與定量對立，兩者經常有效結合。例如，對特定的媒介材料做定量研究，得到重要的輪廓，再配合某些部分的深入定性分析，效果就會非常好。這兩種策略互為補充。同樣地，相對於小樣本的深度訪談，大型調查訪問行動者也有很好的效果。過去幾十年裡，我們看到社會科學的「文化轉向」，各種定性的取徑成長起來，分析社會建構的過程，人們藉而生產意義，界定社會世界和自己的位置。隨著文化理論和方法增多，我們看到媒介與傳播研究這方面的發展，這是無可爭議的，如果國際傳播出於某種理由排除它們，才會令人大惑不解。

定量方法不應自動等於「實證主義」，定性分析也不自動保證研究品質就高。哈伯馬斯曾經批評實證主義「拒絕反思」。我們研究者必須時刻警覺自己的研究內容，還必須不時拷問自己的預設和預解（pre-understanding）。這樣，我們才能發展我們的領域，也發展我們自己。研究中介化的公民世界主義，提供了同時實現這兩個目標的機會。[1]

1 我非常感謝瑞典隆德大學同事Fredrik Miegel對本文的啟發；由他發起，我隨之加入的媒體和世界主義碩士課程為這裡所表達的許多想法提供了起點。

參考文獻

Acosta, R. (2009). *NGO and social movement networking in the World Social Forum: An anthropological approach.* Saarbrücken: VDM Verl.

Appiah, A. (2007). *Cosmopolitanism: Ethics in a world of strangers.* New York: W. W. Norton.

Archibugi, D. (2008). *The global commonwealth of citizens: Toward cosmopolitan democracy.* Princeton, NJ: Princeton university Press.

Askanius, T., & Gustafsson, N. (2010). Mainstreaming the alternative: the changing media practices of protest movements. *Interface: A Journal for and about Social Movements,* 2 (2), 23– 41.

Bauman, Z. (2007). *Liquid times: Living in an age of uncertainty.* Cambridge: Polity Press.

Beck, U., & Cronin, C. (2006). *The cosmopolitan vision. Malden*, MA: Polity.

Benhabib, S. (2006). *Another cosmopolitanism.* New York: Oxford University Press.

Boltanski, L. (1999). *Distant suffering: Morality, media, and politics.* Cambridge: Cambridge University Press.

Breckenridge, C. A., Pollock, S., Bhabha, H. K., & Chakrabarty, D. (Eds.). (2002). *Cosmopolitanism.* Durham, NC: Duke University Press.

Brock, g., & Brighouse, H. (2005). *The political philosophy of cosmopolitanism.* Cambridge: Cambridge University Press.

Calhoun, C. J. (2010). *Cosmopolitanism and belonging: From European integration to global hopes and fears*. London: Routledge.

Castells, M. (2010). *Communication power*. Oxford: Oxford University Press.

Chandler, D. (2006). *Constructing global civil society: Morality and power in international relations.* Houndmills, Basingstoke, Hampshire: Palgrave Macmillan.

Cheah, P. (2006). *Inhuman conditions: On cosmopolitanism and human rights.* Cambridge, MA: Harvard University Press.

Chouliaraki, L. (2006). *The spectatorship of suffering.* London: Sage Publications.

Dahlgren, P. (2009). *Media and political engagement: Citizens, communication, and democracy*. Cambridge: Cambridge University Press.

Dallmayr, F. (2003). Cosmopolitanism: Moral and political. *Political Theory,* 31 (3), 421– 42.

Delanty, G. (2009). *The cosmopolitan imagination: The renewal of critical social theory*. Cambridge: Cambridge University Press.

de Sousa Santos, B. (2005). Beyond neoliberal governance: the World social forum as subaltern cosmopolitan politics and legaity. In B. de Sousa Santos & C. A. Rodriguez-Varaviti (Eds.), *Law and globalization from below: Towards a cosmopolitan legality* (pp. 29–63). Cambridge: Cambridge University Press.

de Sousa Santos, B., & Rodriguez-Garavito, C. A (Eds.). (2005). *Law and globalization from below: Towards a cosmopolitan legality*. Cambridge: Cambridge University Press.

Drache, D. (2008). *Defiant publics: The unprecedented reach of the global citizen*. Cambridge: Polity.

Eberly, D. E. (2008). *The rise of global civil society: Building communities and nations from the bottom up.* New York: Encounter Books.

Gills, B. K. (Ed.). (2011). *Globalization and the global politics of justice*. London: Routledge.

Gould, C. C. (2004). *Globalizing democracy and human rights*. New York: Cambridge University Press.

Habermas, J. (2006). *The divided West.* Cambridge: Polity.

Hannerz, U. (1996). *Transnational connections: Culture, people, places*. London: Routledge.

Harvey, D. (2009). *Cosmopolitanism and the geographies of freedom*. New York: Columbia University Press.

Held, D. (2010). *Cosmopolitanism: Ideals and realities*. Cambridge: Polity Press.

Hosseini, S. A. H. (2010). *Alternative globalizations: An integrative approach to studying dissident knowledge in the global justice movement*. London: Routledge.

Keane, J. (2003). *Global civil society*? Cambridge: Cambridge University Press.

Keck, M. E., & Sikkink, K. (1998). *Activists beyond borders: Advocacy networks in international politics.* Ithaca, NY: Cornell University Press.

Kendall, g., Woodward, I., & Skrbis, Z. (2009). *The sociology of cosmopolitanism: Globalization, identity, culture and government*. Basingstoke: Palgrave Macmillan.

Krishnaswamy, R., & Hawley, J. C. (2008). *The postcolonial and the global*. Minneapolis: University of Minnesota Press.

Lai, O.-K. (2008). Rediscovering Kosmopolis in the cyberinformation age? Social agencies and activism in their geohistorical place. In R. Lettevall & M. K. Linder, (Eds.), *The idea of Kosmopolis* (vol. 37, pp. 121– 42). Huddinge: Södertörns Högskola.

Maeckelbergh, M. (2009). *The will of the many: How the alterglobalisation movement is changing the face of democracy*. London: Pluto Press.

Norris, P., & Inglehart, R. (2009). *Cosmopolitan communications: Cultural diversity in a globalized world.* New York: Cambridge University Press.

Nussbaum, M. C. (2006). *Frontiers of justice: Disability, nationality, species membership*. Cambridge, MA: Belknap Press.

Ong, J. C. (2009). The cosmopolitan continuum: Locating cosmopolitanism in media and cultural studies. *Media, Culture and Society,* 31 (3), 449– 66.

Pleyers, G. (2011). *Alterglobalization: Becoming actors in the global age*. Cambridge: Polity.

Robertson, A. (2010). *Mediated cosmopolitanism: The world of television news*. Cambridge: Polity.

Rodriguez, C., Kidd, D., & Stein, L. (Eds.). (2010). *Creating new communication spaces* (vol. 1). Cresskill, NJ: Hampton Press.

Scholte, J. A. (2011). *Building global democracy? Civil society and accountable global governance*. Cambridge: Cambridge University Press.

Sen, J., & Waterman, P. (2007). *World social forum: Challenging empires*. Montreal: Black Rose Books.

Silverstone, r. (2006). *Media and morality: On the rise of the mediapolis*. Cambridge: Polity Press.

Smith, J., Della Porta, d., & Mosca, L. (2007). *Global democracy and the World Social Forums*. Boulder, CO: Paradigm Publishers.

Stein, L., Kidd, d., & Rodriguez, C. (2009). *National and global movements for democratic communication* (vol. 2). Cresskill, NJ: Hampton Press.

Sullivan, W. M., & Kymlicka, W. (2007). *The globalization of ethics: Religious and secular perspectives*. New York: Cambridge University Press.

Thörn, H. (2009). *Antiapartheid and the emergence of a global civil society*. Basingstoke: Palgrave Macmillan.

Turner, B. S. (2002). Cosmopolitan virtue, globalization and patriotism. *Theory, Culture & Society,* 19 (1–2),

45–63.

Uldam, J. (2010). Fickle commitment: fostering political engagement in the “Fighty world of online activism.” Ph.D. diss., Copenhagen Business School, Copenhaegn.

Vernon, R. (2010). *Cosmopolitan regard: Political membership and global justice.* New York: Cambridge University Press.

Walker, J. W. S. G., & Thompson, A. S. (Eds.). (2008). *Critical mass: The emergence of global civil society.* Waterloo, Ont: Wilfrid Laurier University Press.

後殖民視覺文化：基於印度的討論

Postcolonial Visual Culture

Arguments from India

阿爾溫德・拉賈戈帕

Arvind Rajagopal

袁夢倩／譯，陳楚潔／校

半殖民或殖民統治的歷史，對理解後殖民的國家發展仍然很重要；直到最近，視覺文化學者才開始認真考慮後殖民地區視覺文化的複雜性。因此，「後殖民主義」是一種歷史標記，提醒我們，現代化的努力與反抗外國的統治如影隨形，適當的歷史分析必須具體說明這些獨特的相關條件。例如，在後殖民國家，「現代化」多少被認為是舶來品。以國家為中心的發展乃是現代化的政治形態，民族國家不得不琢磨固有的知識和更「現代」的知識有何差別。然而在後殖民國家，這些更「現代」的新知識形式，很少像在西方那麼權威，因為西方社會的現代化經歷了兩三百年。圖像在現代性的知識傳播地位特殊，已成為協商和挑戰權威的重要場域。我們應當考察圖像傳播如何發生，從分析視覺文化中可以學到什麼。顯然，「國際傳播」這個領域，沒有預見世界各地興起的視覺傳播的新形式，以及視覺傳播所帶來的影響。

學者們新近的研究說明，後殖民的媒介文化呈現斷裂的時間性，以及複雜的審美形式，這是不同於一般對媒介史和傳統歷史進程的理解的（Curtin, 2007; Fox & Waisbord, 2002; Jain, 2007; Lee, 2003; Pinney, 2004; Ramaswamy, 2010; Servaes, 2008）。舉幾個地區為例，南亞、東南亞或東亞的傳播產業廣泛而成熟，但在整個文化生產者的選擇當中，視覺寫實主義只是其中一環而已。技術成熟不會消滅舊的審美形式，反而可能促使它的更新，功夫電影與京劇傳統的關係，或印度神話史詩的傳統及其演變，均是如此。

在較早時期，學者對研究和論證的方案有更大的共識，可以接觸更多的檔案。學者們專注於視覺文化的某些工藝和技術，如繪畫、印刷或電影，對更普遍的問題——跨媒介視覺的制度化如何使受眾內化一種新的認知習慣——卻缺乏討論。後殖民社會中的圖像製作廣泛而多樣，提出的問題難測，從民族主義的史學、藝術、文化批評，到後殖民社會科學，這些研究綱領都顯然不夠了。

衛星電視在南亞啟動時，正值第一次波斯灣戰爭，短短三十年內，媒介技術和中介的形式激增，跨越印刷、電影、電視、行動電話和網路，南亞似已步入「交往現代性」（communicative modernity）的階梯。在全球範圍內，南亞的「交往現代性」標誌著後冷戰時期，特徵是「安保官僚體制」（securocratic regimes）強化了視覺的監視機制，地緣政治形成的聯盟則圍繞在伊斯蘭的「恐怖」，而不是共產主義的幽靈。[1]在印度，過去二十年便見證了一系列壓縮式的發展。私有媒體增長助長了激進印度教民族主義崛起，本土語言媒體相對於英語媒體一直被壓抑，但其市場優勢現在則蓄勢而發。另一方面，電視新聞報導覆蓋範圍擴大，給許多人物和事件以顯著度，從孟買的恐怖分子利用媒體為監視的輔助手段，到日漸獲得公眾同情、捍衛部落土地權利的毛派運動，都

1　「安保官僚政權」（securocratic regime）這個術語來自Vieira, Martin, & Wallerstein (1992), p.205。有關這一背景下的一些文化動態的討論，請參閱Appadurai（2006）。

各有各的政治議程。[2]因此，簡單地以為媒介覆蓋密度增加就是支援某些後殖民意識形態，這種觀念是誤導的。然而，上述兩個問題出現在印度新經濟的大環境下，足見我們需要從歷史角度討論媒介的「可見性」（visibility）和覆蓋密度（density），以探索多因、依條件而變化的解釋模型。

在南亞，通信日益廣泛，但暴力事件並未減少，簡單意義的政治透明度也未見提高。自一九三七年印度省級選舉以來，當局一直對大規模暴力行為置若罔聞，而肇事者及其贊助者擅長從暴力行為撈取選舉資本。調查新聞（包括曝光「刺人的」視頻）透露制度化的腐敗和秘密，卻不能改變什麼。印度激進組織可能癱瘓整個國家，倘若法院裁定拆除一座歷史性的清真寺，就可能引發暴力事件。肇事者獲得的是獎賞，不是懲罰，而媒體評論員還以為阻止了進一步的暴力事件而沾沾自喜。

顯然，「視覺性」未必像啟蒙思想家的預設那樣運作。[3]在公開場合曝光率更高，不保證理性越高；資訊流密度越大，也不能保證暴力更少或民主化更多。一方面，有些人肯定現代想像力的「祛魅化凝視」，於是「看到的就是相信的」。另一方面，我們也觀察到，數百萬觀眾造成的魅力的確令人著迷，反而是「相信的才是看到的」。在這個數碼複製的時代，後殖民的視覺文化分析必須承認上述兩個逆轉的命題，具體說明每一專案發生什麼。南亞提供討論這些問題的場域，它的視覺實踐顯然是異質化的，但引入新監管體制的屏幕文化卻日益同質化。[4]本章的具體問題是，後殖民視覺文化在歷史上有沒有足以說明政治表現的規律，這樣的分析必須避免歷史主義（假設歷史語境決定媒介和意義）和技術決定論。

一、媒介作為感官史／媒介與感官史

我認為，人類感官理應是相互關聯的，技術手段卻使它們分離。通信設備的發展，感知形式經過技術中介得以重組，獲得假體（prosthetic）特徵。例如，視聽媒介的聲音和光線照到達觀察者時，也傳達或產生一種觸摸感。我要借用馬歇爾・麥克魯漢（Marshall McLuhan, 1994）的理論，他把媒介當作身體與技術之間的介面（interface），結合通信技術與感知的變化率。他認為，在「閱讀」視聽媒介時，與其

2　關於孟買恐怖襲擊，請參見Rajagopal (2008)。關於毛主義者議題的最新權威調查，請參見Dandekar & Choudhury (2010)。

3　哈爾・福斯特（Hal Foster）區分了視覺與視覺性：前者指的是視覺機制和視覺基準，後者指的是視覺的歷史技巧和話語測定，參見Foster (1988), p. ix。

4　關於近來最重要的視覺監控計畫，請參見《UIDAI戰略概述》（UIDAI Strategy Overview），印度政府規劃委員會印度唯一身分查驗局（UIDAI），二〇一〇年四月。

關注視聽感知表現的程度，不如關注它所隱藏的一面。因此，他認為從大眾媒介所獲得的即時感知是親密的，而非疏遠的。最終，反映等級及其作用的「社會距離」尺度（相對於階級和性別差異而言），似乎受到媒介的影響已經變化或削弱。

麥克魯漢論證媒介的力量時，聯繫了三個環節：人們對社會秩序的關注，群眾對共產主義意識形態力量的潛在憂懼，以及他們對烏托邦超越的可能性。如果「媒介即是訊息」，東方陣營令人畏懼的武器——宣傳——會被現代媒介的特性抵消，因為現代媒介其實在冷戰中可能成為西方陣營的無聲盟友。在麥克魯漢看來，通信覆蓋面擴大，形成「地球村」，可以是一個友好和親密的空間，他的立論顯然體現了北美式的社區概念。

麥克魯漢以西方發展的譜系，指出（態度還不太傲慢）西方的媒介素養是落伍的。他認為，電子媒介使西方人「再部落化」，可以克服以印刷為主一脈的理性形式。他聲稱，現代媒介使交流形式更個人化，也更社群化，既是「熱」的，也是「冷」的。這個論點頗費解，最終可能邏輯不通，但起到一個重要的作用：即使人類並未意識到，技術不是自外於人類的「他者」，它改變了人類的能力，自身迅速「成為」人類的能力。我們可以科技組織世界歷史，成為一個累積性的發展序列，從而看到文化自我批評的主要趨勢。如果大眾媒介是問題所在，明智應用更多的媒介可能是對症良藥。西方的主導地位必須先獲得承認，再受到批判，但若採取適當步驟，最後還可以用來克服先前的局限性。

任何感官史，凡不合麥克魯漢的「目的論」，都被歸類為「舊媒介」，在其理論中別無位置。就此而言，新媒介等於所有媒介的形式；它們界定了舊媒介的感知率，直到舊媒介被更新的媒介取代為止。麥克魯漢失察的是，技術的影響失衡，個人行動和集體行動的形式跟著情況而變化，這是他的理論不能預測的。麥克魯漢的理論有全球性的雄圖，想像力卻相當狹隘，暴露出西方源頭的局限性。

二、媒介的總體性？

在冷戰期間，有一種很受矚目的想法，以為媒介創造一個平等的競爭環境，可以有效地凝聚社會；這個說法得到美國的智庫和慈善基金會大力推廣。其中一個版本，見諸丹尼爾・勒納（Daniel Lerner）的《傳統社會的消逝》（Lerner, 1958），它聲稱印刷和廣播等大眾媒介激發移情能力（empathy），有利於現代化，這不啻是麥克魯漢若干理論元素的先聲。這些假設將媒介提升到國家權力層面的規範性概念，因此媒介對世界各地的計劃性發展專案是非常重要的。

然而，假如大家對「發展」與「現代化」的關係理解不同，技術交流的擴散結果是不可預卜的。據稱，現代通信設備已使社會互動丕變，從中世紀的等級宇宙論，轉變為印刷資本主義匿名、橫向的結合，而且這種理性化的效果還在持續。現代主義者自負地以為，社會互動可以因為通信技術的干預而重塑；其實，根本沒有所謂的「外部」，媒介與社會相互聯繫在一起。更深層的預設是「可知性」（knowabilty）或可預測性。就此而言，大眾媒介好比地面上光線的散布，人們因而有能力理解內部發生的一切，並潛在地控制它。

不過，在後殖民社會中，大眾媒介的發展顯然沒有這樣的影響。當迷人的新舊思想一起存在時——例如靈修和儀式性的宗教崇拜結合了商品文化；又如現代化的理想，最初體現在殖民統治者的種族差異，隨後又體現在後殖民的技術官僚身上——就說明了新的和更複雜的通信環境已然形成。南亞的視覺實踐有緊張的關係，一方面以視覺當作獲得神聖真理的特殊途徑，另一方面則視日常生活為褻聖的、不重要的或不真實的，一旦這樣的兩元邏輯滲入視覺文化，就自然會分辨哪些值得細看，哪些不值一看。[5]

在這樣的語境中，「可見度」並不等於接受度或受歡迎度，而「不可見度」（invisibility）則可能是祕而不宣，不是無關緊要。[6]我認為，一九四七年後南亞次大陸分裂為印度和巴基斯坦，發生大規模屠殺，印度數十年來一直諱莫如深。而一九八〇年代末，政治上出現所謂憤怒的印度教，卻意外打破了這種緘默；一九八四年屠殺和強姦數百名錫克教徒（僅舉一例），亟待公開審判和補救。在這種暴力的背景下，以為真相使人自由，權力得以透明，但這樣的觀念無法立足。可見在一個複雜和敵對的政體，被排除在公民社會之外的人，大多無力表達他們的關切，問題也得不到解決。[7]

從下面的發展我們可以概見媒介的複雜性：即使電視普及率日益提高，報刊仍持續增長；英語媒體的廣告收入最高，市場份額卻淪為少數。同時，本土媒體受眾增加的速度史無前例。在區域和國家層面，多語種媒體都各有市場。然而，英語媒體從未懷疑其全球性媒體的地位，它們的視野其實比本土媒體偏狹得多，本土媒體報導情感秩序和社會關係的變化最快，最有力。[8]

人們對新的大眾媒介總是寄予烏托邦式的期望，希望它們幫助人們重新想像一個自由而包容的世界（Rajagopal, 2005）。以前對廣播電視和當今對數位媒體，都有這種令人興奮卻實現不了的期望。畢竟，每一種媒介要進入的空間，已充滿了既有的媒介形式，經過沉澱形成一套溝通的規範，它們試圖界定或馴化新媒介，而不是向新媒介屈服。結果，新媒介以意外的方式啟動較早的媒介形式，而不是抹除或取代它們。隨著印

5　對於南亞觀看之道存在的內部差異這一問題，學術探討仍不多見。最近為數不多的與穆斯林問題有關的論文之一，請參閱Freitag（2007）。

6　關於印尼國家支持的暴力仍處於公共宣傳核心秘密的普遍性，參見Siegel（1998）。

7　參見Chatterjee（2004）。查特吉並未探討市民社會與政治社會之間的關係，從而忽視了包括媒介回路（media circuits）在內的許多連接（connection）的形式，這些連接形式正是跨越了他所論述的鴻溝。

8　關於這一點，參見Ramnarayan（2004）對詩人Arun Kolatkar的訪談。

刷、電影和電視的陸續發展，史詩和神話形象的可見度越來越大，舊圖像庫和符號系統已經轉化，成為新通信技術的載體。例如，為了國家發展，印度政府把公眾分隔為現代化多寡兩部分，電影和電視貌似暫時聚合全國觀眾。然而，經歷了民族主義的動員，兩極化的方向可以翻轉，反而以文化真實性為標準分隔觀眾。在南亞後殖民的語境下，文化型構（cultural formation）變化不已，極不穩定。我們可以用「分裂的公眾」（a split public）——也就是公眾對如何凝聚社會組成部分的理解不同——來解釋逆轉性的型構（reversible formation）。換言之，**媒介普及沒有增進社會團結，反而提高了社會分化的能見度**。[9]

後殖民學者分析新的通信路線（communication circuits）及其綜合形式，顯現這些差異在社會不同領域如何運作。這個論點挑戰了哈伯馬斯的公共領域模式，在哈伯馬斯看來，基於契約的交往模式能夠實現平等的理想，運用巧智也可以撇開權力差異。[10]但這種交往模式並不足以解決後殖民社會的深層分歧。分析後殖民的公共領域，必須容納理性批判的話語，也包容有爭議的反對話語，甚至包容政治沉默，而且要承認並非大家同意這些共識的協議。換言之，這樣的公共宣傳（publicity）應當理解為宣示權力，使權力成為視覺化的場域。

三、後殖民的視覺性

一般在描述現代社會時，權力總是隱而不彰的，包藏在能力和規訓制度之中，也包藏在科層制度、市場規則與機構之中，而不是存在於人、階級或事物之中。有些彰顯權力的行為（例如懲罰罪犯）因為被隱形了，才會有以上的描述。我們知道，這個時代所以稱為「現代」，是因為這些彰顯權力的活動被置諸公眾視線之外，成為秘密。[11]

然而，現代「觀看」模式預設了一種「去具身化的凝視」（disembodied gaze），即是一種「沒有來處」的視角，它所產生的資料有效程度有多高，不以觀看者而定，因為視覺機制可以用科技複製，不需觀察者實際在場。因此，現代性的「觀看」具有鮮明的社會—技術特徵，意味著知道哪些該看，哪些不該看，並吸收了「可見度」臨界點的運作尺度，包括社會如何制訂這些尺度，科技如何複製這些尺度。

---

9 我針對電視提出了這一論點（Rajagopal, 2001）。關於相關的批判性討論，參見Benson（2009）。

10 當契約代理人出於利益而進行交換且作為個人不為交換行為所改變時，交往行為會隨著時間的推移而改變捲入話語的人。哈伯馬斯對這一問題的回應是，與理性批判的交往不同，從個人立場轉化的交往是親密的，並仍停留在私人領域（Habermas, 1991）。

11 這一方面請參見van der Veer（2010）。關於與懲罰的新秘密相對應的禮儀領域的變化，參見諾伯特・伊利亞斯（Norbert Elias）的著作，他論述了伴隨著將個人行為「公開」展示的恥辱感的增長，這些行為直到近代早期才開始被視為是私密的。

假定這種視覺規則不起作用時，便會用具體的符號、物體、人和儀式，明確彰顯權力的形式。權力的存在，就是要被人看到；印度教的物和人就是如此，而且還賦以「觀看」的能力。這是所謂「具身化的凝視」（embodied gaze）（Pinney, 2004），由視覺形式確認誰是觀看者，誰是被觀看者。「具身化的凝視」不是提供「沒有來處」的視角，它驗證而不是打破社會空間的規則，因為空間感不是空洞的，千篇一律的，或無限的，它必須對應一種界定的範圍。[12]

這兩種不同的凝視方式，可視為科學與大眾文化的差異，或世俗生活與宗教生活的差異。不同認知模式會合，是博識的「觀看」與樸素的「觀看」相遇；由於這反映了社會等級，要完整地描述它，便應當包含對權力者的樸素「觀看」。囿於篇幅，我在此無法詳述，但顯然反殖民的民族主義想動員魅力型和文化主義形式，以吸收這種差異，並為現代經濟發展提供規劃。

在民族主義歷史中，與前者（魅力型動員）有關的溝通方式，都被拉到大眾化層面，魅力者所扮演的調節角色正在消失，而後者（文化型動員）則被歸入官方民族主義。[13]在後殖民社會，為了實施發展政策，溝通路向最初大致是自上而下的，但隨著媒體的發展，特別是印度語言印刷和電子媒體的發展，引入了自下而上的溝通形式，其規模乃前所未有。

後殖民社會帶給集體意識的，是多元的「觀看」之道；它的最高權威不是單元的，而是分裂的。隨著跨越不同媒介平臺的視覺體制的出現，各種認知模式之間爭取主導權必然是公開的，想把一種觀看形式定為一尊的企圖，不可能是緘默的、隱形的或被撇到權力的走廊之外。我認為，持續爭奪共同知識（common knowledge）的內容和形式，難以確定後殖民政治會有什麼結果。

四、後殖民的分裂公眾

在處理後殖民與西方媒體形式的競爭關係時，後殖民的分析範疇仍然重要；而西方媒體形式的發展敘事成為標準，衡量後殖民媒體的特殊性。印刷、廣播、電影和電視的發展，通常按照歐美起源的技術模式。結果，在西方之外可以產生理論的現象，便全被歸結為社會—技術的想像，或媒體模組的反覆運算，或充其量只吸引區域專家和情報專

12 請注意，現代主義視覺的主張與其在殖民地的不均衡產生實體（instantiation）之間的差別，是殖民政體經歷文化涵化（culturalization）的結果，也是由此產生的文化概念政治化的結果。我在這裡描述的，是那些肆無忌憚的做法，它們在圍繞著特定視覺政治而組織的社會與被多元視覺實踐所撕裂的社會之間製造了時間和發展的鴻溝。

13 關於民族主義式普世主義何以失敗的深刻分析，參見Calhoun (2007)。

家的現象。然而，後殖民現代性從開始不但向西方屈服，而且也有選擇地抵制現代化（Rajagopal, 2009）。

儘管殖民勢力的優越目前仍不可否認，為了團結內部群體，反對殖民勢力，反殖民的民族主義者建立文化主權，以有別於外在世界。這是民族主義妥協的結果，自十九世紀末一直持續到後殖民時期。[14]

這個論旨的洞見是，在反殖民的民族主義發展了二元而非單元的主權模式。這種模式將宗教和精神有效劃歸私人領域，政治經濟問題則歸入公共領域。但吊詭的是：這兩個領域都有交往行為，既強化卻又挑戰私人生活和公共生活的結構性二分性。因此，我們可以將這些領域每一部分都看作「公眾」。顧名思義，交往性的公眾隨時處在「形成」的過程，不是一種模式中的靜態元素。

這些公眾（「宗教的」和「政治的」）的規則不同，但彼此設想對方為對象。例如，殖民權勢宣稱它們發揮現代化的影響，但依賴的卻是武力。同時，民族主義抬頭，本土社會宣稱唯有文化真實性才具備合法性。這個分裂的公眾，靠強制和同意的兩股力量凝聚，彼此互不透明。它們各自聲稱自己的主張勝過對方，這種爭論無法以理性的方式裁決。為了追求現代化，後殖民時代延續了這種作風，只是現在的選民可以選誰來統治他們。「分裂公眾」的概念捕捉了「有建設性的誤解」，這種辨證關係塑造又重塑不可預知的空間（Rajagopal, 2001）。

五、景觀，商品與觀看的勞動

我們看到，媒介研究大致帶有「目的論」的旨趣，以技術（如印刷、廣播、電影、電視）為主。媒介既可作為感知的整體，也可以促進深層的市場邏輯，既是技術，也是商品，基於此，下面我將推測媒介能夠對新興的後殖民政治形式揭示什麼。

居伊・德波（Guy Debord）的《景觀社會》（*Society of the Spectacle*），提出晚期資本主義視覺特性轉變的理論，出版半個多世紀以後還引人共鳴。德波認為，日常生活已經消融在一系列的景觀，聲稱通過對世界的再現，而統一了世界。德波寫道，景觀是商品的延伸，因而表達了表意（expressive）的異化，脫離生活，以及資本如何支配活的勞動力。然而，正如德波所說的，景觀社會的顯著特徵是商品完全把社會生活殖民化，因此商品化幾乎就是熟知的世界（Debord, 1995）。

德波認為，在認知的領域，知識和權力是聯繫起來的；「景觀」聲稱完全再現世界，提供一扇觀看世界的透明衝口。「景觀」使真實變得可見，不可見的一概不真實也不突出。「景觀」的力量實際上在調節知覺，區分哪些值得一看，哪些可以忽略。商品

14　我所指的是帕沙・查特吉（Partha Chatterjee）在其最初的版本（Chatterjee, 1986）中提出的開創性的論點。

化的邏輯延伸到生活的每個領域，在景觀之外的事物變得無足輕重。

德波將視覺認知（在文藝復興時期的「觀看」的概念，假定視覺感官為一個組成部分）嵌入相當持久的認知體制（epistemic regime），任何人干預的範圍頂多是有限的。[15]根據德波，這是因為通信的社會技術設備廣泛，已經「解碼」個體觀察者在（科技）內部的位置，並預料他們的反應。描述是否真實準確，倒不是認知最重要的標準，重要的是通信通路多大程度能「識別」什麼是被廣為擴散的，哪些要素的流通能增進資本積累或強化「景觀」。

《景觀社會》是有爭議的，而不是冷靜的著作。它的總和力量在於挑戰思維，而不在於精確。「景觀社會」針對的語境，是二戰之後的歐洲社會，在德波看來，隨著盟軍取勝和接踵而來的馬歇爾計畫，歐洲已為美國化所撫平。這可說是西方內部對媒介全球化的早期批判。[16]

然而，世界上很多人活在完全商品化的市場經濟之外，靠其他來源維持生計，例如土地，以及慈善、苦役、福利等非市場關係。這不是說他們完全隔絕於現代世界，或脫離德波所說的景觀。政府機構通過各種廣泛的服務和監督職能（包括福利），國家和非國家大量開展傳播專案，幾乎無人不受到影響。以印度為例，這些傳播專案包括宗教節日、選舉宣傳，還有行銷活動等。在這種背景下，各種技術手段——從手機到電影、電視和影片，更不用說廣告看板、期刊和海報——所複製的圖像，已變得耳熟能詳，在城市更是如此（Rajagopal, 2010, pp. 209-228）。

如此說來，景觀與其說是商品邏輯的延伸，不如說是凝聚各種因素以增強商品行銷力（marketability）的場域。景觀本身不能裁決其構成要素之間的競爭。這些要素的力量，相對彼此而言，是由外部決定的——包括長期灌輸的認知框架，以此區別值得注意的和必須忽視的；以及圖像在社會中傳播的偶然性。正如商品流通強調交換價值高於使用價值，抽象勞動高於現實勞動，商品形象的流通似乎吸納了「觀看」的現實勞動力，成為消費者——他們所「觀看」的時間產生了價值——的抽象概念。[17]然而，我們可以假設資本的再生產，卻不能使資本與歷史和政治的偶然性絕緣，而這些偶然性無法保證結果會怎樣。

在此，我們可以分開闡明認知及其影響的議題，以及政治經濟的語境。對德波來說，兩者同為晚期資本主義的環境，他的景觀概念用得太廣，以致把兩者混為一談。沃爾夫岡・豪格（Wolfgang Haug）的商品圖像（commodity image）概念契合了我

15 文藝復興是否以及如何使現代視覺條件成為可能？關於這方面的相關性的爭論，參見Nelson（2000），pp. 1-21。

16 關於媒介全球化和發展的問題的批判視角的重要討論，請參見Servaes（2008）。

17 就此而論，請參見迪佩什・查克拉巴蒂（Dipesh Chakrabarty）關於真實勞動與抽象勞動之間的區分（Chakrabarty, 2007, pp. 47–71）。

的目的，說明認知與政治經濟相互聯繫，我們得分別考慮它們。在他的論證中，商品圖像是為了提升商品在表意空間的地位；這個表意空間與經濟相接，但不可簡化為經濟。雖然豪格假定商品和圖像的關係有助於資本主義，但他的「商品美學」概念則指向適用經濟規則的文化領域，但經濟規則不是唯一的因素。德波的「景觀」旨在解釋晚期資本主義如何透過主流認知模式獲得動力。這個詞語不只編織理論，而且適用不同抽象層次的概念，例如特定的圖像或場景，以及結合視覺的意識形態框架。[18]然而，如果圖像是浮現中的公共領域的一方面，「公共性」（publicness）的含義則是不確定的；圖像提供一個領域，讓人們制定規則，決定觀看什麼和有什麼可看。[19]用馬克思主義的話來說，在新興的市場經濟中，「觀看」的勞動和「視覺性」的價值開始時不明顯，而是隨著時間而協商，其中的方式值得追蹤。

從這個意義上，值得準確追問的是：馬克思以「商品拜物教」重釋宗教光環或情感，這種理解排除了什麼議題？記得馬克思認為，商品像天體有自己的生命，人類認識不到經濟受人類控制，卻賦予經濟主宰自己的力量。[20]再看另一種情況，宗教圖像和商品形式共同製造商品的價值，因為商品——圖像本身交織到商業和崇拜的場所。這一點很重要，因為在南亞次大陸，宗教形象、商品形式和公共表演早已聯在一起。

在南亞，第一批大規模傳播的圖像是神像，充斥於商品和服務的廣告中，例如日曆藝術。[21]但凡反對使用宗教圖像的抗議都被駁回了，理由是若不使用這些圖像，貿易就會受損。[22]這些神像沒有記錄外部世界，本身也沒有「描繪」出售的商品和服務。它們表現為拜物教，有光環可以促銷商品。這些光環使商品增值，同時也使商品神秘化，從而將拜物「視覺化」。商品經濟擴散，可能侵蝕了生產的共同形式，但商品圖像也喚起以前的歷史，在這一過程中，媒體技術本身獲得了神奇的一面。

這意味著，科技可能被視為現代化的，但它也提供想像，接觸過去，活化歷史；只要歷史尚未消失殆盡，便可以喚醒它，賦予新意。在印度官方的全印電視臺（Doordarshan）[23]播放印度教史詩之後，電視迅速增長，可能是最戲劇性的近例；但隨

18 關於商品圖像和商品美學，請參見Haug (1986), p. 8。

19 布魯諾・拉圖爾（Bruno Latour）從理解「去看什麼，以及可以看到什麼」的層面來定義新視覺文化（Latour, 1986）。

20 卡爾・馬克思。《資本論》（第一卷），第一章第四節，〈商品拜物教及其秘密〉（Karl Marx, *Capital*, vol. 1, chap. 1, section 4, "The Fetishism of Commodities and the Secret Thereof."）http://www.marxists.org/archive/marx/works/1867-c1/ch01.htm - S4，檢索日期：二〇一〇年十月六日。

21 參見我二〇一〇年在tasveerghar.net上發表的短文〈（後）殖民地的商品圖像〉（"The Commodity Image in the (Post) Colony"），載Brosius, Ramaswamy, & Saeed (forthcoming). 在廣告和包裝設計中，宗教圖像的出現似乎早於非宗教圖像，參見Masselos (2006), pp. 146–51。

22 比如，參見〈印度教神話圖像作為商標設計的使用〉（*Use of Hindu Mythological Pictures as Designs for Trademarks*），載《孟買商會1915年報告》（*Report of the Bombay Chamber of Commerce for the Year 1915*）第67-68頁；以及Masselos (2006), pp. 148–49。

23 Doordarshan是一家由印度政府創立的公共服務廣播公司，成立一九五九年九月十五日，由印度廣播部擁有。

後，儘管內部有齟齬，印度教廣泛攻擊穆斯林，印度教多數主義盛行（Rajagopal, 2001）。這個發展與福柯所描述的現代視覺體制（optical regime）非常不同。在南亞的語境中，宣示傳播現代化不是靠退出暴力，而是靠提高暴力的「可見度」來完成。

喬納森・克拉里（Jonathan Crary）宣稱，專家和通俗的實踐出現，幫助人們適應認知的不穩定，職業和管理層面試圖遏制這種危機的影響（Crary, 2001）——但與卡拉裡的說法相反，在其他地方，這種脫穩狀態往往上下回蕩，把「存在」綁到民族—政治因素（Crary, 2001）。必須指出，最大區別是克拉里聚焦於二十世紀初的背景，當時西方民族國家穩固，政府有效治理人民；但當時（十九世紀中葉至二十世紀初）世界其他地區仍在殖民統治之下。這些地方的認知和政治變化，往往能夠更為直接地相互解讀。結果，西方以外的認知主體，以不同方式體驗這些危機，然後壓縮為自我塑造和國家建設的普遍危機，相互反響混合。正是在局部刻畫、推進這種動盪的局面中，才能找到後殖民視覺文化的規律。

Doordarshan擁有二十三個電視衛星頻道，覆蓋了約92%的印度人口。它還通過印度網路和印度電臺在印度各大城市和地區以及向海外提供電視、廣播、線上和移動服務。參見http://doordarshan.gov.in/ddnational/about，檢索日期：二〇一九年一月十日。

參考文獻

Appadurai, A. (2006). *Fear of small numbers: An essay on the geography of anger*. Durham, NC: Duke University Press.

Benson, R. (2009). Shaping the public sphere: Habermas and beyond. *American Sociologist,* 40 (3), 175–97.

Brosius, C., Ramaswamy, S., & Saeed, Y. (Eds.). (forthcoming). *Houseful? Image essays on South Asian popular culture from Tasveer Ghar*. New Delhi: Yoda Press.

Calhoun, C. J. (2007). *Nations matter: Culture, history, and the cosmopolitan dream*. London: Routledge.

Chakrabarty, D. (2007). *The two histories of capital. Provincializing Europe: Postcolonial thought and historical difference* (pp. 47–71). Princeton, NJ: Princeton University Press.

Chatterjee, P. (1986). *Nationalist thought and the colonial world: A derivative discourse*. Minneapolis: University of Minnesota Press.

Chatterjee, P. (2004). *The politics of the governed: Reflections on popular politics in most of the world*. New York: Columbia University Press.

Crary, J. (2001). *Suspensions of perception: Attention, spectacle, and modern culture*. Cambridge, MA: MIT Press.

Curtin, M. (2007). *Playing to the world's biggest audience: The globalization of Chinese film and TV*. Berkeley: University of California Press.

Dandekar, A., & Choudhury, C. (2010). *PESA, left-wing extremism and governance: Concerns and challenges in India's tribal districts*. Anand: Institute of Rural Management.

Debord, G. (1995). *The society of the spectacle*. New York: Zone Books.

Elias, N. (1978). *The civilizing process: Sociogenetic and psychogenetic investigations*. Oxford: Blackwell.

Foster, H. (1988). *Vision and visuality*. Seattle, WA: Bay Press.

Fox, E., & Waisbord, S. R. (2002). *Latin politics, global media*. Austin: University of Texas Press.

Freitag, S. B. (2007). South Asian ways of seeing, Muslim ways of knowing. *Indian Economic & Social History Review,* 44 (3), 297–331.

Habermas, J. (1991). *The Structural transformation of the public sphere: An inquiry into a category of bourgeois society* (T. Burger Trans.). Cambridge, MA: MIT Press.

Haug, W. F. (1986). *Critique of commodity aesthetics: Appearance, sexuality, and advertising in capitalist society*. Minneapolis: University of Minnesota Press.

Jain, K. (2007). *Gods in the bazaar: The economies of Indian calendar art*. Durham, NC: Duke University Press.

Latour, B. (1986). Visualization and cognition: Drawing things together. *Knowledge and Society: Studies in the Sociology of Culture, Past and Present,* 6, 1–40.

Lee, C.-C., ed. (2003). *Chinese media, global contexts*. London: Routledge.

Lerner, Daniel. (1958). *The passing of traditional society: Modernizing the Middle East.* Glencoe, IL: Free Press.

Masselos, J. (2006). A goddess for everyone: The mass production of divine images. In J. Menzies (Ed.) *Goddess divine energy* (pp. 147–87). Sydney: Art Gallery of New South Wales.

McLuhan, M. (1994). *Understanding media: The extensions of man*. Cambridge, MA: MIT Press.

Nelson, R. S. (2000). Descartes's cow and other domestications of the visual. In R. S. Nelson (Ed.), *Visuality before and beyond the Renaissance: Seeing as others saw* (pp. 1–21). New York: Cambridge University Press.

Pinney, C. (2004). *Photos of the gods: The printed image and political struggle in India*. London: Reaktion.

Rajagopal, A. (2001). *Politics after television: Hindu nationalism and the reshaping of the public in India.* Cambridge: Cambridge University Press.

Rajagopal, A. (2005). Imperceptible perceptions in our technological modernity. In C. Wendy & K. Thomas (Eds.), *Old media, new media* (pp. 275–85). New York: Routledge.

Rajagopal, A. (2008). *Violence, publicity, and sovereignty*. Retrieved from http://blogs.ssrc.org/tif/2008/12/15/violence-publicity-and-sovereignty.

Rajagopal, A. (2009). Beyond media therapy. *Television & New Media,* 10 (1), 130–32.

Rajagopal, A. (2010). The strange light of postcolonial enlightenment: Mediatic form and publicity in India. In C. Siskin & W. Warner (Eds.), *This is enlightenment: An invitation in the form of an argument* (pp. 209–28). Chicago: University of Chicago Press.

Ramaswamy, S. (2010). *The goddess and the nation: Mapping Mother India*. Durham, NC: Duke University Press.

Ramnarayan, G. (2004). No easy answers, *The Hindu*, 5 September.

Report of the Bombay Chamber of Commerce for the year 1915. (1916). Bombay: Bombay Chamber of Commerce.

Servaes, J. (Ed.). (2008). *Communication for development and social change*. Thousand Oaks, CA: Sage Publications.

Siegel, J. T. (1998). *A new criminal type in Jakarta: Counter-revolution today*. Durham, NC: Duke University Press.

Van der Veer, P. (2010). The visible and the invisible in South Asia. In Meerten B. ter Borg & Jan Willem van Henten (Eds.)., *Powers: Religion as a social and spiritual force* (pp. 103–15). New York: Fordham University Press.

Vasudevan, R. S. (2010). *The melodramatic public: Film form and spectatorship in Indian cinema.*

Basingstoke: Palgrave Macmillan.

Vasudevan, R. S., Thomas, R., Majumdar, N., & Biswas, M. (2010). A vision for screen studies in South Asia. *BioScope: South Asian Screen Studies,* 1 (1), 5–9.

Vieira, S., Martin, W. G., & Wallerstein, I. M. (1992). *How fast the wind? Southern Africa, 1975–2000.* Trenton, NJ: Africa World Press.

作者簡介

主編

李金銓（Chin-Chuan Lee）

教育部「玉山學者」，國立政治大學兼任講座教授。美國密西根大學博士，曾任美國明尼蘇達大學教授、中央研究院客座教授，香港中文大學講座教授，香港城市大學講座教授兼系主任。在香港城市大學任教期間，創立傳播研究中心（2005）、媒體與傳播系（2008）。在明尼蘇達大學任教期間，創立中國時報媒體與社會研究中心（1989）、國際中華傳播學會 (1990）。二〇一四年獲頒國際傳播學會費雪導師獎(B. Audrey Fisher Mentorship Award, International Communication Association)，二〇一八年獲頒國際中華傳播學會終身成就獎，二〇一九年獲選國際傳播學會會士（ICA Fellow）。中英文著作包括*Media Imperialism Reconsidered: The Homogenizing of Television Culture*（1980）, *Mass Media and Political Transition: The Hong Kong Press in China's Orbit*

（1991，與陳韜文合著），*Global Media Spectacle: News War Over Hong Kong*（2002，與陳韜文、潘忠黨、蘇鑰機合著），*Communication, Public Opinion and Globalization in Urban China*（2013，與李立峰等合著）、《超越西方霸權：傳媒與「文化中國」的現代性》（2004）、《文人論政：民國知識分子與報刊》（2008編）、《報人報國：中國新聞史的另一種讀法》（2013編）、《傳播縱橫：歷史脈絡與全球視野》（2019），及《超越西方傳媒霸權》（待出版）。先後主編四本英文論文集，成為中國媒介研究領域的奠基文獻，包括*Voices of China: The Interplay of Politics and Media*（1990）, *China's Media, Media's China*（1994）, *Power, Money and Media*（2000）, *Chinese Media, Global Contexts*（2003）。

作者

伊萊休・卡茨（Elihu Katz）

賓夕法尼亞大學安納伯格傳播學院榮休校聘教授（Trustee Professor），以色列耶路撒冷希伯來大學榮休教授。著述極富，近著包括*The End of Television?*（與培迪・斯堪諾合著）、*Media Events*（與丹尼爾・戴楊合著）、*The Export of Meanings*（與塔瑪・利比斯合著）及*Personal Influence*（與拉查斯菲合著）五十週年紀念版。曾獲得根特、海法、蒙特利爾、巴黎、羅馬、布加勒斯特、魁北克和西北等多間大學頒授榮譽博士學位。

張讚國

美國德克薩斯大學奧斯汀分校博士，臺灣交通大學教授，香港城市大學媒體與傳播系榮休教授。曾獲得新聞與大眾傳播教育學會（AEJMC）國際傳播分會傑出貢獻獎（2005）。先後出版三本學術著作，並在《傳播研究》、《國際輿論研究學刊》、《新聞／政治國際學刊》、《傳播學刊》、《新聞與大眾傳播季刊》、《新媒體與社會》、《政治傳播》、《輿論學刊》等英文學刊發表數十篇論文。

揚・瑟韋斯（Jan Servaes）

曾任香港城市大學媒體與傳播系榮休講座教授兼系主任，麻塞諸塞大學阿姆赫斯特分校傳播與可持續社會變遷聯合國教科文組織（UNESCO）講席教授。*Telematics and*

Informatics（Elsevier）學刊主編，「傳播與發展和社會變遷」、「傳播、全球化與文化認同」叢書主編。在國際與發展傳播、資訊傳播科技與媒介政策、語言與跨文化傳播、參與與社會變遷、人權和衝突管理等領域著述眾多。近著包括*Substainability, Participation, and Culture in Communication*（2012）。

保羅・曼西尼（Paolo Mancini）

義大利佩魯賈大學制度與社會學系教授，傳播學專業和社會與政治理論博士項目負責人。曾任哈佛大學和牛津大學研究員。英文著述包括*Politics, Media and Modern Democracy*（與大衛・斯萬森合著）和*Comparing Media Systems: Three Models of Media and Politics*（與丹尼爾・哈林合著），並與丹尼爾・哈林合編*Comparing Media Systems beyond the Western World*。

邁克爾・柯廷（Michael Curtin）

加州大學聖塔芭芭拉分校電影與媒介研究系全球研究Mellichamp講座教授，卡西—沃爾夫中心媒介產業項目負責人。先後出版或主編*American Television Industry*

（2009）、*Reorienting Global Communication: Indian and Chinese Media beyond Borders*（2010）、*Playing to the World's Biggest Audience: The Globalization of Chinese Film and TV*（2007）等多種著作。主編英國電影協會出版的國際電影產業叢書，曾任《中華傳播學報》（*Chinese Journal of Communication*）聯合主編。

亞普・範・欣內肯（Jaap van Ginneken）

曾任荷蘭阿姆斯特丹大學國際學院及傳播系副教授，目前獨立著述。研究和寫作橫跨兩大領域，一是國際傳播和電影產業，相關著作包括*Understanding Global Media*（1998）和*Screening Difference*（2008）；另一是群體心理學和動力機制，相關著作包括*Crowd, Psychology, and Politics*（1992）、*Collective Behavior and Public Opinion*（2003）、*Mass Movements*（2007）、*Mood Contagion*（2013）和*Political Hubris in Western Leaders*（2014）等。

科林・斯帕克斯（Colin Sparks）

英國伯明翰大學當代文化研究中心博士，曾任英國威斯敏斯特大學教授，香港浸會大學傳理學院榮休講座教授，英文學刊*Media, Culture and Society*創刊主編之一。在傳播政治經濟學、國際傳播等領域著述甚豐，近年的研究聚焦轉型社會媒介體制的比較研究。

西爾維奧・瓦斯博多（Silvio Waisbord）

喬治華盛頓大學媒體與公共事務學院教授，曾任*International Journal of Press/Politics*和*Journal of Communication*主編，近著包括*Reinventing Professionalism: News and Journalism in Global Perspective*（2013）、*Media Sociology: A Reappraisal*（2014）、*Communication: A Post-Discipline*（2019）等。

朱迪・波倫鮑姆（Judy Polumbaum）

美國愛荷華大學新聞與大眾傳播學院榮休教授，香港城市大學訪問教授（2012-2013）。史丹佛大學博士，擁有報章報導、（雜誌新聞和攝影新聞等領域的訓練和背景，研究興趣包括當代中國新聞業、表達自由、媒體與文化互動。

張隆溪

哈佛大學博士，香港城市大學比較文學與翻譯講座教授，瑞典皇家人文、歷史及考古學院外籍院士、歐洲科學院院士，曾任加州大學河濱分校教授。在比較文學等領域著述豐富，中英文著作包括*The Tao and the Logos*（1992）,*Mighty Opposites: From Dichotomies to Differences in the Comparative Study of China* (1998）,《走出文化的封閉圈》（2000）、《中西文化研究十論》（2005）、*Unexpected Affinities: Reading across Cultures*（2007）等。

羅德尼・本森（Rodney Benson）

加州大學伯克萊分校社會學博士，紐約大學媒體、文化與傳播系系主任、教授。曾在丹麥、芬蘭、法國、德國、挪威等國任訪問教授。出版專著*Shaping Immigration News: A French-American Comparison* （Cambridge, 2013)，在比較媒介體制和場域理論等領域發表數十篇論文。與馬修・鮑爾斯（Matthew Powers）合著*Public Media and Political Independence*（2011)，與艾瑞克・內維爾（Erik Neveu）合編*Bourdieu and the Journalistic Field*（2005）。目前的研究聚焦商業、公共和公民社會媒介所有權的運作邏輯。

彼得・達爾格倫（Peter Dahlgren）

瑞典隆德大學媒體與傳播系榮休教授。從晚期現代社會與文化理論視角研究媒體與民主，尤其是民主參與與數字媒介的關聯。活躍於歐洲學術網絡，曾在歐洲和美國多間大學擔任訪問學人。近著包括*The Political Web*（2013）、*Media and Political Engagement*（2009），合編*Young People, ICTs and Democracy*（2010）。

阿爾溫德・拉賈戈帕（Arvind Rajagopal）

紐約大學媒體、文化與傳播系教授。在各類學術期刊發表數十篇學術論文，主編*The Indian Public Sphere*（2001），發表著作包括*Politics after Television*（二〇〇一出版，榮獲亞洲研究學會二〇〇三年庫馬拉斯瓦米圖書獎）及其他三部書。曾獲得麥克阿瑟基金會和洛克菲勒基金會的資助，也曾擔任史丹佛大學行為科學高等研究中心研究員。目前撰寫專著《去殖民化殖民：印度全球化的文化政治》。

譯者簡介

李紅濤

香港城市大學傳播學博士，浙江大學傳媒與國際文化學院教授，挪威奧斯陸大學兼任教授。本書漢譯小組召集人。研究興趣包括媒體與集體記憶、媒介社會學。出版合著《記憶的紋理》，在中英文期刊發表三十餘論文。

黃順銘

香港城市大學傳播學博士，四川大學文學與新聞學院新聞學教授，青年長江學者，兼任南京大屠殺史與國際和平研究院研究員，研究興趣包括媒體與集體記憶、榮譽社會學、新聞社會學、新媒體與社會等。出版《加冕》和合著《記憶的紋理》。

陳楚潔

香港城市大學傳播學博士，南京師範大學新聞傳播學院副教授。研究方向為媒介社會學、數字新聞業研究、傳播政治經濟學等。至今在《新聞與傳播研究》、《國際新聞界》等期刊發表論文十餘篇。

宋韻雅

香港浸會大學傳理學院副教授，人工智能與媒體研究實驗室主任。曾任康奈爾大學訪問副教授。研究興趣包括國際傳播、線上社會網絡、新聞學研究。

袁夢倩

南京大學藝術學院副研究員，入選江蘇省高層次創新創業人才計劃「雙創博士」。香港中文大學文化研究博士，史丹佛大學、多倫多大學訪問學人。研究方向為媒介文化研究、口述歷史與社會記憶、城市傳播與社區營造、當代中國文化政治。

「國際傳播」國際化

2022年1月初版　　定價：新臺幣650元

主　　編　李　金　銓
著　　者　李金銓等
譯　　者　陳　楚　潔
　　　　　黃　順　銘
　　　　　李　紅　濤
　　　　　宋　韻　雅
　　　　　袁　夢　倩
叢書編輯　董　柏　廷
校　　對　王　中　奇
　　　　　李　金　銓
內文排版　菩　薩　蠻
封面設計　廖　婉　茹

出　版　者　聯經出版事業股份有限公司
地　　　址　新北市汐止區大同路一段369號1樓
叢書編輯電話　(02)86925588轉5388
台北聯經書房　台北市新生南路三段94號
電　　　話　(02)23620308
台中分公司　台中市北區崇德路一段198號
暨門市電話　(04)22312023
台中電子信箱　e-mail：linking2@ms42.hinet.net
郵政劃撥帳戶第0100559-3號
郵撥電話　(02)23620308
印　刷　者　世和印製企業有限公司
總　經　銷　聯合發行股份有限公司
發　行　所　新北市新店區寶橋路235巷6弄6號2樓
電　　　話　(02)29178022

副總編輯　陳　逸　華
總　編　輯　涂　豐　恩
總　經　理　陳　芝　宇
社　　　長　羅　國　俊
發　行　人　林　載　爵

行政院新聞局出版事業登記證局版臺業字第0130號

本書如有缺頁，破損，倒裝請寄回台北聯經書房更換。　ISBN 978-957-08-6161-7 (平裝)
聯經網址：www.linkingbooks.com.tw
電子信箱：linking@udngroup.com

國家圖書館出版品預行編目資料

「國際傳播」國際化/李金銓等著．陳楚潔等譯．初版．新北市．
聯經．2022年1月．512面．14.8×21公分
譯自：International izing "international communication".
ISBN 978-957-08-6161-7（平裝）

1.國際傳播 2.文集

541.8307 110020999